수행문화의 원전

천 부 경

김진일 지음

김진일(金眞一)

1961년 인천에서 태어났다.
20대 초반부터 내면세계의 수련에 탐구를 해오면서
우리민족의 상고철학에 관심을 가져왔다.

수행문화의 원전 천부경

초판발행	2011년 10월 26일
개정증보판	2015년 12월 18일
지은이	김진일
펴낸이	김동섭
펴낸 곳	도서출판 거발환
등록번호	2011. 10. 5 (제 2011-34호)
총 공급처	대전 서구 도마로25번길 31, 2층(도마동)
전화	070-7517-8787
팩스	042-525-3721
E-mail	samsirang77@naver.com
값	18,000원
ISBN	978-89-967400-2-5

서문

    태고시대의 인류는 동쪽에서 태양이 떠오르는 것을 보고 태양의 위대함을 알았다. 이는 태양이 어둠을 물리치고 밝음을 가져왔기 때문이다. 다시 태양이 땅을 비추니 초목과 함께 만물이 자라나는 것을 보고, 태양이 만물을 낳고 기르는 위대한 힘까지 가졌음을 옛사람들은 알게 되었다.

    이로써 옛사람들은 어둠으로부터 밝음을 주고, 만물을 길러내어 결실을 이루어주는 태양을 만물을 다스리는 주재자의 상징으로까지 삼았다. 그런데 이러한 위대한 태양이 허공에만 떠있는 것이 아니라 자신의 내부에도 존재하고 있다는 사실을 소수의 무리들이 자각하는 순간 위대한 정신문명의 첫 걸음은 시작되었다.

    중고시대(中古時代)에 각기 한 소식을 들고 나온 철인(哲人)들에 의한 가르침은 너의 마음 깊은 곳에 감추어진 내면의 태양을 발견하라는 것이었다. 그것이 도가(道家)에 있어서는 본바탕에 있는 "하나(一)를 얻으라"는 것이고, 불가(佛家)에서는 "하나(一)로 돌아가라"는 것이었으며, 유가(儒家)에 있어서는 "하나(一)를 꿰라"는 것이었다.

    문명의 초기 위대한 구도자들은 이러한 하나를 얻기 위하여 구도의 길을 걸었다. 이후 이들은 그 하나를 얻어 자신의 내부에 가득 차 있던 어둠을 물리치고, 세상에 밝음을 가져오는 태양과 같은 위대한 존재가 될 수 있었다. 이로써 이들에 의해 정신문명은 세상에 나올 수 있었고, 이들로 인해 수행문화는 세상에 드러날 수가 있게 되었다.

당시 수행문화의 원전인 천부경(天符經)이 그 가치를 인정받던 시대에는 수행문화가 부흥을 이루었다. 이를 잘 나타내주는 것이 홍산문화이며, 그곳 홍산지역에서 여신묘(女神墓)가 발견이 되었는데 인간 크기의 세 배나 되는 가부좌를 한 여신상이 출토되기도 하였다. 이러한 현상은 세계에서 가장 오래된 수행문화가 홍산문화[1]로부터 비롯되었다는 증거이기도 했다.

〈환단고기〉「삼신오제본기」에서 오제(五帝)의 주(注)를 보면 가부좌를 하고 있는 여신에 대하여 암시하고 있는 기록이 있다. 그 기록을 보면 황웅여신(黃熊女神)이 사방[2]의 중심에서 질병(病)을 주관하고 있는 것으로 보아 홍산문화에서 가부좌를 하고 있는 여신은 황웅여신을 말하고 있는 것으로 보인다. 특히 사방의 중앙에서 질병을 주관한다는 것은 당시의 문화가 수행을 통하여 무병장수와 함께 조화(造化)를 얻는 것을 최고의 가치로 여겼다는 것을 말한다.

그렇다면 세계에서 가장 일찍 수행문화를 열었을 뿐만 아니라, 수행이 문화의 중심이 되었던 그 시대에는 수행문화를 위한 철학서적이 있었으리라 여겨지는 것은 당연하다. 다만 수천 년에 걸쳐오는 동안 많은 경전들이 사라지는 경우도 있었을 것이다. 하지만 짧은 내용에다가 핵심적인 내용이 담긴 경전이라면 오래도록 보전될 가능성이 높다. 그 이유는 돌에 새기기

---

1) 요하문명에 속해있는 홍산문화(紅山文化)는 기원전 3,500년 전후의 문화로 알려져 있다. 이때에 이곳에서 가부좌를 하고 있는 여신이 출토되었다는 것은 모헨조다로에서 출토된 명상하는 사제상(司祭像)보다 무려 1,000년에 가까운 세월이 앞서는 것이다.

2) 당시의 사방(四方)에는 북방의 용왕현구(龍王玄龜)와 남방의 주작적표(朱鵲赤標)와 동방의 청룡령산(靑龍靈山)과 서방의 백호병신(白虎兵神)이 있었다.

4

쉽고, 그 가치를 오래도록 보전하고 싶은 마음 때문이기도 하다.

어쨌든 천부경이 이 시대까지 전해질 수 있었다는 것은 인류를 위하여 다행이라 할만하다. 하지만 천부경이 81자 밖에 안 되는데다가 그 내용이 너무나도 난해하여 누구나 손대기가 쉽지 않다는 사실이다. 이런 점에서 볼 때 천부경은 단지 부적과 같은 역할과 암기하여 읽기만 하면 좋은 주문(呪文)과 같은 역할로 전락할 수가 있다.

그러나 하늘에서 병을 주면 약도 내려 준다는 말과 같이 천부경을 바르게 해석할 수 있는 방법은 있게 마련이다. 그 약의 역할을 하는 내용들이 《환단고기》에 수록된 삼성기(三聖記), 단군세기(檀君世紀), 태백일사(太白逸史) 등의 경전들이다. 이 경전들 속에는 천부경을 이해할 수 있는 개념들이 많은데, 그 개념들을 나열하면 대허(大虛)·일신(一神)·삼신(三神)·일기(一氣)·대기(大氣)·대일(大一)·삼극(三極) 등이 그것이다.

이외에도 천부경을 알 수 있는 내용으로는 〈태백일사〉「삼신오제본기」에 나와 있는 "경일주삼(徑一周三), 경일잡사지기(徑一匝四之機)"의 내용이다. 이 내용은 특히 천부경에서 가장 어렵다는 운삼사(運三四) 성환오칠(成環五七)을 해석하는데 커다란 도움을 준다.

다음으로는 〈태백일사〉「소도경전본훈」에 나와 있는 "환역의 체(體)는 원(圓)이며, 용(用)은 방(方)이다. 모양이 없음으로부터 실(實)을 알게 되니, 이것이 하늘의 이치이다."라고 하는 내용도 천부경을 쉽게 이해하는데 도움을 주고 있다.

이와 같은 내용들을 통해 필자는 천부경을 해석해 놓았다. 다만 내용이 어렵고, 딱딱할 수도 있지만 본 서적을 통해 독자들은 천부경이 다루고 있는 3수를 통한 생명의 원리를 깊이 있게 이해하게 될 것이다.

특히 본 서적에서 밝히는 천부경에서는 자아회복의 결론으로서 삼태극(三太極)의 원리를 다룰 수밖에 없었다. 이러한 이유는 삼태극이 자아회복의 결론인 천지인삼재(天地人三才)의 의미3)를 담고 있기 때문이다. 이런 점에서 필자는 자아회복의 결론이 될 수 있는 삼태극이 만들어지는 부분에 있어서는 가장 많은 분량을 할애하면서 다루고자 했다.

그렇다면 왜 천부경이 천지인삼재에 따른 인간완성의 길을 밝히고 있는 것일까? 그 이유는 천부경이 우주의 생성원리뿐만 아니라 생명철학을 통한 인간완성의 가르침을 담고 있는 환역(桓易)이기 때문이다. 이후 역사는 숫자를 사방위에 배치시키게 되면서 인간완성보다는 만물의 변화정신을 다루게 되는 역철학(易哲學)을 내놓았다. 그것이 주역(周易)의 시초가 되는 복희의 역(易)이다. 여기서 흥미로운 점은 천부경이 처음으로 삼태극의 원리와 함께 삼태극의 문양이 만들어지는 원리를 밝혔다면 5,600년 전 태호복희씨의 하도(河圖)를 통해서는 태극(◉)의 문양이 나왔다.

이와 마찬가지로 4,300년경에 우임금의 낙서(洛書)에서는 만(卍)자 문양이 나왔다. 이처럼 고대에 역철학(易哲學)이 나올 때는 우주의 변화정신을 담고 있는 문양도 함께 나올 수가 있었다.

다음으로 천부경의 내용을 통해 독자들은 천부경의 구조가 [궤짝(상자)]의 형태로 처음 그려지게 되는 것을 보게 될 것이다. 이와 같은 형태에 대해서는 장차 알아보게 되겠지만 체원용방(體圓用方)으로 되어 있다는 환역(桓易)과도 그 뜻을 함께하고 있다. 마찬가지로 머리는 불구슬(火珠)과 같고, 그 형상은 삼태성(三台星)이 늘어선 것 같다는 천부금척(天符金尺)과도 그 뜻을 함께 한다.

〈삼일신고〉「인물」편에서도 이와 같은 그림이 나타나게 되는데, 그 이유는 천부경의 내용과 삼일신고의 내용이 그 뜻을 같이 하고 있기 때문이다. 다만 삼일신고에서는 이 그림을 뭇 사람들로 하여금 신성(神聖)과 성웅(聖

---

3) 천지인삼재(天地人三才)가 자아회복의 결론이 될 수 있는 것은 사람이 자아회복을 이룰 때만이 천지(天地)와 그 뜻을 함께할 수 있기 때문이다.

雄)으로 거듭나게 하는 [신의 베틀(神機)]로 표현하였을 뿐이다.

이와 같은 그림은 전계(佺戒)에서도 나타나게 되는데, 그 모습은 대원일도(大圓一圖)를 통해 나타나게 되었다. 이렇듯 천부경과 삼일신고와 전계는 모두 그림(圖)으로 나타나게 되고, 이들 그림은 모두 근원을 향해 귀일하는 모습으로 나타났다. 따라서 독자들은 천경신고(天經神誥)와 전계(佺戒)가 하나로 통해 있음을 장차 알게 될 것이다.

이제 본 서적의 목차와 더불어 간략하게나마 내용을 살펴보면 1부 제1장인 [천부경]에서는 수행문화를 바탕으로 천부경이 나오게 되는 배경과 천부경의 유래와 의미를 다루었다. 이와 함께 천부경의 해석을 위한 개념들에 대해서도 정리해 놓았다.

다음으로 본문에 있어서는 제1경인 천부(天符), 제2경인 지전(地轉), 제3경인 인정(人情)으로 나누어 본문의 내용을 다루었다. 특히 운삼사(運三四) 성환오칠(成環五七)의 내용을 제3경인 인정에 포함시킨 것은 운삼사 성환오칠에서 무형인 하늘과 유형인 땅이 고리를 이루게 되기 때문이다.

1부 제2장인 [삼일신고]에서의 허공(虛空), 일신(一神), 천궁(天宮), 세계(世界)에 있어서는 다른 구절들을 첨부해가며 보다 내용들을 쉽게 이해할 수 있도록 구성하였다. 인물(人物)편에 있어서는 삼진(三眞)·삼망(三妄)·삼도(三途)의 원리와 함께 삼관(三關)·삼방(三房)·삼문(三門)의 원리로 구분하여 분화와 더불어 귀일의 원리를 정리해놓았다.

다만 여기서 눈여겨 볼 일은 숫자의 원리로 이루어진 천부경과는 다르게 삼일신고(三一神誥)는 우주와 인간을 이해할 수 있는 개념들과 인간생명의 원리로 구성이 되어 있다는 사실이다. 그렇기 때문에 천부경은 수(數)를 통해 만물의 변화정신을 나타내었다면 삼일신고는 우주와 인간의 생명원리를 통해 삶과 죽음의 법칙을 나타내게 되었다.

1부 제3장에 있는 [전계]는 삼진귀일의 원리를 실천하기 위한 행동지침으로 되어 있다. 그런데 여기서 말하고 있는 전계(佺戒)는 고구려 때의 을파소에 의하여 만들어진 참전계경이 아니다. 환웅천왕으로부터 시작되어 도해단군 때에 구체화되기 시작한 전계를 말한다.

전계를 다른 말로는 대원일(大圓一)이라고도 한다. 《단군세기》에서 11세 도해단군 편을 보면 대원일의 그림이 그려진 기(旗)를 누전(樓殿)에 걸어놓고, 이를 일컬어 거발환(居發桓)이라고 했다는 기록이 있다.

그런데 《단군세기》에 기록된 3세 가륵단군 편에서도 보게 되면 조정에는 종훈(倧訓)이 있고, 백성들에게는 전계가 있는데, 이때에 그 실천으로 거발환을 이루게 된다고 하였다. 그렇다면 대원일이나 전계의 목적은 거발환에 있다. 이 때문에 전계는 곧 대원일이 되고, 대원일은 곧 전계가 될 수 있다. 이렇게 볼 때에 대원일과 전계는 명칭만 다를 뿐 그 내용에 있어서는 같기 때문에 대원일과 전계는 곧 같다고 할 수 있다.

전계(佺戒)와 대원일(大圓一)의 목적이 거발환이 되는 것은 내 자신이 세상을 비추는 태양과 같은 존재가 되는데 있기 때문이다. 한마디로 내 자신이 거발환을 이루게 된다는 것은 나로부터 세상이 새로워진다는 뜻이다. 그런데 내 자신이 태양과 같은 존재가 되기 위해서는 단계가 있다. 그 단계를 장차 대원일의 그림을 통해서 알아보게 될 것이다.

천부(天符)의 문화를 밝히고 있는 2부 제1장인 [천부경의 상징체계]에 있어서는 세계수(世界樹)와 거꾸로 선 나무의 상징체계를 바탕으로 천부경의 원리와 함께 비교해놓았다. 이를 통해서 필자는 천부경이 신화적인 상징체계에 있어서도 원형이 됨을 밝히고자 했다.

이외에 우리민족의 대표적 놀이라 할 수 있는 윷놀이를 비롯하여 고구려의 장군총과 덕흥리 고분을 통해서도 천부경에서의 특징이 되는 숫자의 원리와 비교해놓았다. 이러한 까닭은 필자가 천부경이 우리문화에 끼친 영향을 소개하고 싶었기 때문이다. 특히 천부금척(天符金尺)에 있어서는 매월당 김시습에 의해 알려지게 된 내용을 바탕으로 천부경의 구조인 천부체계도와 비교해놓았다. 아마 이 부분에 있어서는 독자들도 김시습이 말한 천부금척의 형상과 천부체계도가 거의 똑같다는 것을 느끼게 될 것이다.

고구려의 문화가 담긴 2부 제2장인 [을밀선인과 다물흥방가]에서는 하늘의 천궁(天宮)을 일으키는 길과 국가(國家)를 일으키는 길을 둘로 나누어 다루었다. 이렇게 하게 된 까닭은 천경신고(天經神誥)와 전계(佺戒)의 내용을 독자들이 보다 현실적으로 들여다보게 하기 위해서였다.

2부 제3장인 [광개토태왕과 천하중심(天下中心)]에서는 북방중심의 천자문화(天子文化)가 어떻게 단군조선시대에 이어 광개토태왕에게까지 영향을 주어 천하중심(天下中心)이라는 고구려의 꿈을 이루게 했는지에 대해서도 다루었다. 아울러 광개토태왕의 천하중심의 사상이 천자국문화의 핵심이 됨을 밝히기도 하였다.

다음으로 2부 제4장인 [위대한 구도자 을지문덕]에서는 장군이 중시했던 삼진귀일을 위한 우듬지의 중요성을 알아보았다. 우리는 여기서 을지문덕장군이 무엇 때문에 우듬지의 중요성을 강조하고 있는지를 장차 알게 될 것이다.

2부 제5장인 [용봉문화와 삼족오]에서는 용봉문화(龍鳳文化)로부터 삼족오(三足烏)가 나오고, 장차 삼두일족응(三頭一足鷹)이 나오게 되는 이유를 다루었다. 이러한 내용을 다루고자한 필자의 의도는 장차 음양합일을 통한 중일(中一)의 사상 속에서 통일된 문화가 나오게 됨을 밝히고 싶었기 때문이다.

2부 제6장인 [한민족의 삼칠일문화(三七日文化)]에 있어서는 생명을 낳는 삼수분화(三數分化)의 원리와 생명을 불멸로 인도하는 칠수(七數)의 원리가 어떻게 신라의 금관과 백제의 칠지도, 그리고 삼재수(三災數)에 이르기까지 다양하게 나타나게 되었는가를 알아보았다. 이러한 필자의 의도는 한민족이 가지고 있는 삼칠문화(三七文化)의 중요성을 재조명하고 싶었기 때문이다.

2부 제7장인 [제천(祭天)의 노래 아리랑(阿里郎)]에서는 고개 길을 넘어가고자 하는 구도자(求道者)의 마음과 십리(十里) 길을 거쳐 가게 되는 목적지에 대해서도 다루었다. 그런데 여기서의 과정과 목적은 천부경이 뜻하는 것과 같다. 따라서 독자들은 앞으로 아리랑과 천부경이 뜻하는 길이 참나(眞我)를 찾기 위한 구도의 길이라는 것을 알게 될 것이다.

끝으로 본 서적을 읽게 될 독자 분들에게 한 가지 강조를 한다면 천경신고(天經神誥)와 전계(佺戒)는 지금으로부터 6000년 이전시대에 만들어지기 시작한 가르침들이다. 천부경의 경우는 환국(桓國)으로부터 구전지서(口傳之書)로 내려왔다고 하였으니, 천부경의 역사는 말할 것도 없다. 천부경보다는 늦지만 삼일신고와 전계의 경우도 이에 못지않은 인류문화의 모태가 되는 가르침들을 담고 있다.

그렇다면 우리가 한문화(용봉, 삼족오, 윷놀이, 삼칠일, 아리랑 등)를 알고, 생명완성의 길을 찾기 위해서는 반드시 인류문화의 모태가 되는 천부사상(天符思想)을 알아야한다. 하지만 인류문화의 모태가 된다고 해서 모든 가르침이 최고의 가르침이 되는 것은 아니다. 여기에는 자연의 법칙과 인간완성의 법칙이 기반이 되어야 하기 때문이다.

그런데 천경신고와 전계를 보게 되면 그 원리가 천지인(天地人)을 바탕으로 만들어졌으며, 1~10인 천지(天地)의 기본수를 통해 만들어졌다. 이것은 바로 천부사상의 가르침 속에는 분화와 귀일을 통한 생명완성의 법칙과 자연의 순환법칙이 담겨져 있다는 것을 말한다. 이런 점에서 우리는 도(道)에 대해서 한소식 듣고자 한다면 인류문화의 모태일 뿐 아니라, 생명완성의 법칙과 자연의 법칙을 담고 있는 천경신고와 전계에 대하여 반드시 알아볼 가치가 있다고 본다.

차례

1부

천경신고(天經神誥)와
전계(佺戒)

천부경 天符經 81자 원본

사진의 천부경은 고려말 학자
농은 민안부(農隱 閔安富 1328~1401)의
그의 문집인 농은유집(農隱遺集)에서 전한 것이다

경주 미추왕릉지구 계림로 14호분에서
출토된 5~6세기 장식보검
(국립 경주박물관 소장 보물 635호)

경주 황남대총 북분에서 출토된
5~6세기 금제팔찌
(국립 경주박물관 소장)

제1장 천부경(天符經)

1. 수행문화와 천부경

인류역사상 가장 오래된 수행문화를 가진 문명권은 어디일까? 역사의 기록과 유물로 보아 홍산문화를 둘러싸고 있는 요하문명권이 단연 최고일 것이다. 당시 배달국이 있었던 우하량(牛河梁) 유적지에서는 십자형으로 된 여신묘(女神墓)와 함께 인간 실물의 크기와 인간 실물의 3배 이상 되는 가부좌를 하고 있는 여신상(女神像)이 출토되기도 하였다. 이는 당시의 사회가 수행과 명상으로 자아를 성찰하던 문화였음을 알게 한다.

그런데 배달국이 있었던 지역에서 가부좌를 하고 있는 여신상이 출토되었다는 것은 배달국의 건국초기 환웅천왕에 의하여 신계(神界)의 인물이 되었던 웅족의 여성과 관련이 있다. 이를 통해 볼 때 웅족의 여성이 후손들에 의하여 수행(修行)을 권장하기 위한 여신(女神)으로 받들어졌을 가능성이 높다.

〈태백일사〉「삼신오제본기」에서도 다섯 방위를 감독하는 오방(五方)의 신(神)이 있는데, 여기서도 황웅여신(黃熊女神)이 나타나고 있는 것은 웅씨녀(熊氏女)가 수행문화의 본보기가 되었음을 보여준다. 특히 웅씨녀가 중앙에 위치하고 있는 것은 당시에 가부좌를 한 여신상이 홍산문화의 중심을 이루고 있었음을 보여주고 있다.

용왕현구(龍王玄龜)는 선악을 주관하고,
주작적표(朱鵲赤標)는 생명을 주관하고,
청룡령산(靑龍靈山)은 곡식을 주관하고,
백호병신(白虎兵神)은 형벌을 주관하고,
황웅여신(黃熊女神)은 질병을 주관한다.

위의 내용에서 오방신(五方神) 중에 중앙에 있는 황웅여신이 병(病)을 주관한다는 것은 당시에 질병이 가장 큰 사회문제였던 것으로 보인다. 그런데 수행문화의 본보기가 되었던 여신이 병을 주관한다는 것은 당시의 사회가 수행을 통하여 질병을 극복하고, 무병장수와 함께 불멸의 삶을 목적으로 하였음을 보여준다.

가부좌를 하고 있는 여신상(女神像)과 두상
우하량 유적지에서 출토됨

또 우하량 유적지에서는 옥(玉)으로 된 유물 중에 곰의 형상을 닮은 웅룡(熊龍)이 발견되기도 하였는데, 이 또한 황웅여신과 관련하여 무병장수와 불멸의 삶을 상징한다. 특히 웅룡이 주로 죽은 자의 가슴팍에 놓여있었다는 것을 감안하면 웅룡은 청구시대에 해당하는 홍산인들에게 가장 중요시 되었던 것으로 보인다. 이런 점에서 볼 때 당시 홍산인들에게는 수행문화가 가장 우선시 됐다는 것을 짐작하게 한다.

우하량에서 출토된 곰 발 조소상　　　　옥웅룡(玉熊龍)

곰과 관련해서는 중국의 기서(奇書)인 〈산해경〉 「중산경」에서도 나타나고 있다. 그 기록에 의하면 웅산(熊山)이라는 곳에는 동굴이 있는데, 이 곰의 굴이라는 곳에서는 항상 신인(神人)이 나온다고 했다. 이 말은 홍산문화에서는 수행을 하는 것이 일상생활이 되었다는 것을 말해준다.

동쪽으로 150 리를 가면
웅산(熊山)이라고 하는데 굴(窟)이 있다.
곰의 굴이라 하는데 항상 신인(神人)이 나오며
여름에는 열리고 겨울에는 닫힌다.
이 굴이 겨울에 열리면 반드시 전쟁이 있다.

특히 굴에서 항상 신인(神人)이 나오는데, 여름에는 열리고 겨울에는 닫힌다는 것은, 수행인들이 겨울에 조용한 곳에서 수행을 하기 위하여 동안거(冬安居)에 들어가는 모습을 연상시킨다. 이밖에 겨울에 동굴이 열린다는 것은 나라에 재앙과 전쟁 때를 제외하고는 항상 동굴에서 수행하는 문화가 있었다는 것을 말해준다.

수행의 결과에 대해서는 신인이 되어 굴에서 나온다는 것을 통해서 볼 때 동물적인 인간에서 신적인 인간이 되는 것이 당시에 수행의 목적이었음을 알게 한다. 그렇다면 당시 수행문화는 어떻게 시작된 것일까? 그 시원에는 환국을 건국한 안파견(安巴堅) 환인이 있었다.

〈삼성기 전〉「하편」에서 그는 천산(天山)에 올라 도(道)를 얻고, 무병장수했다고 한다. 이러한 안파견 환인에 의해 건국된 환국(桓國)은 초대 환인의 정신을 받들어 3천 년에 가까운 무병장수의 황금시대가 열리게 되고, 이때에 천부경(天符經)이 나오는 계기가 되었다. 그렇다면 천부경은 수행문화(修行文化)의 황금시대로부터 나온 것이 된다. 이것은 천부경이 수행문화를 일으킬 수 있는 정수(精髓)를 담고 있다고도 해석될 수 있는 부분이다.

이후 배달국을 건국한 거발환(居發桓) 환웅은 〈삼성기 전〉「하편」에 의하면 천부경을 설하고, 삼일신고를 강론했다고 전한다. 그런데 여기서 말하고 있는 삼일신고도 〈태백일사〉「소도경전본훈」에 의하면 신고(神誥)의 오대(五大) 지결(旨訣)도 역시 천부경에 바탕을 둔 것이라 하였고, 삼일신고도 역시 궁극의 경지에서 천부중일(天符中一)의 높은 뜻을 드러내는 것의 다름 아니라고 하였다. 이 말은 삼일신고 역시 천부경에 바탕을 두고 만들어졌음을 말해준다. 이런 점에서 볼 때 천부경과 더불어 삼일신고도 생명의 원리와 수행의 원리를 담고 있다고 해석될 수 있다.

특히 위에서 전하고 있는 [소도경전본훈]의 내용으로 보아 천부경이 천부중일의 높은 뜻을 가지고 있다는 것은 중심에서 좌우로 치우치지 않는 가운데, 궁극적으로 근본으로 되돌아가서 참나(眞我)를 이루는데 목적이 있음을 말한다. 이로 보건대 천부경이나 삼일신고에는 참된 자아를 이룰 수 있는 수행의 체계가 갖추어져 있음을 알 수가 있다.

천부경이 수행과 관련 있음을 조선시대의 철인(哲人) 남사고 선생도 인식하여 그의 저서인 《격암유록》을 통해 다음과 같이 말하였다.

> 단서용법천부경(丹書用法天符經)에 무궁조화(無窮造化) 출현(出現)하니 천정명(天井名)은 생명수(生命水)이며 천부경(天符經)은 진경야(眞經也)라.
>
> 〈격암유록〉「송가전(松家田)」

단서용법천부경이라는 말은 한마디로 천부경이 수행을 통해 신성(神聖)이 되기 위한 가르침을 담고 있다는 것을 말한다. 천정명(天井名)은 생명수(生命水)이며 천부경은 진경(眞經)이라는 말은 하늘우물이란 생명수를 말함이듯이 천부경은 참된 경전이라는 뜻이다. 이런 점에서 볼 때 수행을 위한 가장 보배로운 가르침이 천부경에 있음을 말해주고 있다.

그래서 일까? 천부경이 시작된 환국(桓國)에 이어 천부경이 문화의 바탕이 되었던 배달국(倍達國)과 단군조선(檀君朝鮮)에서는 수행문화가 부흥을 이룰 수가 있었다. 그래서 안파견 환인에 이어 배달국의 건국자인 환웅천왕의 경우도 〈삼성기 전〉「상편」을 보면 기신외물(忌愼外物) 폐문자수(閉門自修) 주원유공(呪願有功)이라 하여 밖으로 외물을 삼가고, 문을 닫고 스스로 수행을 하니, 주문을 읽어 원하는 바를 이루었다고 했다.

이와 같은 수행문화(修行文化)는 환웅천왕에 이어 제5대 태우의(太虞儀) 환웅에게도 전해졌다. 그래서 그는 묵념청심(黙念淸心)하고 조식(調息)을

하면 보정(保精)을 하게 되나니, 이것이 곧 장생구시(長生久視)의 술법이
라고도 하였다.

    생각을 멈추고 마음을 맑게 하는 가운데
    호흡을 조절하면 정수(精水)를 보전하게 되나니,
    이것이 곧 오래도록 살면서
    오래도록 세상을 보게 되는 술법이다.
                                    〈태백일사〉「신시본기」

  위의 내용을 보게 되면 당시에는 주문수행과 더불어 호흡수행이 있었음
을 알게 된다. 역사의 기록에서 처음 주문수행을 한 인물로는 환웅천왕이
있었으며, 이 분에 의해 주문수행을 하게 된 호족과 웅족이 있었다. 그러다
가 태우의(太虞儀) 환웅에 이르러서 조식보정의 호흡수행이 시작된 것으로
보인다. 이로 보건대 고대로부터 주문수행과 호흡수행의 두 축(軸)이 있었
던 것으로 여겨진다.
  이 중에서 주문수행은 주술문화(呪術文化)에서 나왔다. 이른바 주술문화
라고 하면 만물의 내면과 소통을 하게 되는 문화이다. 이러한 주술문화에
서 주문수행이 나왔다는 것은 만물 속의 정령(精靈)들을 깨어나게 하기 위
한 것이 주문수행이라는 것을 말해준다. 따라서 사람이 주문을 읽을 때는
인체의 세포를 깨어나게 하고, 나의 성품을 빛으로 가득 채워 신과 같은
존재로 깨어나게도 한다.
  반면에 호흡수행은 신선문화(神仙文化)를 만드는 계기가 되었다. 이러한
계기는 정(精)이 기화(氣化)되어 빛을 얻게 될 때 금단일기(金丹一氣)를
이루게 되면서 나의 심령은 밝은 빛의 덩어리에 의지해 오고감을 뜻대로
하는 존재가 되기 때문이다. 이른바 이때에는 금단일기를 통해 조화(造化)
를 얻게 되고, 불멸의 자아를 이루게 되면서 신선문화를 열 수가 있었다.

이러한 수행문화 속에서 치우천왕 때에는 자부선생(紫府先生)이란 인물이 등장하기도 했다. 그는 중국의 신선들에 시원적 인물이라 할 수 있는 황제(黃帝)에게 삼황내문(三皇內文)을 전해주어 황제가 모든 신선들을 부를 수 있게 한 장본인이기도 했다.4)

이밖에도 《운급칠첨(雲笈七籤)》을 보면 당시에 신농의 후예인 광성자가, 두 차례나 찾아와 무릎을 꿇고 간절히 도를 구하는 황제에게 "대자연의 허(비움)를 네 몸으로 삼으라(以虛爲體)"고 했다고도 한다. 이후 동이족으로 알려진 강태공(姜太公)에 의해서도 신선술(神仙術)은 중국 측에 더욱 널리 전해지면서 한민족은 중국의 신선술에 부흥을 이끌기도 하였다.5)

수행문화는 단군조선으로도 이어져 〈삼성기 전〉「상편」을 보게 되면 단군왕검께서는 단공무위(端拱無爲) 좌정세계(坐定世界) 현묘득도(玄妙得道)라 하여 곧게 두 손을 맞잡고 함이 없는 가운데 자정(坐定)하여 깊은 침묵 속에서 현묘한 도를 얻으시었다고 했다. 이와 같은 수행문화는 이어져 고구려와 신라 때에 이르러서는 신선의 경지에 오른 것으로 보이는 고구려의 을밀선인과 을지문덕장군이 있었다.

신라인으로서는 〈삼성기 전〉「상편」을 저술한 안함노(安含老)6)와 그와 함께 교류를 했던 혜숙(惠宿), 그리고 원효가 불경의 소(疏)를 찬술(撰述)

---

4) 갈홍葛弘(283~343, 진나라의 도사)의 《포박자抱朴子》란 책을 보면 옛적에 황제가 있었는데, 그는 동쪽으로 청구(靑邱)에 이르러 풍산(風山)을 지나 자부선생(紫府先生)을 뵙고 삼황내문(三皇內文)을 받아 이를 가지고 온갖 신(神)을 불렀다고 했다.

5) 강태공(姜太公): 〈태백일사〉「신시본기」의 내용에 의하면 강태공은 제(齊)나라를 통치하기에 앞서 도술을 닦고, 천제못(天齊池)에서 하늘에 제사를 지냈다고 한다. 또한 그가 제나라로부터 책봉을 받고부터는 8신(八神)의 풍속이 번성을 하고, 후세에는 그 땅에 도술을 즐기는 자가 많이 배출이 되었다고 했다.

6) 안함노(安含老): 《해동고승전》에 의하면 그는 자리를 푸른 물결 위에 펴고 중국으로부터 돌아오던 사신과 이야기를 하던 중에 이연(怡然)히 서쪽을 향하여 떠났다고 한다.

할 때에 의문 나는 것을 묻고 했다는 혜공(惠空) 등이 있었다. 이와 같이 한민족에게는 천부중일(天符中一)의 사상에 따른 수행문화가 있었고, 그 맥(脈)은 고구려와 신라 때까지 이어질 수가 있었다.

그렇다면 기나긴 역사 속에서 수많은 인물들에 의해 수행문화가 이어올 수 있었던 원인은 무엇일까? 그것은 원초적인 밝은 빛을 얻어 조화(造化)를 통해 자유(自由)를 얻고, 장생(長生)을 얻고자 하는 뜻이 한민족에게는 있었기 때문이다. 그런데 이러한 결과를 얻기 위해서는 우리는 하늘과 하나가 되는 삶을 살아야 한다. 그래서 나온 것이 천부경(天符經)의 가르침이었다.

천부경에서 천부(天符)라고 하는 명칭을 보게 되면 하늘의 부신(符信)[7]을 뜻한다. 이것은 우리에게 천부경의 가르침이 하늘과 일체를 이루었던 너의 자아를 되돌려 다시 일체를 이루라는 것이다. 한마디로 우리의 영혼이 천상의 빛(光)[8]과 짝을 이루었으나 물질계의 여행 속에서 점차 순수성을 잃어갔기 때문에 다시 천상의 빛과 하나가 되라는 것이 천부경이 담고 있는 의미이다. 이런 점에서 천부경은 수도자(修道者)들에게 하늘과 하나가 되라고 하는 가르침이라 말할 수 있다.

2. 천부경의 유래와 의미

〈태백일사〉「소도경전본훈」의 기록에 따르면 천부경은 환국시대로부터 전해진 구전지서(口傳之書)였다. 그런데 위의 기록에서 그것을 환웅대성존(桓雄大聖尊)께서 신지혁덕(神誌赫德)에게 명하여 녹도문(鹿圖文)으로 기

---

7) 부신(符信): 나뭇조각이나 두꺼운 종이조각에 글자를 쓰고 증인(證印)을 찍은 뒤에 두 조각으로 쪼개어 한 조각은 상대자에게 주고 다른 한 조각은 보관했다가 뒷날에 서로 맞추어 증거로 삼는 물건.

8) 천상의 빛: 천상의 빛은 一神의 모습인 한빛(一光)이며, 三神의 모습인 천일지광(天一之光), 지일지광(地一之光), 태일지광(太一之光)을 말한다.

록하게 했다고 한다. 기록에서는 또 이것을 신라의 학자 고운(孤雲) 최치원(崔致遠)선생이 일찍이 신지(神誌)가 전서(篆書)[9]로 기록한 옛 비석을 보고 다시 문서(帖)로 만들게 되면서 세상에 전해지게 되었다고 했다.

문서에 나타나는 천부경(天符經)의 구성을 보게 되면 우리민족 고유의 정신세계가 81자로 압축되어 있고, 숫자와 함께 천지인(天地人)의 구조로 형성이 되어 있다. 이런 점에서 우리는 천부경이 숫자와 더불어 천지인의 법칙을 가지고 삼수우주관(三數宇宙觀)을 만들어내고 있음을 알게 된다.

이밖에 천부경의 전체 81자를 사각형으로 만들어 중앙의 6數와 함께 밖의 9數를 통해서도 보게 되면 천부경이 음양을 통한 분화와 귀일운동을 다루고 있음을 알게 한다. 이렇듯 천부경은 삼수우주관을 바탕으로 삼수분화와 삼수귀일을 통한 생명운동의 작용을 다루고 있다.

그러면 이제 본론에 들어가기에 앞서 고기(古記)에 나타나는 기록들을 통하여 천부경이 시작된 유래와 천부경이 한민족의 역사에 있어서 어떠한 가치와 의미를 가지고 있는지도 알아볼 필요가 있다. 이와 함께 [천부경을 위한 개념의 이해]와 [천부경의 수리체계]까지도 살펴보고자 한다.

먼저 천부경이 시작된 유래에 대해서 〈삼성기 전〉「하편」을 보게 되면 환웅천왕께서 동방 배달민족의 새 역사시대를 열고 백성들에게 교화를 베푸실 때는

천부경을 설하고 삼일신고(三一神誥)를 강론하여
뭇 백성에게 큰 가르침을 베풀었다.

고 하였다. 여기서 환웅천왕이 백성들의 교화를 위하여 천부경과 삼일신고를 강론하였다는 것은 배달국 초기에서부터 천부경과 삼일신고는 한민족

---

9) 녹도문(鹿圖文)으로 기록한 신지혁덕과 전서(篆書)로 기록한 신지와는 다른 인물이다.

의 가르침이 되었다는 것을 말해주고 있다.

천부경과 삼일신고에 대하여 〈단군세기〉「11세 도해 단군」에서는

마침내 누각에 오르시어 천부경에 대하여 논하시고
삼일신고를 강연하시었다.

라고 하였으며, 〈태백일사〉「대진국 본기(大震國 本紀)」에서는

태학(太學)을 세우고 천경신고(天經神誥)를 가르쳤다.

고도 하였다. 이로 보건대 천부경과 삼일신고는 배달국에 이어 단군조선의
역사시대와 대진국(大震國)에까지 이어오면서 민족의 가르침이 되었음을
알려주고 있다.

다음에는 한민족의 역사에 있어서 천부경이 어떠한 가치와 의미를 가지
고 있는지에 대해 〈태백일사〉「삼한관경본기」의 기록을 보게 되면

풍백(風伯)은 천부(天符)를 거울에 새겨 앞서가고,
우사(雨師)는 북을 치면서 돌아가며 춤을 추고,
운사(雲師)는 백검(佰劍)으로 호위하였다.

는 기록이 보인다. 이밖에도

백성의 뜻을 물어 공법(公法)을 삼노니
이를 천부(天符: 하늘에 부합하는 법)라 한다.
대저 천부란 만세의 강전(綱典)이니
지극히 존중케 하여 보존함으로서

아무나 범할 수 없게 해야 함이다.

　라는 기록이 있다. 위의 내용에서 천부(天符)를 거울에 새겼다는 것은 천부경이 자신을 되돌아보고, 자신을 제2의 태양으로 만들 수 있다는 의미이다. 이것은 거울이 자신을 비추고, 빛을 반사시킬 수 있는 기능 때문이기도 하다. 이런 점에서 볼 때 천부경이란 우리 자신을 성찰하여 태양과 같은 존재가 되게 하는 경전이라 할만하다.

　또한 다음의 글귀에서 백성의 뜻을 물어 만인이 지켜야 하는 공정한 법을 세움에 그 명칭을 천부(天符)로 한다는 것은 천부경이 가지고 있는 의미가 공정함의 상징인 하늘에 부합되기 때문이다. 그렇기 때문에 천부경은 만세의 강전(綱典)으로서 아무나 범할 수 없는 보고(寶庫)임을 말해주고 있다.

　이러한 경전에 대하여 〈태백일사〉「소도경전본훈」에서는

　　태백진교(太白眞敎)는 천부(天符)에 근원하여
　　지전(地轉)에 합치고,
　　또한 사람(人)의 일(事)에 절대적이다.

라고 하였고,

　　천부(天符)에 준하여 거짓이 없고,
　　지전(地轉)에 의하여 거만함이 없으며,
　　인정(人情)에 합쳐서 어긋남이 없다면
　　천하의 공론(公論)이 어찌 한 사람이라도
　　다를 수가 있겠는가?

라고 하였다. 우리는 여기서 태백진교의 가르침이 하늘의 뜻에 부합하는 천부경을 근원으로 한다는 것에 대해, 한민족의 사상이 천부경을 바탕으로 시작되었다는 것으로 인식하게 된다. 그렇기 때문에 천부경이란 모든 가르침에 근본이 되면 되었지, 둘째가 될 수 없음을 본문에서는 말해주고 있다.

천부경의 가르침에 대해서는 조선시대에 살았던 매월당 김시습에 의해서도 전해졌다. 그는 징심록(澄心錄) 추기(追記)에서, 금척지(金尺誌)에서 말하고 있는 금척(金尺)10)은 천부(天符)의 법에 의하여 제작되었으며, 그 형상에 새겨진 내용에서

그 허실의 수가 9가 되어 10을 이루니
이것은 천부의 수(數)다.
其虛實之數九而十成 次則天符之數也.

라고 하였다. 우리는 여기서 금척인 황금잣대가 천부의 법에 의하여 제작되었으며, 그 형상에 천부의 수(數)가 새겨진 것을 볼 때 황금잣대란 단순한 잣대가 아니라, 숫자 10을 중심으로 분화와 귀일의 원리를 나타내는 물형(物形)이라 생각이 된다.

특히 허실의 수가 9가 되어 10을 이룬다는 것은 숫자 9가 분화와 귀일을 하게 될 때에 1~9는 10을 만들고, 10~2는 1을 만들게 되는 것을 말한다. 즉 1~9까지의 9의 숫자가 분화를 하게 될 때는 10을 만들고, 10~2까지의 9의 숫자가 귀일을 하게 될 때는 1을 만들게 되는 것을 말하고

---

10) 징심록(澄心錄) 추기(追記)에서 김시습은 천웅도(天雄道, 화랑의 근원)의 상징으로 금척(金尺)을 말하였고, 금척은 곧 천부경의 도(道)를 말한다고 하였다. 그는 또 금척의 형상은 삼태성(三台星)이 늘어선 것 같으며, 머리에는 불구슬(火珠)을 물고 있고, 네 마디(節)로 된 다섯 치라고 하였다. 그 기능에 대해서는 이세소장(理勢消長)의 근본을 알고, 인간만사에 이르기까지 재지 못하는 것이 없으며, 숨구멍, 마음, 목숨을 재면 기사회생(起死回生)하는 신기(神器)라고 하였다.

있다.

　김시습에 이어 조선의 임금인 정조(正祖)도 천부경에 대하여 언급한 바
가 있다. 정조 5년 구월산 삼성사(三聖祠) 치제 제문에는

　　천부보전(天符寶篆)이 비록
　　지금에는 사실적 물징이 없으나
　　신성(神聖)이 이로 인해 서로 전수한 것이
　　우리 동국역사(東國歷史)에서 일컬어지고
　　있음이 그 몇 해 이런고,

라고 하여 천부경이 이어오고 있는 역사가 수천 년에 해당하고, 그 기록이
신성(神聖)에 의하여 전해져 왔음을 말하고 있다.

　임승국씨가 번역한 《한단고기》의 범례에서도 환단(桓檀) 이래로 전하여
온 삼일심법(三一心法)이 이 책에 있다고 하여 천부경이 고대의 신성(神
聖)들에 의해 전해져 왔음을 다음과 같이 말하였다.

　　저 [천부경]과 [삼일신고] 두 책의 전문이 함께 편중(編中)에 있
　　어 실로 낭가(郎家)의 입장에서 보면 유가의 대학 중용과 같은 것
　　이다.
　　오호라! 환단(桓檀) 이래로 전하여 온 삼일심법(三一心法)은 참으
　　로 이 책에 있는 바, 모름지기 태백진교(太白眞教)[11]가 다시 일어
　　날 토대가 되지 않을 것인가? 손도 저절로 춤을 추고 발도 저절로
　　춤을 추며 흥겨워 소리 지르고 싶으니, 기쁨에 미칠 지경이로다.

　위의 내용에서 천부경과 삼일신고와 전계의 가르침을 담고 있는 태백진

---

11) 태백진교(太白眞教)는 태백산에 근원을 둔 환웅천왕의 가르침을 말한다.

교가 다시 일어날 토대가 될 수 있다는 것은 고려시대로부터 잊혀지기 시작했던 가르침이 이제 다시 나올 수 있는 가능성이 있다는 뜻이다. 한마디로 천 년에 가까운 세월 동안 잊혀졌던 가르침이 이제 나오게 되면 이로 인해 정신문화를 꽃피었던 옛 황금시대가 다시 다가올 수 있음을 말한다. 그렇기 때문에 환단고기[12] 범례에서는 기쁨에 미칠 지경이라는 심정을 토로한 것이다.

이번에는 천부경을 언급한 환단고기(桓檀古記)[13] 발(跋)을 보자.

오호라, 천부경(天符經)·홍익훈(弘益訓)·신고(神誥)·전계(佺戒)가 오히려 남아서 명명하게 나를 닦고, 사람을 다스리는 심법(心法)이 되고, 당당히 경세제민(經世濟民)의 대전(大典)이 되는구나. 때문에 천하는 모두 감복하여 이를 존숭하며 신성하다고 일컫는다.

여기서 언급하고 있는 천부경과 삼일신고, 전계는 우리민족의 3대 가르침이라 지칭할 만한 내용들이다. 그런데 천부경과 삼일신고와 전계는 너무나 짧은 내용으로 압축되어 있고, 해석하기에 어려움이 있어 보편화되기에 어려움이 있는 것이 사실이다. 그러므로 빠른 시일 내에 풍부한 설명과 정확한 해석이 이루어져 세상에 빛을 밝힘이 중요하다.

하지만 그 해석에 있어서는 아직까지 명확한 내용보다는 너무 확대 해석

---

12) 환단고기에서의 환(桓)은 그 근본이 [한]이 아니라 밝을 환이다. 만물은 처음 밝은 빛으로부터 시작되기 때문이다. [한]은 이후에 빛에 의하여 전체가 하나가 된다는 뜻이니 근본은 [환]으로부터 시작되어 장차 [한]이 된다고 보는 것이 타당하다.

13) 환단고기(桓檀古記)는 안함노(安含老)의 삼성기(三聖記)·원동중(元董仲)의 三聖記·행촌 이암(李嵒)의 단군세기(檀君世紀)·휴애거사 범장(范樟)의 북부여기(北夫餘紀), 가섭원부여기(迦葉原夫餘紀)·일십당주인 이맥(李陌)의 태백일사(太白逸史)를 운초(雲樵) 계연수(桂延壽 1864~1920)가 하나로 묶은 책이다.

한다거나, 너무 서술적인 면에만 그치고 있어, 전체를 하나로 꿰지 못하고 있는 것이 현실이다. 그래서 임승국씨도 《한단고기》의 뒷면에서 천부경에 대한 자신의 견해에 대하여 말하기를, 아직까지 천부경을 명확히 풀어내는 자를 구경하질 못했다고 했다.

> 81자의 천부경을 해석하는데 한문 실력의 우열 따위는 결코 문제 밖의 일이며, 동양철학이나 역학(易學), 주역(周易) 및 수리(數理) 지식이 결정적 요소가 된다. 따라서 천부경의 소중함을 목마르게 강조하는 학인은 쉽게 볼 수 있으나, 천부경을 시원스레 풀어 해설하는 천하의 명인(名人)은 아직 구경하질 못했다.
>
> 〈한단고기〉「천민 심훈의 정수」

위의 내용에서는 동양철학과 역학, 수리의 지식이 결정적 요소가 된다고 한다. 그러나 필자의 의견은 다르다. 천부경은 오히려 태호복희씨(太昊伏羲氏)에 의해 만들어진 하도(河圖)의 역사보다도 길다. 따라서 동양철학과 함께 모든 철학의 뿌리가 되기 때문에 동양철학적 내용만으로는 해석이 불가능하다고 본다.

특히 천부경은 무형을 중시하는 三一철학에 근본을 두고 있고, 역학은 현상을 중시하는 음양론에 근본을 두고 있기 때문에 아무리 역학에 대가(大家)라 할지라도 문명사의 정신세계를 모른다면 정확한 해석을 내릴 수 없다고 필자는 생각한다.

다만 역학에서 가장 오래된 하도(河圖)와 낙서(洛書) 등이 천부경을 이해하는데, 다소 도움이 될지언정 실질적인 도움은 안 된다고 말할 수 있다. 그렇다면 우리민족의 3대 대전(大典)이라 할 수 있는 천부경과 삼일신고와 전계를 어떻게 해석해야 할 것인가에 대해서 필자의 생각은 《환단고기》의 밖에서 답을 찾으려하지 말고, 먼저 환단고기에서 그 답을 찾을 것을 권하는 바이다. 그 이유는 환국, 배달, 단군조선의 역사와 문화가 담긴 환단고기 속에 천부경을 해석할 수 있는 모든 비밀이 담겨 있기 때문이다.

3. 천부경을 위한 개념의 이해
| 대허(大虛)와 일신(一神) |

《표훈천사(表訓天詞)》에서 말한다.

> 대시(大始)에 위·아래·사방은
> 일찍이 아직 암흑으로 덮여 보이지 않더니
> 옛것은 가고 지금은 오니 오직 한빛이 있어 밝더라.
> 상계(上界)로부터 또 삼신(三神)이 계셨으니
> 곧 한 분의 상제(上帝)시라.
> 주체는 곧 일신(一神)이니
> 각각 신이 따로 있음이 아니나,
> 작용에 있어서는 곧 삼신이시라.
> 表訓天詞云 大始上下四方曾未見暗黑
> 古往今來 只一光明矣. 自上界却有三神 卽一上帝.
> 主體則爲一神 非各有神也, 作用則三神也.

〈태백일사〉「삼신오제본기」

표훈 천사에서 말하고 있는 내용에는 여러 개념들이 함축적으로 담겨있다. [암흑(暗黑)]이라든가 [한빛(一光)]·[삼신(三神)]·[상제(上帝)]·[일신(一神)] 등이 그것이다. 그런데 〈태백일사〉「소도경전본훈」을 보면 대허(大虛)에 빛(光)이 있음이여, 이것은 신(神)의 형상이라고 정의하고 있어, [암흑]은 대허가 되고, [한빛]은 일신(一神)이 됨을 말해주고 있다.

특히 여기서 신의 형상이 빛이라는 것은 일신이 빛으로 그 모습을 드러내게 되며, 빛은 그 속성이 일신이라는 것을 말한다. 그런데 삼신도 마찬가지로 일신으로부터 비롯된 무형이기 때문에 그 모습을 빛으로 드러내게 되어 있다. 그렇다면 일신이나 삼신은 본체와 세 가지의 속성으로 드러날 뿐, 그 형상은 한빛으로 되어 있을 뿐이다.

다시 한 번 암흑인 대허에 대해 알아보면《삼일신고》에서는 이에 대하여 허공(虛空)이라고 하였다. 허공에 대해서는 〈삼일신고〉「제1장」에서 형체와 바탕도 없고, 처음과 끝도 없으며, 상하사방도 없다고 말했다. 그러면서도 존재하지 않는 곳이 없고, 감싸지 않는 바가 없다고 하였다.

일신(一神)에 대해서도 다시 한 번 알아보면 그 형상이 한빛(一光)이라는 것은 일신이 걸림이 없고, 막힘이 없다는 것을 말하며, 어둠 속에서 빛으로 존재하게 되므로 우주의 질서를 주관하는 주체임을 말한다. 이러한 이유로 〈삼일신고〉「일신」편에서는 더 이상이 없는 최고의 자리에 있는 것이 일신이라 하였고, 〈삼일신고〉「세계」편에서는 일신이 뭇 세계를 지으셨다고 했다. 이밖에 〈태백일사〉「삼신오제본기」의 대변경(大辯經)에서는 깊고 깊은 윗자리에 일신이 계시다고 하였다.

하지만 여기서 유의할 점은 일신은 인격신으로서의 존재가 아니라 만물 속에 내재된 가장 근원적인 신을 말한다. 그런 까닭에 일신은 그 형체가 한빛으로 되어 있는 것이다. 따라서 수도자(修道者)가 一神(한빛)과 마주하게 될 때에는 기적을 체험하게 되어 있다.

우주가 빛으로부터 비롯되었다는 것에 대해서는 그동안 많은 구도자들이 언급하여 왔다. 그들은 이구동성으로 말하기를 만물의 내면세계와 만나게 될 때에는 빛을 체험하게 되며, 그 빛으로 인해 우주가 하나의 생명체로 꿈틀거림을 보았다고 하였다. 이러한 체험을 할 수 있었던 것은 자신의 내적인 빛이 만물의 내면과 소통을 이루게 하며, 시야(視野)를 막고 있는 장

벽을 허물어 버렸기 때문이다. 그렇기 때문에 수도자가 빛을 얻게 될 때에는 모든 장벽에 막힘이 없이 볼 수가 있게 된다.

> 그것은 마치 자신이 들어 있던 집이
> 갑자기 위로 치솟아 올라간 듯하다.
> 그는 멀리까지 볼 수 있게 되며, 산을 꿰뚫어 보며,
> 지구가 하나의 거대한 평원인 것처럼
> 그 시선은 지구의 끝까지 미친다.
> 어떤 것도 더 이상 그 앞에서 숨겨질 수 없다.
> 〈요가-불멸성과 자유-〉「제8장 요가와 원시인도」

베다(Veda)에는 대허와 일신, 삼신에 이르기까지 무한과 무형을 나타내는 하나의 개념으로 브라만(Brahman)이 있다. 이 브라만에 대해 잠시 알아보면 대허가 텅 비어있듯이 브라만도 그 본질이 허(虛)이다. 一神(한빛)과 三神(한빛의 세 가지 법칙)의 경우도 득도(得道)를 통해 체험하게 될 때에는 자유(自由)와 기쁨과 즐거움을 주듯이 브라만도 그 본질이 환희(歡喜)이다.

> 브라만(梵)은 생명이요,
> 브라만은 환희요, 브라만은 허이다.……
> 환희는 진실로 허와 같은 것이요,
> 허는 진실로 환희와 같은 것이다.
> 〈챤도기야 우파니샤드〉

위의 내용에서 브라만이 환희(歡喜)라는 것은 고통으로부터의 해방을 주기 때문이다. 그래서 브라만을 번뇌의 속박으로부터 자유롭게 해주는 즐거움이라고도 한다. 이런 점에서 대허, 일신, 삼신과 더불어 브라만도 우리로

하여금 득도(得道)를 통한 자유와 기쁨을 주는 개념이다.

이밖에도 대허, 일신, 삼신이 불멸을 상징하듯이 브라만도 불멸을 상징한다. 그 이유는 브라만도 무한계의 속성과 무형으로 되어 있기 때문이다.

누구든 영지(靈智)와 신비적인 지혜를 얻으려고
노력하는 자는 불멸성과 절대적인 능력에 접근할 수 있다.
브라만은 모든 불멸적인 것, 불사의 것,
전능한 것을 상징하기 때문이다.

《우파니샤드》14)

베다(Veda)의 가르침에서 브라만은 우주만유를 창조한 빛의 원천으로서 모든 것을 지배하는 힘으로 모든 곳에 스며있다. 그런 까닭에 빛의 원천인 브라만(Brahman)은 대허, 일신, 삼신과 같이 불멸의 생명을 갖고 현존한다. 따라서 이들 무형의 세계는 만물 속에 내재되어 영원한 생명의 춤을 추게 된다.

대허와 일신, 삼신이 되는 브라만에 대하여 엘리아데는 《베다 書》에서 브라만의 신화적 이미지가 스캄바(Skambha), 즉 우주기둥, 세계축(世界軸)으로 나타난다고 했다. 이것은 근원적 생명이며, 빛의 원천인 브라만(대허, 일신, 삼신)이 우주의 중심, 모든 생명의 중심이라는 신화와 샤먼적인 배경에 그 밑바탕을 깔고 있는 것을 말한다.

사람 안에 브라만이 있음을 아는 존재는
최고 존재(parmesthin)를 아는 자이다.
최고 존재를 아는 자는 스캄바(Skambha)를 아는 자이다.

《아타르바 베다》

---

14) 〈요가 -불멸성과 자유-〉「제3장 요가와 바라문교」113쪽

그렇다면 브라만에 해당하는 대허를 비롯한 일신과 삼신은 눈에 드러나는 현상계에 근원이며, 모든 현상들의 탄생과 성장, 완성과 소멸하는 존재의 근원을 말한다. 그런데 여기에는 절차가 있다. 그것은 암흑인 대허로부터 시작하여 한빛인 일신이 있게 되고, 한빛이 세 가지의 법칙인 삼신으로 나타나게 되는 순서이다.

이제 암흑(大虛)·한빛(一神)·한빛의 작용인 삼신(三神)과 더불어 등장하는 [상제(上帝)]라는 명칭과 마주하게 된다. 그런데 여기서 상제(上帝)는 이전의 개념들과는 다르게 인격적인 존재이고, 만유생명을 주재하여 통치하는 주재자(主宰者)의 개념이다. 그러므로 〈태백일사〉「삼한관경본기」를 보면 색불루 단군께서 마한의 여원흥을 보내어 "삼신일체인 상제의 단(三神一体上帝之壇)에 제사를 올리게 하였다"는 기록이 보인다. 〈태백일사〉「대진국본기」에도 "삼신일체의 상제(上帝)를 서압록하의 강변에서 제사하였다."고 기록하고 있다.

주재자인 상제를 명칭 함에 있어서는 [上帝]의 개념 앞에 덧붙여서 三神上帝, 三神하나님이라고도 부르게 되는데, 이것은 인격신인 上帝의 역할이 삼신의 기능을 자유자재로 쓰시기 때문이다. 따라서 삼신상제란 생명을 낳는 조화(造化)와 생명을 기르는 교화(敎化)와 생명을 다스리는 치화(治化)의 역할을 자유자재로 주재(主宰)하시는 분을 말한다.

특히 옛사람들은 '법칙적인 三神'과 '인격신인 上帝'를 다르게 보면서도, 또한 같은 개념으로 이해하였다. 그 이유는 '삼신의 원리는 곧 上帝'를 통해서만 완전하게 실현될 수 있고, '상제는 곧 삼신의 원리'를 통해 자신의 통치섭리를 드러낼 수 있었기 때문이다. 그래서 삼신은 곧 상제를 지칭하는 또 다른 명칭이었으며, 상제 또한 삼신을 나타내는 명칭이기도 했다.

〈태백일사〉「삼신오제본기」에서는 삼신의 작용을 자유롭게 주재하시는 상제(上帝)에 대하여 다음과 같이 말하였다.

삼신(三神)은 만물을 끌어내시고, 전 세계를 통치하실
가늠할 수 없는 지혜와 능력을 가지셨더라.
그 형체를 나타내지 않으시고, 최상의 꼭대기인 하늘에
앉아 계시니 계신 곳은 천만억토(千萬億土)이다.
항상 크게 광명을 방출하시고, 크게 신묘함을 나타내시며,
크게 길한 상서(祥瑞)를 내리시더라.
　三神有引出萬物 統治全世界之無量智能. 不見其形體而坐於最
　上上之天 所居千萬億土. 恒時大放光明, 大發神妙, 大降吉祥.

　위의 내용에서 삼신(三神)은 삼신상제를 줄여서 말한 것이다. 삼신상제
께서 만물을 끌어내신다는 내용은 그가 만물의 생성작용을 주관한다는 것
을 말한다. 이외에도 그가 "전 세계를 통치하실 가늠할 수 없는 지혜와 능
력을 가지셨다."는 것과 "최상의 꼭대기인 하늘에 앉아 계신다."고 하는 것
은 삼신상제께서는 지혜와 능력을 가지고 계신 인격신이며 최상의 꼭대기
인 천상에 앉아계시는 통치자임을 나타낸다. 따라서 상제는 천상의 조정
(朝廷)을 통치하시는 하늘의 임금임을 말해주고 있다.

　또 "계신 곳은 천만억토요, 항상 크게 광명을 방출하신다."는 것은 삼신
상제께서는 만물의 내부에 있는 존재가 아니라, 외부세계에 존재하는 인격
신임을 말해준다. 이와 함께 그 분의 통치하심이 세상의 어둠을 진리로서
밝히신다는 것을 말한다. 그러므로 우주의 통치자인 상제(上帝)는 우주(宇
宙)의 중심에서 문명(文明)을 여시는 분이시고, 태양과 같은 존재임을 [환
단고기]에서는 밝혀주고 있다.

　그렇다면 이 분의 역할이 현실세계에서 어떠한 모습으로 나타나게 되는
가를 알아볼 필요가 있다. 이에 대하여 인도신화에서는 다음과 같이 명쾌
하게 말한다.

이슈바라(Isvara) 그가 통제자이다. 온 우주는 그의 명령, 계획에 따라 연극을 상영하고 있다. 죽음조차 한치의 착오 없이 그의 의무 뒤에 등장한다. 그를 아는 것, 그를 경배하는 것, 그를 찬미하는 것, 그를 생각하는 것이 스바 다르마(Sva-Dharma), 즉 인간의 고유 의무이다. 그는 신이고, 그만이 홀로 올바르다. 그는 우리 삶을 꼭 맞게 안내하는 신이고, 이 세상에 다시 태어나는 것을 피할 수 있도록 도와주는 신이다.

〈인도신화〉「영원에의 요구」

위의 내용에서 말하고 있는 이슈바라는 동아시아에서 말하는 상제신(上帝神)과 같다. 그의 명령, 그의 계획에 따라 연극을 상영하는 것은 모든 생명체가 그의 감독아래 작용을 한다는 것을 말한다. 이른바 모든 생명에는 각기 본성과 자유의지가 있지만 우주의 큰 목적을 위해서는 이슈바라가 그들의 본성과 자유의지를 이끌고 가게 된다는 뜻이다.

이슈바라에 대하여 인도에서는 창조주(創造主)로 인식하지는 않는다. 하지만 영원히 자유롭고 결코 번뇌에 오염되지 않는 하나의 정신으로 인식하며, 요가행자의 원형으로 여긴다. 그래서 그를 인도에서는 창조주가 아닌 우리의 삶을 궁극으로 이끌어주는 스승과 통치자로 인식한다. 결국 이러한 인식이 우주에는 법칙으로 나타나는 창조주(創造主)와 더불어 만물을 주재하는 통치자(統治者)가 있음을 알게 한다.

일신(一神)과 삼신(三神)

一神에 대해서는 이전에도 살펴보았듯이 그 형상은 한빛(一光)이며, 그 성향은 일신(一神)이다. 일신이 한빛으로 드러난다는 것은 만물의 근원인 일신이 빛(光)으로 되어있다는 것을 말하며, 한빛이 일신이라는 것은 한빛이 생명을 주재하는 질서의 기능을 가졌다는 것을 말한다.

이번에는 一神으로부터 비롯된 삼신에 대해 알아보면 그 첫 번째가 천일신(天一神)이요, 두 번째가 지일신(地一神)이며, 세 번째가 태일신(太一神)이다. 이 삼신은 일신으로부터 시작되었기 때문에 그 형상은 마찬가지로 한빛이다.

이러한 삼신(三神)이 작용하게 되는 것을 보면 천일신은 조화(造化)를 주관하고, 지일신은 교화(敎化)를 주관하며, 태일신은 치화(治化)를 주관한다. 그렇기 때문에 삼신이 각기 작용을 하게 될 때에는 천일신은 한빛의 형상을 통한 조화, 지일신은 한빛의 형상을 통한 교화, 태일신은 한빛의 형상을 통한 치화를 주관하게 된다.

삼신(三神)을 天一과 地一과 太一이라 한다.
천일은 조화(造化)를 주관하고
지일은 교화(敎化)를 주관하며
태일은 치화(治化)를 주관한다.
〈태백일사〉「삼신오제본기」

다시 한 번 쉽게 말해서 천일신(天一神)은 생명을 탄생시키는 한빛, 즉 조화의 성향을 지닌 빛을 말한다. 따라서 천일의 빛(天一之光)은 창조적 성향을 지닌 빛을 뜻한다.

지일신(地一神)은 생명을 일깨워서 변화시키는 한빛, 즉 교화의 성향을 지닌 빛을 말한다. 따라서 지일의 빛(地一之光)은 생명 스스로가 깨어나게 하는 빛을 뜻한다.

태일신(太一神)의 경우는 생명 스스로가 깨어나게 될 때 얻게 되는 한빛(一光), 즉 치화의 성향을 지닌 빛을 말한다. 따라서 태일의 빛(太一之光)은 수도자로 하여금 조화(造化)를 통해 자유와 불멸을 얻게 하는 빛을 뜻한다.

다음에는 일신과 삼신이 일체삼용(一体三用)하게 되는 원리에 대해 알아 보면 一神은 본체(体)가 되고, 三神은 작용(用)이 된다. 따라서 一神이 작 용을 하게 될 때에는 천일신, 지일신, 태일신으로 나타나게 되고, 삼신이 본체로 돌아갈 때는 일신으로 나타나게 되어 있다.

이와 같은 내용을 태양(太陽)과 비교하여 보면 일신이 태양이라면 三神 은 하늘과 땅과 사람을 비추는 광명(光明)에 해당한다. 다시 이것을 삼족 오(三足烏)에 비교하면 삼족오의 몸체가 一神이라면 세 개의 발은 三神을 뜻한다. 따라서 일신은 본체(體)로서의 모습을 갖게 됨으로 근원에 해당한 다면 삼신은 작용(用)으로서의 모습을 갖게 됨으로 실재의 모습으로 나타 나게 된다.

일신으로부터 삼신이 나타나게 되면 이때부터 삼신이 주체가 되어 실질 적인 변화를 주관한다. 이러한 우주의 섭리는 더 이상 작용하지 않는 본체 만을 주장하며 영원히 존재하는 것이 아니라, 자신과 닮은 생명체를 만들 기 위하여 실질적인 변화를 중시하기 때문이다.

一神의 헛된 것은 가고 실재가 나타나서(空往色來)
모든 것을 이어서 주재하니
三神이 大帝로서 실로 공이 있음이라.
一神空往色來 似有主宰 三神爲大帝實有功也.
〈태백일사〉「소도경전본훈」

하지만 삼신이 작용을 통한 생명탄생에만 목적을 두고, 一神인 본체로 돌아가지 않는다면 생명창조는 순환과 함께 영원히 지속될 수가 없다. 그 러므로 영원한 순환을 위하여 삼신은 분화에만 뜻이 있는 것이 아니라, 귀 일에도 뜻을 두고 있다. 그래서 우주는 영원할 수가 있는 것이다.

그러면 이제 '하나를 잡으면 셋을 포함'하는 집일함삼(執一含三)의 원리와 '셋을 합쳐서 하나로 되돌아간다.'는 회삼귀일(會三歸一)의 원리를 가지고, 일신과 삼신에 대해 보다 자세히 살펴볼 필요가 있다.

우선 삼신에 대해 살펴보면 이전에도 알아보았듯이 그 첫 번째가 천일신(天一神)이며, 두 번째가 지일신(地一神)이며, 세 번째가 태일신(太一神)이다. 그런데 여기서의 삼신이 분화에 목적이 있든, 회삼귀일에 목적이 있든 간에 작용을 하게 될 경우는 천일신과 지일신의 중간에 태일신이 위치하게 된다는 사실이다. 이것은 바로 태일신이 주축이 되어 분화와 귀일을 하게 된다는 것을 말한다.

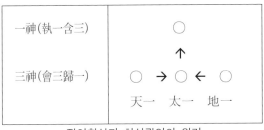

집일함삼과 회삼귀일의 원리

이러한 원리는 처음 一神이 분화하게 될 때 天一神과 地一神을 만들어놓고, 그 다음으로 太一神이 만들어지게 되면서 태일신이 주축이 될 수 있었다. 이른바 天一神의 낳고, 地一神의 기르는 것을 바탕으로 생명을 통솔 할 수 있는 성향의 太一神이 나온 것이다. 따라서 두 기능에 의하여 太一神이 나오게 되면서 음양의 법칙으로는 중일(中一)이 될 수가 있었다.

그런데 중일(中一)이 되는 태일신이 만들어지면 분화를 하던지, 아니면 귀일을 하게 되어 있다. 이때에 분화의 작용을 하게 되면 생명을 낳게 되고, 귀일의 작용을 하게 되면 생명을 불멸케 하게 된다. 이런 점에서 볼 때 太一은 오히려 天一과 地一보다도 더욱 위대하다. 그 이유는 우주를 분화와 귀일을 통해 영원히 순환시키는 역할을 하기 때문이다.

다시 말해 天一과 地一은 中一인 太一을 만들어만 놓았다면 太一은 생명을 낳는 성향뿐 아니라 본체인 一神으로 귀환하는 성향도 가지고 있기 때문에 그 위대함이 있다. 이러한 위대함 때문일까? 태일이 만물을 낳는 직접적인 역할을 가지고 있을 뿐만 아니라, 우주를 영원히 존재케 하는 회삼귀일의 정신을 가지게 되면서 역사 속에서의 태일신(太一神)은 오히려 天一神과 地一神보다도 중요하게 받들어졌다.

그래서 〈사기〉「봉선서(封禪書)」에서는 천일신, 지일신, 태일신을 모시는 제단을 태일단(太一壇)이라 하였다. 〈세종실록〉「세종 2년 4월 26일」의 기록에서도 보게 되면 소격전(昭格殿)에서 기우제를 지낼 때에 태일신에게 빌었다고 했다.

특히 〈회남자〉「본경훈」에서는 사람이 태일과 일체를 이루게 되는 것을 인간의 궁극적 완성으로까지 표현하였다.

太一을 몸으로 삼는 자는
천지(天地)의 마음을 알고,
도덕이 이치(理)에 통하며,
총명은 일월(日月)에까지 비추고,
정신은 만물에 두루 침투한다.

위에서 말하고 있는 태일신의 위대함은 실질적으로 만물을 낳는 역할과 함께 다시 회삼귀일하여 집일함삼을 이루는 역할을 하기 때문이다. 이렇듯 太一은 분화와 함께 회삼귀일하는 정신을 가지게 되면서 우주를 영원히 순환시키는 위대한 힘을 가질 수가 있었다.

도술(道術)은 깊고 넓어서

하나를 잡으면 셋을 포함하고
셋을 합치면 하나로 돌아오는 것이다.
　道術淵宏 執一含三 會三歸一.

<단군세기>「33세 단군 감물」

　그런데 여기서의 太一이나 天一과 地一은 삶과 죽음이 존재하는 유한계가 아니라, 삶과 죽음이 없는 무한계에 해당한다. 이것은 一神이나 三神이 무형인 빛으로 이루어져 있기 때문이다. 그러므로 一神이나 三神이 우주의 순수작용인 절대운동을 통하여 끝없이 삼수분화와 삼수귀일을 하게 되나 이것은 빛의 작용일 뿐이고, 실체가 없는 역할을 할 뿐이다.

　한마디로 일신과 삼신의 끝없는 순환의 작용은 빛을 통한 불멸을 위한 운동이기는 하나 실체가 없는 작용일 뿐이다. 그렇기 때문에 우주는 생명 창조를 통한 실질적인 자기실현의 과정이 필요하다. 그래야만 불멸을 위한 작용뿐 아니라, 유형(有形)을 통한 자기실현의 모습까지 보여줄 수 있기 때문이다.

일기(一氣)와 삼극(三極)

　대허(大虛)에 빛이 있음이여,
　이것은 신(神)의 형상이고
　대기(大氣)가 오래도록 존재함은
　神의 화(化)로써
　참 생명의 근원이 되니
　만법은 여기서 나오는 것이다.
　　大虛有光是神之像, 大氣長存是神之化,
　　眞命所源萬法是生.

위의 내용은 복희씨와 동문수학한 발귀리 선생의 글이다. 여기서 대허 (大虛)에 '빛(光)'이 있음은 이전에 말한 '암흑'에서 '한빛(一光)'이 생겨남이다. 따라서 '암흑'은 대허가 되고, '한빛'은 一神이 됨을 말한다.

그런데 갑자기 나타난 대기(大氣)란 무엇인가? 그것은 본문에서 말하고 있듯이 신(神)의 변화된 모습이다. 그렇다면 大氣가 오래도록 존재함은 일신과 삼신에 의하여 만들어진 것이 된다. 이로부터 참 생명의 근원인 大氣는 만물을 낳게 되는데, 여기서 大氣와 함께 부르게 되는 또 다른 명칭이 있다. 그것이 一氣이다.

一氣와 大氣는 대소(大小)의 차이는 있으나 똑같은 개념이다. 다만 一氣와 大氣의 문자적 뜻을 통해서 보면 一氣는 개인적 생명의 근원이라면 大氣는 하늘과 땅, 즉 우주가 형성될 수 있는 근원을 말한다. 따라서 일기는 소우주가 되는 인간생명의 근원이라면 대기는 대우주가 되는 천지의 근원이라 할 수 있다.

그렇다면 이제 일기를 중심으로 인간생명이 어떻게 형성되는가를 살펴볼 필요가 있다. 먼저 삼신과 일기의 작용에 대하여 〈태백일사〉「소도경전본훈」을 통해서 한번 살펴보도록 한다.

대저 삶을 사는 자의 체(體)는 일기(一氣)이고,
一氣속에는 三神이 있는 것이다.
夫爲生也者之體是一氣也, 一氣者內有三神也.

위의 내용에서 보게 되면 삶을 사는 자의 체(體)는 일기라고 했다. 이 말은 사람에게 있어서 실질적인 본체는 일기라는 것을 말한다. 일기 안에 삼신이 있다는 것은 三神으로부터 일기가 형성되었다는 것을 말하고 있다.

다음에는 일기에 대한 또 다른 문장을 보도록 한다.

일기(一氣)는 그가 스스로 능히 동작하여 낳고(造),
가르치고(敎), 다스리는(治) 삼화(三化)의 신(神)이 된다.
신은 즉 기(氣)이고, 기는 곧 허(虛)이며,
허는 즉 일(一)이다.
　一氣之自能動作而爲造敎治三化之神.
　神卽氣也, 氣卽虛也, 虛卽一也.
〈태백일사〉「소도경전 본훈」

위의 내용에서는 일기(一氣)가 능히 작용하여 근원으로 귀일하게 될 때
에는 다시 삼화(三化)의 신인 삼신으로 되돌아감을 말하고 있다. 더 나아
가 기(氣)는 곧 허(虛)와도 같다고 함으로써 삼신, 일신, 대허에 이르기까
지 일기가 하나로 통하여 있음을 말한다. 그래서 〈태백일사〉「소도경전본
훈」에 있는 대변설(大辯說)에서는 "일기(一氣)가 즉 하늘이요, 텅 빈(空)
것이다."[15]라고도 하였다.

한마디로 이와 같은 내용은 일기의 안으로는 무한계인 삼신을 지니고 있
기 때문에 일기가 곧 허(虛)와 공(空)과 같다는 뜻이다. 그래서 유가(儒
家)에서는 일기가 즉 텅 빈 것이요, 텅 빈 것이 곧 일기가 됨에 대해 태극
(太極)이 무극이요, 무극(無極)이 태극이라고도 했다. 마찬가지로 베다사상
에서도 범아일여(梵我一如), 즉 불멸의 근원적 실재인 브라만(Brahman·
梵)과 개별적 존재의 참본질인 아트만(Atman·自我)이 같다고 하였다.

이번에는 이러한 사실을 바탕으로 一氣가 삼신으로 귀일함이 아니라, 一

---

15) 曰一氣는 卽天也며 卽空也라. 〈태백일사〉「소도경전본훈」

神이 삼신으로 분화작용을 하듯이 일기의 분화작용을 알아보도록 하자.

　하나(一)의 기(氣)로부터
　셋(三)으로 갈려진 氣는 곧 극(極)이다.
　自一氣而析三氣卽極也.

〈태백일사〉「소도경전 본훈」

　위의 내용에서 말하고 있듯이 일기(一氣)는 셋(三)으로 갈라진다고 하였
다. 그 세 가지 氣가 극(極)이라는 것은 다함이 없다, 부족함이 없다는 뜻
이다. 이렇게 볼 때 一氣로부터 시작된 삼극(三極)은 현상계에서의 첫 번
째 분화로서 지극한 상태가 된다. 이때의 삼극은 천극(天極)·지극(地極)
·인극(人極)으로써 여기서 극(極)을 지극한 단계의 하나(一)로 바꾸게 되
면 天一·地一·人一이 되게 되어 있다.

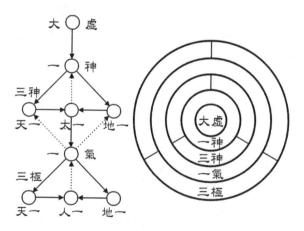

一氣를 중심으로 大虛에서 三極까지의 원리
두 개의 그림은 수직과 안과 밖의 모습으로 되어 있다

　그러면 이제 一氣의 밖으로는 일기를 본체로 한 유한계의 첫 번째 1단계

인 三極(天一·地一·人一)이 만들어지고, 일기 속에는 三神(天一·地一·太一)이 머물게 되면서 일기를 중심으로 밖으로는 삼극이 있게 되고, 안으로는 삼신이 있게 된다.

　이러한 결과는 결국 일기를 유한계인 삼극과 무한계인 삼신과의 중간고리역할을 하게 만들어 놓았다. 이로써 일기는 유한계와 무한계로 연결될 수 있는 고리역할을 하게 되는데, 일기는 그 형체에 있어서도 겉은 유한계와 속은 무한계로 이루어진 형체를 하고 있다. 그래서 일기를 〈태백일사〉「삼신오제본기」에서는 일기의 속은 텅 비어 있는 허(虛)라고 했으며, 겉은 거친 물질인 조(粗)로 형성되어 있다고 하였다.

내면(內面) (無限界)	(암흑)인 대허(大虛) ↓ (한빛)인 일신(一神) ↓ (한빛)의 작용인 삼신(三神) ↓
중심(中心)	(三神)을 품고 있는 일기(一氣)
외면(外面) (有限界)	↓ (一氣)로부터 생명이 시작되는 삼극(三極)

　한마디로 一氣는 겉을 조(粗)로 하고, 속을 허(虛)로 함으로써 한편으로는 물질적 존재이면서도, 다른 한편으로는 무형적 존재임을 드러내 보인다. 이러한 상태를 음양론의 입장에서는 태극(太極)16)이라고 한다. 따라서 일

---

16) 태극(太極): 일반적으로 태극이라 하면 천지(天地), 일월(日月), 수화(水火), 남녀(男女) 등으로 구분한다. 하지만 천부경에서는 태극을 유형(有形)과 무형(無形)이 결합된 것으로 구분한다. 이러한 까닭은 가장 시원적인 입장에서 태극을 구별

기란 무형과 유형으로 이루어진 생명의 본체임을 말해주고 있다.

> 만물 속에 '텅 빈 것'과 '거친 것'이
> 일체(虛粗同體)로 있는 것은
> 오직 一氣가 이미 있기 때문이고
> 오직 三神이 이미 존재하기 때문이다.
> 여기에는 가히 다함이 없는 수(數)의 법칙과
> 결코 피할 수 없는 원리(理)와
> 감히 거역할 수 없는 힘(力)이 깃들어 있다.
>   庶物之有虛粗同體者 惟一氣而已 有三神而已.
>   有不可窮之數 有不可避之理 有不可抗之力.
>
> 〈태백일사〉「삼신오제본기」

위의 내용에서 보듯이 일기는 무형인 허(虛)와 유형인 조(粗)로 이루어져 있다고 했다. 이렇게 볼 때에 일기는 허조동체(虛粗同體)로서 인간생명의 실질적인 본체를 이룬다. 그래서 위의 내용에서 일기에는 다함이 없는 수(數)의 법칙과 피할 수 없는 원리(理)와 거역할 수 없는 힘(力)이 깃들어 있다고 하였다.

그렇다면 일기가 부족함이 없는 수(數)의 법칙, 즉 불멸성을 가지고 있다는 것을 말한다. 피할 수 없는 원리(理)는 분화와 귀일의 절대법칙이 일기에는 있다는 것을 말한다. 거역할 수 없는 힘(力)은 분화를 통한 자기실

해 놓았기 때문이다.
　　노자의 《도덕경》에서도 이와 같은 점이 발견되고 있는데, 이것은 도가(道家)의 시원도 유무일체(有無一體)로부터 현상계가 비롯되고 있음을 알려주는 것이다. 《노자(老子)의 목소리로 듣는 도덕경》을 집필한 최진석교수(한국인 최초로 중국 베이징대 철학과에서 박사학위를 받은 노장철학 전문가)도 주역의 저자가 음과 양의 관계로 세계를 읽었다면 노자는 무와 유의 관계로 세계를 읽었다고 했다. 그러면서 최교수는 노자는 이 세계가 무와 유의 관계로 되어 있음을 도(道)라는 범주로 기호화했다고 언급한바가 있다. (중앙일보 2001년 12월 29일자)

현과 귀일을 통한 생명완성의 목적이 일기에게는 있다는 것을 말한다. 이로 보건대 일기에는 불멸성과 함께 분화와 귀일의 절대법칙, 그리고 자기실현과 생명완성의 목적을 가지고 있음을 알려주고 있다.

지금까지의 내용으로 볼 때 대허는 일신을 낳고, 일신은 삼신을 낳았으며, 삼신은 일기를 낳고, 일기는 삼극을 만들어 놓게 되는 것을 알아보았다. 그렇다면 이제는 일체삼용(一體三用)하는 원리의 입장에서 〈태백일사〉「소도경전본훈」에 있는 내용을 한번 보도록 하자.

> 슬기로움(智)의 근원 역시 삼신에 있으니
> 三神은 밖으로 一氣를 포함하고,
> 그 안과 밖도 그 내용이 一이며 그 통제도 一이다.
> 역시 하나(一)에 모두 모아져 머금고 있으니
> 이에 어찌 갈려나가지 않겠는가!
> 그것이 글자가 만들어진 근원이니
> 모아져 머금고 돌아가서 지킨다는 뜻은
> 여기에 있는 것이다.
> 　智之源 亦在三神也
> 　三神者 外包一氣也, 其外在也一
> 　其內容也一 其統制也一. 亦皆含會而不歧焉.
> 　其爲字之源 含會執歸之義 存焉也.
> 　　　　　　　　　　　　　　　〈태백일사〉「소도경전본훈」

위의 문장에서 삼신(三神)은 슬기로움의 근원이 된다고 했다. 그래서 삼신의 밖으로는 일기를 포함하고, 그 안으로는 하나(一)를 감싸고 있다고 하였다. 그런데 삼신의 안으로는 일신이 있고, 밖으로는 일기가 있게 된다는 것은 일신과 일기는 삼신과 삼극(三極)에 있어서 통제역할을 하게 된다는 것을 말한다.

특히 이러한 역할을 통해 글자가 만들어지는 근원이 된다고 하였는데, 이것은 一氣를 중심으로 위로는 삼신인 天一·地一·太一과 아래로는 삼극인 天一·地一·人一이 고리를 이루기 때문이다. 그렇다면 그 형태를 보게 되면 장인 공(工)의 모형으로 나타나게 되며, 천지인이 결합하게 되는 모습이라는 것을 짐작하게 한다.

이러한 모습과 관련하여 훈민정음에서도 글자의 기본을 천지인(·一ㅣ)이라 하였다. 특히 여기서의 사람에 해당하는 중심(ㅣ)은 一氣로써 무한계인 삼신과 고리를 이루고, 유한계인 삼극과도 고리를 이루게 되는 역할을 한다. 그러므로 사람에 해당하는 일기는 무한계인 위와 유한계인 아래에 있어서 중심역할을 하게 되어 있다.

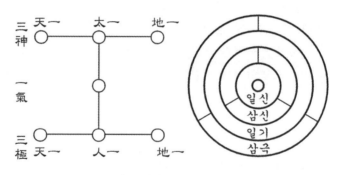

글자 모양의 장인 공(工) 모형

이번에는 一氣와 三極을 통한 집일함삼과 회삼귀일의 원리를 〈태백일사〉「소도경전본훈」을 통하여 잠시 살펴보고자 한다.

하나(一)를 잡아 세 개(三)를 머금는다는 것은
그 기(氣)를 하나(一)로 하고,
그 神17)을 셋(三)으로 하기 때문이다.

셋(三)을 모아 하나(一)로 돌아간다는 것은

역시 神을 셋(三)으로 하고,

氣를 하나(一)로 하기 때문이다.

所以執一含三者 乃一其氣而三其神也.

所以會三歸一者 是亦神爲三而氣爲一也.

위에서 "하나를 잡아 세 개를 머금는다."는 집일함삼(執一含三)은 기(氣)를 본체인 하나로 하고, 그 작용(神)을 셋으로 한다는 것이다. 여기서의 氣는 일기를 말함이고, 그 작용인 神은 三極을 말한다. 따라서 이것은 一神이 三神을 머금고 있듯이 一氣가 三極을 머금게 된다는 뜻이다.

삼수분화와 삼수귀일의 도상(圖象)
좌) 하나(一)가 셋(三)을 머금고 있다가 분화되는 상(象)
우) 셋(三)이 하나(一)로 귀일이 되는 상(象)

다음으로 "셋을 모아 하나로 돌아간다"는 회삼귀일(會三歸一)에 있어서도 작용(神)을 셋으로 하고, 본체인 氣를 하나로 한다고 했다. 여기서도 작

---

17) 신(神)이란 귀신과 신령을 나타내기도 하나, 영묘한 현상을 나타내기도 한다. 그래서 마음의 작용을 신이라 하고, 신이 머무는 자리를 마음이라고도 한다. 이와 같이 일기에 있어서도 삼극(三極)은 작용에 해당하므로 신이라 일컬어질 수가 있다. 따라서 여기서의 神은 일기의 작용인 삼극을 말함이다.

용인 神은 삼극을 말함이고, 그 본체는 일기를 말한다. 그렇다면 이것은 작용이 되는 삼극이 다시 일기로 귀일하게 되는 것을 말한다. 그런데 여기서 중요한 것은 삼극에서의 그 중간에 해당하는 人一에서는 분화의 작용은 쉽게 이루어지나 一氣로 귀일하기 위해서는 뼈를 깎는 고행이 필요하다는 사실이다. 이것은 인간이 순수자아에서 멀어져갔다가 다시금 순수자아를 되찾는 길이기 때문이다.

대일(大一)과 천궁(天宮)

> 대일(大一) 그 극(極)은
> 이를 이름 하여 양기(良氣)라 하니
> 없음과 있음이 섞여서
> 빈듯하면서 갖추어 묘함이 있도다.
> 　大一其極 是名良氣, 無有而混 虛粗而妙.
>
> 〈태백일사〉「소도경전본훈」

대일(大一)에 대해서 처음으로 언급한 인물은 선인(仙人) 발귀리(發貴理)이다. 그는 大一을 이름 하여 양기(良氣)라고 했다. 여기서의 양기는 곧 '뛰어난 기(氣)'를 말한다. 그렇다면 대일은 곧 일기와 같은 성향을 가지고 있음을 알려준다.

그는 또 大一은 없음(無)과 있음(有)이 뒤섞여있다고 정의(定義)하고 있다. 이 말은 大一 속에는 무한계인 三神이 머물러 있고, 그 외형을 조(粗)로 한다는 것을 말한다. 그렇다면 大一이나 一氣는 무형과 유형이 함께 공존하고 있는 허조동체(虛粗同體)의 성정(性情)을 가지고 있다는 것을 알려준다.

그런데 여기서 一氣는 '생명의 본체'로써 분화와 귀일이 이루어지는 생명체의 개념이라면 大一은 '큰 하나(一)'를 뜻하는 개념으로 분화와 귀일이 이루어지는 숫자의 개념이다. 따라서 大一은 숫자의 시초로써 1~9의 숫자를 주관하게 되어 있다.

그러면 이제 숫자의 본체를 뜻하고 있는 大一을 보다 쉽게 이해하기 위하여 노자의 [도덕경]에서 언급하고 있는 道와 함께 비교해 보고자 한다. 먼저 '道에서 하나가 생하였다(道生一)'는 노자의 언급은 대일로부터 삼극인 天一(1), 地一(2), 人一(3)이 발생했다는 것과 같다. 그렇다면 道와 大一은 그 명칭만 다를 뿐 만물을 낳는 역할을 한다는 입장에서는 같다고 볼 수 있다.

道는 하나를 낳고, 하나는 둘을 낳고,
둘은 셋을 낳고, 셋은 만물을 낳는다.
道生一 一生二 二生三 三生萬物.

〈도덕경〉「제42장」

〈태백일사〉「삼한관경본기」를 보게 되면 道에 대한 언급으로 "나를 위해 도(道)를 말하라"고 한 웅씨군에 대한 내용이 있다. 이때에 하명을 받은 유위자[18]는 道는 三神에서 나오고, 항상 같은 것이 없으며, 때(時)에 따르는 것이라고 하였다.

도의 큰 근원은 삼신에서 나옵니다.
도란 대립될 수 없고,
이름 붙일 수도 없는 것이니

---

18) 유위자(有爲子)는 11세 도해 단군 때의 인물로 알려져 있다. 그는 당시 국자랑(國子郞)의 스승으로서도 알려져 있는데, 묘향산에서 은둔하며 살았다고 한다. 그의 학문은 자부선생으로부터 왔다고 전한다.

대립이 되면 도가 아니요,
이름 붙여지면 도가 아닙니다.
도는 항상 같은 것이 없고,
때(時)에 따르는 것이니
이에 도의 귀함이 있는 것입니다.

위의 내용에서 道는 삼신으로부터 나온다고 했다. 이 말은 삼신으로부터 大一이 시작되는 것과 같은 말이다. 그렇다면 道와 大一은 삼신으로부터 시작되어 만물을 낳는 역할을 한다는 것을 말해준다.

道가 대립될 수 없다는 것은 大一이 현상으로 드러나기 이전의 근원이 되는 하나(一)이므로 대립이 될 수 없다는 말과 같다. 이른바 도란 음양관계 이전으로써 현상계의 존재가 아니기 때문이다.

道에 이름 붙일 수도 없다는 것은 大一이 변화를 하게 될 때는 때에 따라서 하나도 되고, 둘도 되며, 셋도 되므로 고정적으로 이름 붙일 수 없게 됨을 말한다. 그렇기 때문에 도는 항상 같은 것이 없고, 때(時)에 따라 달라질 수밖에 없다.

道가 셋으로 변화가 되는 모습을 大一을 통해 단계별로 살펴보게 되면 첫 번째 분화에 해당하는 天一에서는 일양(一陽)으로서의 역할을 한다. 두 번째 분화에 해당하는 地一에서는 이음(二陰)의 역할을 하며, 세 번째 분화에 해당하는 人一에서는 삼중일(三中一)의 역할을 하게 되어 있다.

그런데 이때에 단계별로 분화되는 것이 아닌 天一과 地一을 부모로 삼아 사람을 낳게 되는 원리로 보면 大一은 天一에서의 1陽과 地一에서의 2陰으로 동시에 분화를 한다. 그러면 이로부터 天一에서의 1양과 地一에서의 2음을 부모로 삼아 자식의 역할로서 人一에서의 3中一이 생성되게 되어 있다. 그래서 노자는 음과 양에 의하여 3中一에 해당하는 충기(沖氣)가 발생한다고도 하였다.

만물은 음(陰)을 등에 지고
양(陽)을 품고 충기(沖氣)로써 화합하게 된다.
萬物負陰而抱陽 沖氣以爲和.

<도덕경>「제42장」

다만 여기서 중요한 것은 人一에 있어서의 3中一에 해당하는 충기가 분화를 하게 되면 생명의 형체를 이루게 되나, 귀일을 하게 될 때는 道에 해당하는 大一로 다시 되돌아가게 된다는 사실이다.

이러한 원리에 대해 노자는 大一에 해당하는 道가 자신의 분화된 모습을 다시 거두어들일 때는 갓난아이로 되돌아간다고 했다. 이것은 내 자신이 가장 순수한 존재로 되돌아갔기 때문이다. 그런데 충기(沖氣)가 되돌아가게 되는 곳을 노자는 천하의 골짜기라고 하였다. 그것도 항상 덕(德)이 떠나지 않는 곳이라고 말했다.

그 수컷을 알아,
그 암컷을 지키면 천하의 골짜기가 된다.
천하의 골짜기가 되면 항상 덕(德)이 떠나지 않고
갓난아이로 되돌아간다.
知其雄 守其雌 爲天下谿.
爲天下谿 常德不離 復歸於嬰兒.

<도덕경>「28장」

도덕경에서 말하는 수컷과 암컷은 陽과 陰이다. 陰을 등에 지고 陽을 품고 있다는 것은 두 개의 개체가 화합되면서 충기(沖氣)가 만들어지는 것을 말한다. 충기가 만들어지면 곧이어 천하의 골짜기로 되돌아가게 되는데, 이 때에 천하의 골짜기는 大一과 道가 처음으로 생성되었던 우주의 자궁은 아니나 우주의 자궁과 서로 연결된 곳이다.

이른바 大一이 처음으로 시작되었던 삼신과 삼극의 중간단계가 처음에는 우주의 근원이 되는 곳으로부터 비롯되었으나, 장차 大一이 본래의 모습을 회복하게 되는 곳은 우주의 근원과 연결된 인간의 머릿골이라는 사실이다. 이러한 사실은 인간의 머릿골이 대우주(大宇宙)의 자궁과 연결된 소우주(小宇宙)의 자궁이기 때문이다. 이 때문에 대우주의 자궁으로부터 시작된 일기가 처음으로 안착하게 된 곳도 태아(胎兒)의 머릿골인 것이다.

인간의 머릿골에 대해《삼일신고》에서는 천궁(天宮)이라고 하였다. 이러한 명칭을 붙인 것은 인간의 머릿골이 밝은 빛이 모이는 곳일 뿐 아니라, 신들이 머무는 궁전과도 같기 때문이다. 이른바 인간의 머릿골이란 밝은 빛에 의해 신성(神性)을 회복시켜 주며, 신과 大一인 나의 자아가 교감을 하는 장소가 되기 때문에 천궁이 되는 것이다. 그렇기 때문에 인간의 머릿골은 대우주의 골짜기는 아니나, 소우주에 해당하는 천하의 골짜기가 되는 것에는 부족함이 없다.

> 천궁(天宮)은 밝은 빛이 모이고,
> 온갖 조화(造化)가 나오는 곳이다.
> 天之宮 卽爲光明之會 萬化所出.
>
> 〈태백일사〉「소도경전본훈」

우리는 흔히 인체에서의 자궁이라 하면 어머니의 자궁(子宮)을 생각한다. 하지만 더욱 근원적인 입장에서는 인간의 뇌(腦)가 자궁의 역할을 한다. 그 까닭은 인간의 영혼에 바탕이 되는 무형의 빛이 인간의 머릿골로 모이기 때문이다. 이 때문에 인간의 머릿골은 소우주(小宇宙)의 자궁으로서 손색이 없다.19)

---

19) 대일(大一)이 처음 대우주의 자궁으로부터 비롯되었다는 것은 우리의 영혼이 중심하늘(中天)로부터 왔다는 것을 말한다. 중심하늘에 대해서는 고대로부터 북두칠

인간의 머릿골이 大一이 머무르게 되는 소우주의 자궁이 되는 것에 대해서는 노자도 道가 머무르게 되는 곳을 시냇물이 흐르는 골짜기(谿)로 표현함으로써 인간의 머릿골이 소우주의 자궁이 됨을 암시하기도 하였다. 〈단군세기〉「3세 가륵」에 있는 내용에서도 보게 되면 인간의 뇌(腦)를 뇌해(腦海)라고 표현하기도 했는데, 이 말은 인간의 뇌가 생명을 낳는 바다와 같다는 것을 말한다.

그렇다면 충기(沖氣)를 통해 귀일을 하게 될 때 생명완성을 위해서 인간의 머릿골로부터는 무엇이 만들어지게 되는지 궁금할 수 있다. 이때에는 귀일의 결과로서 후천일기(後天一氣)인 금단일기(金丹一氣)가 만들어지게 된다. 이른바 인간의 머릿골로부터 금단일기가 만들어진다는 것은 나의 자아가 금단일기를 얻어 자아를 회복하게 되는 것이다. 이런 점에서 볼 때 인간의 머릿골에서 금단일기를 얻게 될 때에는 덕(德)을 펼치는 새로운 인간으로 거듭나게 되어 있다.

노자는 금단일기를 얻어 자아를 회복하게 되는 순수상태를 갓난아이로 되돌아가는 것과 함께 곡신(谷神)이며 현빈(玄牝)이라고도 하였다. 이와 함께 천하의 골짜기를 현빈의 문(門)이라 하여 천지의 뿌리라고도 했다.

> 골짜기의 신(谷神)은 죽지 않는다.
> 이를 현빈(玄牝)이라 한다. 현빈의 문,
> 이것을 천지의 뿌리라 이른다.
> 谷神不死. 是謂玄牝. 玄牝之門 是謂天地根.
>
> 〈도덕경〉「6장」

위의 내용에서 곡신인 현빈이 죽지 않는다는 것은 아트만(atman: 자아)

성(北斗七星)이라 불러왔다. 이러한 까닭에 고대인들에게 있어서 북두칠성은 인간 생명의 고향이며, 인간의 수명을 관장하는 별이었다.

이 불멸하다는 것과 같다. 한마디로 일기(一氣)이며 존재의 근원인 자아(自我)가 자신을 회복하여 참나가 될 때에는 영원히 불멸하게 됨을 말한다. 그렇다면 인간의 머릿골에서 곡신이며 현빈인 일기가 어떠한 방법으로 자신을 회복시키는가를 명확히 알아야 한다. 그래야만 장생(長生)을 얻을 수가 있기 때문이다.

처음에 일기는 허조동체(虛粗同體)로 이루어졌다고 했다. 이러한 일기가 분화를 하게 되면 물질의 세계에 유혹되어 오염될 수밖에 없는 것은 당연하다. 이러한 원인으로 허조동체인 일기에 있어서 허(虛)는 어둠에 가리어지게 되고, 조(粗)는 혼탁함으로 인해 오염될 수밖에 없다.

쉽게 말해서 칠성(七星)하늘로부터 왔다고 하는 순수 그 자체인 영(靈)이 분화하게 될 때에는 물질세계에 노출되어 혼탁한 기운과 어두운 마음으로 인해 순수성을 잃어버릴 수밖에 없다. 그렇기 때문에 이때는 속세의 탐욕을 버리고, 도(道)를 닦아 다시금 순수한 靈으로 회복하는 것이 무엇보다 중요하다.

그런데 다시금 순수한 靈으로 회복되기 위해서는 단순히 순수한 마음만으로는 현재의 상태가 조금 나아질 뿐이지 회복이 되지 않는다. 이때에는 성명쌍수(性命雙修)를 통해 정수(精水)를 기화시켜 원정(元精)을 얻은 상태에서 태일(太一)로부터 신령한 빛을 얻을 때에만 그 영혼은 다시 순수한 靈으로 회복이 될 수 있다. 그렇기 때문에 우리는 수행(修行)의 중요성을 인식해야 한다.

일기(一氣)의 분화와 귀일의 과정을 조금 더 깊이 알아보면 사람은 처음 선천일기(先天一氣)[20]를 얻은 태아(胎兒)로부터 시작되었다. 이때에 일기를 품은 태아가 성품(性)에 이어 마음(心)으로 확장되고, 목숨(命)에 이어

---

20) 선천일기(先天一氣)는 허조동체인 일기이기는 하나, 기화(氣化)의 상태에서 신화(神化)가 된 상태를 말한다. 한마디로 의식(意識)을 가진 존재가 되었다는 것을 말한다.

기운(氣)으로 확장되면서 점차 정수(精水)로부터 비롯된 육신은 타락하여 죽음을 가져오게 된다. 하지만 본래에 모습인 일기는 육신이 타락하여 죽음에 이르게 된다고 해도 곧바로 사라지거나 허조(虛粗)가 분리되지는 않는다. 다만 그 사람의 영력(靈力)에 따라 짧은 시간에 허조가 분리되어 연기처럼 사라지거나, 아니면 영원한 삶을 누리기도 한다.

그러하기에 고대의 구도자들은 이것을 알고, 살아생전에 수행에 힘써 선천일기를 영원한 순수상태로 만들기 위하여 성명쌍수를 통해 후천일기(後天一氣)[21]를 만들어 선천일기를 감싸고자 하였다. 이것은 수도자들이 분화되지 않고, 오염되지 않은 본래에 나의 참모습인 자아를 회복하여 영원한 삶을 영계(靈界)에서라도 누리고자 했기 때문이다.

중일(中一)과 자아(自我)

大一의 작용에서 그 시작은 三極으로 분화하는 것이다. 삼극으로부터는 삼수분화의 원리에 따라 세 차례에 걸쳐서 1~9까지 분화를 하게 되는데, 이때에 삼극인 天一・地一・人一에 숫자를 붙이면 天一(1)・地一(2)・人一(3)이 된다.

삼극의 원리와 같이 제2단계인 天二・地二・人二에도 숫자를 붙이면 天二(4)・地二(5)・人二(6)가 되고, 제3단계 天三・地三・人三에서도 숫자를 붙이면 天三(7)・地三(8)・人三(9)이 된다.

이번에는 1단계인 天地人의 삼극을 시작으로 단계별로 2단계와 3단계를 밑으로 내리게 되면 가로와 세로가 각기 세 줄씩 만들어진다. 그런데 이

---

21) 후천일기(後天一氣)는 성명쌍수를 통해 만들어진 정수(精水)가 기화된 상태에서 태일로부터의 광휘(光輝)를 얻은 상태를 말한다. 따라서 후천일기는 빛이 엉기게 되는 상태는 되나, 신화(神化)가 이루어진 상태는 아니다. 대신 후천일기의 기능은 선천일기를 둘러싸게 될 때 선천일기를 더욱 북돋아 주게 된다. 이러한 결과로 우리의 오염된 자아를 회복하게 될 때에는 불멸과 함께 시간과 공간에 제한이 없는 자유를 얻을 수가 있다.

경우 인(人)을 중심으로 천(天)과 지(地)를 좌우로 배치하게 되면 人一(3)·人二(6)·人三(9)을 중심으로 천지인의 위치가 정(定)해지게 된다.

天一(1) · 人一(3) · 地一(2)
天二(4) · 人二(6) · 地二(5)
天三(7) · 人三(9) · 地三(8)

위의 모습에서처럼 인간이 중심이 되어 천지가 좌우로 정(定)해지는 이유는 천지의 합일을 통해 인간이 형성되는 원리 때문이다. 그렇다면 이제 大一을 중심으로 분화의 과정을 살펴보면 처음으로 시작되는 것이 天一(1)과 地一(2)이다. 天一과 地一로부터는 人一(3)이 만들어지게 되는데, 이때의 人一로부터는 天二(4)와 地二(5)가 만들어진다.

天二와 地二는 다시 人二(6)를 만들게 되고, 人二는 또다시 天三(7)과 地三(8)을 만들게 된다. 이로부터 人三(9)은 만들어지게 되는데, 이때부터는 더 이상 분화(分化)할 수 없는 단계이므로 죽음의 문턱에 들어서는 것과 같다.

하지만 이때에 죽음의 문턱에서 구도자(求道者)는 자신의 의지에 따라 위로 상승하여 귀일하기도 한다. 그러면 장차는 大一의 본래모습을 되찾게 되는데, 여기서 중요한 것이 人三(9)에서 회삼귀일의 마음을 얻게 되면 天三·地三·人三에서 생겨나는 타락하게 되는 운명을 끊어내게 되고, 더 나아가 天二·地二·人二에서 생겨나는 분별하게 되는 움직임을 끊어낼 수가 있다.

더욱 위로 올라가 지극계에 해당하는 天一·地一·人一에서 물질로 향하는 상태를 되돌려 하늘의 뜻에 부합하고자 할 때 大一의 모습을 회복하게 된다. 그런데 이때의 그 실천을 위해서는 중일(中一)에 해당하는 人三과

人二와 人一의 역할이 무엇보다 중요하다. 그래서 3세 단군 가륵(嘉勒)께서는 中一에 대하여 두라문(杜羅門)에게 내리는 칙서에서 다음과 같이 말하기도 했다.

천하의 큰 근본은 내 마음의 중일(中一)[22]에 있다.
사람이 중일을 잃으면 일은 성취되지 않고,
만물이 中一을 잃으면 사물은 곧 뒤죽박죽이 되나니
임금의 마음은 오직 위태롭고
뭇 중생의 마음은 오직 어두울 뿐이다.
전인(全人)은 큰 줄기가 고르게 한 가운데에 서서
잃지 않게 한 연후라야,
마침내 하나로 정(定)해지게 되느니라.
　天下大本在於吾心之中一也. 人失中一則事無成就
　物失中一則 體乃傾覆 君心惟危衆心惟微.
　全人統均立中勿失然後 乃定于一也.
〈태백일사〉「삼한관경본기」

단군 가륵 3년 을사년 9월에 천왕(天王)께서 말하고 있는 중일(中一)은 치우침이 없는 마음이다. 이 마음은 좌우로 치우침이 없기 때문에 안정이 되어 외부세계에 유혹됨이 없이 근원으로 귀일하게 되어 있다. 하지만 좌우로 치우침이 있게 될 때에는 그 마음은 위태롭고 어두워져서 계속하여 분화를 하게 된다. 그러므로 치우침이 없이 中一을 굳게 지키는 것이 무엇보다 중요하다는 것을 천왕께서는 말하였다.

　중일(中一)을 굳게 지키게 되면 장차는 근원으로 귀일하게 되는데, 이때

---

22) 중일(中一)에 대해서는 윤집궐중(允執厥中)이나 중용(中庸)의 사상에서 온 것으로 알고 있으나 이는 잘못된 인식이다. 중일사상은 처음 샤마니즘의 세계에서 진리목(眞理木)의 상징인 우주나무의 형태로부터 나온 것이다. 그러므로 중일의 사상은 태고문명으로부터 나왔다고 볼 수 있다.

에 대하여 천왕께서는 큰 줄기가 고르게 한 가운데 서서 마침내 하나로 정
(定)해지게 된다고 했다. 이 말은 3단계인 人三(9)을 시작으로 2단계인 人
二(6)와 1단계인 人一(3)을 중심으로 귀일을 하게 됨을 말한다. 그러면 이
때에 大一은 마침내 자신의 모습을 회복하게 되는 상태를 맞이하게 되어
있다.

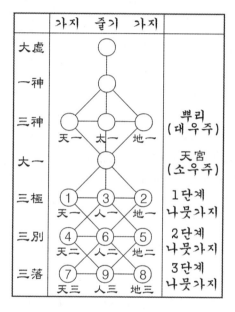

천부체계도(天符體系圖)

  좀 더 자세히 살펴보기 위하여 [천부체계도(天符體系圖)]의 도상(圖象)
을 보게 되면 그 모습은 좌우의 나뭇가지가 중앙의 줄기를 통하여 뻗어 있
고, 전체의 모습은 뿌리인 大一을 회복하기 위한 형태를 취하고 있다. 그런
데 그 모습을 자세히 보게 되면 뿌리인 大一을 하늘에 두고, 줄기와 가지
를 지상에 드리운 나무의 모습을 연상시킨다. 이것은 신화(神話)에서 뿌리

를 하늘에 박고, 줄기와 가지를 지상에 드리운 거꾸로 선 나무를 생각하게 만든다.

그러면 이제 [도상(圖象)]을 통하여 "하나로 정(定)해진다"는 것을 살펴보게 되면 3단계인 타락계(墮落界), 2단계인 분별계(分別界), 1단계인 지극계(至極界)를 거쳐서 귀일을 하게 되면 천궁(天宮)에서는 大一을 회복하게 되어 있다. 좀 더 자세히 살펴보면 이때에는 귀일을 통해 만들어진 원정(元精)과 태일(太一)을 통해 내려온 신령한 빛(太一之光)이 후천일기를 만들어 大一을 감싸게 되면서 대일을 회복시키게 된다.

그렇다면 허조동체(虛粗同體)인 후천일기에 의해 大一이 회복하게 될 때에는 어떻게 되는 것인가? 이때에는 원정과 신령한 빛에 둘러싸인 大一이 본래에 모습을 회복하게 됨은 물론, 무한계인 삼신과 유한계인 삼극과도 고리를 이루게 되면서 천지의 중심에 서게 되어 있다.

이때가 되면 대일이나 일기는 숫자와 생명의 시초를 이루는 개념을 뛰어넘어 무한계와 유한계를 소통하게 되는 참된 자아(自我)로 일컬어지게 되는데, 이러한 까닭은 대일이나 일기가 천상과 지상, 어디에도 구속됨이 없는 자유로운 영혼(靈魂)으로 나타나기 때문이다. 그래서 《성경》에서는 여호와가 자신을 일컬어 자유로운 영혼임을 드러내기 위해 자칭 영(靈)이라고 했을 뿐 아니라, '스스로 있는 자', 즉 자아[23]라고도 하였다.

자아(自我)에 대해서 가장 많이 언급한 사상은 천부사상과 더불어 베다사상이다. 베다사상에서는 자아를 아트만(Atman)이라고 한다. 이 아트만은 욕망으로 가득한 현재의 나를 말하는 것이 아니라 존재의 근원을 말한다. 이른바 본래에 나의 참모습을 말함이다.

《찬도기야 우파니샤드》에서는 아트만을 "가장 순수한 정수, 온 세상의

---

23) 자아(自我): 자아에는 두 가지 뜻이 있다. 하나는 현재의 자기 자신을 뜻한다. 다른 하나는 현상세계에 오염된 내 자신이 아니라 천지와 하나가 된 순수한 나를 말한다. 이 중에서 두 번째를 구도의 세계에서는 언급하여 왔다.

영혼, 그것은 실재이다. 그것은 아트만이다. 그것은 당신이다."라고 표현하기도 했다. 이밖에 《브리하다란야카 우파니샤드》와 《카다 우파니샤드》에서는 "나를 죽음으로부터 불멸로 인도하소서!", "그것을 아는 자는 불멸한다."라고 하여 자아 속에 불멸의 존재인 브라만(Brahman)[24]이 내려와 있음을 강조하기도 한다. 이렇듯 순수함을 되찾을 때 개아(個我)는 브라만의 실재와 동일한 불멸의 존재인 대우주아(大宇宙我)로 여겨졌다.

아트만을 알아라.
태어나지 않고 죽지 않으며
결코 소멸하지 않으며
결코 시작이 없으며
죽지 않고 태어나지 않으며
영원히 변화되지 않는다.
육체의 죽음에서
어찌 그것이 죽을 수 있을까?

〈바가바드 기타〉「지혜의 요가」

아트만이 불멸의 존재로 여겨지는 것은 우리 몸에 깃든 브라만의 씨앗이기 때문이다. 그 씨앗은 우리의 정신 속에 가리어져 있다. 보이지 않고 드러나지 않지만 가끔씩 우리의 신성(神性)을 자극한다. 그러나 브라만의 씨앗인 아트만은 세속적인 삶 속에서 빛을 잃어간다. 그러다가 언젠가는 또다시 어둠의 윤회 속으로 떨어져간다.

그런데 아트만이 一神과 三神에 해당하는 브라만(Brahman)과 완전한 합일을 이루었을 때는 가장 순수한 정수(精髓)인 진아(眞我)가 된다. 이

---

24) 브라만(Brahman): 《우파니샤드》에서는 브라만을 허(虛)이며, 불멸적인 것이라고 하였다. 이것은 브라만이 大虛와 一神, 三神과도 같다는 것을 말한다.

참된 나는 육체의 죽음 속에 같이 빨려들어 가는 것이 아니라, 불멸의 존재가 되어 과거와 미래의 세계에 눈떠있는 존재가 되는 것이다. 따라서 그에게는 두 번 다시 미혹에 빠져서 윤회를 하지 않게 된다는 것이 베다사상의 가르침이다.

《태백일사》를 보게 되면 삼신을 포함하고 있는 일기, 즉 자아로 일컬어지는 또 다른 명칭으로 한(韓)이 있다. 한은 황(皇)이라고도 하는데, 이 말은 한이 세상의 중심을 나타내기도 한다는 뜻이다. 그런데 황은 대(大)와 일(一)이라는 뜻도 내포하고 있다. 따라서 일기의 또 다른 명칭으로서의 한(韓)은 세상의 중심뿐 아니라, 크다는 의미와 생명의 근원을 나타내기도 한다.

한(韓)은 황(皇)이며,
황은 대(大)이고, 大는 곧 일(一)이다.
<태백일사>「소도경전 본훈」

다만 한(韓)은 철학적 개념으로 쓰이기보다는 역사의 관점에서 사용되어 왔다. 그래서 韓은 인사(人事)에 적용되어 임금의 지칭으로서 사용되기도 했다.

일신강충(一神降衷)

일신(一神)이 충(衷)에 내려오게 되면
성품(性)은 밝은 빛에 통하게 되고
현실을 교화시켜 다스릴 수 있게 되며
널리 인간을 이롭게 하게 되나니
이것이 신시 배달이 단군조선에 전하신 바이다.

一神降衷 性通光明 在世理化 弘益人間者
神市之所以傳檀君朝鮮也.

〈태백일사〉「소도경전본훈」

위의 내용에서 一神은 충(衷)에 내린다고 하였다. 그렇다면 衷은 무엇을 말하는 것인가? 이러한 衷에 대하여 〈태백일사〉「소도경전본훈」에서는 "삼진(三眞)은 즉 충(衷)이고, 충은 곧 업(業)이며, 업은 곧 속(續)이며, 속은 즉 일(一)이다."라고 하였다.

우리는 여기서 먼저 三眞부터 알아볼 필요가 있다. 다만 삼진에 대해서는 [삼일신고]에서 다시 살펴보겠지만 간단히 말하면 수행을 함에 있어서 오염되지 않은 성품(性), 목숨(命), 정수(精)[25]을 말함이다. 이른바 천부경에 있어서 지극함을 뜻하는 三極과도 같다. 이런 점에서 볼 때 충(衷)이란 즉 순수함과 지극함의 의미를 가진다.

그런데 衷이란 순수함과 지극한 상태가 되었다고만 해서 충이 되는 것이 아니다. 셋이 모이면 귀일을 하게 되듯이 회삼귀일의 상태가 될 때에 비로소 충이 되는 것이다. 따라서 유한계인 현상계에서는 셋이 모이게 되는 삼진(三眞)과 지극계(1), 분별계(2), 타락계(3)가 셋이 모이게 되는 상태에서만 충은 발동할 수가 있다.

그렇다면 衷이란 순수함과 더불어 회삼귀일하여 참된 하나를 이루게 되는 마음이다. 이러한 衷에 대해 유교에서는 중(中)이라는 개념과 함께 사용하여 왔다.

---

25) 정(精)을 규정함에는 정액(精液)과 정수(精水)라 함이 옳다. 그 이유는 육신(身)의 근원이 되기 때문이며, 아직 기화(氣化)되기 이전이기 때문이다. 특히 정액은 성명정(性命精)에서 순수한 진액으로 된 액체를 말한다. 따라서 精은 남자의 정액만을 말하는 것이 아니다. 여성에게도 형성되는 생명의 핵심이 되는 액체를 말함이다.

채씨(蔡氏)가 말하였다. 황(皇)은 큰 것이고, 충(衷)은 중(中)이
며, 약(若)은 순(順)이다. 하늘이 명을 내려 인(仁)·의(義)·예
(禮)·지(智)·신(信)의 이치를 갖추어 치우치거나 기울어진 것이
없는 것을 충(衷)이라 한다.

〈성학집요(聖學輯要)〉「修己」

위의 내용을 보면 衷과 中이 같다고 하였다. 衷에 대해서는 앞서 알아보
았듯이 회삼귀일하여 참된 하나를 이루게 되는 마음이다. 반면에 中이란
치우침이 없는 마음을 말한다. 그런데 여기서 衷과 中이 같다는 것은 衷이
참된 하나를 이루는 마음인 것처럼, 中도 좌우로 치우침이 없는 가운데 궁
극적으로는 참된 하나를 이루고자 하는 마음 때문이다.

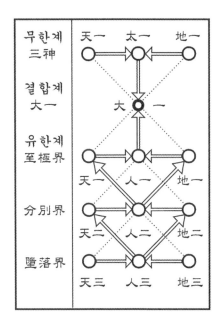

中이 치우침이 없는 가운데 참
된 하나를 이루고자 하는 마음에
대해서는 〈태백일사〉「삼한관경
본기」에서도 살펴보았듯이 그 마
음은 중일(中一)이다. 한마디로
만물이 中一을 잃지 않게 될 때
는 그 목적이 위로 귀일하여 하
나로 정(定)해지게 되는 것이다.
따라서 衷과 中은 그 목적하는
바가 같다고 하겠다.

그러면 이제 일신강충(一神降
衷)이란 개념을 살펴보면 그것은
一神이 충(衷)에 내려오게 된다
는 것을 말한다. 그런데 여기서의 衷은 이전에 알아본 것과 같이 회삼귀일
을 하고자 하는 마음이다. 그렇다면 일신이 衷에 내려오게 된다는 것은 회

삼귀일을 하고자 하는 마음으로 일신이 내려오게 된다는 뜻한다. 따라서 이것은 궁극적으로 내 자신이 精水를 기화시켜 원정(元精)을 얻게 될 때 일신이 내려오게 됨을 말한다.

다음으로 [소도경전 본훈]에서 "충(衷)이 곧 업(業)"이라는 것은 근본으로 귀일하여 참나(眞我)를 이루는 것이 인생의 길이라는 것을 말한다. 따라서 인생의 길이란 내적 탐구를 위한 도학(道學)의 길, 구도자의 길임을 옛 선인(仙人)들은 우리에게 말해주고 있다.

업(業)이 속(續)이라는 내용에 있어서는 구도자의 삶이란 영원히 지속되어야 함을 말한다. 이 말은 삶이란 곧 구도의 과정이며, 구도자의 삶이 물질적 삶에만 집착하여 멈추어서는 안 된다는 내용이다. 따라서 모든 대중은 항상 수도자의 자세를 가지라는 내용이다.

다음으로 "속(續)은 즉 일(一)"이라는 것은 일상생활에 있어서 구도자의 삶이 끊임이 없게 될 때, 절대적인 하나(一)를 이루게 되는 것을 말한다. 한마디로 지극한 정성으로 구도의 길을 걷게 되면 일기를 회복하여 참나를 이룰 수가 있다는 이야기이다.

일기를 회복하게 되면 이제 그는 새로운 사람이 된다. 이러한 까닭은 일신강충을 통해 참나를 성취한 자는 성품이 밝은 빛에 통하게 되기 때문이다. 이때에 이러한 상태를 우리는 성통광명(性通光明)이라 한다. 성통광명이 되면 이번에는 현실을 교화(敎化)시켜 다스리게 되는데, 이것이 재세이화(在世理化)이다.[26]

특히 재세이화에 있어서 성품이 밝은 빛에 통하게 되면 현실을 교화로써

---

26) 재세이화(在世理化)에서 이화(理化)는 교화를 통해 다스려지게 됨을 말한다. 따라서 재세이화는 세상 사람들이 교화되어 말없는 가운데 다스려지게 되는 무위이화(無爲而化)의 세상을 말한다. 그래서 〈태백일사〉「소도경전본훈」에서는 반드시 세상의 모든 일이 바로 된다는 구절에서 이것이 이화(理化)의 길이라고 했다.(必人事皆正也.……理化之道也.)

다스리게 되는 힘을 얻게 되는 것은 오직 수행(修行)의 덕택이다. 이것은 수행을 통해 탈바꿈을 이룬 황웅여신(黃熊女神)이 중앙에서 사방을 교화로써 다스릴 수 있게 된 것과 같다. 한마디로 참나를 이루어 성품이 밝은 빛에 통하게 된 자는 어떤 어려운 현실이라도 그 현실을 교화시켜 다스리는 힘을 발휘하게 된다. 이를 가능케 하는 것은 다름 아닌 자신을 먼저 다스려 성품을 밝은 빛에 통하게 되었기 때문이다.

일신강충(一神降衷)을 통해 참나를 이룬 자는 성통광명과 재세이화에 이어 홍익인간을 이루게 된다. 이것은 그가 성품을 광명에 통하게 되어 그 지혜로써 현실에 문제를 끌러내는 힘을 얻었기 때문에 홍익인간을 할 수 있는 것이다. 한마디로 널리 인간을 이롭게 할 수 있는 것은 마음만으로 되는 것이 아니라, 지혜와 용기가 있을 때 가능하기 때문이다. 따라서 세상을 널리 건질 큰 뜻을 품은 자라면 먼저 수행을 통해 큰 지혜와 큰 용기를 얻을 수 있도록 노력을 해야 한다.

우리는 지금까지 참나(眞我)를 이루게 될 때 성통광명, 재세이화, 홍익인간을 할 수 있는 것에 대해 알아보았다. 그런데 여기서의 세 가지 역할은 단순한 구도자의 삶을 뛰어넘어 우리 민족의 염원이며 이념이자 민족훈이기도 하다. 그렇다면 세 가지의 민족훈(民族訓)을 한국인의 입장에서 간단히 정리하면 다음과 같다.

1. 성품을 밝은 빛에 통하게 하라.(性通光明)
2. 현실을 교화시켜 다스리도록 하라.(在世理化)
3. 널리 인간을 이롭게 하라.(弘益人間)

4. 천부경의 수리(數理)체계

피타고라스는 '만물은 수이다'라고 하였다. 이 말은 만물은 수(數)로서 표현되고, 수로서 만물의 생장(生長)과 수장(收藏)의 변화를 알 수 있다는 말이다. 그래서 5600년 전의 태호복희씨는 수(數)를 통해 만물의 변화를 담은 하도(河圖)를 만들기도 하였다. 이외에도 4200년 전의 하나라의 우임금도 수(數)를 통해 만물의 변화를 담은 낙서(洛書)를 만들었다.

이와 같이 천부경에 있어서도 숫자로 그 모습을 드러내게 되는데, 다만 천부경에서는 만물의 변화보다는 생명의 변화를 다루는데 초점을 맞추었다. 그래서 천부경의 경우는 하도와 낙서와 같이 동서남북과 중앙에 숫자를 배치시키지 않고, 생명의 법칙인 3단계 변화 속에 숫자를 배치시키고 있다.

황금보검에 새겨진 삼태극(三太極)문양   천단공원 원구단의 천심석(天心石)
신라 미추왕릉 지구에서 발굴된   천심석을 중심으로 81개의
보검에는 삼수우주관이 깃들어 있다   문양이 펼쳐져 있다

1-3-9-81로 이루어지는 삼수우주관(三數宇宙觀)은 천지인(天地人)의 원리를 바탕으로 형성되는데 이것은 천부경이 생명의 분화 속에서 생명완성의 법칙을 다루고 있기 때문이다. 그런 까닭으로 천부경은 생명의 근원으로 되돌아가 우주와 일체가 되는데 초점을 맞추고 있는 가르침이기도 하다. 이러한 천부경이 주관하는 삼수우주관은 한민족으로부터 시작되어 동

북아시아의 모태문화를 이루고 있다.

한민족의 유물에 있어서 보물 635호인 신라 미추왕릉(味鄒王陵) 지구에서 나온 보검(寶劍)을 보게 되면 세 개의 삼태극문양이 아홉 개의 무늬로 나타나고 있는데, 여기에 삼태극을 둘러싸고 있는 72개의 구슬을 더하면 모두 81개로 이루어져 있다. 이것은 배달겨레에게 삼수우주관이 자리 잡고 있었다는 증거이다.

만주족인 청나라에서 세운 천단공원의 원구단(圓丘壇)을 보면 바닥 중심에 천심석(天心石)을 중심으로 9-18-27-36- …… 81의 수리체계로 구성되어 있는데, 이것도 천부경의 최대 분화에 해당하는 9수를 중심으로 형성되어 있는 것이다. 이런 점에서 동북아시아에서는 삼수분화의 세계관이 문화의 모태를 이루고 있었음을 보여주고 있다.

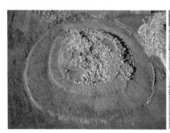 

우하량의 3단 원형제단   천단공원의 3단 원구단(圓丘壇)

3층의 단(壇)으로 이루어진 천단공원인 원구단의 구성에 대해서도 알아보면 이와 같은 모습은 홍산문화(紅山文化)에서도 똑같이 나타난다. 이것으로 보아 동북아시아에서는 원방각(圓方角)의 원리에 있어서도 삼수분화의 원리를 사용하여 왔음을 보여준다.

천부경의 흔적은 노자의 《도덕경》에서도 나타나고 있는데, 그 구성이 81장으로 되어 있다는 것은 신선문화(神仙文化)가 천부사상에 뿌리를 두고 있다는 말과도 같다. 그렇다면 이 말은 천부사상 속에는 또한 신선문화가 있다는 것을 말한다. 그래서 최치원선생은 난랑비(鸞郞碑) 서문에서 천부사상으로부터 나온 풍류도(風流道)의 가르침 속에는 도교뿐 아니라, 불교와 유교의 가르침까지 내포되어 있다고 하였다. 이로 보건대 노자의 도덕경은 천부사상을 바탕으로 저술되었다고 볼 수 있다.

이제 천부경인 81자의 특징을 살펴보면 기본수는 3수(數)이며, 3수는 6수와 더불어 9수로 분화되고, 10수를 통해 귀일을 하게 된다. 따라서 천부경의 해석에 있어서는 1~10수를 벗어나지 않는다. 다만 천부경을 구성하는 문자가 81자로 되어 있는 것은 3의 배수인 9를 뛰어넘을 경우 세상의 모든 수(數)를 대변하고 있다는 것을 보여주기 위함이다.

천부경 전문 81자(묘향산 석벽본)

一 始 無 始 一 析 三 極 無
盡 本 天 一 一 地 一 二 人
一 三 一 積 十 鉅 無 櫃 化
三 天 二 三 地 二 三 人 二
三 大 三 合 ㈥ 生 七 八 九
運 三 四 成 環 五 七 一 妙
衍 萬 往 萬 來 用 變 不 動
本 本 心 本 太 陽 昂 明 人
中 天 地 一 一 終 無 終 一

이번에는 천부경의 문장을 가지고 정사각형을 만들어 보게 되면 사방과 대칭에 있어서 모두 9수로 구성되어 81수를 만들어 놓고 있다. 반면에 정사각형의 정중앙(正中央)을 보게 되면 성수(成數)이면서 음수(陰數) 중에 가장 압축이 강한 6수가 자리를 잡고 있다. 이것은 천부경이 9수로써 분화를 마감하고 6수로써 통일이 된다는 것을 말해준다.

다시 한 번 살펴보면 정사방과 대칭의 구조가 모두 9수로 펼쳐져 있는 천부경의 구성은 최대의 분화를 상징한다. 반면에 천부경의 중앙에 있는 6수는 최대의 통일을 상징하고 있다. 이것은 9수가 분화하는 입장에서 천수(天數:陽)의 가장 큰 성수(成數)이기 때문이며, 6수가 수축하는 입장에서 지수(地數:陰)의 가장 큰 성수(成數)이기 때문이다.

9와 6에 대해서는 영보필법(靈寶畢法)에서 건곤(乾坤)의 수라고도 했다. 이 말은 양(陽)을 대표하는 수가 9이며, 음(陰)을 대표하는 수가 6이라는 것을 말해준다. 이른바 9수란 양수(陽數)로써 최대로 발전된 상태를 나타내며, 생장(生長)의 극점을 나타낸다. 따라서 9수가 시대(時代)와 문화로 나타날 때는 최대로 발전된 상태를 나타내게 된다.

(천수(天數: 陽)의 분화작용)
生數: → 1   3   5 / 成數: 7   9
生數: ← 2   4 / 成數: 6   8   10
(지수(地數: 陰)의 통일작용)

분화하는 입장에서 가장 큰 성수는 9수이며
귀일하는 입장에서 가장 큰 성수는 6수이다

반면에 6은 음수(陰數)로써 최대로 통일된 상태를 나타내며, 수장(收藏)의 극점을 말한다. 따라서 6수가 시대와 문화로 나타날 때는 최대로 통일된 상태를 나타내게 된다.

특히 우주변화의 원리를 집필한 한동석씨는 하도(河圖)에서 6은 1을 포위하고 있는 상(象)이며, 6이 결국 포위망을 이완하면서 1을 방출할 수밖에 없는 象이라고 했다. 피타고라스도 비슷한 말을 하였는데, 그는 6이라는 수는 생식과 출산을 상징한다고 했다. 이로 보건대 6은 생명의 통일을 통해 생명을 생산하는데 목적이 있는바 시대와 문화에 있어서는 문명의 통일을 나타내기도 한다.

6수가 문명의 통일을 나타내고 있다면 반대로 9수는 문명에 분열기를 나타낸다. 9수가 지배하는 시대에 대해서 낙서(洛書)를 보게 되면 그 숫자가 총 45수로 이루어져 있는데, 여기서의 가장 큰 수는 9수이다. 이러한 원인으로 낙서는 최대로 발전하게 되는 상태를 나타내게 되고, 대립과 투쟁의 역사를 나타낸다. 이런 점에서 볼 때 낙서가 전하고 있는 시대는 전쟁이 끊이지 않는 역사를 나타내고 있다.

하지만 6수가 지배하는 시대에는 전혀 다른 새로운 세상이 열리게 된다. 비결서의 하나인 《격암유록(格菴遺錄)》을 보게 되면 6의 배수인 36을 통해 6수시대가 열리게 됨을 전하고 있는데, 그 시대가 삼십육궁(三十六宮)의 도읍시대이다.

36궁의 도읍시대에 대해서는 원효대사의 아들인 설총의 《설총결(薛聰訣)》[27]에서도 표현되어 있고, 정북창선생의 《궁을가(弓乙歌)》[28]에서도 나타나고 있다. 그렇다면 그 핵심이 잘 나타나고 있는 《격암유록》의 내용을 한 번 살펴보고자 한다.

不老不死永春節 三十六宮都是春
늙지 않고 죽지 않는 영원한 봄날과 같은

---

27) 《설총결》에는 간지태전용화원(艮地太田龍華園)에 삼십육궁개조은(三十六宮皆朝恩)이라고 하여 지구의 동북간방인 태전이 용화낙원의 중심지이며, 후천세계에 이루어지는 도읍들이 모두 용화낙원의 중심지인 한국의 은혜를 조회한다고 하였다.

28) 《궁을가(弓乙歌)》의 내용을 보면 궁궁을을(弓弓乙乙) 성도(成道)로다 春아春아 태평춘(太平春)아 三十六宮 도시춘(都是春)……이라고 하여 장차 사시(四時)가 안정되고, 36궁의 도읍시대가 항상 봄과 같은 계절이 됨을 알려주고 있다.

삼십육궁의 도읍이 열리는
상춘시대(常春時代-항상 봄과 같은)가 되었구나.
〈격암유록〉「생초지락」

天根月窟寒往來[29] 三十六宮都春
천지가 시작된 이래 살기 힘든 세상이 가고 오는 가운데
삼십육궁(三十六宮)의 도읍이 열리는 상춘시대가 되었구나.
〈격암유록〉「생초지락」

위의 내용에서 보듯이 6수(36)가 지배하는 생명이 통일된 시대에는 영원한 봄날과 같은 상춘시대(常春時代)가 열린다고 한다. 한마디로 대립과 투쟁의 역사 속에서 지배하는 자와 구속되는 자의 차별이 있는 시대를 마감하고, 대립과 투쟁이 없으며 지배자와 구속되는 자가 없는 시대가 열린다는 것을 이야기한다.

그렇다면 천부경이 전하고자 하는 뜻은 대립과 투쟁의 겨울(寒)과 같은 9수의 시대가 마감을 하게 되면 대립과 차별이 없는 봄(春)과 같은 6수의 시대가 열리게 됨을 말한다. 이것은 천부경이 생명의 분화와 귀일뿐 아니라, 문명사(文明史)에 있어서도 통일된 문명이 오게 됨을 전하고 있는 것이다. 이렇게 볼 때에 천부경은 우리에게 생명의 원리를 뛰어넘어 문명사에 있어서도 한소식을 전해주고 있다고 하겠다.

---

29) 천근월굴(天根月窟)이란 말은 소강절 선생의 평생시(平生詩)에 있는 구절이다. 이 구절에서 선생은 수탐월굴(手探月窟)하고 족답천근(足踏天根)이라 하여 손으로 달의 구멍을 어루만지고, 발로는 하늘 뿌리를 밟는다고 했다. 여기서의 하늘 뿌리는 하늘의 근원, 즉 만물을 낳게 되는 무형의 세계를 말한다. 달의 구멍은 만물이 탄생하게 되는 천지의 자궁, 즉 유형으로 무형을 품는 세계를 말한다. 따라서 천근월굴이라 하면 천지가 시작되는 근원을 말한다고 할 수 있다.
한왕래(寒往來)는 차가운 기운이 가고 오는 것이니, 편안할 만하면 다시 살기 힘든 세상이 오게 되는 불안정한 세상을 말한다.

5. 천부경(天符經) 본문

天符經(八十一字)

제1경 천부(天符)

一始無始一 析三極無盡本
일시무시일 석삼극무진본
天一一 地一二 人一三 一積十鉅 無匱化三
천일일 지일이 인일삼 일적십거 무궤화삼

제2경 지전(地轉)

天二三 地二三 人二三 大三合六生七八九
천이삼 지이삼 인이삼 대삼합육생칠팔구

제3경 인정(人情)

運三四成環五七 一妙衍萬往萬來
운삼사성환오칠 일묘연만왕만래
用變不動本 本心本 太陽昂明
용변부동본 본심본 태양앙명
人中天地一 一終無終一
인중천지일 일종무종일

제1경. 천부(天符)

천부는 하늘의 뜻에 부합(符合)하는 것이다.

一始無始一 析三極無盡本
일시무시일 석삼극무진본
天一一 地一二 人一三 一積十鉅 無匱化三
천일일 지일이 인일삼 일적십거 무궤화삼

일시무시일

一始無始一

하나에서 시작하나 시작이 없는 하나이다.

하나에서 시작을 하나(一始)

"하나에서 시작한다"는 것은 하나의 개체가 시작된다는 것이다. 그렇다면 그 하나는 무엇이며, 어디서 온 것이며, 어디서부터 시작되고, 그 목적은 무엇인가? 우리는 여기서 '하나(一)'에 대한 물음부터 시작해서 그 답을 찾아야 한다.

먼저 여기서 말하는 '하나(一)'는 분화(分化)가 되기 시작한다는 것이다. 이른바 하나의 개체가 단순히 나뉘는 것이 아니라, 확장되어 가면서 다른 성격으로 안(內)과 밖(外)이 구별이 된다는 뜻이다. 이것은 하나의 개체가 확장되는 단계마다 양파껍질처럼 구별이 되는 것이므로 유형의 개체가 유한계를 향한 첫 시작을 말한다.

하지만 만약 그 하나가 무형의 개체라면 확장된다거나, 구별이 되지는 않는다. 따라서 그 하나(一)란 무한계인 三神에 뿌리를 두고, 유한계인 三極으로 분화되어가는 유형의 개체를 말한다.

쉽게 말해서 그 '하나(一)'는 삼신으로부터 시작하여 삼극으로 분화되어가는 一氣를 말함이다. 이것은 바로 무한계와 유한계의 두 개의 성정(性情)을 함께 가지고 있는 一氣[30]가 삼신에 뿌리를 두고 삼극으로 분화되고 있음을 말한다.

그렇다면 一氣에 대하여 자세히 살펴볼 필요가 있다. 일기에 대해서는 이전에 [一氣와 三極]에 대한 개념에서 살펴본 것처럼, 일기는 안으로는 삼신(三神)을 품고 밖으로는 삼극(三極)으로 분화하게 되어 있다. 그렇기 때문에 일기는 그 뿌리를 삼신에 두고, 삼극으로 분화할 수밖에 없는 운명을 가졌다. 그러므로 일기는 무한계인 삼신을 품고 유한계인 삼극으로 분화하게 되면서 삶(生)의 본체(体)를 이룬다.

> 대저 삶(生)을 사는 자의 근본(体)은 一氣이다.
> 一氣란 안에 三神이 있고 슬기로움(智)의 근원도
> 역시 三神에 있는 것이다.
>
> 〈태백일사〉「소도경전본훈」

一氣가 무한계인 三神을 품고 유한계인 三極으로 갈라져나가기 때문에 삶(生)의 본체를 이룬다는 것은 일기로부터 처음 유형의 개체가 시작되기 때문이다. 이른바 일기가 허조(虛粗)에서 분화의 성향을 가진 粗를 가지고 있기 때문에 삶의 본체가 될 수 있는 것이다.

일기가 삼극으로 분화하게 될 때에는 자신을 둘러싸게 되는 외형을 셋으로 나누어 만들어 놓게 되는데, 그것이 일기로부터 처음으로 분화된 天一,

---

30) 피타고라스(Pythagoras BC 580~500)도 '만물은 無限한 것과 有限한 것이 종합(綜合)하여 생성(生成)하는 것'이라고 했다. 〈우주변화의 원리〉「55쪽」.

地一, 人一의 개체이다.

특히 여기서 알고 넘어가야 할 것은 허조동체(虛粗同體)인 일기가 우주의 자궁(子宮)을 벗어나 분화하게 될 때에는 부모로부터 형성된 부정모혈(父精母血)을 얻어 분화하게 된다는 사실이다. 이것은 달리말해 일기가 우주의 자궁을 벗어난 후에 생명체(胎兒)를 얻게 될 때에는 삼극(三極)으로 분화를 하게 된다는 것을 말한다. 이런 점에서 볼 때 일기의 분화란 우주의 자궁으로부터 시작되어 인간이라는 생명체를 얻어 죽음의 문턱까지 가게 되는 것을 말함이다.

一氣가 분화할 때 유념할 것은 일기가 외형을 양파껍질과 같이 증식하게 될 때 모든 감각기관이 분화된 외형으로 모이게 된다는 사실이다. 이러한 사실은 외형에 둘러싸인 일기가 잠들어버린 상태와 같이 되기 때문이다. 한마디로 일기인 원신(元神)이 의식의 神인 식신(識神)에 의해 가리어지게 되는 것을 말한다.

그렇다면 식신을 죽여 원신을 깨우는 역할이 중요하다. 그러기 위해서는 우주의 자궁으로부터 생성된 일기를 회복하는 길밖에는 없다. 그런데 일기를 회복하기 위해서는 일기를 둘러싸고 있는 외형에서 오는 모든 감각기관인 타락계(느낌에 치우치는 나), 분별계(갈등하는 나), 지극계(물질에 뜻을 둔 나)를 극복해야 한다. 그래야만 본래에 모습인 일기를 회복시킬 수가 있기 때문이다.

시작이 없는 하나(無始一)

"하나에서 시작하나 시작이 없다"는 것은 一氣가 가지고 있는 성향을 알면 쉽게 이해가 될 수 있다. 먼저 허조동체인 일기가 하나(一)에서 시작한다는 것을 보게 되면 그 시작이 무한계인 삼신(三神)에 뿌리를 두고, 유한계인 삼극(三極)으로 분화되는 것이기 때문에 이것은 一氣의 외형인 조

(粗)가 분화가 된다는 뜻이다. 이러한 까닭은 粗가 유한계의 성향을 가지고 있기 때문이다.

하지만 허조동체인 일기의 내면에 있는 허(虛)는 무한계로 되어 있기 때문에 그 외형인 粗가 분화한다고 하여 함께 분화되는 것이 아니다. 무한계는 일기의 외형이 분화직전이나, 분화된 이후에도 상관없이 언제 어느 곳에나 가득 차 있기 때문이다. 그러므로 일기는 외형에 있어서는 분화를 하게 되나, 내면에 있어서는 분화가 되질 않는다.

다시 말해 일기의 외부에 있는 유형의 형체는 분화와 함께 타락하여 갈 수밖에 없다. 하지만 일기의 내부에 있는 무형은 일기가 시작이 되나 이전에도 있고, 현재에도 있고, 이후에도 있기 때문에 '시작이 없는 하나(無始一)'가 되는 것이다.

그렇다면 이제 一氣의 내부에 존재하는 무한계인 무형의 세계는 어떻게 불멸의 세계가 되며, 어떻게 '시작이 없는 하나'가 되는지를 虛와 無와 空, 그리고 一神과 三神을 통하여 잠시 알아볼 필요가 있다.

하늘의 근원은 스스로 이것이 하나의 커다란
虛와 無와 空일 뿐이다.
〈태백일사〉「소도경전본훈」

虛와 無와 空에 대해서 삼일신고인 제1장 [허공(虛空)]에서는 "처음과 끝도 없으며, 위와 아래와 사방도 없다(无端倪 无上下四方)"라고 하고 있다. 이와 함께 "존재하지 않는 곳이 없고, 감싸지 않는 것이 없다(无不在无不容)"라고까지 하였다. 이것은 허(虛)와 공(空)이 시작도 마침도 없는 무한계이고, 눈에는 보이지 않지만 천지에 가득 차 있는 무형의 존재임을 말해준다. 그러므로 허공은 불멸할 수밖에 없고 영원할 수밖에 없는 속성을 가지고 있다.

특히 무(無)에 있어서는 무극(无極)이라고도 한다. 이것은 '다함이 없다', '부족함이 없다'는 등의 뜻으로, 허공의 개념을 말로 전부 표현할 수가 없기 때문에 오직 지극함으로만 표현한 것이 무극의 개념이다. 이 무극에 대하여 발귀리선생은 하늘에 해당한다고 하여 첫 번째에 해당하는 하나(一)라고도 하였다.

원(圓,○)은 하나(一)이니 곧 무극(無極)이다.
圓者는 一也니, 無極이라.
〈소도경전본훈〉「발귀리의 頌文」

이제 虛·無·空과 함께 알아보아야 할 것은 一神과 三神이다. 일신과 삼신에 대해서는 이전에 [대허와 일신]에 대한 개념에서 살펴보았듯이 일신과 삼신은 '한빛(一光)'으로 드러날 뿐 아직까지 유형의 형체를 갖추지 못했다. 그러므로 虛·無·空과 함께 일신과 삼신은 무한계인 무형의 존재답게 천지에 가득 차 있으면서도 소멸하지 않는 불멸의 절대운동을 한다.

《바가바드 기타》의 내용을 보게 되면 암흑과 빛에 해당하는 브라만에 대해 말하기를 "브라만은 시작이 없고 초월적이며 영원한 것, 유(有)를 넘어서는 것, 무(無)를 넘어서는 것"이라고 하였다.[31] 이외에도 《우파니샤드》에서는 이러한 세계를 다음과 같이 말하였다.

소리도 없고 접촉도 없으며, 형체도 없고 불멸하며,
맛도 없고 항존(恒存)하며, 냄새도 없고, 시작도 없고,
끝도 없고, 위대한 것보다 더욱 높은, 영속하는 그것을
깨달음으로써 사람은 죽음의 아가리에서부터 해방되나니.

31) 〈바가바드 기타〉「13장 우주와 주관자」

위의 내용과 동일한 세계를 불교에서는 참되고 항상(恒常)하여 변하지 않기 때문에 여여(如如)라고 했다. 또한 나지도 없어지지도 않기 때문에 진여(眞如)라고도 했다. 이로 보건대 일기의 내부에 존재하는 무한계인 무형의 세계는 시작이 없고, 초월적이며, 영원할 뿐 아니라 유(有)를 넘어서고 무(無)를 넘어서는 세계를 말한다.

이와 같이 一氣의 내부에 존재하는 무한계인 무형의 세계는 불멸(不滅)할 수밖에 없고, '시작이 없는 하나'가 되기 때문에 그 외형이 분화가 된다고 해도 분화가 되지 않는다. 한마디로 그 형상이 암흑을 바탕으로 한빛(一光)으로 되어 있기 때문이다. 그래서 《우파니샤드(Upanisads)》에서는 아트만(atman : 자아)의 정수(精髓)를 내적 광채로 정의하기도 한다.32) 따라서 일기는 그 외형인 조(粗)가 확장과 함께 분화하여 간다고 해도 그 내부에 존재하는 한빛, 즉 허(虛)는 무형의 존재이므로, 결코 분화되는 것이 아니다.

그렇다면 그 동안 살펴본 일시무시일(一始無始一)에서 一始란 결국 허조동체인 一氣가 삼신과 고리를 이루고 있는 우주의 자궁을 벗어나 인간의 외형을 둘러쓰고 삼극으로 분화되어 감에 따라 시작이 있는 하나가 됨을 말한다. 반면에 一始無始一에서 無始一란 허조동체인 일기가 인간의 외형을 둘러쓰고 단계별로 분화한다고 해도 그 내면에 존재하는 허(虛)는 결코 분화되지 않기 때문에 시작이 없는 하나가 됨을 말한다. 따라서 一始無始一이라하면 자신의 외형을 통해 단계별로 분화하게 되나, 그 내면에 있어서는 무형이기 때문에 분화가 되지 않는 하나를 말함이다.

이른바 무형이란 시간에 구속됨이 없기 때문에 현재에만 있는 것이 아니

---

32) 〈브리하다란야카 우파니샤드〉「1, 3, 23」

라 이전에도 있고 이후에도 있다. 그렇기 때문에 虛는 이전과 이후에도 있기 때문에 그 외형이 시작을 한다고 해도 시작을 하는 것이 아니다. 단지 외형 속에서 虛는 1~9로 외형이 분화하게 될 때 세속적 욕망의 먹구름에 가리어지듯이 어두워져만 갈 뿐이다.

그러다가 육신이 소멸될 때 욕망의 먹구름에 가리어진 허(虛)는 조(粗)의 내부에서 육신으로부터 해방이 된다. 하지만 현실의 삶 속에서 얻어진 그늘을 완전히 거두어내지는 못하고 粗에 둘러싸인 채 육신을 벗어나게 되는 것이다. 그렇기 때문에 구도자는 수행(修行)을 통해 살아생전에 虛를 가리고 있는 육신으로부터 오는 세속적 욕망의 어두운 그림자를 거두어내야 한다. 그래야만 구도자는 허조동체인 자신의 자아를 통해 광휘(光輝)를 얻게 되고, 이로 인해 영원한 삶의 길을 얻을 수가 있기 때문이다.

그렇다면 어떻게 해야 虛를 가리고 있는 욕망의 어두운 그림자를 거두어낼 수 있을까? 그것을 위해서는 우선 분화의 끝자락으로부터 다시 순수성을 회복하는 삶을 살아야 한다. 그래야만 일기를 회복하는 과정에서 타락계, 분별계, 지극계로부터 오는 어두운 그림자를 거두어낼 수가 있다.

이러한 과정 속에서 어느 순간 나의 선천일기(先天一氣)는 회복되어 삼신과 하나가 되고, 삼신과 고리를 이루게 되면서 삼신으로부터 내려오는 빛나는 빛(光輝)을 지속적으로 받게 되어 있다. 그러면 이로부터 나의 자아(自我)가 되는 일기는 빛의 광명 속에서 우주와 하나가 되는 상태를 맞이하게 된다. 이것이 바로 구도자가 꿈꾸는 도통(道通)의 세계이다.

석삼극 무진본
析三極 無盡本

삼극으로 나뉘어도 근본은 다함이 없다.

석삼극(析三極)은 우주의 자궁에서 생겨난 一氣가 삼극(三極)으로 분화가 되는 것을 말한다. 그러므로 우주의 자궁에서 형성된 一氣가 현상계인 三極으로 갈라져나가는 것이 석삼극이다.

하나(一)의 기(氣)로부터
셋으로 갈려진 氣는 곧 극(極)이다.
自一氣而析三氣卽極也.

〈태백일사/소도경전본훈〉「대변설」

그런데 최치원 선생의 사적본에는 析三極이라고 하지 않고, '크다'·'가득하다'라는 뜻의 석(碩)자를 붙여서 삼극이 확장된다는 석삼극(碩三極)이라하고 있다. 이것은 一氣가 셋으로 나뉘는 것만이 아니라 확장되어가면서 겉과 속으로 구별이 되는 것을 말한다.

그렇다면 一氣의 분화란 생명이 시작될 때에 하나로부터 셋으로 갈라져나오고, 그 셋과 하나는 겉과 속으로 구별이 됨을 말한다. 달리말해 일기가 육신의 외형을 둘러쓰고 확장되어가는 가운데 본체와 확장되는 부분이 양파껍질처럼 나뉘어 다른 성격으로 구별이 되는 것을 말한다.

그러면 이제 우주의 자궁을 본체로 하여 시작된 一氣가 육신의 외형을 둘러쓰고, 三極으로 분화되는 것을 살펴보면 그 모습은 유한계의 첫 출발점인 天極·地極·人極이 된다. 그런데 여기서 극(極)은 '다함이 없는 지극한 상태'를 말한다. 그러므로 일기가 분화하게 되는 첫 번째 단계는 다함이 없는 지극한 상태를 나타내게 되어 있다.

이러한 까닭으로 삼극에서 뒤에 있는 極을 대신하여 첫 번째에 해당하는 하나(一)를 천·지·인의 뒤에 붙이게 되면 삼극은 天一·地一·人一이 된다. 여기서의 三極을 〈삼일신고〉「인물」편에서는 性·命·精이라고 하여 순수(純粹)한 상태를 나타내기도 한다. 그러므로 三極은 '지극한 상태'로서 삼수분화에 있어서 첫 번째에 해당하는 지극계(至極界)로 나타나게 되어 있다.

다음으로 무진본(無盡本)은 일기가 삼극으로 분화되어도 "근본은 다함이 없는 것"을 말한다. 이것은 우주의 자궁으로부터 비롯된 一氣가 삼극으로 나뉘어 아무리 분화되어 나간다고 해도 그 근본인 일기는 '다함이 없고', '마르지 않고', '부족함이 없는 것'을 이야기한다.

그러면 일기는 왜 다함이 없고, 마르지 않고, 부족함이 없는 것일까? 그 이유는 일기가 무형과 유형이 하나가 된 허조동체로 되어있기 때문이다. 다시 말해 일기가 유형의 형체인 조(粗)를 가지고만 있는 것이 아니라, 무형의 세계인 허(虛)도 가지고 있기 때문인 것이다. 그렇기 때문에 참나(眞我)가 되는 일기는 아무리 분화가 된다고 해도 그 근본은 무형의 세계와 마찬가지로 절대순수의 세계로 되어 있기 때문에 다함이 없고, 마르지 않고, 부족함이 없다.

> 참나(眞我)는 베어지지도 타지도 않으며
> 젖지도 마르지도 않는다.
> 참나는 언제든지 어디에나 존재하며
> 변하지 않고, 움직이지 않으므로 영원하다오.
> 〈바가바드기타〉「2장」

그렇지만 일기가 지극계, 분별계, 타락계로 분화가 될 때에는 그 분화된 모습은 장차 마르게 되고, 부족함이 있게 되면서 소멸할 수밖에 없다. 이러한 까닭은 일기 자체는 허조동체로 이루어져 있기 때문에 다함이 없고, 부족함이 없으나 일기로부터 분화되어가는 天一, 地一, 人一 등의 개체에는 일기가 가지고 있는 절대순수의 세계인 허조동체의 성향이 없기 때문에 분화할 수밖에 없다. 한마디로 天一, 地一, 人一 등의 개체는 일기를 뿌리로 하고, 자신들을 분화된 개체로 하여 확장되기 때문에 다함이 있게 되고, 마르게 되며, 부족함이 있게 된다.

그렇다면 일기로부터 분화되어가는 개체는 정해진 운명(運命)과 순수성을 잃게 되기 때문에 장차 소멸될 수밖에 없다. 하지만 일기의 본질은 절대순수의 세계로 되어 있기에 불멸하게 된다. 이것은 모든 생명이 성장할수록 생명력이 다하는 것과는 달리 영원한 샘물과 같은 상태로 있기 때문이다. 그런데 일기로부터 분화되어가는 개체가 운명을 다하고, 순수성을 잃게 되면서 생명이 소멸(죽음)될 때 생명체로부터 벗어난 일기 또한 장차 천상에서 언젠가는 소멸되게 된다는 사실이다.

이러한 까닭은 인간의 본질(一氣)은 불멸의 존재이나, 일기로부터 분화된 개체가 순수성을 잃게 될 때 그 혼탁함으로 인해 언젠가는 일기도 소멸될 수밖에 없기 때문이다. 그렇기 때문에 수도자는 분화를 멈추고, 수행을 통해 정기(精氣)의 뿌리가 되는 粗를 살아생전에 단단히 뭉치지 않으면 안된다. 따라서 우리는 불멸의 생명을 위해 생명의 기운을 집약시켜 허조동체에서의 粗를 계속하여 북돋아 줄 필요가 있다.

천일일 지일이 인일삼
天一一 地一二 人一三

첫(一)번째의 하늘은 하나요,
첫(一)번째의 땅은 둘이요,
첫(一)번째의 사람은 셋이다.

천지인(天地人)에서 가운데의 하나(一)는 극(極)이 되는 일(一)이다. 이하나는 유한계(有限界)에서 [첫 번째 단계]에 해당하는 삼극(三極)으로써 상하(上下)의 등급에 따른 단계별 순서에 있어서 첫 번째가 된다. 그러므로 첫 번째가 되는 天一·地一·人一의 삼극은 극진한 상태의 지극계(至極界)를 말함이다.

삼극의 뒤에 있는 天一에서의 하나(一)와 地一에서의 둘(二)과 人一에서의 셋(三)은 상하의 등급에 따른 단계별 순서가 아니라, 음양과 中一을 말하는 것이다. 따라서 天一의 뒤에 붙은 하나(一)는 일양(一陽)이 되고, 地一의 뒤에 붙은 둘(二)은 이음(二陰)이 되며, 人一의 뒤에 붙은 셋(三)은 음양이 혼재된 삼중일(三中一)을 이루게 된다.

이것을 정리하면

　　天一은 천극(天極)이 되고, 뒤에 오는 一은 一陽이 되니
　　天一一은 지극한(一) 하늘(天)로부터 비롯되는 一陽이요.
　　地一은 지극(地極)이 되고, 뒤에 오는 二는 二陰이 되니
　　地一二는 지극한(一) 땅(地)으로부터 비롯되는 二陰이요.
　　人一은 인극(人極)이 되고, 뒤에 오는 三은 三中一이 되니
　　人一三은 지극한(一) 사람(人)으로부터 비롯되는 三中一이 된다.

天極(一陽)	人極 (三中一)	地極(二陰)
天一(一) →	人一(三)	← 地一(二)

三極의 변화원리

지금까지의 내용으로 볼 때 天一·地一·人一은 삼신인 天一·地一·太一과는 다르게 유한계에 있어서 순수함이 궁극에 이른 삼극인 1단계를 말한다. 반면에 삼극의 뒤에 있는 一·二·三은 하늘과 땅이 합일하여 사람을 낳는 '음양의 생성원리'를 담고 있다. 그러므로 삼극의 뒤에 오는 一은 一陽이 되고, 二는 二陰이 되며, 三은 三中一이 되어 여기서부터 2단계의

분화는 시작하게 되어 있다.

그런데 三中一에서 분화를 위하여 다시금 음양으로 나뉘어 아랫단계(天二·地二·人二)로 떨어지지 않고, 三中一을 오래도록 보전 한다면 여기서 다시 순수성을 회복하여 소우주의 자궁에 해당하는 천궁(天宮)으로 되돌아 갈 수가 있다. 이것이 노자가 말한 충기(沖氣)에서 '현빈의 문(玄牝之門)'을 열고 들어가 순수자아에 해당하는 현빈(玄牝)을 회복하는 길이다.

일적십거 무궤화삼
一積十鉅 無匱化三

하나가 쌓이고 십(十)으로 커져 무의 궤가 셋이 되었다.
(積: 쌓을 적, 鉅: 클 거, 匱: 궤짝 궤, 함 궤, 다할 궤)

하나(一)가 쌓여서 십(十)으로 커졌다는 것은 수(數)의 확장이 一에서부터 十까지 확장되었다는 것을 말한다. 그런데 그 수의 확장은 3수분화(三數分化)의 원리에 의하여 三(1·2·3), 六(4·5·6), 九(7·8·9)의 원리로 분화가 이루어져야 하는데, 〈태백일사〉「삼한관경본기/마한세가」상편에는 아래와 같은 표현이 있다.

一積而陰立 十鉅而陽作 無匱而衷生焉
일적이음립 십거이양작 무궤이충생언
일(一)을 쌓아 음(陰)을 세우고,
십(十)이 커져서 양(陽)을 만드니
이리하여 무궤(無匱)에서 충(衷)이 생겼다.

여기서 하나(一)를 쌓아 陰을 세운다는 것은 "一陽을 통하여 十陰을 세운다."는 것이다. 십(十)이 커져서 陽을 만든다는 것은 "十陰을 통하여 一陽을 만든다."는 것을 말한다. 그러므로 1~9의 분화(分化)의 과정은 十陰을 세우게 되고, 10~2의 귀일(歸一)의 과정은 一陽을 만들게 되어 있다.

그렇다면 처음에 "하나(一)가 쌓여서 十으로 커진다"는 일적십거(一積十鉅)와 "하나를 쌓아 陰을 세운다"는 일적이음립(一積而陰立)과는 같은 말이다. 다만 다른 점은 一積十鉅에 있어서는 이전에 삼극으로 나뉜다는 말처럼, 삼수분화의 원리에 의하여 1~9는 三(1 2 3), 六(4 5 6), 九(7 8 9)가 되어 다시 통일을 준비하는 十을 만들 수가 있었다. 이것은 삼육구배(三六九拜)에서도 그 원리가 나타나고 있다.

> 첫 번(1)째 절에 머리 세 번(3)을 조아리고,
> 두 번(2)째 절에 여섯 번(6) 머리를 조아리고,
> 세 번(3)째 절에 아홉 번(9) 머리를 숙여 예를 올리는데,
> 무리를 거느리고는 특별히 열 번(10) 머리를 조아렸다.
> 〈단군세기〉 「44대 단군 구물」

반면에 一積而陰立에 있어서는 1~9의 분화과정이 음양(陰陽)론의 법칙에 의하여 1양, 2음, 3양, 4음 등을 통해 결국 10陰을 만들게 되었다는 뜻이다. 그러므로 一積十鉅는 三(1 2 3), 六(4 5 6), 九(7 8 9)를 바탕으로 분화하여 10을 만들게 되고, 一積而陰立은 음양의 관계를 통하여 결국은 10陰을 만들게 되었다는 것을 말한다.

이와 같은 원리는 귀일의 방법에 있어서도 그대로 적용되어 일적십거(一積十鉅)에서 三(1·2·3), 六(4·5·6), 九(7·8·9)가 결국은 十(10)을 만들었다면 무궤화삼(無匱化三)의 경우에도 八(10·9·8), 五(7·6·5), 二(4·3·2)가 결국은 一(1)을 만들게 된다. 이와 마찬가지로 일적이음립(一積而陰立)도 1~9를 통해 10음(陰)을 만들었다면 십거이양작(十鉅而陽作

作)에서도 10~2를 통해 1양(陽)을 만들게 된다.

```
┌─────────────────────────────────────┐
│  陽운동(확장)  →                      │
│  1·2·3·4·5·6·7·8·9 ⇨10(十)陰          │
│  ─ ─ ─ ─ ─ ─ ─ ─ ─ ─ ─ ─            │
│  1(一)陽⇦ 2·3·4·5·6·7·8·9·10         │
│                    ←  陰운동(수렴)    │
└─────────────────────────────────────┘
```
一積而陰立 十鉅而陽作 도표

지금까지 일적십거와 일적이음립에 대하여 살펴본 것과 같이 방법에 있어서만 다를 뿐 十數를 얻게 되는 목적에 있어서는 같다. 마찬가지로 십거일작(十鉅一作)에 해당하는 무궤화삼(無匱化三)과 십거이양작(十鉅而陽作)에 있어서도 1수(一數)를 얻는 목적에 있어서는 같다고 말할 수 있다.

다만 여기서 무엇 때문에 간단하게 십거일작(十鉅一作)이라고 하면 될 것을 왜 무궤화삼이라 표현했는지에 대해 독자들은 궁금할 수 있다. 여기에는 특별한 그 무엇이 있는데, 그것은 궤짝문양을 통해 3數분화와 3數귀일을 이루고자 했기 때문이다. 더불어 상위를 본체로 하여 아래로 줄기와 가지를 뻗게 되는 형태를 취함으로써 생명의 근원이 하늘로부터 시작되고 있음을 알리기 위함이었다.

그러면 이제 무궤화삼에 대하여 자세히 알아볼 필요가 있다. 먼저 무궤(無匱)에 대해서 살펴보게 되면 무(無)는 '없다'는 뜻이고, 궤(匱)는 무엇인가를 담을 수 있는 '궤짝'이며 '틀(상자)'을 뜻한다. 이런 점에서 무궤(無匱)란 궤짝이 없다는 것으로 해석될 수도 있다. 하지만 여기서의 無는 궤짝이 없다는 뜻이 아니라, 궤짝의 내부에 빈공간이 없다는 뜻이다. 한마디로 無匱는 빈공간이 없이 무엇인가 가득 채워져 있는 상자를 말함이다.

그렇다면 궤짝의 내부에 가득 채워져 있는 것들은 무엇인가? 그것은 일적십거에 있어서 三(1 2 3), 六(4 5 6), 九(7 8 9)의 숫자가 위에서 아래로 차곡차곡 채워져 있는 것을 말한다. 그러므로 이때의 상자는 빈공간이 없이 1~9의 숫자로 가로세로 세 칸에 가득 채워져 공간이 없는 상자, 즉 무궤(無匱)가 되는 것이다.

三數 분화	10(大一)			三數 귀일	10(大一)1		
三(3) ↓	天一 1	人一 3	地一 2	1數 二(2)	天一 4	人一 2	地一 3
六(6) ↓	天二 4	人二 6	地二 5	↑ 五(5)	天二 7	人二 5	地二 6
九(9) 10數	天三 7	人三 9	地三 8	↑ 八(8)	天三 10	人三 8	地三 9

궤짝모양의 一積十鉅 無匱化三 도표

그런데 이때에는 궤짝의 공간에 1~9의 숫자가 3단계의 분화로 채워져 있으므로 '빈공간이 없는 궤짝'인 무궤(無匱)는 화삼(化三)이 된다. 이것은 1~9의 숫자가 궤짝의 내부에서 단계별로 三(1·2·3), 六(4·5·6), 九(7·8·9)인 "셋(3)으로 변화"가 되었기 때문이다. 이런 점에서 볼 때 무궤화삼(無匱化三)이란 하나가 쌓이고 십(十)으로 커지게 되면서 이때에 귀일의 시초인 10을 제외하면 1~9가 三, 六, 九인 셋(三)이 되어 궤짝의 내부가 빈공간이 없게 되었다는 것을 말한다.

특히 여기서 중요한 것은 궤짝내부에서 化三이 만들어졌기 때문에 10수는 궤짝의 밖에서 만들어지게 된다는 사실이다. 그렇다면 10수는 왜 궤짝 밖에서 만들어지는 것일까? 그 이유는 10수가 전체 아홉 수(1~9)의 목적인 동시에 귀일의 시발점이 되기 때문이다. 그렇기 때문에 10수는 숫자의 모체인 大一의 좌편에 위치하게 되어 있다.

이번에는 10수를 중심으로 귀일을 하게 되는 것을 알아보면 10수는 다시 귀일의 시작점이 되어 상자 안에서는 10에서부터 2까지의 숫자로 채워지게 된다. 이때에 10에서 2까지의 숫자는 다시 삼수귀일의 원리에 따라 八(10 9 8), 五(7 6 5), 二(4 3 2)를 만들게 되고, 상자 밖에서 1수(數)를 만들어 놓게 되는데, 이때의 1수는 생명의 시초가 되는 완전한 의미의 1(一)이 아니라 생명의 본체가 되는 미분화된 1수이다. 그렇기 때문에 1수는 大一의 우편에 위치하게 되어 있다.

이로써 大一은 1~9를 통한 분화의 과정에서 분화의 목적인 동시에 귀일의 시초가 되는 十數를 얻고, 10~2를 통한 귀일의 과정에서는 천궁으로 귀일하게 되는 미분화된 一數를 얻게 되어 있다. 그렇다면 大一은 좌우로 十과 一을 얻어 '십일의 중(十一之中)'이 되는 황극(皇極)을 이루게 되는 것이다. 이것은 바로 大一이 생명의 통일과 창조를 주관하게 된다는 것을 말해준다.

지금까지의 내용으로 보아 무궤화삼(無匱化三)은 일적십거(一積十鉅)와는 다르게 궤짝문양의 도상(圖象)을 통해 3수귀일의 원리를 표현하였다. 이와 함께 상위를 본체로 하여 아래로 줄기와 가지를 뻗듯이 생명의 근원이 하늘로부터 시작되고 있음을 알리기도 했다.

그런데 이와 같은 도상은 고대인들의 사유(思惟) 속에 철학적 가르침을 도형화시키는 기질이 있었기 때문이라 생각이 된다. 더불어 천부경의 내용이 단편적이지 않고 어떤 체계를 가지고 있기 때문이라 생각이 든다. 이런 점에서 볼 때 천부경의 내용에 궤짝(匱)이 표현되어 있는 것은 천부경이 어떤 도형을 가지고 있다는 것을 말하며, 시작과 함께 마침에 이르기까지 하나로 연결되는 체계도(體系圖)로 되어 있다는 것을 말해준다.

여기서의 체계도를 우리는 천부체계도(天符體系圖)라 이해하게 되고, 천부체계도는 자아완성을 위한 최초의 기하학(幾何學)적 수리구조로 되어 있음을 알게 된다. 이러한 체계도를 우리는 고대 인도의 베다사상과 고대 유대인들의 가르침 속에 담겨 있는 거꾸로 선 나무의 상징체계를 통해서도 만나 볼 수가 있다.

이와 같은 상징체계를 우리는 하도(河圖)와 낙서(洛書) 이전에 만들어진 환역(桓易)이라고 하는 내용에서도 발견하게 된다. 그 내용을 〈태백일사〉「소도경전본훈」에서 보게 되면 환역의 원리가 원형(圓形)과 방형(方形)으로 구성이 되어 있다고 하였다. 그렇다면 이제 환역의 구성과 희역(羲易)의 구성을 바탕으로 잠시 나마 천부체계도의 모형을 알아볼까 한다.

> 환역(桓易)의 본체(體)는 원(圓)이며
> 작용(用:쓰임)은 방(方)이다.
> 상(象)이 없음으로부터 실상(實)을 알게 되니
> 이것이 하늘의 이치(理致)이다.
> 복희의 역(易)에서 본체는 방(方)이며
> 작용은 원(圓)이다.
> 상(象)이 있는 곳에서부터 변화(變)를 알게 되니
> 이것이 하늘의 본체(体)이다.
> 　桓易體圓而用方. 由無象以知實 是天之理也.
> 　羲易體方而用圓. 由有象以知變 是天之体也.

먼저 위에서 말하고 있는 복희씨의 역(羲易)을 잠시 알아보면 그것은 하도(河圖)를 말하는 것으로, 하도는 체방용원(體方用圓)이라 하여 본체(體)를 방(方)으로 하고, 그 작용(用)을 원(圓)으로 한다는 것을 말한다. 그런데 하도에서는 "상(象)이 있는 곳에서부터 그 변화를 알게 된다."고 했다.

이 말은 象이 있는 방(方)으로부터 시작하여 원(圓)을 통해서 그 변화를 알게 된다는 뜻이다. 그렇다면 하도는 25수의 흰점(陽)과 30수의 검은 점 (陰)으로 구성된 총 55수의 흑백점(黑白點)으로 이루어진 方의 모형을 기초로 하여 圓을 통해서 그 변화(상생의 법칙과 금화교역의 원리)를 알게 됨을 말한다.

하도(河圖)의 정반대인 환역(桓易)에 대해서도 보게 되면 체원용방(體圓 用方)이라 하여 본체(體)는 원(圓)이며, 작용(用)은 방(方)이라고 하였다. 그런데 여기서 말하는 환역에 체(體)와 용(用)으로 된 도상이 있다는 것은 무엇을 말하는 것인지 아마도 독자들은 의문이 생길 수 있다. 여기서 환역 에 체와 용이 있다는 것으로 보아서 우리는 이것이 81자의 천부경이 만들 어가는 도형임을 짐작할 수 있다.

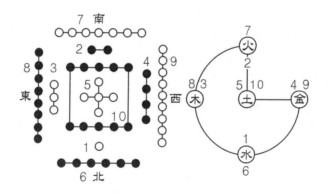

방형(方形)인 河圖의 본체(体)   원형(圓形)인 河圖의 작용(用)

그렇다면 이제 천부경을 통하여 만들어진 圓과 方에 대하여 살펴볼 필요 가 있다. 우선 환역에 대한 내용을 알아보면 본체는 圓이며 작용은 方이라 고 했다. 이것은 환역에 있어서는 圓이 시작점이 됨을 말해주고 있다.

그런데 환역의 내용을 보게 되면 "상(象)이 없음으로부터 실상을 알게 된다."고 하였다. 이것은 환역에 있어서 圓이 象이 없는 상태에서부터 시작됨을 말해주고 있다. 이와 같은 까닭은 천부경을 통해 알 수 있듯이 처음 일기가 분화직전에는 본체가 됨으로 그 모습을 나타내지 않기 때문이다. 하지만 점차 분화와 귀일의 과정 속에서 자신의 실상을 드러내게 된다. 이런 점에서 볼 때 천부경으로 알려진 환역은 象이 없는 원(圓)으로부터 시작되어 방(方)을 통해서 그 실상을 알게 되는 원리이다.

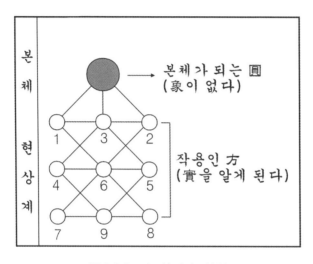

천부체계도인 원(圓)과 방(方)

그렇다면 환역인 천부경은 象이 없는 원형으로부터 시작하여 그 작용이 되는 방형을 통해 실상을 알게 되는데, 그 모습을 우리는 1~9로 이루어진 천부체계도(天符體系圖)를 통해 알게 된다. 이러한 까닭은 천부체계도가 大一을 통한 원형(圓形)을 시작으로 3·6·9로 이루어진 무궤화삼인 궤짝 형태의 방형(方形)으로 나타나고 있기 때문이다. 따라서 환역인 천부경이란 상(象)이 없는 일기로부터 시작되어 사각형의 궤짝형태에서 실상을 알게 되는 철학이라 할 수 있다.

지금까지의 내용을 정리한다면 하도(河圖)는 象이 있는 곳으로부터 변화를 알게 되니, 하도는 象을 바탕으로 만물의 변화를 알게 되는 역철학(易哲學)이다. 그렇기 때문에 하도를 유한계의 시초가 되는 하늘의 본체(體)라고도 한다.

반면에 환역인 천부경은 象이 없는 곳으로부터 실상을 알게 되니, 천부경은 없음(無)에서 있음(有)을 알게 되는 역철학(易哲學)이다. 그렇기 때문에 환역을 무한계를 통해 유한계를 알게 되는 하늘의 이치(理)라고도 한다. 이런 점에서 볼 때 하도는 생명탄생의 시작으로부터 만물의 변화를 알게 하는 가르침이라면 환역인 천부경은 생명탄생의 이전단계에서부터 만물의 실상을 알게 하는 가르침인 것이다.

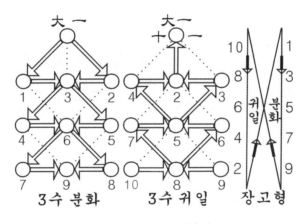

천부체계도와 장고형(⋈)

이제 그동안 살펴보았던 一積十鉅 無匱化三의 원리와 一積而陰立과 十鉅而陽作의 원리를 구별해 볼 필요가 있다. 먼저 천부경에서의 "일적십거 무궤화삼"의 원리를 보게 되면 이때의 모습은 일기를 근본으로 하여 삼수분화와 함께 천궁(天宮)으로 귀일하게 되는 삼수귀일의 모습을 가졌다. 그러므로 [천부체계도와 장고형(⋈)]의 도상에서 보는 것과 같이 천부체계도의 모습은 中一에 해당하는 천지인의 인(人)을 중심으로 좌측과 우측이 모아지고 갈라지는 형태 속에서 분화와 귀일을 하게 되어 있다.

　이와는 다르게 "일적이음립 십거이양작"의 원리에 있어서는 음양(陰陽)의 순환원리를 따르게 되면서 그 모양은 천부체계도인 궤짝(상자)의 모습이 아니라, 음양이 서로 교차하게 되는 장고형의 도상(圖象)으로 나타나게 된다. 다만 여기서 눈여겨 볼 일은 천부체계도에서 나타나고 있는 천궁의 자리가 어디에 위치하게 되느냐이다.

　위에 있는 장고형의 그림에서 보면 귀일의 끝자리에 있는 2음(二陰)과 분화의 첫 자리에 있는 1양(一陽)의 사이에는 중앙에 교차되는 부분이 있다. 그곳이 장고형에서는 천궁(天宮)이 위치하게 되는 곳이다. 그런데 여기서는 2陰에서 1陽만 교차하는 것이 아니라, 분화의 끝자리에 있는 9양(九陽)과 귀일의 첫 자리에 있는 10음(十陰)도 교차를 하게 된다.

　하지만 이때의 교차점(交叉點)은 단순히 9수에서 10수로 가기위한 깨어남의 역할만 할 뿐이다. 한마디로 회삼귀일을 위한 충(衷)이 발동하는 자리만 될 뿐이다. 따라서 장고형에 있어서의 천궁의 자리는 오직 귀일의 끝자리에 있는 2陰과 분화의 첫 자리에 있는 1陽의 사이에서만 만들어지게 되어 있다.

　이제 일적십거와 무궤화삼, 그리고 일적이음립과 십거이양작을 알아보았으므로, 다시 〈태백일사〉「삼한관경본기/마한세가 上」에 있는 무궤이충생언(無匱而衷生焉)에 대하여 살펴볼 때가 되었다.

　　一積而陰立 十鉅而陽作
　　일적이음립 십거이양작
　　無匱而衷生焉
　　무궤이충생언

일(一)을 쌓아 음(陰)을 세우고,
십(十)이 커져서 양(陽)을 만드니
그리하여 빈공간이 없는 궤짝(無匱)에서
충(衷)이 생하였다.

그동안 一積而陰立 十鉅而陽作이 장고형으로 나타나는 것을 알아보았다. 그러나 여기서 일적이음립과 십거이양작을 가지고 삼수의 원리와 같이 '빈공간이 없는 궤짝(無匱)'을 만들게 되면 三(1·2·3), 六(4·5·6), 九(7·8·9)와 같이 될 것이다.

그런데 이때에 일적이음립과 십거이양작에 의해 빈공간이 없는 궤짝에서 충(衷)이 만들어졌다는 것은 이전에 일신강충(一神降衷)을 통한 개념에서 알아본 것처럼 회삼귀일을 하게 되는 셋(三)이 만들어졌기 때문이다. 이른 바 삼극에서의 셋(一, 二, 三)이 되었든, 1~9의 셋(지극계 一, 분별계 二, 타락계 三)이 되었든, 빈공간이 없이 셋이 만들어지게 되면서 회삼귀일을 하게 되는 衷이 만들어지게 되었다는 것을 말한다. 이런 점에서 볼 때 충(衷)은 10이 커져서 양(陽)을 만드는 과정 속에서 궤짝에 빈공간이 가득 채워진 화삼(化三)에 의해 만들어질 수가 있었다.

끝으로 최치원 선생의 사적본을 보게 되면 빈공간이 가득 채워져 셋으로 이루어진 無匱化三이 아니라, 무괴화삼(無愧化三)이라고 하여 "부끄러움이 없게 되면서부터 셋을 이루었다"고 하였다. 이 말은 궤짝의 내부를 숫자로 가득 채워 회삼귀일을 하게 되는 것과는 달리 물질에 집착하는 부끄러움이 없기 때문에 회삼귀일할 수 있는 화삼(化三)을 이루게 되었다는 논리이다. 그러므로 여기서는 궤짝을 채워야 하는 숫자의 원리보다는 부끄러움이 없을 때에 회삼귀일을 할 수 있다는 가르침이 담겨있다.

제2경. 지전(地轉)

지전은 땅이 굴러가는 것을 말한다.
이것은 땅의 변화법칙을 일컬음이다.

　　天二三　地二三　人二三
　　천이삼　지이삼　인이삼
　　大三合六生七八九
　　대삼합육생칠팔구

천이삼　지이삼　인이삼
天二三　地二三　人二三

　　두 번째의 하늘은 세 번째의 하늘이 되고,
　　두 번째의 땅은 세 번째의 땅이 되며,
　　두 번째의 사람은 세 번째의 사람이 됨이라.

天地人에서 가운데 있는 둘(二)은 두 가지(二)로 나뉘는 땅의 성정(性情)을 말한다. 그러므로 둘(二)은 제1의 지극계에 이어 두 번째로 형성된 분별계(分別界)가 된다. 다만 여기서 제1의 지극계와 제2의 분별계의 차이점은 지극계인 하나(一)는 절대적 순수함의 단계이고, 분별계인 둘(二)은 분별심이 작용하는 단계이다.

　　제1의 지극계: 천일(天一) · 지일(地一) · 인일(人一)
　　제2의 분별계: 천이(天二) · 지이(地二) · 인이(人二)

다음으로 天地人에서 끝에 모두 三으로 형성되어 있는 것은 지극계인 一과 분별계인 二가 결합되어 만들어진 타락계(墮落界)의 三을 말한다. 그러므로 지극계에서의 一이 가운데에 위치하듯이 분별계에서도 二가 가운데에 위치하고, 타락계에서도 三이 가운데에 위치하게 된다.

제3의 타락계: 천삼(天三) · 지삼(地三) · 인삼(人三)

이로써 우리는 제1의 지극계에서 하나(一)가 가운데에 위치하듯이 제2의 분별계와 제3의 타락계에서 둘(二)과 셋(三)도 모두 가운데 위치하게 됨을 알아보았다. 그런데 무엇 때문에 天二三, 地二三, 人二三에서는 처음의 天一一, 地一二, 人一三의 형태로 단계별과 음양의 관계로 만들어놓지 않았느냐는 의문이 생길 수 있다. 그 까닭은 하나의 문장에서 중복된 내용을 빼버리고, 분별계와 타락계를 함축적으로 표현하고자 했음이다. 그래서 여기서는 지극계의 天一, 地一, 人一의 뒤에 붙는 一, 二, 三을 모두 빼버리게 된 것이다.

그렇다면 이제 天二三, 地二三, 人二三의 내용을 나누어 놓게 되면 분별계인 天二, 地二, 人二와 타락계인 天三, 地三, 人三이 만들어지게 된다. 여기에 더하여 분별계와 타락계의 끝에 一, 二, 三까지 붙이게 되면 지극계와 마찬가지로 완전한 모습이 만들어진다.

지극계: 天一一 · 地一二 · 人一三
분별계: 天二一 · 地二二 · 人二三
타락계: 天三一 · 地三二 · 人三三

그동안 우리는 天地人에 있어서 차등(差等)에 따른 지극계 · 분별계 · 타락계인 상하의 구별과 一陽과 二陰인 음양을 바탕으로 합일에 이르게 되는 三中一에 대해서도 알아보았다. 따라서 이제는 아홉 개로 구성된 천·지·인의 단계에다가 1~9의 숫자를 붙여서 단계별로 비교해 볼 필요가 있다.

無限界	一神			大德·大力·大慧
	造化神 天一	治化神 太一	教化神 地一	
結合界 三太極	十陰 (月)	大一 (眞我)	一陽 (日)	一氣·大氣 眞我·韓·皇
有限界	天一一 性 1	人一三 精 3	地一二 命 2	지극계(至極界) 삼진(三眞):三關
	天二一 心 4 善 · 惡	人二三 身 6 厚 · 薄	地二二 氣 5 淸 · 濁	분별계(分別界) 삼망(三妄):三房
	天三一 感 7 喜 懼 哀 怒 貪 厭	人三三 觸 9 聲 色 臭 味 淫 抵	地三二 息 8 芬 彌 寒 熱 震 濕	타락계(墮落界) 삼도(三途):三門

천부체계도와 삼일신고 [인물]편 비교

먼저 지극계(至極界)를 보면 天一一·地一二·人一三에서 가운데에 있는 하나(一)를 중심으로 아라비아 수(數)를 붙이게 되면 天一(1)·地一(2)·人一(3)이 만들어진다. 그런데 여기서의 一은 지극한 하나이므로 지상에서의 하늘이 되고, 삼일신고에서 나타나고 있는 삼진수련(三眞修鍊)의 원리에서는 성품(性)·목숨(命)·정수(精)에 해당하게 된다.

다음으로 분별계(分別界)를 보게 되면 天二一·地二二·人二三에서 가운데에 있는 二를 중심으로 끝에 있는 一, 二, 三의 숫자를 지극계의 끝에 붙은 숫자(1, 2, 3)와 합산해서 보게 되면 天二(4)·地二(5)·人二(6)를 만들게 된다. 그런데 여기서는 하나(一)가 둘(二)로 나뉘는 분별계가 되면서 지상에서의 땅에 역할을 하게 되고, 이러한 원리를 삼일신고로 비교하면 삼진(三眞)에 이어 삼망(三妄)으로 나타난다. 따라서 분별계는 삼일신고에서 두 가지의 마음인 선악(善惡)으로 나뉘고, 두 가지의 기운인 청탁(淸濁)으로 나뉘며, 두 가지의 육신인 후박(厚薄)으로 나뉘게 되어 있다.

이번에는 타락계(墮落界)를 보게 되면 天三一·地三二·人三三에서 가운데에 있는 三을 중심으로 위에서와 같이 끝에 붙게 되는 一, 二, 三의 숫자를 가지고 지극계와 분별계의 끝에 붙은 숫자(1, 2, 3, 4, 5, 6)와 더불어 합산해서 보게 되면 天三(7)·地三(8)·人三(9)을 만들게 된다. 그런데 여기서는 지극계와 분별계의 다음으로 셋(三)이 되는 타락계를 만들어놓게 되면서 타락계는 지상에서의 사람에 역할로 나타난다. 이러한 원리를 삼일신고와 함께 비교하면 타락계는 삼도(三途)인 감식촉(感息觸)이 되어 열여덟 지경을 이루게 되면서 죽음의 유혹에 빠지게 되어 있다.

다음에는 지극계와 분별계와 타락계를 통하여 분화와 귀일을 하게 되는 원리에 대해서도 알아볼 필요가 있다. 먼저 지극계인 天一一·地一二·人一三에서부터 살펴보게 되면 天一에서의 一陽(1)은 地一에서의 二陰(2)과 함께 음양이 혼재(混在)된 三中一(3)을 人一에서 만들게 된다. 그런데 이 경우에 三中一이 분화에 목적을 두게 되면 한 단계 아래로 내려가 분별계를 만들어 놓게 되고, 분별계에서도 天二는 一陽(4)을 만들게 되고, 地二는 二陰(5)을 만들게 되며, 여기서 둘은 합쳐지게 되면서 人二에서도 三中一(6)을 만들게 된다.

이와 같은 원리는 人二에서도 마찬가지로 三中一이 분화에 목적을 두게 되면 한 단계 아래로 내려가 타락계를 만들어 놓게 되고, 타락계에서도 天三은 一陽(7)을 만들게 되고, 地三도 二陰(8)을 만들게 되며, 여기서 둘은 다시 합쳐져서 人三에서도 三中一(9)을 만들게 된다. 그러면 분화의 끝인 人三에서는 타락을 통한 죽음을 가져오게 되므로 이때에는 충(衷)이 발동하는 계기를 맞이한다.

그런데 이때에 衷이 발동하면 人三(9)에서는 귀일을 위한 10수를 만들어 놓게 되고, 10수로부터는 일기를 회복하기 위해 귀일을 하게 된다. 그러면 이때에 기존의 天三(7)에 있어서 7은 10으로 바뀌게 되어 天三(10)을 만들게 되고, 地三(9)을 만들게 되며, 그 중심에서 人三(8)을 만드는 계기를 맞이한다.

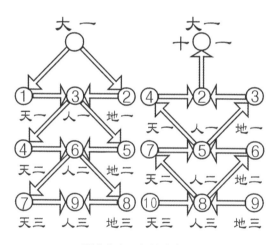

천부체계도의 분화와 귀환

人三(8)에서는 분별계로 올라가게 되어 7을 얻게 된 天二(7)를 시작으로 6을 얻게 된 地二(6)와 함께 다시 합쳐지면서 5를 얻게 된 人二(5)를 만들게 된다. 다시 人二(5)에서는 지극계로 올라가게 되어 4를 얻게 된 天

一(4)을 시작으로 3을 얻게 된 地一(3)과 함께 다시 합쳐지면서 2를 얻게 된 人一(2)을 만들게 된다. 그러면 이때 人一(2)을 중심으로 본체인 大一 로 되돌아가게 되는데, 이때에 수도자(修道者)가 후천일기(後天一氣)를 얻 어 大一을 회복시켜 굳게 지킬 경우 수도자는 최상의 도통경지와 함께 장 생(長生)을 이루게 되어 있다. 이것은 바로 大一로 되돌아감이 구도자에게 있어서는 도통과 장생을 위한 길이기 때문이다.

그동안 제2경인 지전(地轉)에서는 天二三, 地二三, 人二三이 천지인의 법칙 속에서 단계별로 천이(天二), 지이(地二), 인이(人二)와 천삼(天三), 지삼(地三), 인삼(人三)을 만들어 놓게 되는 것을 보았다. 이로써 지극계에 이어 분별계와 타락계를 만들어 놓는 계기가 되었다.

그렇다면 이제 남은 과제는 1~9의 아홉수가 대삼(大三)을 만들게 되고, 칠팔구(七八九)를 만들게 되며, 어떻게 6(六)을 중심으로 大三과 七·八· 九가 고리를 이루게 되는가를 알아볼 때가 되었다.

대삼합육 생칠팔구
大三合六 生七八九

대삼(大三)이 육(六)과 합하여 칠팔구(七八九)를 낳는다.

여기서 대삼(大三)은 첫 번째인 삼극의 天一(1)·地一(2)·人一(3)을 말한다. 그런데 大三에서 만들어진 1·2·3을 가지고 六과 합하면 1은 6 과 더해져 七이 만들어지고, 2는 6과 더해져 八이 만들어지며 3은 6과 더 해져 九가 만들어진다. 이와 같이 大三에서는 一·二·三에 六을 더하게 됨(1+6=7, 2+6=8, 3+6=9)으로써 七·八·九를 만들어 놓게 된다.

그렇다면 一·二·三과 七·八·九의 중간에서 고리를 형성하고 있는 六

은 갑자기 어디서 온 것인가? 이것은 大三에 있어서 一·二·三의 숫자를 자체적으로 합(合: 1+2+3=6)해서 나온 숫자이기도 하다.

그러나 여기서 그치지 않고 6수(六數)는 삼수분화하는 三(1·2·3), 六(4·5·6), 九(7·8·9)에서 정확히 중수(中數)를 이루게 되면서 삼수분화의 중수에 입장에서 나왔다고도 볼 수 있다. 이러한 원리는 기존의 1~9의 중심에 5의 숫자가 배치되는 것과는 다른 입장이다.

生數	1水 2火 3木 4金			
中數	5土			
成數	6水 7火 8木 9金			

1~9의 전체 숫자를 삼수분화로 나누지 않고
개별적으로만 보게 되면 그 중심은 5가 된다

천부경에서 나타나는 이러한 독특한 현상은 6이 음수(陰數)인 귀일(10, 8, 6, 4, 2)에 있어서 10~2의 중심이 됨을 알리기 위함이다. 그런데 이뿐만이 아니라 6은 천부경의 81자 가로세로 정중앙에도 6이 위치하게 된다. 그렇다면 왜 6이 시간과 공간에 있어서 중심과 중앙의 역할을 하고 있는 것인가? 여기서는 분명 어떤 메시지가 있다. 그것은 6이 귀일에 있어서 시간의 중심일 뿐 아니라, 공간의 중앙(中央)을 통해 종시(終始)의 역할을 나타내고 있기 때문이다.

6이 마침과 시작이 이루어진다는 것에 대해서는 공간뿐 아니라, 시간의 법칙에서도 나타난다. 우리는 흔히 시간의 법칙을 4(四)마디로 구분한다. 그것이 생장수장(生長收藏)이다. 생장수장의 법칙에서 마침과 시작은 일반적으로 생(生)의 범위인 1~5와 장(長)의 범위인 5~9, 수(收)의 범위인 10~6, 장(藏)의 범위인 6~2 중에 藏의 범위에서 종시(終始)가 이루어진다고 인식한다.

하지만 엄밀히 말하면 마침과 시작이 이루어지는 범위는 오직 6에 있다. 이러한 까닭은 6에서 씨앗의 완성과 동시에 환경만 조성이 된다면 곧바로 새싹을 피울 수가 있기 때문이다. 이 시기에 씨앗은 과실(果實)로부터 벗어나는 단계에 있게 되고, 1년 열두 달 중에는 술월(戌月)인 음력 9월 달에 해당한다.33) 이렇게 볼 때 6은 단순히 10~2의 중심일 뿐 아니라, 생명의 종시(終始)를 이루게 되는 숫자이다.

6수 중심의 마침과 시작이 이루어지는 법칙은 6~2로 이어지는 휴계기를 빼놓게 되면서 자연의 생장수장하는 법칙과는 다르게 생명(生命)의 법칙을 만들어 놓았다. 그 법칙이 성장(成長)과 성숙(成熟)을 통한 종시(終始)의 3단계 과정이다. 그런데 천부경도 생장수장하는 자연의 법칙에 따르기 보다는 이러한 3단계 생명의 법칙을 따르고 있다. 이러한 까닭에 천부경은 3단계 분화와 3단계 귀일을 통한 천궁에서 종시(終始)의 과정만을 만들어 놓았다. 이로써 천부경은 분화와 귀일, 그리고 천궁에서 종시가 이루어지는 3단계의 법칙만이 존재하게 된다.

그렇기 때문에 자연의 법칙으로 6은 大一의 자리에 해당하게 되면서 大三合六生七八九에서 6은 종시를 이루는 숫자로 나타나게 되어 있다. 이렇게 볼 때에 6은 10~2의 중수(中數)일 뿐 아니라, 대일의 자리에서 마침과 시작을 이루는 숫자로서 생명을 잉태하는 의미를 가졌음을 알게 된다.

六數가 마침과 시작의 역할로서 가장 압축되어 있다는 것을 우리는 음양의 상징성을 가지고 있는 팔(∞)자에서도 찾아볼 수 있다. 도표에서 나타나고 있는 [팔(∞)자 모양]을 보게 되면 1·3·5·7·9인 陽數의 분화작용이 팔(∞)자를 중심으로 밖으로 외향운동을 하고 있는데, 이것은 陽운동

---

33) 음력 9월은 십이지지(十二地支)에서 술(戌)에 해당한다. 戌에 대하여 한동석의 우주변화의 원리에서는 술오공(戌五空)이라고도 하였다. 이 말은 戌이 마침과 시작이 이루어지는 시간이라는 것을 말한다.

에 의하여 생명력이 외부로 발산되는 모습이다.

반면에 10·8·6·4·2인 陰數의 통일작용에 있어서는 팔(∞)자를 중심으로 생명력의 발산보다는 내부에서 내향운동을 하고 있다. 이것은 陰운동에 의하여 생명력이 수축되고 압축되는 모습이다. 그런데 이때에는 그림에서 보듯이 1·3·5·7·9인 陽數에 있어서 5가 중심역할을 한다. 하지만 10·8·6·4·2인 陰數에 있어서는 6이 중심역할을 하게 된다.

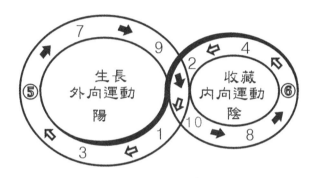

八(∞)자 모양의 외향운동과 내향운동
그림에서 양수(陽數)는 외향운동을 하며,
음수(陰數)는 내향운동을 하고 있다

그렇다면 5는 陽數의 중심이 되어 최대의 발전과 쇠락의 중심에 있게 되고, 6은 陰數의 중심이 되어 통일과 창조의 중심에 놓이게 된다. 이런 점에서 볼 때 6은 천부경에서의 大一과 마찬가지로 종시(終始)를 주관하게 되어 있다.

고대 유대인 철학자 [필론]도 "모든 수(數)의 중심에서 六은 가장 생산적"이라고 하였는데, 여기서의 생산적이라는 것은 六의 숫자가 성수(成數)[34]에 있어서는 가장 압축되어 있다는 뜻이다. 六의 숫자가 가장 압축되

---

34) 숫자는 生數와 成數로 나뉜다. 생수는 만물의 시작단계로서 1·2·3·4·5를 말하며, 성수로는 만물의 결실단계로서 6·7·8·9·10을 말한다.

어 있는 것을 우리는 하도(河圖)에서도 찾아볼 수 있는데, 하도의 방위(方位)에서 六은 북방의 1水를 외부에서 감싸는 형국이므로 새싹을 틔우기 전의 씨앗에 역할을 하고 있다. 그러므로 六數는 大三合六生七八九에서는 단순히 중심만을 나타내고 있지만 그 숨은 뜻은 일기가 시작된 천궁에서 통일과 창조의 작용을 하게 된다는 것을 암시한다.

그러면 이제 大三合六生七八九에서 六의 숫자가 생명을 통일시킴과 동시에 생명을 창조하게 되는 역할에 대해서 보다 자세히 알아볼 필요가 있다. 그 내용에 있어서는 장차 운삼사성환오칠(運三四成環五七)에서 만들어지게 되는 도상(圖象)을 통해 알아보게 될 것이다.

제3경. 인정(人情)

인정은 사람의 성정(性情)이다.
이른바 사람이 품은 뜻을 말함이다.

> 運三四 成環五七
> 운삼사 성환오칠
> 一妙衍萬往萬來 用變不動本
> 일묘연만왕만래 용변부동본
> 本心本 太陽昂明 人中天地一
> 본심본 태양앙명 인중천지일
> 一終無終一
> 일종무종일

운삼사 성환오칠

運三四 成環五七

三과 四를 운용(運用)하고,
五와 七로써 둘레(고리)를 이룬다.

운삼사(運三四)에 들어가기 전(前)

그동안 大一에서 시작된 숫자가 지극계인 三極으로 나뉘고, 삼극은 분별
계와 타락계로 나뉘어 1~9까지의 숫자를 만들어 놓았다. 그 결과로 [빈공
간이 없는 꿰짝]인 무꿰(無匱)에서 化三(셋으로 변화됨)을 만들어 놓게 되
었다.

化三은 다시 회삼귀일을 하고자 하는 마음을 발동시키게 되면서 이번에

는 통일의 시초인 十陰을 만들어 놓았다. 十陰으로부터는 다시 미분화된 일양(一陽)을 만들 수가 있었다. 이로써 大一로부터 시작되었던 1~9를 통하여 유한계에서는 통일을 준비하는 十陰을 만들었다. 十陰으로부터 시작되었던 통일의 과정은 10~2를 통하여 미분화된 1陽을 만들게 되면서 大一을 회복시킬 수가 있었다.

그런데 이때에는 10~2를 통해 귀일을 한다고 해서 저절로 미분화된 1陽이 만들어지는 것이 아니다. 이때에는 무한계인 삼신과 고리가 연결될 때에 만들어진다는 사실이다. 이것은 그동안 살펴보았던 제1경인 천부(天符)와 제2경인 지전(地轉)에서의 목적이 무한계인 三神과의 고리를 연결하는데 있다는 것을 말해준다.

이렇게 볼 때에 이제부터는 제3경의 인정(人情)에서 무한계와의 고리를 이루기 위해서는 그동안 살펴보지 않았던 무한계인 '하늘의 삼신'과 지금까지 살펴본 유한계인 '땅의 삼극'과의 고리를 연결하는 것을 알아봐야 한다. 그런데 이때에 필요한 것이 운삼사(運三四)에서의 하늘을 상징하는 三의 숫자와 땅을 상징하는 四의 숫자이다.

그러면 이제 運三四에서 하늘을 상징하는 三의 숫자가 하늘의 三神과는 어떠한 관계에 있으며, 땅을 상징하는 四의 숫자가 땅의 三極과는 어떠한 관계를 가지고 있는지를 먼저 알아볼 필요가 있다. 이후에는 三과 四를 통하여 운용되는 運三四가 어떻게 하늘의 삼신과 땅의 삼극이 되어 삼태극(三太極)을 만들게 되는지도 알아보아야 한다.

이밖에 성환오칠(成環五七)에서 나타나고 있는 五와 七을 가지고, 하늘의 삼신과 땅의 삼극에 이어 그 중간에 있는 大一을 둘러싸면서 6수를 만들어 놓게 되는 것에 대해서도 알아보아야 한다. 그래야만이 인정(人情)인 제3경의 운삼사 성환오칠이 우리에게 주는 의미를 바르게 알 수 있기 때문이다.

그동안 운삼사(運三四) 성환오칠(成環五七)에 대해서는 많은 해석들이 있어왔다. 하지만 많은 설명들이 운삼사 성환오칠에 대한 단편적인 설명에만 치중되었고, 운삼사 성환오칠 이전에 해석된 제1경과 제2경의 내용들과는 직접적인 관련성이 없었다. 그런데 〈삼신오제본기〉「고려팔관기」에 있는 승경일주삼(承徑一周三), 경일잡사지기(徑一匝四之機)의 내용을 보게 되면 제1경과 제2경이 연결될 수 있는 운삼사에 대한 해석의 열쇠를 제공해주고 있다. 따라서 운삼사와 더불어 성환오칠에 대한 해석도 가능케 하였다.

잠시 승경일주삼, 경일잡사지기를 보면 하나의 지름길에서 셋(三)을 두루 미치게 하고, 하나의 지름길에서 넷(四)으로 둘레를 이루는 베틀을 계승한다고 하였는데, 이것은 삼(三)과 사(四)에 의해 어떤 도형(圖形)이 만들어짐을 말해주고 있다. 그렇다면 三과 四는 단순한 숫자의 개념을 뛰어 넘어 이로 인해 어떤 유기적인 도형이 만들어짐을 암시한다. 이에 본 서적의 운삼사 성환오칠에서는 三과 四를 통한 천부경 전체를 이해할 있는 도형을 만들어내게 될 것이다.

그러면 이제 도형을 만들기 위하여 운삼사(運三四)에서의 三이 어떻게 하늘의 삼신과 관련된 성향을 가지고 있는가와 운삼사에서의 四가 어떻게 땅의 삼극과 관련되어 있는지를 먼저 알아볼 필요가 있다.

우선 三과 四의 숫자를 살펴보면 三은 양수(陽數)인 천수(天數)이고, 四는 음수(陰數)인 지수(地數)가 된다. 그러므로 두 개의 三과 四의 숫자는 하늘을 상징하고 땅을 상징한다. 이와 같은 원리는 천원지방(天圓地方)의 원리에서도 그대로 이어져 둥근 하늘을 三으로 하고, 사방의 네모진 땅을 四로 하게 된다. 그런데 천수(天數)인 一陽도 있는데, 어떻게 하늘의 상징을 三陽으로 했느냐는 의문이 생길 수 있다.

그 이유는 옛 사람들에게 있어서 북극성(北極星)의 자리에 3개의 별을 그려놓게 된 까닭에서도 알 수 있듯이, 그 원리는 一을 체(体)로 하고 三을 용(用)으로 하는 삼신일체(三神一体)의 원리 때문이다.

〈주역〉「설괘전」에 있어서도 삼천양지(參天兩地)라고 하여 '하늘을 三'으로 하고, '땅을 二'로 하고 있는데, 여기서 '하늘을 三'으로 하고 있는 것은 시작의 첫 번째인 一보다는 만물을 낳게 되는 三이 실질적인 역할을 하기 때문이다.

이와 같은 역할은 땅에 있어서도 마찬가지이다. 삼천양지에 있어서 땅의 이음(二陰)도 첫 시작하는 숫자로만 작용할 뿐, 결실을 이루는 숫자는 四가 된다. 이러한 까닭은 四의 숫자가 음양오행에서 서방 금(金)을 통한 결실을 상징하고 있기 때문이다. 따라서 二의 숫자보다는 결실을 뜻하는 四의 숫자가 땅의 성향에 맞는 상징이 될 수 있었다.

金은 통일단계에 접어드는 제1단계인 동시에
변화의 제4단계인 것이다.
〈우주변화의 원리〉「오행과 運」

지금까지 알아본 三과 四의 숫자에 의미를 한마디로 말한다면 三의 숫자는 하늘(天)의 성향을 가지게 되면서 만물을 낳는 상징을 가질 수 있었다. 四의 숫자는 땅(地)의 성향을 가지게 되면서 결실을 뜻하는 상징이 될 수 있었다.

그렇다면 이제 만물을 낳게 되는 3의 숫자와 동일한 성향을 가진 무한계인 삼신(三神)에 대해 알아보면 그 개체는 天一, 地一, 太一로 이루어졌다. 반면에 결실을 뜻하는 4의 숫자와 동일한 성향을 가진 유한계인 삼극(三極)을 알아보게 되면 그 개체는 天一, 地一, 人一로 이루어져 있다.

그런데 왜 하늘의 상징인 三의 숫자와 함께 삼신은 天一·地一·太一의 세 개로 된 개체로 이루어져 있는데, 어떻게 땅의 상징인 四의 숫자와 삼극인 天一·地一·人一의 세 개의 개체와는 차이가 있느냐는 것이다. 이것은 세 개의 개체를 가지고 있는 삼극과 결실의 결과물인 미분화된 1양(一陽), 즉 후천일기와의 관계 속에서 四의 숫자를 알아보아야 하기 때문이다.

그렇다면 삼극과 결실의 결과물인 후천일기에 대해 알아보면 삼극은 회삼귀일의 단계에서 大一을 회복하기 직전이므로 결실의 준비단계이다. 반면에 후천일기는 결실의 결과물이므로 초목(草木)의 입장에서는 씨앗과 같다. 따라서 숫자 4의 형성은 결실의 준비단계인 삼극(天一·地一·人一)과 씨앗이 되는 후천일기가 합쳐지면서 만들어지게 되는 결과물이다.

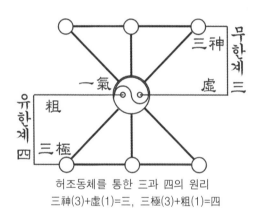

허조동체를 통한 三과 四의 원리
三神(3)+虛(1)=三, 三極(3)+粗(1)=四

이렇게 볼 때에 삼극인 셋(三)이 후천일기인 하나(一)를 만나 만들게 되는 결과물이 숫자 사(四)이며, 이것이 도형으로 나타날 때는 하늘의 삼신이 위에 있게 되고, 땅의 삼극이 아래에 있게 되며, 그 중간에 후천일기가 자리를 잡게 되어 있다. 그런데 삼극과 후천일기에 있어서는 숫자 四가 형성하게 되는데 삼신과 후천일기에 있어서는 어떻게 그대로 三의 숫자가 되느냐는 의문이 생긴다.

그 답변에 대해서는 허조동체(虛粗同體)인 후천일기에서 찾을 수가 있다. 한마디로 삼극인 세 개의 개체(天一, 地一, 人一)와 후천일기의 외형인 조(粗)와는 서로가 유한계의 존재이기 때문에 고리가 이루어질 때 더해짐을 통해 4의 숫자가 만들어지게 된다.

하지만 삼신과 후천일기의 내부에 있는 虛와는 서로가 무한계이므로 삼신의 세 개로 된 개체(天一·地一·太一)와 虛와는 숫자의 더해짐이 있을 수가 없다. 다시 말해 허조동체인 후천일기(後天一氣)의 내부에 있는 虛와 三神과는 비물질의 성향을 가졌기에 서로 간에는 시작됨과 마침이 작용하지 않는다. 그런 까닭에 서로 합쳐진다고 해도 그 숫자는 여전히 三이 될 수밖에 없다.

이렇듯 삼신과 虛는 물질로 존재하지 않는 무한계이므로 서로 간에는 나뉨을 통한 분화와 합침을 통한 통일작용이 일어나지 않게 된다. 그래서 삼신과 虛는 불멸성을 가지고 있기도 한 것이다. 그렇다면 이제 허조동체인 후천일기와 삼극이 더해져 四가 되고, 후천일기와 삼신이 더해짐이 없이 그대로 三이 된 상태에서 회삼귀일하게 되는 것을 도상(圖象)을 통해 잠시 알아보고자 한다.

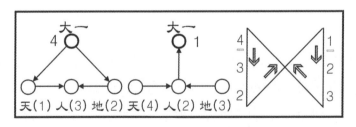

일체삼용(一體三用)의 원리와 장고형
일체삼용과 장고형의 원리에서 1~3의 분화는
四陰을 만들고, 4~2의 귀일은 一陽을 만들게 된다

먼저 도표 [일체삼용의 원리와 장고형]을 보면 삼극에 있어서 天一(1)·地一(2)·人一(3)의 세 개의 개체가 회삼귀일을 하게 될 때에는 天一에서 4陰, 地一에서 3陽, 人一에서 2陰이 붙게 되면서 天一(4)·地一(3)·人一(2)를 만들어 놓게 되는 것을 볼 수 있다.

이렇게 이루어지는 까닭은 일적이음립(一積而陰立)에서 1~9를 통하여 10陰을 세웠듯이 삼극인 1~3을 통해 귀일을 하게 될 때에도 4陰이 세워지기 때문이다. 다시 말해 1~9가 10陰을 만들어 10~2로 방향을 바꾸었듯이, 1~3도 4陰을 만들어 4~2로 방향을 바꾼 것이다. 이로써 삼극의 회삼귀일에 있어서 天一은 4陰을 만들고, 地一은 3陽을 만들었으며, 人一은 2陰을 만들 수가 있었다.

그렇다면 삼극에 있어서 4陰, 3陽, 2陰이 어떻게 삼신과의 고리가 이어지면서 후천일기(미분화된 1陽)[35]를 만들게 되는가를 알아볼 때가 되었다. 하지만 여기서는 간단하게 숫자로만 보게 되면 삼극인 天一에서 4를 만들고, 地一에서 3을 만들며, 人一에서 2를 만들었기 때문에 결국은 천궁에서 숫자 1에 해당하는 허조동체에서의 조(粗)를 만들 수 있었다.

그런데 여기서 미분화된 1수인 후천일기는 삼극에 의해서만 만들어지는 것이 아니다. 삼신인 天一, 地一, 太一을 통해서도 만들어진다. 다만 이때에 만들어지는 허조동체에서의 허(虛)는 태일로부터 시작된 무형인 빛나는 빛(光輝)으로 구성이 되어 있기 때문에 숫자로만 나타나지 않을 뿐이지 엄연히 후천일기를 이루는 구성요소가 된다.

이로써 삼신과 삼극의 중간에서는 허조(虛粗)로 인하여 미분화된 1수인 후천일기가 만들어지게 되는데, 그 모습은 삼극인 人一에서의 2陰으로 인

---

35) 미분화된 1陽을 비유하자면 아직 땅속에서 새싹을 피우기 위해 준비되어 있는 1양이 아니다. 즉 씨앗은 씨앗이나 열매 속에, 또는 곡간 속에 저장되어 감추어진 씨앗을 말한다. 한마디로 아직 현상세계로 드러나지 않은 산모의 자궁 속에 있는 태아(胎兒)와 같은 상태를 말함이다.

함이요, 삼신인 太一에서의 빛나는 빛으로 인함이다. 따라서 이 둘(2陰과 빛나는 빛)이 하나로 뭉쳐져 허조동체인 후천일기를 만들게 될 때에 나의 자아는 어둠으로부터 깨어나게 되어 있다.

이제 잠시 쉬어가는 입장에서 10陰을 시작으로 하여 회삼귀일하는 것과 4陰을 시작으로 하여 회삼귀일하는 것을 장고형의 원리로 한번 살펴보고자 한다. 먼저 4음부터 살펴보게 되면 1단계 1, 2, 3에서 만들어지는 4는 음존재이므로 회삼귀일이 가능하다. 따라서 天一(1), 地一(2), 人一(3)이 귀일을 하게 될 때는 天一(4), 地一(3), 人一(2)로 될 수가 있다.

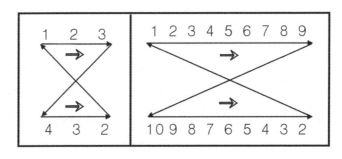

十陰과 四陰의 귀환원리

10음에 대해서도 살펴보게 되면 3단계 7, 8, 9에서 만들어지는 10도 음존재가 되므로 회삼귀일이 가능하다. 따라서 이번에도 天三(7), 地三(8), 人三(9)이 귀일을 하게 될 때에는 天三(10), 地三(9), 人三(8)이 될 수가 있다.

하지만 2단계인 4·5·6에서 만들어지는 7의 경우는 양존재가 되므로 회삼귀일을 할 수가 없다. 오히려 四와 十의 중간에서 극한 분열의 경계만을 만들어낼 뿐이다. 그러므로 3수분화의 원리에 따른 전체 1~10의 숫자에서 음(陰)의 숫자를 가지고 귀일을 할 수 있는 것은 오직 4와 10의 숫자밖에는 없다.

4와 10의 숫자에 대해서는 피타고라스(Pythagoras)가 고안한 테트락티스(Tetractys)라는 그림에서도 찾아볼 수 있다. 그림의 형상은 삼각형을 이루고 있는데, 그 형상이 밑으로부터 4개의 점이 피라미드형태의 4, 3, 2, 1로 이루어져 있다. 이것으로 보아 안정된 3각형의 전체 3면의 외각은 4가 되고, 전체구조는 10이라는 숫자로 만들어진다.

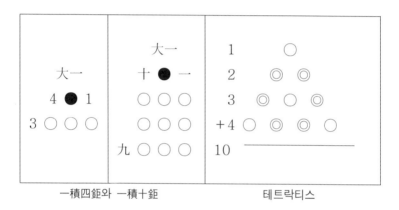

一積四鉅와 一積十鉅　　　　　테트락티스

이때에 만들어진 4와 10의 숫자에 대해 피타고라스학파에서는 신(神)을 뜻하는 숫자라고까지 주장하였는데, 이 숫자는 천부경에서도 神에게로 가기위한 숫자이다. 왜냐하면 4와 10은 삼신과 고리를 이루기 위해 천궁으로 귀일하는 숫자이기 때문이다.

특히 여기서 하나 더 살펴볼 일은 "우주의 중심축"이 되는 삼각형의 내부에서는 육각형과 함께 하나의 점(點)이 만들어지게 된다는 사실이다. 이것은 신(神)의 뜻이 4와 10의 숫자를 통해서 결국은 만물을 통일시켜 창조적인 역할을 하는 6數와 만물의 시작점이 되는 1數를 만드는데 목적이 있음을 말한다. 그렇다면 창조의 정신을 가지고 있는 3수의 정신은 궁극적으로는 종시(終始)를 이루는 6수와 생명탄생의 1수를 만드는데 그 뜻이 있었음을 알게 한다.

운삼사(運三四)의 형성

그동안 유한계에서의 三極과 후천일기가 만나서 四가 되는 것과 무한계에서의 三神과 후천일기가 만나서 그대로 三이 되는 것에 대해서 알아보았다. 다시 말해 삼극과 후천일기를 이루게 되는 조(粗)에 의해 四가 만들어지고, 삼신과 후천일기를 이루게 되는 허(虛)에 의해 그대로 三이 되는 것에 대해서 알아보았다.

그렇다면 이제는 三神과 후천일기인 허(虛)와의 관계에서 작용하게 되는 무한계인 三의 숫자와 三極과 후천일기인 조(粗)와의 관계에서 작용하는 유한계인 四의 숫자를 가지고 자세하게 운용할 필요가 있다. 그러기 위해서는 이제 [운삼사(運三四)의 기본 도상]을 바탕으로 運三四에 대하여 알아보아야 한다.

	天一	太一	地一
삼신(三神)	○	○	○
대일(大一)		◉	
삼극(三極)	●	●	●
	天一	人一	地一
	4陰	2陰	3陽

운삼사(運三四)의 기본 도상(圖象)

먼저 運三四에서 三에 해당하는 무한계인 三神을 살펴보면 삼신은 一神으로부터 분화되었고, 三神은 아직까지 무한계의 성향을 가지고 있기 때문에 하늘을 상징한다. 따라서 이때에는 상위로 하여금 수평으로 세 개의 점을 찍게 된다.

다음으로 運三四인 四를 통해 만들어지는 삼극과 그 결실에 해당하는 후천일기에 있어서는 삼극이 유한계의 성향을 가지고 있기 때문에 땅의 상징으로 삼아 아래에 수평으로 세 개의 점을 찍는다. 하지만 이때에 삼신에 있어서는 나타나지 않지만 삼극에 있어서 숫자로 나타나게 되는 후천일기의 경우는 결실에 해당하므로 사람의 상징으로 삼아 삼신과 삼극의 중간에 하나의 점을 찍는다. 그러면 후천일기를 중심으로 위로는 무한계인 三神(天一·地一·太一)과 아래로는 유한계인 三極(天一·地一·人一)이 서로 자리를 잡게 된다.

三과 四를 통한 運三四의 기본적인 도상이 만들어졌으면 이제는 삼태극(三太極)을 만들 때가 되었다. 그런데 이때에는 이전에도 살펴보았듯이 먼저 天一에서의 4陰과 地一에서의 3陽이 만나서 人一에서 中一인 2陰을 만들어 놓게 된다. 그러면 이때에 人一에서의 2陰은 천궁이 되는 자리로 귀환하여 三神과의 고리를 이루게 되는데, 이 경우에는 삼신의 중간에 있는 太一에서도 수도자로 하여금 자유와 불멸을 얻게 하는 한빛, 즉 태일지광(太一之光)[36]이 천궁으로 내려오게 되어 있다. 이렇게 될 때에 비로소 2陰과 太一之光은 천궁에서 드디어 만남이 이루어진다.

---

36) 태일지광(太一之光): 태일의 빛(太一之光)은 나의 몸속에서 조화(造化)를 일으키는 빛이다. 太一은 태을(太乙)이라고도 하는데, 이 태을에 대해 〈태을금화종지(太乙金華宗旨)〉「제1장 하늘의 중심」에서는 사람에게 있어서 이보다 더 이상의 위는 없다고 하였다. 그렇다면 太一之光은 더 이상의 위가 없는 위치에서 생명을 주관함을 말한다. 여동빈은 이 빛을 금화(金華)라 하여 태을금화(太乙金華)라고도 했다. 太一之光이 처음으로 모이는 곳에 대해 《태을금화종지》에서는 상단전(上丹田)에 해당하는 천심(天心)이라고도 하였는데, 이곳은 인간의 머릿골인 니환궁(泥丸宮)을 말함이다.

그런데 여기서의 2陰이 천궁으로 올라가게 될 때에는 조(粗)가 되고, 太一之光이 천궁으로 내려오게 될 때에는 허(虛)가 되어 서로 엉기게 되면서 일체가 되는 하나(一)를 이룬다. 따라서 이때는 2陰과 太一之光에 의해 허조동체인 후천일기, 또는 금단일기(金丹一氣)가 만들어지게 되어 있다.

특히 여기서 유념해야 할 일은 人一에서의 2陰은 이전에 알아보았던 人一에서의 3陽이 아니다. 이 말은 성명정(性命精)에서의 정수(精水)가 아니라 성명쌍수(性命雙修)를 통해 정수가 기화(氣化)된 상태의 원정(元精)을 말한다. 이러한 상태는 天一에서의 4陰과 地一에서의 3陽도 마찬가지이다.

처음 一氣가 분화할 때의 天一은 1陽의 역할이며, 地一은 2陰의 역할이었다. 하지만 일기를 회복하게 될 때에 天一은 4陰이 되고, 地一은 3陽이 된다. 그렇다면 天一이 1陽이 아니라 4陰으로 바뀌게 되고, 地一이 2陰이 아니라 3陽으로 바뀌게 될 때는 어떤 변화가 일어나는 것일까?

이때의 변화는 天一이 처음에는 1陽인 1수(一水)의 정신 속에서 분화에 목적을 두었다면 4陰이 되었을 경우는 4금(四金)의 정신에 의해 생명의 불기운이 우리 몸의 내부로 들어가게 됨을 나타낸다. 이것은 생명력(生命力)이 외부로 발산되는 것이 아니라, 생명력이 수렴되기 위한 단계에 있음을 말한다.

	水	<u>火</u>	木	金	土
生數	1陽	<u>**2陰**</u>	3陽	4陰	5陽
成數	6陰	7陽	8陰	9陽	10陰

음양오행(陰陽五行)의 원리

다음으로 地一이 처음에는 2陰인 2화(二火)의 정신 속에서 분화에 목적을 두었다면 3陽이 되었을 경우는 4陰에 의해 내부로 들어간 불이 응결되어가는 상태를 나타낸다. 이것은 우리 몸의 내부로 들어간 불이 외부로 발산되는 것이 아니라, 응집력을 갖게 됨을 말한다. 이렇게 될 때 人一에서는 3陽이 되어 분화되는 것이 아니라, 응집된 생명의 불이 기화(氣化)가 되면서 정수(精水)가 기화를 통해 원정(元精)으로 바뀌게 되는 것이다. 그러면 이때에 人一에서는 2陰이 되고, 이로 인해 2陰인 원정은 천궁으로 귀일을 하게 되어 있다.

지금까지의 내용을 수화(水火)의 원리로만 보게 되면 天一에서의 1水는 2火로 바뀌게 되고, 地一에서의 2火는 1水로 바뀌게 되어 있다. 이러한 까닭은 天一과 地一에서의 1水와 2火가 귀일을 하게 될 때에는 天一에서의 1水가 물속의 불(水中之火)인 진화(眞火)가 되기 때문이며, 地一에서의 2火가 불속의 물(火中之水)인 진수(眞水)가 되기 때문이다.

이때의 眞火인 진음(眞陰)은 귀일을 위한 2火이기도 하지만 도교(道敎)의 가르침에서 이괘(離卦, ☲)의 중앙에 있는 眞陰, 즉 수은(汞)과 물속에서 나온 용(龍)의 상징이 되기도 한다. 마찬가지로 眞水인 진양(眞陽)도 귀일을 위한 1水이기도 하지만 도교의 가르침에서 감괘(坎卦, ☵)의 중앙에 있는 眞陽, 즉 납(鉛)과 불속에서 나온 호(虎)의 상징이 되기도 한다.

그래서 《수진전도론(修眞傳道論)》에서 종리권은 이(離, ☲)괘의 궁전에서 양(陽, 水)의 용(龍)이 나오고, 감(坎, ☵)괘의 궁전에서 음(陰, 火)의 호(虎)가 나온다고 했다.[37] 따라서 성명쌍수(性命雙修)를 이루게 될 때는 성품의 자리인 天一에서 물속의 불(水中之火)인 진화(眞火: 火龍)와 목숨의 자리인 地一에서 불속의 물(火中之水)인 진수(眞水: 水虎)에 의해 하나로 통일된 원정(元精)이 만들어지게 되어 있다.

잠시 《입약경(入藥鏡)》에서 나와 있는 창명(滄溟)의 시(詩)를 보게 되면

---

37) 양(陽)의 龍은 수중지화(水中之火), 즉 물속으로부터 나온 화룡(火龍)을 말한다. 음(陰)의 虎는 화중지수(火中之水), 즉 불속으로부터 나온 수호(水虎)를 말한다.

여기서도 수은(汞)은 용(龍)이고, 납(鉛)은 호(虎)라고 하여 眞火가 되는 龍과 眞水가 되는 虎를 얻으라 했다. 그러면서 眞火의 용과 眞水의 호가 교섭하면 원정(元精)이 되는데 흩어지면 오행이 되고, 보전하면 다시 허(虛)를 얻어 음양이전의 일기로 돌아가게 된다고 하였다.

선천(先天)의 한 기(氣)는 금단(金丹)의 조상이요
허무가 오래되면 이것이 선천모(先天母)라
한 기가 생겨날 때 음양이 생기고
홍(汞)38)은 용(龍)이고 연(鉛)39)은 호(虎)이니
한 기가 모이면 원정(元精)이 되고
흩어지면 금 · 목 · 수 · 화 · 토가 되니
만일 만물이 허(虛)를 의지하여 생김을 안다면
비로소 음양은 정해진 곳이 없음을 믿게 되리라.
〈입약경〉「창명(滄溟)의 시(詩)에서」40)

위의 내용에서 선천(先天)의 한 기(氣)는 금단(金丹)의 조상이고, 이 氣가 생겨나게 되면 음양이 생겨나게 된다고 하였다. 이 말은 선천일기에 의해 음양이 생겨나듯이 性과 命이 이루어짐을 말한다. 다시 음양을 일기로 되돌리는 방법으로 용호(龍虎)를 통한 성명쌍수에 의해 원정(元精)이 만들어지면 후천의 기(氣)인 금단일기를 이루게 된다고 하였다.

---

38) 수은인 홍(汞)은 이괘(離卦, ☲)와 그 속에 있는 진음(眞陰, --)을 나타낸다. 따라서 그 상징은 불(火)의 성질을 나타내고 있다.

39) 납인 연(鉛)은 감괘(坎卦, ☵)와 그 속에 있는 진양(眞陽, ―)을 나타낸다. 따라서 그 상징은 물(水)의 성질을 나타내고 있다.

40) 《입약경(入藥鏡)》: 지일진인(至一眞人) 최희범(崔希範)이 짓고, 혼연자(混然子) 왕도연(王道淵)이 주해하고, 창명(滄溟) 이반룡(李攀龍)이 주석한 것을 일학거사(一壑居士) 팽호고(彭好古)가 주해했음. 여동빈은 이 입약경을 수련하여 신선이 됐다.

이밖에도 선천기와 후천기를 읊은 창명의 시에서는 "홍(汞, 龍)과 연(鉛, 虎)을 얻고서는 한 곳으로 돌아가니 자연히 경각에 진정(眞精)을 생산하네."라고도 하였다.

황방(黃房)으로 들어가 지극한 보배를 이룬다는 시에서는

진홍(眞汞) 진연(眞鉛)은 연성하여 이루어지고,
서주(黍珠) 한 알의 무게가 금과 같네.
이런 지극한 보배가 몸속에 있으니
방문(旁門)을 잡고서 밖을 향해 찾지 마라.

라고도 했다.

생산은 곤(坤)에 있고, 씨앗은 건(乾)에 있다는 창명의 시에서는 人一의 자리에 해당하는 원관(元關)에서 원정(元精)에 해당하는 곤의 씨앗을 얻게 될 때에는 건궁(乾宮)에서 환단(還丹)을 맺게 된다고도 했다.

금단대약(金丹大藥)은 본래 어려운 것이 아니요,
온전히 연홍(鉛汞)을 의지하여 원관(元關)에 들어가니
분명히 곤(坤)의 씨를 채취할 수 있고,
씨앗은 건궁(乾宮)을 향해 크게 환단(還丹)을 맺네.

위의 내용을 보게 되면 연홍(鉛汞)에 의지하여 원관(元關)에 들어간다고 했는데, 이것은 天一(4)과 地一(3)에 의해 人一(2)로 들어감을 말한다. 人一에 해당하는 원관에서 곤(坤)의 씨앗을 채취한다는 것은 人一에서 원정을 얻게 된다는 말과도 같다. 원정에 해당하는 씨앗을 얻게 되면 건궁을 향해 크게 환단을 맺게 된다는 말은 원정을 얻게 되면 그것을 가지고 천궁인 머릿골로 올라가 후천일기를 이루게 된다는 뜻이다. 이런 점에서 볼 때

지금까지의 내용으로 보아 천부경에서 말하고 있는 귀일의 방법이나, 도교에서 말하고 있는 귀일의 방법이 같다는 것을 알게 된다.

다만 차이가 있다면 1~9와 10~2의 숫자를 가지고 설명했느냐, 아니면 수화(水火)를 기본으로 하여 오행으로 말했느냐의 차이만 있을 뿐이다. 이와 함께 이음(二陰)인 원정이 천궁으로 귀일하게 될 때 태일(太一)로부터 내려온 빛과 서로 엉기게 되면서 후천일기가 만들어지는가와 인간의 머릿골에 해당하는 건궁(乾宮)에서 금단대약을 맺게 되는가의 차이만 있을 뿐이다.

지금까지 알아본 금단대약이나 후천일기를 음양론으로 보게 되면 태극(太極)으로 나타나게 되고, 숫자로 보게 되면 미분화된 1양(陽)으로 나타나게 된다. 따라서 이때의 후천일기는 유한계와 무한계의 두 개에 속성을 가지고 있는 개체이며, 아직 현상계로 드러나고 있지 않는 과실(果實) 속의 씨앗과 같다. 이 때문에 후천일기는 현상세계에 드러나지는 않지만 만물의 근원으로서 생명의 시초를 이룬다.

생명의 시초가 되는 미분화된 1陽, 즉 태극(太極)이 만들어지면 이때부터는 천궁 속에 내재되어 있는 선천일기(先天一氣)인 大一과 결합을 하게 되는데, 그 결합의 과정에서 삼태극(三太極)의 모습이 만들어진다. 이것에 대해 자세히 알아본다면 후천일기이며 금단일기가 되는 미분화된 1陽인 태극이 천궁 속에서 만들어지게 될 때는 기존에 있던 선천일기인 大一을 둘러싸게 된다. 이런 점에서 볼 때 삼태극은 금단일기인 태극이 大一을 둘러싸게 되면서부터 만들어지게 되어 있다.

이제 금단일기를 만들어 大一을 감싸게 되는 원리를 도상(圖象)을 통해 알아보고자 한다. 먼저 [분화와 귀일의 운삼사]에서 나타나는 첫 번째 도상을 보게 되면 무한계인 三神에서 天一과 地一이 太一에서 모아져서 大一을 만들게 되는 것을 볼 수 있다. 그러면 大一에서는 삼극인 天一과 地一

로 갈라지고, 天一과 地一은 人一을 통하여 모아지면서 다시 2단계인 분별
계(天二·地二·人二)로 분화하게 되는 것을 알 수 있다.

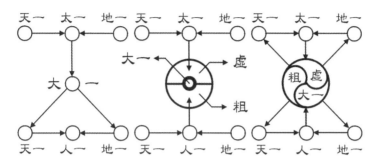

분화와 귀일의 운삼사(運三四)

하지만 두 번째 도상에서와 같이 人一에서 분화를 멈추고 귀일을 하게
될 때에는 1陽을 가진 天一(1)이 4陰을 가진 天一(4)이 되고, 2陰을 가진
地一(2)이 3陽을 가진 地一(3)이 되며, 3陽을 가진 人一(3)이 2陰을 가진
人一(2)이 된다. 그러면 이때 人一에서의 2陰은 천궁으로 올라가 太一之光
과 함께 허조동체(虛粗同體)인 후천일기가 되어 선천일기인 大一을 둘러싸
는 역할을 한다. 그러므로 이때에는 太一로부터 형성된 빛나는 빛인 허
(虛)와 人一에서 만들어진 2陰에 의한 조(粗)가 후천일기를 만들게 되면서
대일(大一)은 회복될 수가 있다.

이로부터 大一이 회복되어 참나(眞我)를 이루게 될 때에는 세 번째 도상
에서와 같이 위의 무한계와 아래의 유한계에 의하여 삼태극(三太極)이 이
루어진다. 그런데 이때에 삼태극이 이루어지면 내 자신은 무형의 하늘과
유형의 땅과 함께 하나가 되면서 천지와 합일을 이루게 된다. 그러면 이때
내 자신은 무한계의 하늘과 자유롭게 소통하게 되어 유한계의 세계에서는
막힘이 없는 삶을 살아가게 되어 있다.

그렇다면 운삼사(運三四)란 그동안 우리가 살펴본 제1경과 제2경의 내용이 결국은 무한계인 삼신과 연결하고자 하는데 목적이 있었다는 것을 알게 된다. 이것은 바로 사람을 가운데 두고 천지와 하나가 되는 인중천지일(人中天地一)을 이루는 것이 천부경이 뜻하는 바요, 삼성조시대의 천자(天子)들이 후대에까지 전하고자 했던 갈망이었음을 말해준다.

지금까지 우리는 運三四를 통해 大一의 자리에서 삼신과 삼극이 고리를 이루게 되는 것과 이로 인해 대일을 둘러싸게 되면서 삼태극이 이루어지는 것에 대해 알아보았다. 그러면 이제 간략하게나마 그동안 大一을 중심으로 분화와 귀일이 이루어지는 것을 [一積十鉅의 분화와 無匱化三의 귀일원리]를 통해 살펴볼 필요가 있다.

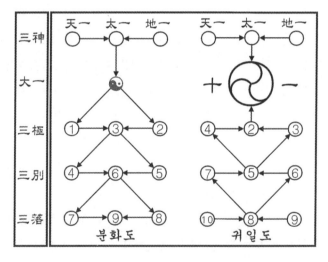

一積十鉅의 분화와 無匱化三의 귀일원리

먼저 大一을 보게 되면 삼수분화의 원리에 따라 지극계, 분별계, 타락계로 분화하게 된다. 그러면 이때에 소우주(小宇宙)인 우리의 자아는 광휘를 잃게 되고, 혼탁함으로 인해 오염될 수밖에 없는 상황에 처해진다. 이러한 현상은 우리의 성품·마음·느낌이 가장 근원이 되는 자아를 두텁게 덮어 버렸기 때문이며, 목숨·기운·호흡으로 인해 생명의 근원이 되는 자아를 오염되게 했기 때문이다.

그러나 인간은 극한 상황에 치닫게 될 수록 희망과 자유의지와 오염되지 않은 자아를 찾기 위하여 그동안 멀어졌던 고리(大一)를 다시 회복하고자 하는 마음이 발동한다. 다시 말해 자신이 깨어나기 시작하는 첫 출발점은 파란만장한 삶을 체험하는 타락계의 막바지에서 찾아온다. 이러한 까닭은 천부경에서도 말하고 있듯이 9數인 분화의 끝에서 무궤화삼(無匱化三)이 만들어지게 되면 '회삼귀일의 마음(衷)'이 발동하기 때문이다.

그러면 이때에 무궤화삼의 밖에서 10陰을 얻게 되고, 10陰을 시작으로 타락계와 분별계를 지나 지극계에서 다시 大一을 회복하게 되어 있다. 이 러한 의미에서 10陰을 역철학(易哲學)에서는 통일의 단계로 들어가는 십 무문(十无門)[41]이라고 명칭을 하기도 했다. 이로부터 실질적인 귀일의 단 계로 접어들게 되는데, 이때에는 아홉 단계로 분화가 되었듯이 다시 아홉 단계를 거쳐 귀일을 해야 한다.

그 첫 번째가 10陰이며, 아홉 번째가 2陰이다. 2陰이 되면 태일지광(太 一之光)과 만나 허조동체인 후천일기를 만들어 놓게 된다. 그러면 이때에 후천일기에 의해 나의 자아는 회복하게 되고, 이로써 나의 자아를 중심으 로 삼신과 삼극은 고리를 연결하게 되어 있다. 이것으로 보아 운삼사가 우 리에게 주는 가르침은 너의 자아를 삼신과 삼극의 가운데 두어 고리를 연 결하라는 것이다. 그래야만 인간은 천지와 함께 하는 삶을 살 수가 있기 때문이다.

---

41) 정역(正易)을 쓰신 김일부(金一夫)선생은 통일로 들어가는 시초를 십무문(十无門)과 함께 십무극(十无極)이라고도 하였다.

성환오칠

成環五七

오(5)와 칠(7)을 통하여 겉 테두리를 완성한다.

성환오칠(成環五七)을 이루기 위해서는 이전에 살펴보았던 운삼사(運三四)의 도상이 필요하다. 운삼사의 도상은 숫자를 대신하여 원형의 점(點)을 통하여 배치하게 되는데, 먼저 하늘을 대표하는 三神인 세 개의 개체를 상위로 하여 세 개의 점을 가로로 하여 찍는다.

다음에는 땅을 대표하는 三極인 세 개의 개체를 하위로 하여 세 개의 점을 찍고 나서 중앙에 후천일기를 나타내는 하나의 점을 찍는다. 그러면 이것을 숫자로서 구별하면 三神과 虛는 서로 무한계로 연결되어 있어서 개체의 구별이 없이 그대로 3(三)이 유지가 된다. 반면에 삼극과 粗는 서로 유한계로 연결되어 있어서 개체를 통하여 구별이 가능하므로 4(四)로 나타나게 되어 있다.

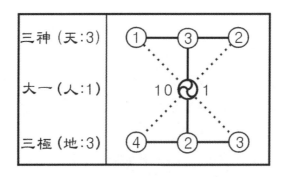

天地人의 장인공(工)과 장고형(⋈)

그러면 運三四의 도상은 위와 아래로 三神과 三極을 이루고, 중앙에는 후천일기와 후천일기에 의해 본래의 모습을 회복한 大一이 위치하게 된다. 그런데 여기서 大一을 중심으로 삼신과 삼극으로 선(線)을 연결하여보면 장인 공(工)의 모형이 나온다. 여기서 멈추지 않고 대칭으로까지 점선(點線)을 연결하게 되면 장고형(㐅)의 문양까지 만들어진다. 그렇다면 이제 그동안 만들어진 기본적인 도상을 바탕으로 성환오칠(成環五七)을 만들 때가 되었다.

먼저 성환(成環)에서 환(環)이란 글자를 보게 되면 이 글자는 옥 환, 고리 환, 두를 환, 돌 환이 된다. 따라서 이 글자는 무엇인가를 둘러싸서 감싸게 되는 의미를 가졌다. 즉 달이 해 속으로 완전히 들어가고 해의 겉 테두리만 보이는 일식(日蝕)의 금환식(金環蝕)처럼 하늘과 땅을 연결하여 가운데 있는 大一을 완전히 둘러싸는 것을 말한다.

성환(成環)의 뒤에 있는 오칠(五七)에 대해서도 알아보면 여기서의 五는 1~9의 숫자 중에서 '숫자의 중심'이 된다. 七의 경우는 십이지지(十二地支)에서 오화(午火)에 해당하므로 '삶의 중심'에 해당하는 숫자이다. 그런데 이때에는 왜 [숫자의 중심]과 [삶의 중심]이 되는 숫자가 필요한지에 대해 의문이 생길 수 있다. 그 이유는 삼신과 삼극이 중앙에 있는 大一을 중심으로 연결되기 때문이다.

한마디로 大一은 천지의 중심이기 때문에 하늘의 정신이 담긴 [숫자의 중심(五)]과 땅의 정신이 담긴 [삶의 중심(七)]이 나의 자아를 뜻하는 大一을 중심으로 서로 연결될 필요가 있다. 그렇다면 이제 대일과 서로 연결되는 [숫자의 중심(5)]과 [삶의 중심(7)]에 대해서도 좀 더 알아볼 필요가 있다.

먼저 五를 보게 되면 1~4의 生數와 6~9인 成數의 사이에서 중수(中數)를 이루게 됨으로 숫자의 중심을 이루고 있다. 그래서 五는 만물이 성장하는 시간에 있어서 '시간(時間)의 중심'을 나타내기도 한다.

그 가운데(一九之中)에 五가 있으니
황극(皇極)이니라.
(居中이 五니 皇極이니라.)

〈정역(正易)〉「十五一言」

七의 경우는 하도(河圖)와 오행(五行)의 원리에서 만물이 시작되는 봄철 (木)과 만물이 수렴되어가는 가을철(金)의 계절에서 여름(火)인 중간지점 에 해당하는 황극(皇極)을 나타낸다. 그래서 七은 삶의 모습인 생장성(生 長成)에서 그 중간인 장(長)에 해당하고, 하루의 일정으로 보면 태양(太 陽)이 정중앙에 떠있는 11시~1時까지인 정오(正午)를 나타내게 된다.

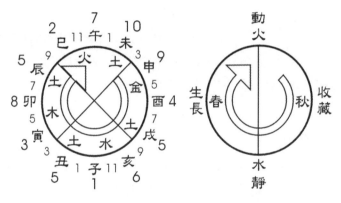

12地支를 통한 시간과 생장수장의 원리
밖에 있는 숫자는 十二地支의 방위 수(數),
12地支 사이의 숫자는 시간을 나타냄

이런 점에서 七은 현상계에서의 '삶의 중심'인 동시에 '생멸(生滅)의 중 심'인 황극이 되면서 12지지(十二地支)에서는 이때를 오시(午時)라고 한 다. 그런데 午時를 오행(五行)의 입장에서 볼 때는 불(火)이 된다. 그것도

2화(二火)가 아니라, 7화(七火)이다. 결국 이 말은 七이 삶의 중심과 생멸의 중심에 있어서 가장 왕성한 생명력을 나타내고 있다는 것을 말한다.

그러면 이제 시간의 중심인 五와 생멸의 중심인 七을 가지고 大一을 중심으로 무한계인 삼신과 유한계인 삼극을 통해 테두리를 완전히 둘러싸는 성환(成環)을 이룰 때가 되었다. 먼저 大一을 중심으로 '시간의 중심'이 되는 五를 가지고 삼신이 되는 세 개의 점을 연결하여 보자. 그러면 이때에는 [운삼사 성환오칠]의 도상에서 보는 것처럼 大一과 三神이 다섯 테두리에 의해 연결되면서 두 개의 삼각형이 만들어진다.

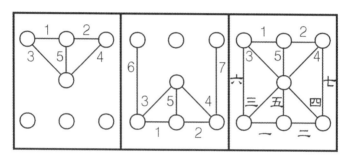

운삼사성환오칠(運三四成環五七)

이번에는 '생멸의 중심'이 되는 七의 숫자를 가지고 유한계인 삼극과 大一을 중심으로 도상에서와 같이 우선적으로 다섯(5) 테두리를 긋게 되면 대일과 삼극을 통하여 두 개의 삼각형이 더 만들어진다.

이후에는 삼신과 삼극을 통하여 좌우로 나머지 두 개(2)의 테두리를 더 연결하게 되면 삼극에서의 일곱(7) 테두리와 함께 삼신에서의 다섯(5) 테두리가 서로 결합되어 완전히 테두리가 이루어진다. 그러면 이때에 여섯 개의 삼각형으로 이루어진 운삼사(運三四)를 통한 성환오칠(成環五七)의 도상이 만들어지게 된다.

그렇다면 이제 運三四를 통한 成環五七의 그림에서 그 특징을 살펴보게되면 전체 열두 개의 테두리를 통해 '여섯 개의 삼각형'이 만들어진다. 이와 함께 여섯 개의 삼각형은 '일곱 개의 꼭짓점'을 만들게 된다. 이로써 운삼사 성환오칠의 그림은 칠점육각(七點六角)의 모습으로 자신을 드러낼 수 있었다.

이제 성환오칠(成環五七)을 통하여 만들어진 칠점육각(七點六角)의 도상에 대해 살펴보면 '여섯 개의 삼각형'에서 六은 大三合六生七八九에서 살펴본 것처럼 삼수분화에 있어서 중심이 될 뿐 아니라 팔(∞)자의 모양[42]에서도 알아보았듯이 '통일과 창조의 근원'이 된다. 따라서 여섯 개의 삼각형은 이때에 인간의 생명을 통일시켜 창조적 역할을 하게 하는 도형으로서의 의미를 가진다.[43]

이번에는 '일곱 개의 꼭짓점(點)'에서 나타나는 七에 대해 살펴보면 이전에도 알아본 것처럼, '생멸의 중심'이 되기 때문에 七은 최대의 성장이이루어진 상태를 나타낸다. 그렇기 때문에 七은 생명의 정점(頂點)을 나타내게 되므로 생명을 영생하게 하는 역할이다. 한마디로 왕성한 생명력을 상징하는 7火를 가지고 있다는 것은 무병장수할 수 있는 생명의 에너지를 가지고 있다는 말과 같다. 따라서 일곱 개의 꼭짓점은 생명의 기운이 가득한 정점을 뜻하므로 영생으로 인도하는 도형의 의미를 가진다.

그렇다면 칠점육각(七點六角)의 도형을 만들어낸 성환오칠(成環五七)이란 생명을 통일시켜 창조성을 발휘하게 하고, 생명의 정점(頂點)을 통해 영생을 얻게 하는데 그 뜻이 있다. 이렇게 볼 때 7점6각의 중심에 놓이게되는 삼태극(三太極), 즉 후천일기를 얻어 본래에 모습을 회복한 나의 자

---

42) 팔(∞)자의 모양은 大三合六生七八九에서 그려진 그림을 말한다.

43) 여섯 개의 삼각형: 삼각형을 원방각(圓方角)의 원리로 보게 될 때에는 사람을 뜻한다. 그런데 그 삼각형이 여섯 개이다. 이것은 사람의 생명이 통일된 상태, 즉 창조적 기능을 발휘하는 사람이 됨을 나타낸다.

아는 이때에 창조성을 얻게 되고, 불멸성을 얻게 되는 것이다. 따라서 運三四成環五七이란 나의 자아를 하늘과 땅 사이에 고리를 이루게 하여 조화(造化)를 통한 불멸성을 얻게 하는데 그 뜻이 있다고 하겠다.

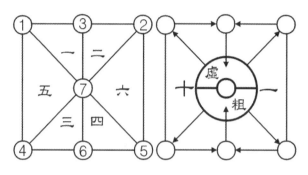

七點六角의 圖象과 삼태극의 원리

칠점육각에서 七火가 일곱 개의 불기둥이 되어 삼태극을 감싸게 되는 상징에 대해서는 피타고라스도 언급한 바가 있다. 그것이 "우주는 3으로 구성되어 있고 '불'로 둘러싸여 있다."는 피타고라스의 글귀이다. 이와 관련하여 피타고라스의 글귀가 있는 그의 고향인 피타고리온의 조형물에는 다음과 같은 내용도 있다.

三이라는 수는 존재하는
'모든 것을 움직이게 하는 중심축'에 있는 숫자다.

피타고라스가 말하는 3의 숫자는 창조의 본성을 가지고 있는 삼태극(三太極)을 말한다. 그런데 3의 숫자가 '불(火)'로 둘러싸여 있다는 것은 七火를 통한 강력한 불기둥의 중심에 삼태극이 놓여 있다는 뜻이다. 한마디로 이것은 7火를 뜻하는 칠점육각의 중심에 후천일기와 더불어 나의 자아를 상징하는 삼태극이 놓여있게 됨을 말한다. 이것으로 보아 칠점육각은 나의 생명을 통일시킬 뿐 아니라, 나의 자아를 불멸에 이르게 하는 도형이 되기도 한다.

이번에는 七點六角을 신화(神話)의 입장에서 보게 되면 七點은 그 상징성이 북두칠성(北斗七星)과 같고, 칠성하늘로 올라가기 위한 일곱 가로장이 있는 사닥다리로 나타나기도 한다. 六角은 그 상징성이 북극수(北極水)와 같고, 북극수가 있는 세상의 중심을 나타내기도 한다. 따라서 칠점육각은 도(道)를 이룬 수도자가 세상의 중심(六角)에서 일곱 가로장이 있는 사닥다리(七點)를 통해 천상으로 올라가는 상징이 되기도 한다.

칠점육각과 관련이 있는 이와 같은 신화의 중심사상은 그 목적이 세상의 중심에서 천상과 연결되고자 하는 염원에서 시작되었다. 그래서 〈태백일사〉「삼한관경본기」에서는 부루태자가 자신을 일컬어 세상의 중심이며 근원이 되는 북극 수정(水精)의 아들이라고 자처하기도 한 것이다. 이와 함께 천상과 연결되었다는 뜻으로 삼신상제(三神上帝)와 자신은 한뜻이라는 것을 나타내기도 하였다.

나는 북극 수정의 아들(北極水精子)이니라.
그대의 왕이 나에게 청하기를 물과 땅을 다스려서
백성들을 도와 이를 구하려 한다고 했는데,
삼신상제(三神上帝)님께서는 내가 가서 돕는 것을
기쁘게 생각하시므로 내가 오게 된 것이니라.

〈태백일사〉「삼한관경본기」

위의 구절은 부루태자(扶婁太子)가 우사공(虞司空)44)에게 금간옥첩(金

---

44) 하(夏)나라를 창업한 우(禹)임금을 말한다. 우임금은 9년 홍수를 막고, 낙서(洛書)를 만든 것으로 유명하다.

簡玉牒)을 전해주는 과정에서 자신을 일컬어서 북극 수정(水精)의 아들이라 말하고 있는 대목이다. 이 내용에서 우리는 부루태자가 자신을 일컬어 북극수정의 아들이라 하는 것과 천상의 주인인 삼신상제의 뜻을 받들고 있음을 알게 되는데 이것은 자신이 북방(北方)을 다스리는 단군왕검의 아들이며, 삼신상제의 뜻을 받드는 사자(使者)와도 같다는 것을 말한다. 이런 점에서 볼 때 우리는 당시의 제왕문화가 '세상의 중심(六角)'에서 '천상과도 교통(七點)'하는 인간이 되고자 하는데 중점을 두었음을 알게 된다.

이번에는 역사가 가장 오래된 환국시대에서도 七點六角과 관련하여 7화(七火)와 6수(六水)에 대해 찾아 볼 수 있다. 당시의 七火와 六水는 환국시대의 사명(司命)을 나타내기도 했다.

> 환인씨는 한 번 변화하여 七이 되며,
> 두 번 변화하여 六이 되는 運을 계승하여
> 오로지 아버지의 道를 사용하여 천하에 쏟으매,
> 천하가 이에 교화되었다.
> 桓仁氏 承一變爲七, 二變爲六之運
> 專用父道而注天下 天下化之.
>
> <삼신오제본기>「고려판관기」

위의 내용에서 한 번 변화하여 七이 된다는 것은 "一陽이 변하여 七陽이 된다."는 것이다. 이것은 一陽인 一水가 가장 활달한 생명력을 가진 七火가 된다는 것을 말한다. 다시 말해 분화의 뜻을 가진 一陽이 七陽이 됨으로써 그 목적을 이루게 됨을 말하고 있다.

두 번 변하여 六이 된다는 것은 "二陰이 변하여 六陰이 된다."는 것이다. 이것은 二陰인 二火가 가장 응집력이 강한 六水가 된다는 것을 말한다. 다시 말해 귀일의 뜻을 가진 二陰이 六陰이 됨으로써 그 목적을 이루게 됨을 말하고 있다.

그렇다면 여기서 활달한 생명력을 상징하는 七火와 가장 응집된 생명을 상징하는 六水를 통하여 천하를 교화한다는 것이 무엇인지 궁금할 수 있다. 이것은 가장 응집된 생명을 상징하는 6水를 통해 사람의 생명을 통일시켜 창조성을 발휘하게 하고, 활달한 생명력을 뜻하는 7火를 통해 사람의 생명을 불멸에 이르게 한다는 것을 말한다. 이런 점에서 볼 때 환인씨께서 七과 六이 되는 運을 계승하여 아버지의 道를 사용한다는 것은 7점6각에서와 마찬가지로 사람으로 하여금 창조성을 발휘하게 하여 불멸의 생명을 얻게 한다는 것을 이야기한다.

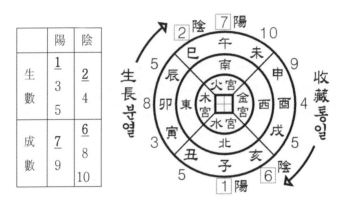

십이지지(十二支地)
2陰은 6陰에서 완성되고, 1陽은 7陽에서 완성된다

환국에 이어 배달국에서도 시대적 사명(司命)은 나타난다. 다만 배달국에서는 7火와 6水가 만들어지기 직전에 펼쳐지는 천일생수(天一生水)와 지이생화(地二生火)를 시대적 사명으로 삼고 있다.

신시씨는 天一은 물을 낳고,

地二는 불을 낳는 자리를 계승함으로써
오로지 스승의 도를 사용하여 천하를 거느리매,
천하가 이에 본받게 되었다.
　神市氏 承天一生水, 地二生火之位
　專用師道而率天下 天下效之.

〈삼신오제본기〉「고려팔관기」

위의 내용에서 天一이 물을 낳고, 地二가 불을 낳는다는 것은 오행(五行)에서 1水를 낳고, 2火를 낳게 되는 것을 말한다. 그런데 여기서 천일생수(天一生水)와 지이생화(地二生火)의 이치를 계승하는 것을 스승의 도(道)라고 하였다. 이 말은 삼극에서 天一의 一水와 地一의 二火가 人一의 자리에서 三中一을 만들어 大一의 자리로 귀환하느냐, 아니면 분별계로 떨어지느냐 하는 것을 가르침으로 삼고 있는 것을 말한다.

다시 말해 신시씨의 가르침이란 교화(敎化)를 바탕으로 人一의 자리에서 天二와 地二의 분별계로 떨어지지 말고, 中一이 되는 그 자리를 굳게 지켜 천궁(天宮)으로 귀일하라는 것이다. 이것은 바로 자신의 생명에 진액인 정수(精水)를 원정(元精, 二陰)으로 변형시켜 나의 참된 모습인 자아를 회복하라는 가르침이다.

이와 같은 가르침은 도교(道敎)에서도 최상의 가르침이 되어 당나라 때의 8대 신선으로 알려진 여동빈(呂洞賓)도 天一(4)과 地一(3)이 합해지면서 만들어지는 人一에서의 이음(二陰), 즉 성명쌍수(性命雙修)를 통해 원정(元精)을 이루는 것을 주장하였다. 그러므로 도교에서나 배달국시대에서는 人一에서 천궁으로 귀환하여 참된 나의 모습인 자아를 회복하는 것을 가르침의 목적으로 삼았다.

다음에는 단군조선시대에 대해서도 알아보면 이 시대의 사명(司命)은 人一의 자리에 있는 이음(二陰)을 통한 하나의 지름길에서 三과 四를 운용하여 어떻게 임금의 도(道)를 세우는가에 목적을 두었다.

　왕검씨는 하나의 지름길에서
　셋(三)을 두루 미치게(두루 연결) 하고,
　하나의 지름길에서 넷(四)으로
　둘레를 이루는 베틀을 계승함으로써
　오로지 왕도를 사용하여 천하를 다스리고자 하였으니
　천하는 이에 순종하였다.
　　王儉氏 承徑一周三, 徑一匝四之機
　　專用王道而治天下 天下從之.

〈삼신오제본기〉「고려팔관기」

　여기서 '하나의 지름길'은 人一의 자리에서 회삼귀일하는 하나의 지름길을 말한다. 다시 말해 人一의 자리에 있는 二陰이 천궁으로 가기위한 하나의 지름길을 말하고 있는 것이다. 그 지름길로부터 셋(三)을 두루 미치게 하게 된다는 것은 二陰이 우리의 머릿골인 천궁으로 귀일하게 될 때에는 하나의 지름길에서 삼신(天一·地一·太一)인 셋(三)을 두루 미치게(두루 연결)된다는 것을 말한다.
　이와 함께 하나의 지름길에서 넷(四)으로 둘레를 이루게 된다는 것은 하나의 지름길에서 본래에 모습을 회복하게 되는 大一과 삼극(天一·地一·人一)인 넷(四)에 둘레를 연결하게 되는 것을 말한다.
　그런데 이때에 셋과 넷으로 둘레를 이루는 베틀(工)[45]을 단군왕검께서는 계승한다고 하였다. 이것은 三과 四로 이루어진 천지인(天地人)의 베틀을 통해 왕검씨께서는 천하를 다스린다는 것을 말한다. 다시 말해 왕검씨

---

45) 장인 공(工)은 사람을 중심으로 하늘과 땅을 연결하는 것을 상징한다. 따라서 장이 공은 만물의 변화를 일으키는 베틀(기계)과 같다.

께서 셋(三)을 두루 미치게 하고, 넷(四)으로 둘레를 이루는 베틀을 계승하는 것은 사람을 가운데에 두고 하늘과 땅이 하나로 존재하는 인중천지일(人中天地一)을 이루는 것이 왕검씨의 사명(司命)이었음을 말해준다.

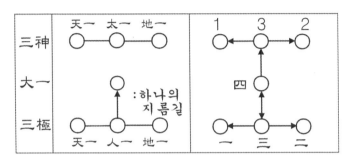

경일주삼(徑一周三) 경일잡사지기(徑一匝四之機)

우리는 이전에 운삼사(運三四)란 하늘과 땅이 연결될 때 나의 자아가 본래에 모습이 회복되어 人中天地一을 이루게 되고, 삼태극을 이루게 된다는 것에 대해 알아본 적이 있다. 그런데 왕검씨의 사명(司命)도 이와 마찬가지로 人中天地一을 이루는데 있다. 즉 왕검씨의 사명도 人中天地一을 이루어 천지의 중심에 바르게 서는 것이다. 따라서 三과 四로 이루어지는 베틀은 단순히 천원(天圓)과 지방(地方)을 나타내는 숫자가 아니라, 하늘의 정신이 담긴 3의 숫자와 씨앗(후천일기)을 잉태하고 있는 땅의 숫자 4가 人中天地一을 통해 세상을 다스리게 된다는 것을 말해준다.[46]

특히 왕검씨의 도(道)에 있어서 천지인의 베틀(工)과 임금 왕(王)자의

---

46) 일반적으로 사람들은 원둘레와 직경의 비율이 1 : 3이라는 것과 방형과 직경의 비율이 1 : 4라고 하는 해석을 통해 3과 4는 천원지방(天圓地方)만을 말한다고 알고 있다. 하지만 천부경에서의 하늘은 삼신(三神)을 말하고 있고, 땅은 一氣를 포함한 삼극(三極)을 말하고 있기 때문에 3과 4는 人中天地一을 이루게 된다. 따라서 경일주삼(徑一周三)과 경일잡사(徑一匝四)는 단편적인 천원지방의 원리보다는 사람을 가운데 두고 천지와 하나가 되는 것을 나타낸다고 하겠다.

글자모양을 보게 되면 하늘과 땅의 중간에서 상하를 연결하는 역할을 하고 있는데, 이것은 왕도(王道)의 길이 천지의 중심에서 백성을 다스리는 것임을 말해준다. 그렇다면 단군시대의 사명은 운삼사성환오칠(運三四成環五七)에 있어서 경일주삼(經一周三), 경일잡사지기(經一匝四之機)가 알려주고 있듯이 천지와 교통을 이루는 인물이 될 때 백성을 다스릴 수 있음을 말해주고 있다.

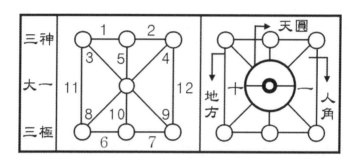

칠점육각의 12선(線)과 圓方角 도상

다음으로는 運三四 成環五七을 통하여 만들어진 七點六角의 도상을 가지고, 고대의 조화시대(造化時代)를 열었던 12환국(十二桓國)과 그 의미를 비교해 보고자 한다. 이러한 이유는 12환국이 이 세상의 안목으로는 판단할 수 없는 신비로움을 가진 국가이기 때문이다. 그렇다면 먼저 칠점육각을 통하여 만들어진 12줄의 선(線)에서 우리가 느낄 수 있는 것은 '12환국'을 생각할 수 있다. 두 번째로 불멸의 세계를 뜻하기도 하는 七點에서는 무병장수의 시대를 열었던 '일곱 환인'들을 생각나게 한다.

세 번째로 칠점육각에서 중앙에 '여섯 개의 삼각형'으로 구성된 육각(六角)을 통해서는 북방 6水[47]의 정신에 의해 시작된 북방의 제국(帝國) 환

47) 북방6水는 생명의 통일과 창조를 주관한다. 환국문명은 북방6수의 정신에 의해 시작되었기에 문명의 시원을 열었다.

국문명을 떠올리게 한다. 네 번째로 칠점육각의 바탕위에 있는 三太極48)을 통해서는 광명을 통해 조화시대를 열었던 환국문명을 생각하게 만든다.

다섯 번째로 삼태극과 더불어 7점6각의 바탕에서 나타나는 원방각(圓方角)의 도상을 통해서는 천지인사상(天地人思想)을 체계화시킨 환국문명을 떠올리게 한다. 이런 점에서 볼 때 우리는 지금까지 알아본 7점6각의 도상과 환국문명의 가르침이 그 뜻을 함께하고 있음을 발견하게 된다.

일부(一夫)의 육황극(六皇極)

그동안 천부경에서 만들어진 六數에 대해서는 大三合六生七八九와 7점6각에서 나타나는 여섯 개의 삼각형을 통해 알아보았다. 그런데 六數에 대하여 보다 깊이 다루지는 못하였다. 그래서 6수에 대해 가장 많이 언급한 김일부(金一夫)선생의 가르침을 통해 다시 한 번 6수에 대해 알아보고자 한다.

정역(正易)의 창시자인 김일부(金一夫)선생이 말씀하신 내용을 살펴보게 되면 그는 그 누구보다도 十과 一에 대한 내용과 더불어 六에 대하여 가장 많은 말씀을 하신 분이시다. 이러한 선생께서는 十과 一에 대하여 십일귀체(十一歸體)라든가 십일지중(十一之中), 십퇴일진(十退一進), 십십일일지공(十十一一之空)이라 하여 十과 一에 대해 다양하게 표현하기도 했다. 더불어 선생은 十과 一의 중간에 있는 황극(皇極)에 대해서도 다음과 같이 말하였다.

一은 十이 없으면 본체는 없는 것이요,
十은 一이 없으면 작용이 없는 것이니

---

48) 삼태극(三太極)은 나의 자아가 후천일기를 얻게 되면서 얻어지는 도상이다. 따라서 삼태극은 내 자신이 밝은 빛을 얻게 된 상태를 말함이니, 조화(造化)를 얻게 됨을 말한다.

十과 一을 합(合)하면 토(土)이다.
그리고 그 중앙(中)에 존재하는 것이 오(五)이니
곧 황극(皇極)이니라.
 (一이 無十이면 無體요, 十이 無一이면 無用이니
  合하면 土라. 居中이 五니 皇極이니라.)

〈正易〉「十五一言」

선생은 五에 대하여 '중심을 이루는 황극(皇極)'이라고 언급을 했지만, 곧 이어서 양 손의 주먹에서 손가락을 펼칠 때에 다섯 번째 손가락이, 손가락을 완전히 펼쳐서 다시 굽히며 하나로 돌아올 때는 처음 다섯 번째 손가락이었던 것이 여섯 번째 손가락이 된다는 것을 지적하기도 했다. 그러면서 그는 이것을 포오함육(包五含六)의 원리라고 말한 적이 있다.

中은 十十一一之空이니, 일부 말하기를
五를 감싸고 六을 머금으니
十은 물러나고 一로 전진하는 자리라.
 (中은 十十一一之空이니……
  一夫所謂 包五含六 十退一進之位니라.)

〈정역〉「十一歸體詩」

이 말은 양손을 펼치는 선천(先天)의 시간에서는 황극이 五로 작용하지만 양손가락을 굽히는 후천(後天)의 시간에서는 六이 황극으로 작용한다는 이야기이다. 그러나 후천에 있어서 五와 六은 별개로 존재하는 것이 아니라, 五의 바탕 속에 六이 존재하는 것이기에 '五를 감싸고 六을 머금는다.(包五含六)'고 선생은 말하였다.

우리는 여기서 잠시 천부경을 보게 되면 천부경에서의 분화가 이루어지는 수(數)는 1로부터 시작하여 9까지이다. 반면에 귀일이 이루어지는 數는

10으로부터 시작하여 2까지이다. 그렇다면 일부선생이 말하고 있는 五황극은 정확하게 1~9의 중심에 놓이게 된다. 마찬가지로 六황극도 정확하게 10~2의 중심에 놓이게 되어 있다. 이런 점에서 볼 때 五황극은 일구지중(一九之中)의 중심이 되며, 六황극은 십이지중(十二之中)의 중심이 됨을 알 수 있다.

包五숨六(포오함육)의 원리

그런데 여기서의 일구지중(一九之中)을 통한 五황극과 십이지중(十二之中)을 통한 六황극은 정확한 중심을 말하고는 있으나, 일부선생은 一九之中을 일십의 중(一十之中)이라고도 하고, 十二之中을 십일의 중(十一之中)이라고도 했다. 그 이유는 1~9를 통하여 十陰이 얻어지는 것과 10~2를 통하여 一陽이 얻어지는 것을 당연시했기 때문이다.

그러면 이제 一九之中인 일십지중(一十之中)의 五에 대하여 역사의 관점에서 살펴보면 여기서의 五는 분화의 과정에 있으므로 투쟁과 분열의 시대에 있어서 중심과 균형을 이루는 황극을 말한다. 반면에 十二之中인 십일지중(十一之中)의 六은 역사의 관점에서 귀일의 과정에 있으므로 평화와 통일의 시대에 있어서 중심과 균형을 이루는 황극을 말한다.

특히 十一의 中이 되는 六皇極에 대하여 일부선생은 십십일일지공(十十一一之空)이라고도 하였는데, 이 말은 6이 10과 1의 중간에서 중심을 이룰 뿐 아니라 창조의 근원이 되어 다시 1과 10을 만들게 됨을 말한다.

일부선생은 다시 六황극에 대하여 '中이 없는 푸른 벽'을 뜻하는 무중벽(無中碧)이라고도 했는데, 이 말은 十一의 中이 현상적으로 드러나지 않는 중(中)의 자리라는 것을 말한다. 한마디로 이 말은 6황극이란 열매 속에 감추어진 씨앗과 같다는 것을 이야기한다. 따라서 6황극은 만물이 귀결되고 시작되는 귀환처(歸還處)라고 일컬을 수 있다.

그렇다면 6황극이 만물의 귀환처인 동시에 창조의 근원이 되는 이유는 무엇일까? 그 이유는 6황극이 3단계로 이루어진 생명의 법칙에서 성장과 성숙의 시간이 아닌, 종시(終始)의 시간을 나타내고 있기 때문이다. 다시 말해 6황극이 천부경에 있어서 大一이 회복되는 상태를 나타내고 있기 때문이다. 이로 보건대 일부선생이 말한 6황극은 무한계와 소통하게 되고, 종시(終始)를 이루는 역할을 하게 된다.

一十之中	五皇極 十无門
	→ 1 2 3 4 5 6 7 8 9 : (陰10)
十一之中	(陽1): 2 3 4 5 6 7 8 9 10 ←
	六皇極 十无門

만물의 귀환처 육황극(六皇極)

그런데 생명의 움직임이 통일된 자리인 동시에 새로운 생명이 시작되는 6황극에 대하여 우주의 한 소식을 들은 일부선생은 그 우주조화(宇宙造化)의 신비문(神秘門), 즉 6황극의 세계를 열고 보니 우주의 꿈이 사람을 기다려 이루어진다고 하였다. 이것은 6황극이 자연의 순환법칙에 의하여 씨앗만 형성되는 자리가 아니라, 인간완성의 자리도 된다는 것을 말한다.

고요히 우주 속의 무중벽(無中碧)을 바라보니,

천공(天工)이 사람을 기다려
이루어짐을 누가 알았으리요.
靜觀宇宙无中碧 誰識天工待人成.

〈정역(正易)〉「포도시(布圖詩)」

위의 내용에서 천궁(天工)[49]은 하늘이 이루고자 하는 뜻을 말한다. 그런데 하늘이 이루고자 하는 뜻이 사람을 기다려 그 꿈을 이루게 된다고 일부선생은 말하였다. 그 꿈을 성취시켜줄 인간이 일부선생은 6황극의 자리에서 오신다고 했는데, 이것은 6황극의 자리가 초목(草木)과 더불어 인간이 완성되는 자리이기 때문이다. 이런 점에서 볼 때 大三合六生七八九에서의 6이나, 7점6각에서 만들어진 6의 의미는 하늘의 뜻을 성취시켜줄 인간완성의 자리라는 것을 말해주고 있다.

그렇다면 6황극의 상태에 도달하기 위해서는 어떠한 수도의 과정이 필요한지에 대해 알아볼 필요가 있다. 이러한 과정에 대하여 천부체계도에서는 먼저 회삼귀일을 하고자 하는 마음(衷)을 가져야 한다고 가르친다. 다음으로는 통일의 시초인 십무문, 즉 10수를 얻어 그 바탕으로 천궁으로 귀일하라고 가르친다.

이렇게 될 때 사람은 6황극의 상태에 도달하게 되는데, 이때가 되면 하늘의 삼신과 땅의 삼극과의 고리가 이루어져 인중천지일(人中天地一)을 이루게 된다. 그러면 나의 자아는 대아(大我)를 이루게 되고, 이로 인해 좌우로 통일의 시초인 十과 분화의 시초인 一을 얻게 되어 세상의 중심인 황극(皇極)을 이루게 되어 있다.

---

49) 천공(天工): 천공에서의 공(工)은 천지인이 결합된 글자로서 천지인합일을 뜻한다. 따라서 천공은 하늘이 천지인합일을 이루고자 하는 뜻을 나타낸다. 그렇기 때문에 하늘은 사람을 기다려 자신의 뜻을 이루고자 갈망하게 된다.

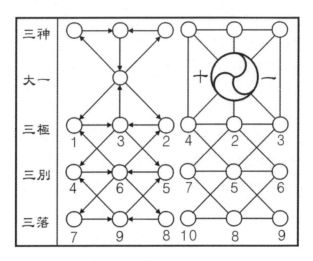

천부체계도의 분화와 귀일을 통한 완성도

사람과 만물이 함께 三神에게서 나와
하나의 참(眞)으로 돌아가니
이를 대아(大我)라고 한다.

〈태백일사〉「소도경전본훈」

이러한 상태가 되면 수도자(修道者)는 참나를 통한 人中天地一을 이루게 되면서 천지교통(天地交通)의 인물이 되고, 참나를 통한 十一(日月)의 정신을 얻게 되면서 천하중심(天下中心)의 황극(皇極)을 이룰 수가 있다. 그래서 〈태백일사〉「소도경전본훈」에서 발귀리선생은 일월지자(日月之子)인 황극을 이루게 될 때에는 뭇 중생을 이끌 수도 있다고 했다.

해와 달의 아들(日月之子)은
천신(天神)과 통하는 충(衷)이 있음에 이로써 비추이고,

이로써 원각(圓覺:원만한 깨달음)을 긋고
능히 크게 세상에 내려오니
뭇 중생이 그 무리를 이루도다.
日月之子 天神之衷以照 以線圓覺而能大降于世 有萬其衆.

발귀리선생이 말하고 있는 일월지자(日月之子)는 천궁에서 후천일기를 얻어 人中天地一을 이루고 황극을 이룬 자이다. 따라서 그는 극한 분화의 9數에 몸을 두고 있어도 언제나 그의 자아는 천지의 중심, 일월의 중심이 되어 살아가게 된다.

이밖에도 발귀리선생은 해와 달의 아들은 천신(天神)과 통하는 충(衷)에 있다고 했는데, 이것은 일월(日月)의 중심에 있게 될 때에는 천신과 하나가 되고자 하는 상태에 있음을 말한다. 그렇기 때문에 해와 달의 아들은 원각(圓覺)을 이루어 제2의 태양인 거발환(居發桓)을 이룰 뿐 아니라, 천상에 계신 상제(上帝)의 뜻을 알고 행동하게 되어 있다. 따라서 6황극이 되어 일월지자가 될 때에는 능히 큰 뜻을 품고 세상에 내려와 뭇 무리들을 이끌 수 있다는 것이 발귀리선생의 가르침이다.

지금까지 김일부선생이나 발귀리선생의 가르침으로 보아 통일을 주관하는 6황극을 이룬다는 것은 참나(眞我)를 회복하게 되고, 이로 인해 천지교통의 인간이 되며, 일월지자(日月之子)가 되는 것을 말한다. 이때가 되면 수도자는 능히 원각을 긋고 세상에 내려오게 되는데 이것은 수도자가 천지의 중심에서 신을 대행하기 때문이며, 천하중심에서 뭇사람들에게 삶의 방향을 바르게 제시해 줄 수 있기 때문이다. 이런 점에서 볼 때 수도자가 6황극을 이룬다는 것은 신정일치(神政一致)를 행하게 되고, 세상의 중심에 우뚝 서는 인물이 된다는 것을 말한다.

일묘연만왕만래 용변부동본

一妙衍萬往萬來 用變不動本

> 하나가 묘하게 넘쳐서
> 무수히 나아가고 무수히 되돌아오나,
> 쓰임은 변하지만 근본은 움직이지 않는다.

위의 문장에서 말하는 하나(一)를 숫자로 말한다면 大一이요, 생명으로 말한다면 一氣이다. "하나가 묘(妙)하게 넘쳐난다"는 것은 일기인 하나가 분화하고 성장하는 모습이 놀랍고 신기하다는 뜻이다. 한마디로 일기를 중심으로 생명체가 생성되는 모습이 경이로움 그 자체이며, 이것은 어린 생명이 커가는 모습과도 같다는 것을 말한다.

하나(一)가 묘하게 넘쳐서 "무수히 나아감(萬往)"은 분화되어가는 생장(生長)의 과정을 말한다. 이때에는 근본을 중심으로 1~9까지 분화되어가게 되며, 그 과정에서 자신의 실체를 여실히 드러내게 된다. 다시 말해 우리의 삶은 각자의 마음에 따라 펼쳐지듯이, 일기인 하나가 분화할 때는 자신이 가지고 있는 성향이 밖으로 드러난다는 뜻이다.

그 드러남이 1단계인 天一 · 地一 · 人一에서 1 · 2 · 3이며, 2단계인 天二 · 地二 · 人二에서 4 · 5 · 6이고, 3단계인 天三 · 地三 · 人三에서 7 · 8 · 9이다. 따라서 大一은 1~9까지 헤아릴 수 없이 분화되는 과정을 통해 자신의 실체를 여실히 드러내게 된다.

그런데 분화가 막바지에 이르게 되면 다시 자신의 분화된 모습 속에서 만들어진 어두운 마음과 혼탁한 기운을 거두어들이지 않으면 안 된다. 그 이유는 삶에 대한 욕망으로부터 시작된 어두운 마음과 혼탁한 기운이 죽음을 불러오기 때문이다. 이 때문에 수도자(修道者)는 자신의 분화된 모습 속에서 만들어진 어두운 마음과 혼탁한 기운을 3단계 7 · 8 · 9를 시작으로 다시 4·5·6과 1·2·3을 통해 거두어들여야 한다. 그러면 점차 자신의 마음과 기운은 밝고 맑아진다. 이것이 바로 무수히 돌아오게 된다는 만래(萬來)의 뜻이다.

쉽게 말해 一氣를 중심으로 1~9까지 나아감이 만왕(萬往)의 길이라면 10~2까지 다시 되돌아오는 것이 만래(萬來)의 길이다. 이른바 일기가 팽창할 때는 만왕의 길이며, 수축할 때는 만래의 길이 됨을 말한다. 다시 말해 마음이 움직이고 기운을 수고롭게 하면 이것이 萬往의 길이다. 반면에 내어 쓴 마음을 거두어 들여 마음을 움직이지 않고, 수고로운 기운을 거두어 들여 기운을 모으면 이것이 萬來의 길이다.

동양에서는 이러한 과정에 대해 많은 언급을 해왔다. 그래서 《주역》에서는 일음일양지위도(一陰一陽之謂道)라고 하여 한번 陰의 작용을 하면 한번 陽의 작용을 하는 것이 道라고 하였다. 노자의 《도덕경》에서도 반자도지동(反者道之動), 원왈반(遠曰反)이라 하여 돌아옴이 道의 움직임이요, 멀리 가는 것은 돌아오기 위한 것이라고 하였다. 이와 같이 자연의 법칙은 순환하는 과정 속에서 불멸함을 찾았다.

다음으로 "쓰임은 변하지만 근본은 움직이지 않는다."는 용변부동본(用變不動本)은 一氣가 분화와 귀일의 과정 속에서 변화(變)하여 가지만, 본체가 되는 일기는 움직이지 않는다는 뜻이다. 이 말은 본체로부터 분화하는 그 자체는 지속적으로 양파껍질이 늘어나듯이 변하지만, 그 근본이 되는 일기는 물질의 의식 속에 가리어져 인식하지 못할 뿐이지 그대로 있다는 것을 말한다.

우리는 이전에 무진본(無盡本)에 대해서도 알아보았다. 그 내용에서 우리는 무진본이란 근본이 되는 일기가 아무리 외형을 확장시키며 분화를 한다고 해도 일기는 마르지 않고, 부족함이 없으며, 다함이 없다는 것으로 정의를 내린바 있다. 그런데 부동본(不動本)이라는 뜻을 보게 되면 그 근본이 되는 일기가 분화하게 될 때에는 그 분화하는 외형이 움직이게 되나, 본체에 있어서는 움직이지 않는다는 것이다. 이 말은 일기가 분화하게 될 때 그 외형의 모습에 있어서는 순수함을 벗어났음으로 움직이게 되나, 본체는 절대순수의 세계이기 때문에 분화가 되지 않는다는 것을 말한다.

그렇다면 무진본과 부동본에서 말하는 일기(一氣)의 본체란 영원히 마르지 않는 샘물과 같은 성향과 함께 분화가 되지 않는 절대순수의 세계를 가지고 있다는 뜻이다. 이것은 인간의 원초적인 영(靈)이 영원히 마르지 않는 샘물과 같은 성향을 가졌으며, 절대순수의 세계를 가졌음을 이야기한다.

이렇게 볼 때 용변부동본이란 일기가 분화를 일으켜 작용하게 될 때는 그 작용하는 모습이 변화하게 되지만 그 근본이 되는 일기는 절대적 순수함으로 인해 움직이지 않게 됨을 말한다. 하지만 우리의 삶이 분화 속에서 죄악(罪惡)이 깊어질 경우는 허조동체인 우리의 자아도 결국에 가서는 어두운 마음과 혼탁한 기운으로 인해 오염이 되면서 연기처럼 사라질 수밖에 없다. 그렇기 때문에 우리는 끝없는 자기 수양 속에서 살아야 한다. 그래야만 분화하는 삶 속에서도 나의 자아를 지켜 장생(長生)하는 삶을 살 수가 있기 때문이다.

본심본 태양앙명 인중천지일
本心本 太陽昻明 人中天地一

근본 마음의 바탕은 태양을 우러러 보듯이 밝으니
사람을 가운데 두고 하늘과 땅이 하나가 됨이라.

인간의 근본 마음의 바탕은 성품을 말한다. 하지만 더욱 근원으로 가면 참나(眞我)를 말함이다. 이 참나는 우주의 근원과 연결된 大一이며 一氣이기도 하다.

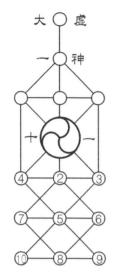

근본 마음의 바탕이 태양을 우러러 보듯이 밝다는 것은 본래에 우리의 자아는 우주의 근원과 연결되어 있기 때문에 태양을 우러러 보듯이 밝다는 것이다. 그러나 인간은 삶의 과정 속에서 타락하게 되면서부터 내면에서 밝아오는 광휘의 태양을 잃어버렸다. 그런 까닭에 우리는 자신의 본래에 모습을 잃어버리게 되었다.

다시 말해 일기가 분화를 하게 되면 우리의 의식과 생명기운이 지극계와 분별계를 거쳐 타락계에 머물게 되면서 태양과 같은 자아가 내면에 있으면서도 볼 수가 없게 되었다는 것을 말한다. 그렇기 때문에 사람들은 태양과 같은 밝은 자아를 보지 못하고, 욕망에 휩쓸려 계속하여 변질되어 갈 수밖에 없다.

그러나 소수의 사람들은 자신의 내면에서 밝아오는 빛을 찾아 타락해 가는 나(타락계), 갈등하는 나(분별계), 물질적 삶에 뜻을 둔 나(지극계)를 단계별로 끊어내는 구도의 여정(旅程)을 밟기도 한다. 그 결과로 소수의 구도자들은 다시금 자신의 내부로부터 밝음을 찾기도 하는데, 그것을 가능케 하는 것은 자신의 생명력을 만들어내는 정수를 기화(氣化)시켜 금단일기(金丹一氣)를 얻게 되기 때문이다.

사람이 금단일기를 이룬다는 것은 선천일기인 나의 자아가 후천일기인 빛의 덩어리를 얻는 것을 말한다. 이렇게 될 때에 사람은 참나(眞我)를 이루게 되고, 무한계와도 소통하게 된다. 따라서 이때는 하늘의 삼신과 땅의 삼극과도 고리를 이룰 수 있는 존재가 되게 되어 있다.

그렇다면 이제 이러한 사실을 알고, 인중천지일(人中天地一)에 대해 알아볼 때가 되었다. 먼저 인중(人中)이라하면 사람이 중심이 됨을 말한다.

달리말해 사람을 가운데 두고, 무엇인가 위와 아래에 있다는 뜻이다. 따라서 人中天地一이란 사람을 가운데 두고 하늘과 땅이 위와 아래로 하나가 되어 있다는 것을 말한다.

하지만 이러한 내용은 추상적인 내용일 뿐이다. 실질적으로 사람을 가운데 두고, 하늘과 땅이 연결되어 하나가 되기 위해서는 참나가 되는 나의 자아를 중심으로 무한계의 하늘과 유한계의 땅이 위와 아래에 배치되어 하나가 되어야 한다. 그래야만 실질적으로 하늘땅과 하나가 될 수 있는 人中天地一을 이룰 수가 있다.

우리는 이전에 광휘와 원정으로 이루어진 빛의 엉김(후천일기)이 나의 자아를 감싸게 되는 상태가 삼태극이 형성되는 것과 같다는 것에 대해 알아보았다. 이와 같이 人中天地一은 사람의 머릿골에 있는 천궁에서 삼태극을 이루게 되는 것을 말한다. 이렇게 될 때에 사람은 진실로 무한계인 하늘과 유한계의 땅과 소통하게 되고, 하늘과 땅의 중심에 놓이게 된다. 이것이 바로 천지와 그 뜻을 함께 하는 경지인 천지인삼재(天地人三才)에 이르는 길이다.

일종무종일
一終無終一

하나에서 마치나 마침이 없는 하나이다.

일종무종일(一終無終一)은 일시무시일(一始無始一)과 대구(對句)를 이루는 내용이다. 일시무시일이 '하나에서 시작하나 시작이 없는 하나'라면 일종무종일은 '하나에서 마치나 마침이 없는 하나'이기 때문이다.

먼저 一始無始一에 대해 간단히 다시 한 번 살펴보면 이때의 하나(一)는 허조동체(虛粗同體)인 一氣이다. 따라서 하나는 그 외형에 있어서 유한계의 속성을 가지고 있기 때문에 시작이 있으나, 그 내면에 있어서는 무한계의 속성을 가지고 있기 때문에 시작이 없다. 이와 마찬가지로 一終無終一도 그 외형에 있어서는 유한계의 속성을 가지고 있기 때문에 하나에서 마치나, 그 내면에 있어서는 무한계의 속성을 가지고 있기 때문에 마침이 있을 수 없다.

그렇다면 이제 시작과 마침이 있는 조(粗)에 대해 한번 알아보고자 한다. 먼저 일기가 1~9로 분화가 될 때를 보게 되면 그 외형인 粗는 점차 확장되고 단계별로 나뉘면서 자신의 모습을 地一, 地二, 地三으로 구현(具現)해 내게 된다. 하지만 이러한 과정 속에서 만들어진 地一, 地二, 地三은 물질의 성향을 가지고 있기 때문에 장차 소멸될 수밖에 없는 운명을 가졌다. 따라서 외형인 粗는 자신의 모습인 地一, 地二, 地三을 구현해 놓았으나, 이로 인하여 점차 粗는 혼탁함으로 인해 오염될 수밖에 없다.

반면에 허(虛)는 粗의 내부에서 자신의 모습을 天一, 天二, 天三으로 만들어 놓았으나 그것은 실체가 없는 무형의 상태이다. 이러한 까닭으로 天一, 天二, 天三은 虛를 뒤덮는 먹구름에 불가하다. 따라서 粗의 내면에 있는 虛는 天一, 天二, 天三을 만들게 되면서 점차 어둠에 가리어지게 되나, 그 먹구름만 거두어내면 다시 빛나는 빛을 회복하게 되어 있다.

우리는 여기서 조(粗)에 의해 유형의 개체(地一·地二·地三)를 구현시켜 놓았으나, 점차 유형의 개체가 소멸됨을 볼 때에 일시무시일과 일종무종일에서 시작이 있는 하나인 一始와 마침이 있는 하나인 一終을 생각하게 된다. 반면에 허(虛)에 의해 무형의 성향(天一·天二·天三)을 구현시켜 놓았으나, 그것은 단지 虛를 가리고 있는 실체가 없는 어두운 그늘이라는 것을 볼 때에 일시무시일과 일종무종일에서 시작이 없는 하나인 無始一과 마침이 없는 하나인 無終一을 생각하게 된다.

그러면 이제 조(粗)를 둘러싸고 있는 물질의 성향(地一·地二·地三)으로부터 오는 죽음의 그늘 속에서도 영원히 살 수 있는 길을 찾아야 한다. 그 길이 육신을 통한 영원한 삶의 길은 아닐지라도 우리의 정혼(精魂)이 영원한 삶을 살게 될 때 우리는 영원히 우주와 함께 할 수 있기 때문이다. 그렇다면 영원한 삶을 위해 우리는 어떻게 해야 할 것인가? 그 길은 지금까지 알아본 바와 같이 무형의 성향(天一·天二·天三)을 가진 허(虛)에 그 답이 있다. 왜냐하면 虛는 시작도 없는 하나이며 마침도 없는 하나이기 때문이다.

다만 여기서 중요한 것은 虛의 성향이 시작도 마침도 없는 하나이기 때문에 粗를 통하여 虛를 단단히 묶어만 둘 수 있다면 우리의 삶은 영원할 수 있다. 왜냐하면 허조동체인 일기(一氣)는 그 성향이 불멸성을 가지고 있기 때문이다. 그런데 이뿐만이 아니라 虛에 대해서는 이전에 알아본 것과 같이 태일(太一)로부터 비롯된 빛나는 빛이기 때문에 이를 회복하여 굳게만 지킨다면 불멸의 삶을 얻게 되는 것만 아니라, 조화(造化)를 얻게 되는 삶도 살 수가 있다.

〈태백일사〉「삼신오제본기」를 보게 되면 빛나는 빛이 가지고 있는 성향에 대해서 다음과 같이 언급하였다.

오직 으뜸 되는 一氣와 지극히 오묘한 一神은
몸소 하나를 잡아(執一) 세 개를 머금고(숨三) 있음으로써
빛나는 빛(光輝)으로 가득 채우게 된다.
그 빛을 보존하여 머물게 하면 감응이 일어나는데,
그 빛은 오게 되나 시작된 곳이 없으며,
그 빛은 가게 되나 끝나는 곳이 없으니,
그 빛은 형체가 없으나 하나와 통하여 있고,
그 빛은 존재함이 없으나 만 가지를 이루게 됨이라.

惟元之氣 至妙之神, 自有執一含三之充實光輝者.

處之則存 感之則應, 其來也 未有始焉者也,

其往也 未有終焉者也, 通於一而未形 成於萬而未有.

〈태백일사〉「삼신오제본기」

위의 내용에서 말하고 있는 광휘(光輝)는 사람에게 조화를 얻게 하는 빛이다. 한마디로 빛나는 빛은 시작이 없고 끝남도 없는 빛일 뿐 아니라, 형체가 없으나 근본인 하나와 통하여 있고, 만 가지를 성취하게 하는 빛이다. 그렇기 때문에 빛나는 빛을 태일(太一)을 통해 다시 회복하게 될 때에는 불멸과 함께 조화를 얻게 되는 것은 당연한 이치이다.

그렇다면 우리는 광휘로 이루어진 虛를 회복하고자 힘써야 하고, 항시 깨어있는 정신을 놓지 않아야 한다. 이렇게 될 때 어느 순간 광휘를 태일을 통해 회복하게 되는데 이때에 광휘에 해당하는 브라만을 얻는 것에 대해서 《리그 비다나(Rgvidhana)》에서는 다음과 같이 말하기도 했다.

정수리에서 브라만을 보게 될 때
요가 행자는 최고의 광명에 오를 수 있다.
요가 행자는 자기 자신의
진아(眞我)를 보게 되는 것이다.

위의 내용에서 광휘에 해당하는 브라만을 보게 될 때는 최고의 광명에 오를 수 있다고 하였다. 그러면서 브라만을 보게 될 때 요가 행자는 자기 자신의 진아(眞我)를 보게 된다고 했다. 이 말은 태일(太一)을 통해 광휘를 회복하게 될 때에는 수도자로서 조화(造化)를 뜻대로 하는 경지에 오르게 됨을 말한다.

이때가 되면 드디어 인간의 정혼(精魂)은 빛에 의해 굳게 뭉쳐져 우주와 합일하는 단계에 이른다. 그러면 일종(一終)을 하게 되어 죽음에 이르게 되는 육신과는 다르게 인간의 정혼은 무종일(無終一)이 되어 우주와 더불어 영원히 살아가게 된다. 하지만 인간의 육신으로부터 오는 모든 죄악과 정욕을 멀리하지 않는다면 우리의 정혼도 연기처럼 흩어지고 말 것이다. 그러므로 우리는 자신의 통제 속에서 정혼을 단단히 뭉치는 일을 게을리 하지 않는 일이 무엇보다 우선이 되어야 한다.

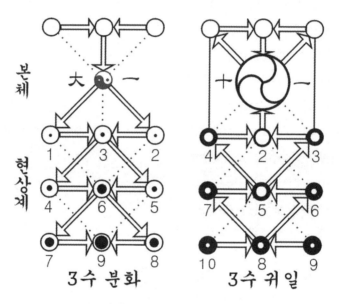

천부체계도의 본체와 현상계
◉내부의 흑색은 외향중심의 의식(意識)이며,
　공허함을 상징한다.
◖내부의 흰색은 내향중심의 의식이며,
　생명력의 충만함을 상징한다.

이제 一氣의 분화와 함께 우리의 삶이 시작되고, 일기를 다시 회복하는 과정 속에서 후천일기인 광휘(光輝)를 얻게 되는 과정을 구도자의 입장에서 한번 알아보고자 한다. 먼저 허조동체인 일기의 분화를 보게 되면 지극계를 시초로 하여 분별계, 타락계로 분화를 하게 된다. 그런데 이때에 우리의 생명은 외향을 중시하게 되면서 내적으로는 계속하여 어둠을 통한 공허함을 불러온다. 이러한 까닭은 점차 우리의 생명이 물질로 향하고 있기 때문이다.

[천부체계도의 본체와 현상계]인 도상을 보게 되면 우리의 생명은 처음 지극계인 1, 2, 3으로부터 내적인 공허함이 시작되다가 분별계인 4, 5, 6에 가서는 점차 확대되어 타락계인 7, 8, 9에서는 내부에 어둠을 통한 공허함을 가득 채우게 된다.

그러나 분화의 최대 끝자리인 九數에서부터 외향중심이 아니라, 내향중심의 마음을 통해 통일의 시작점인 十陰을 얻게 될 때에는 수도자는 귀일의 정신 속에서 점차 생명력이 충만해지기 시작한다. 이러한 상태는 나의 생명이 외향중심일 때는 그 내부를 어둠을 통한 공허함으로 가득 채우게 되었다면 나의 생명이 내향중심이 되면서부터는 밝음으로 가득 채울 수가 있기 때문이다.

그렇다면 나의 생명을 밝음으로 가득 채워 후천일기를 얻을 때 나의 자아는 어떻게 되는 것일까? 이 경우 나의 자아는 광휘(光輝)와 원정(元精)으로 이루어진 빛의 덩어리를 얻게 되면서 시간과 공간에 장애가 없는 경지와 불멸의 생명을 얻게 되어 있다. 그러면 이때 나의 자아는 본래에 모습을 회복하게 되면서 이때부터 신선(神仙)의 경지에 오르게 되고, 여래(如來)의 경지에 이르게 된다.

불가(佛家)에서는 여래(如來)를 '오고 감이 없는 자'라고 한다. 이것은 '하나에서 시작하나 시작함이 없는 하나'를 말함이고, '하나에서 마치나 마침이 없는 하나'를 말함이다. 한마디로 이 말은 광휘를 얻은 자는 그 의식이 밝음에 함께 휩싸여 있기 때문에 현재의 의식 속에 지나간 과거나,

다가오는 미래의 모든 일이 하나로 통하여 있다는 것을 말한다. 그러므로 '온다'고 하여 지나간 자리가 비어 있는 것이 아니고, '간다'고 하여 현재의 자리가 비어있는 것도 아닌 것이다.

다시 말해 '오고 감이 없다'는 것은, 밝음 속에 존재하는 부처의 의식은 현존하는 곳에만 머무르지 않고, 항시 시방세계의 시공을 뛰어넘어 존재하고 있다는 것을 말한다. 따라서 부처의 형태가 왔다고 하여 온 것이 아니고, 떠났다고 하여 떠난 것이 아니라는 뜻이다.

> 수보리여, 만약 어떤 사람이 말하되
> 여래가 온다거나,
> 간다거나, 앉는다거나, 눕는다고 한다면
> 이 사람은 내가 설한 뜻을 알지 못한 것이다.
> 왜냐하면 여래는 어디로부터 오고
> 어느 곳으로 가는 바도 없기 때문에
> 이름 하여 여래라고 하느니라.
>
> 〈금강경〉

궁극의 깨달음을 통하여 도통(道通)을 하면 그들의 의식세계는 자아(自我)를 통하여 무한계인 삼신(三神)의 세계와 연결되면서 과거와 미래가 그들의 현재의식 속에서 살아 숨 쉬게 된다. 이것은 그들의 의식세계에서 물질에 가리어진 어둠을 몰아내었기 때문이다.

한마디로 과거와 미래로 연결된 어두운 의식에 터널을 빛으로 가득 채워, 성성(惺惺)히 깨어있게 된 자는 현재의 의식 속에서 "이전에도 있고 장차 올 자"가 되는 것이다.

아루주나여,

나는 과거와 현재와 미래의 모든 존재를 알고 있도다.
그러나 어느 누구도 나를 알지 못하도다.

<바가바드 기타>「지식과 경험」

주 하나님이 가라사대 나는 알파와 오메가라.
이제도 있고, 전에도 있었고,
장차 올 자요, 전능한 자라.

<요한계시록>「1장 8절」

일반적인 사람들은 현재의식의 '불빛'은 살아 있으나 미래와 과거를 하나로 통하게 하는 '내부의 불빛'은 모두 꺼져 있다. 따라서 어둠과 미혹 속에서 살아가는 것이 인생이다.

그러나 여래(如來)는 '오고 감이 없는 자'이고, 과거의 신성(神聖)들은 무한계와 연결된 불빛 속에 머무르게 되면서 과거와 미래가 항상 현재 속에 있는 자들이다. 그러므로 '오고 감이 없는 자'와 '현재의 의식 속에서 과거와 미래를 훤히 보는 자'가 되기 위해서는 어둠에 가려진 자아가 다시 빛의 덩어리인 금단일기를 얻어야만 한다.

그래야만 이때부터 수도자는 천지의 뜻을 실현하는 천지의 대행자가 되어 그가 움직이고 말하는 모든 것은 천지의 뜻과 함께하게 된다. 그러나 천지의 대행자가 되기 위해서는 먼저 진리를 구하는 자세가 필요하다. 그 다음은 참된 내 자신인 자아를 찾아 어둠을 밝히는 것이 중요하다. 이러한 과정 속에서 결국 수도자는 끊임없는 거듭남 속에서 드디어 대우주와 합일하는 의식(意識)의 통합 쪽으로 가게 되어 있다.

브라만과 합일하기를 추구하는
요기는 위대하도다.

그는 육신을 극복하려는 자보다
더 위대하도다.
학식이 많은 자보다
더 위대하도다.
그러므로 아르주나여,
요기가 되리라.

〈바가바드 기타〉「명상과 요가」

인도인으로서 요가수행을 실천한 구도자 요가난다의 우주의식의 체험을 보게 되면 그는 우주는 통일된 빛의 바다와 같다고 하였다. 이 말은 우주가 내적인 빛으로 이루어져 있기 때문에 공간과 물질에 제약이 없다는 것을 말한다. 그래서 그는 자신의 시야가 흙 속에 감추어진 나무의 뿌리도 보게 되었고, 수액들이 뿌리 속을 흐르고 있는 것도 보게 되었다고 체험담을 말하기도 했다.

통일된 빛의 바다는 창조된 모든 것에 대한 인과법칙을 보여주면서 물질의 세계와 비물질의 세계를 교차하고 있었다.

〈구도자 요가난다〉「14. 우주의식의 체험」

요가난다가 말하고 있는 내적인 빛의 체험은 도교에서도 나타난다. 그런데 도교에서는 단순히 보는데서 그치지 않는다. 도교에서는 내적인 빛으로 뭉쳐진 후천일기, 즉 금단일기(金丹一氣)인 빛의 덩어리를 계속하여 엉기게 하면 자신과 닮은 모습의 기체(氣體)로 된 태아(胎兒)를 만들게 된다고 한다.

이때의 태아를 양신(陽神)이라고 하는데, 이것을 나의 의지에 따라 머릿골인 천궁에서 외부세계로 내보낼 수도 있다고 도교(道敎)의 가르침에서는

전한다. 이러한 상태를 출태(出胎)라고 하며, 출태시 양신은 빛의 덩어리로
되어있기 때문에 그 자체가 눈(目)의 역할이 되어 사방을 볼 수 있다고도
한다.

공(功)이 이루어지고
행함이 완성되기를 기다리면,
상제(上帝)의 조서가 내려와서 허공을 타파하고
진인으로 들려 올라가는데,
붉은 구름수레에 백학(白鶴)을 타고
동서남북으로 가지 못할 곳이 없다.
그래서 '끝으로 태를 벗으면 사방을 본다'고 했다.
〈입약경〉「혼연자」

내 몸은 모두 눈이다.
보라! 보되 두려워 말아라!
내 눈에는 사방팔방이 보인다!
〈샤마니즘〉「제9장」

출태시 양신은 사방을 볼 수 있을 뿐 아니라, 짧은 거리에서 상당한 거
리까지 이동이 가능한 것으로 알려져 있다. 〈삼성기 전〉「상편」을 보게 되
면 신라 때의 도승(道僧)인 안함노(安含老)는 승유지기(乘遊至氣)라는 말
을 남겼다. 이 말은 신(神)이 氣를 타고 오고감을 뜻대로 한다는 뜻이다.
이것으로 보아 나의 정혼(精魂)이 氣에 해당하는 양신에 의지하게 될 때에
는 오고감을 뜻대로 할 수 있음은 물론이다.
양신(陽神)을 통한 사례는 〈삼국유사〉「의해(意解) 제4」에 있는 이혜동
진(二惠同塵)50)을 통해서도 찾아 볼 수 있으며, 조선시대 때에는 진묵대사
(震黙大師)가 양신을 통해 서역(인도)까지 갔다 온 것으로도 알려져 왔다.

이러한 내용들로 보아 내적인 빛을 얻을 때는 불멸과 함께 시간과 공간에 장애가 없는 경지를 뛰어넘어 직접 자신의 정혼이 양신(陽神)을 허공을 달리는 마차로 삼아 오고감을 뜻대로 할 수도 있다.

그렇다면 내적인 빛을 얻고, 내적인 빛을 뭉쳐 양신(陽神)을 만들어 그것을 타고 대우주 속에서 자유롭게 왕래하기 위해서는 어떻게 해야 할까? 그것은 천부경에서도 말해주고 있듯이 회삼귀일하는 마음속에서 타락계와 분별계의 껍질을 벗고, 지극계에서 천궁으로 귀환하여 참나(眞我)를 이루는 길밖에는 없다. 이러한 길에 대해 베다의 가르침에서는 대우주의 섭리로 통합되어가는 방법으로 범아일여(梵我一如)를 주장했으며, 불가(佛家)와 선가(仙家)에서는 만법귀일(萬法歸一)과 포원수일(抱元守一)을 주장하였다.

여기서 말하는 범아일여는 우주와 내가 둘이 아니라 하나이며, 만법귀일은 수만 가지의 진리의 법이 결국은 하나로 귀일하게 되고, 포원수일은 으뜸이 되는 하나(一)를 굳게 지켜 품는 것을 말한다. 그렇다면 베다나 불가와 선가의 가르침은 우리로 하여금 내가 빛나는 빛과 하나임을 깨달아 나의 자아를 회복시켜 굳게 지키라는 것이다. 이렇게 될 때 우리는 빛나는 영혼으로서 불멸의 존재가 될 수 있다는 것이 천부경이 우리에게 전해주는 가르침이다.

---

50) 〈삼국유사〉「의해(意解) 제4」에 의하면 혜숙(惠宿)은 자신의 몸과 더불어 양신(陽神)을 통해 두 개의 몸을 지니고 있음을 나타내었다. 기록에 의하면 진평왕(眞平王)의 하명에 의해 사자(使者)가 혜숙을 맞이하러 갔던 일이 있었다. 그런데 그가 여자의 침상에 누워서 자는 것을 보고, 이것을 더럽게 여겨 돌아오는 길에 칠일재(七日齋)를 마치고 집으로 돌아가는 혜숙을 만난 것이다. 이를 통해서 볼 때 혜숙은 양신을 자유롭게 부린 인물로 여겨진다.
　　혜공(惠空)의 경우는 조사(祖師) 명랑(明朗)이 금강사(金剛寺)를 세우고 낙성회를 열었을 때 고승(高僧)들은 많이 모였으나 혜공만이 오지 않은 일이 있었다. 그래서 명랑이 향을 피우고 정성껏 기도를 했더니 조금 후에 혜공이 왔다. 그런데 이때에 큰 비가 내렸는데도 공의 옷은 젖지 않았고 발에 흙도 묻지 않았다고 한다. 이와 같이 혜공에게도 陽神을 부리는 재주가 있었던 것으로 보인다.

삼일신고 머리말[三一神誥序]
-대야발(발해 고왕의 아우) -

　신(臣)이 그윽이 엎드려 듣자오니 온갖 조화된 것은 형상이 있고, 천지를 창조하신 참임자는 모습이 없음이라. 아무 것도 없는 데서 만들고 돌리고 진화시키고 기르는 이가 곧 한얼님이요, 형상을 빌어 나고 죽고 즐기고 괴로워하는 것들이 바로 사람과 만물이라.

　처음에 한얼님이 주신 성품(性)은 본디 참(眞)과 가닥(妄)이 없었건마는, 사람이 그것을 받은 뒤로부터 섞임이 있게 되었으니, 비유하건대 백 군데의 냇물에 한 개의 달이 똑같이 비치고, 같은 비에 젖건마는 만 가지 풀이 다 달리 피어남과 같음이라.

　애달프다! 모든 사람들은 차츰 사특하고 어리석음에 얽히어 마침내 어질고 슬기로움에는 어두워지며 마음속의 완악(頑惡)한 불길이 세상 물욕을 끓게 하여 서로 다투는 허망한 생각의 먼지가 본성의 마음구멍을 가렸다. 그로 말미암아 흥하는 듯 망하고 일어났다가는 꺼지는 것이 마치 아침 햇빛아래 노는 뭇 하루살이와 같고 밤 촛불에 날아드는 가엾은 나비를 면하지 못하였다. 이는 어린 아들이 우물에 빠지는 것에만 비길 바 아니거늘 어찌 인자하신 아버지가 차마 이것을 바라만 보고 있을 것인가? 그렇기 때문에 무릇 큰 덕(大德)과 큰 슬기(大慧)와 큰 힘(大力)을 가지고 거발환 환웅께서 사람의 몸으로 화하여 세상에 내려오신 까닭이며, 또 교화를 펴고 나라를 세우신 까닭이라.

이 《삼일신고》는 진실로 머릿속에 보배로이 간직할 가장 높은 이치요, 뭇 사람들을 밝은 이(哲人)가 되게 하는 둘도 없는 참 경전(經典)이니 그 깊고 오묘한 뜻과 밝고 빛나는 글이야말로 범인(凡人)의 육안으로는 엿보아 알 수 있는 것이 아니리라.

우리 임금께서는 본디 한울(天)이 내신 이로 한얼님이 내려 주신 계통을 이어 나라 터전을 정하시고 예복을 입으시고서 한울의 말씀이 적힌 거룩한 책궤를 받들어 비로소 친히 보배로운 예찬을 엮으시니 오색이 은하수에 나부끼고 일곱 별들이 북극성에 둘리는데 이때 사방 바다엔 물결이 잔잔하고 모든 나라 백성들이 편안해지니 어허! 거룩하시오이다.

신이 외람되이 모자라는 학식으로 감히 거룩하신 분부를 받드오니 재주는 한정이 있고 진리는 무궁하와 마음으론 말하고 싶사오나 입으론 미치지 못하오며 비록 이 글을 짓기는 하였사오나 태산에 티끌을 보태고 큰 못에 이슬을 더함과 다름이 없사옵니다.

천통(天統) 十七년 三월 三일
반안군왕(盤安郡王) 신 야발(野勃)은 삼가 임금의 분부를 받들어 머리말을 적나이다.

임금이 지은 삼일신고 예찬
(御製三一神誥贊)

―발해(渤海) 고왕(高王)―

높고 높다 저 한밝메(白頭山)여,
한울 복판에 우뚝 솟았네.
안개 구름 자욱함이여,
일만 산악의 조종이로다.

거발환 환웅께서 신계(神界)에서 내려오시니,
그곳은 신령스럽고 밝은 보궁(寶宮)이로다.
나라를 세우고 교화를 펴사,
온 누리를 싸고 덮었네.

거발환 환웅이 내리신 보배로운 말씀
자자이 줄줄이 눈부심이여.
대도(大道)는 오직 거발환 환웅에게 있나니,
우리도 화하여 오르리로다.

삼일(三一)의 진리 닦아 나가면
가닥(妄)을 돌이켜 참(眞)에 이르리.
항상 밝고 항상 즐거워
온갖 것 모두 다 봄빛이로다.

밝은 선비 임아상(任雅相)에게

주석을 달고 풀이하게 하여,
깊은 뜻 찾고 오묘함 밝혀
불을 켠 듯이 환하도다.

깨닫게 하고 건져 주시니
무궁한 진리 퍼져 나가네.
상서로운 이슬 눈부신 햇빛
온 누리에 젖고 쬐도다.

나는 큰 전통 이어 받아
밤낮으로 조심하건만,
앞이 가리고 가닥에 잡혀
어찌하면 벗어나리요.

향불 피우고 꿇어 읽으니
세 길(三途)이 이에 밝아지도다.
비옵나니 묵묵히 도와
타락하지 말게 하시옵소서.

천통(天統) 十六년(A.D.713년) 十월 초一일에 쓰노라.

제2장 삼일신고(三一神誥)

삼일신고 총 366자의 해석

제1장 허공(虛空) 三十六字

帝曰 爾五加众 蒼蒼非天 玄玄非天 天無形質
제왈 이오가중 창창비천 현현비천 천무형질
無端倪 無上下四方 虛虛空空 無不在 無不容
무단예 무상하사방 허허공공 무부재 무불용

帝曰 爾五加众 蒼蒼非天 玄玄非天
제帝께서 말씀하시길
너희 오가(五加)[51]의 무리들아
푸르고 푸른 것이 하늘이 아니며,
검고 검은 것이 하늘이 아니다.

허공(虛空)에서 말하고 있는 하늘은 눈에 보이는 푸른 하늘과 검은 하늘을 말하는 것이 아니다. 그것은 만물이 시작되기 이전의 무한계(無限界)를

---

51) 오가(五加): 가축의 이름으로 명칭 된 우가(牛加)·마가(馬加)·구가(狗加)·저가(豬加)·양가(羊加)의 부족을 말한다.

말하는 것이다. 즉 형질(形質)이 이루어지기 전의 세계를 말함이다.

〈태백일사〉「소도경전본훈」에서는 허공에 대하여 말하길, "허공은 하나와 더불어 시작하지만 함께 시작함이 없고, 하나로 끝나지만 함께 끝남이 없다."고 하였다.

虛空與一始無同始 一終無同終.

이른바 "허공은 하나(一)와 더불어 시작하지만 함께 시작함이 없다(虛空與一始無同始)"는 것은 천부경에서 "하나에서 시작하나 시작함이 없는 하나(一始無始一)"를 말하는 것과 같다. 그러므로 허공(虛空)이 '하나(一)와 더불어 시작하나 시작이 없다'는 것은 무한계를 말함이요, 무형의 세계를 말함이다.

이와 마찬가지로 "하나에서 마치나 함께 마침이 없다(一終無同終)"는 것은 유한계의 모습은 생겼다가 결국 소멸해버리는 속성을 가지고 있지만 유한계의 내부에 존재하는 무한계인 허공은 결코 마침이 있거나 소멸되지 않는다는 것을 말한다. 그렇다면 제(帝)께서 말하는 하늘이란 유형의 하늘이 아닌, 하나와 더불어 시작하나 함께 시작함이 없고, 하나로 끝나지만 함께 끝남이 없는 만물의 본질이 되는 무형의 하늘을 말함이다.

天無形質 無端倪
하늘은 형상과 바탕도 없고, 시작과 끝도 없으며,

하늘이 "형상(形)과 바탕(質)도 없다."는 것은 무한계인 허공(虛空)이란 일체의 형상을 이루는 물질과 시작이 이루어지는 씨앗도 없다는 것이다. 이와 더불어 "시작과 끝도 없다"는 말은 그 본질이 무한계인 허공이므로 처음 시작과 마지막인 끝남도 있을 수 없다는 것을 말한다. 그러므로 무한계인 하늘은 공간적인 모습의 형상과 바탕도 없으며, 시간을 나타내는 처음과 끝도 없다는 것을 이야기 한다.

> 無上下四方 虛虛空空 無不在 無不容
> 위아래 사방도 없이 허허공공하니
> 존재하지 않음이 없고
> 감싸지 않는 것이 없느니라.

무한계인 허공이 "위아래 사방도 없다."는 것은 시간을 통한 변화와 함께 공간을 통한 경계와 위치도 있을 수 없다는 것이다. 이와 더불어 허공이란 "허허공공(虛虛空空)하니 존재하지 않음이 없고 감싸지 않는 것이 없다."고도 하였는데, 이것은 허공이 눈에 보이지 않는다고 하여 없는 것이 아니고, 외부에 존재하지 않는다고 하여 존재하지 않는 것이 아니라는 것을 말한다.

〈태백일사〉「소도경전본훈」에서는 허공에 대하여 말하기를 "바깥은 허(虛)하고, 안은 공(空)하나 그 가운데 항상 함(常)이 있다.(外虛內空中有常也.)"고도 하였다. 이 말은 "바깥은 虛하나 감싸지 않음이 없다"는 것이고, "안은 空하나 존재하지 않는 것이 없다"는 말이다.

이와 함께 우주는 "그 가운데 항상 함(常)이 있다"는 것은 바깥쪽에는 생명의 기운을 감싸는 허(虛)와 안쪽에는 생명의 기운이 충만한 공(空)이 상호 팽창과 수축의 반복을 하기 때문에 우주는 영원할 수 있다는 것이다. 이로 보건대 허공이란 바깥은 虛하고, 안은 空한 가운데 불멸하는 그 무엇을 만들어놓게 되는데, 그것이 밝은 빛으로 충만한 일신(一神)이다.

다시 한 번 허공에 대하여 언급하면 바깥은 허(虛)하나 감싸지 않음이 없다고 하였다. 이것은 우주가 수축운동을 한다는 것을 말한다. 다음으로 안은 공(空)하나 존재하지 않는 것이 없다고 하였다. 이것은 충만함을 통하여 우주가 팽창운동을 한다는 것을 말한다. 그렇다면 우주의 바탕인 허공은 팽창과 수축을 통하여 영원불멸(永遠不滅)하는 세계를 지향하고 있음을 말해준다.

그런데 안쪽에서의 충만함을 통한 팽창과 밖에서의 감싸서 뭉치고자하는 수축작용을 통하여 그 중간에서 불멸하는 항상 함이 있다는 것은 이곳에서 생명의 세계를 창조할 수 있는 작용이 일어나고 있는 것을 말한다. 이때에 그 작용으로 처음 시작되는 것이, '한빛'의 모습으로 나타나는 일신(一神)이다.

제2장 일신(一神) 五十一字

神在無上一位 有大德大慧大力 生天
신재무상일위 유대덕대혜대력 생천
主無數世界 造牨牨物 纖塵無漏 昭昭靈靈 不敢名量
주무수세계 조신신물 섬진무루 소소령령 불감명량
聲氣願禱 絶親見 自性求子 降在爾腦
성기원도 절친견 자성구자 강재이뇌

神在無上一位
신(神)은 더 이상의 위가 없는 첫 자리에 계시니

〈삼신오제본기〉「표훈천사」를 보게 되면 "암흑으로 덮여 보이지 않더니 옛것은 가고 지금은 오니 오직 한빛(一光)이 있어 밝더라."라고 하였다. 이와 함께 《소도경전 본훈》에서 발귀리선생은 암흑인 "대허(大虛)에 빛이 있음이여, 이것은 신(神)의 형상"이라고 하였다. 따라서 제2장 일신에서 말하는 神은 一神을 말함이요, 그 형상은 한빛(一光)이요, 그 뿌리는 암흑인 대허(大虛)에서 비롯되었음을 말하고 있다.

특히 여기서 일신(一神)이 더 이상의 위가 없는 첫 자리에 계신다는 것은 법칙(法則)을 주관함에 이보다 앞서는 神이 없다는 것을 말한다. 그렇기 때문에 一神은 조교치(造敎治)의 원리를 가진 天一·地一·太一의 삼신으로 작용을 하게 된다. 이런 점에서 일신이란 모든 변화의 첫 번째가 되기에 부족함이 없다.

有大德大慧大力 生天
主無數世界 造牷牷物 纖塵無漏 昭昭靈靈 不敢名量
큰 덕과 큰 지혜와 큰 힘으로 하늘을 내시고
수없이 많은 세계를 주관하시며
많고 많은 만물을 창조하시니
작은 티끌만치도 빠진 것이 없고
밝고도 밝으며 신령스럽고 신령스러워
감히 그 명칭을 헤아릴 수가 없다.

一神이 큰 덕(大德)과 큰 지혜(大慧)와 큰 힘(大力)을 가지고 있다는 것은 일신에서 비롯된 天一神이 큰 지혜가 있고, 地一神이 큰 덕이 있으며, 太一神이 큰 힘을 가지고 있는 것을 말한다. 요컨대 이 말은 일신이 삼신인 천일신·지일신·태일신을 통하여 지혜로움으로 유한계의 하늘을 낳고, 덕으로서 수없이 많은 세계를 주관하시며, 큰 힘을 통해 많고 많은 만물을 창조하게 된다는 것을 이야기한다.

聲氣願禱 絶親見
소리와 기운으로 원하고 빌어도 몸소 보임을 끊나니

위의 문장에 있어서는 해석자들에 따라 각기 달리 해석되고 있다. 하지만 《삼일신고》 제1장인 [허공]을 보면 명쾌하게 그 의미를 설명해준다. 그 내용을 보면 푸르고 검은 것이 하늘이 아니라, 만물의 내면세계에 있는 하늘을 말하는 것처럼, 이것은 一神을 구하는 방법에 있어서 그 모습이 한빛으로 되어 있기 때문에 외부에서 구하지 말고 내부로부터 구하라는 것이다. 그러므로 외부에 있는 대상에게 소리와 기운으로써 기도하여 원한다고 해서 一神은 얻어지는 것이 아니라는 것을 말한다.

그렇다면 어떻게 해야 일신을 볼 수 있을까? 이때에는 《삼일신고》 제5장인 [인물]편에서 말하고 있듯이 먼저 나의 내부로부터 지감(止感), 조식(調息), 금촉(禁觸)을 이루고, 악탁박(惡濁薄)을 극복하여 선청후(善淸厚)를 얻어야만 된다. 끝으로 성품을 통하고, 목숨을 알며, 정수를 보전하게 될 때 일신을 구할 수가 있다. 따라서 일신을 구하고자 할 때는 외부로부터 구하지 말고, 수행(修行)을 통해 나의 내부로부터 구해야만 한다.

自性求子 降在爾腦
자신의 성품으로부터 씨앗(子)을 구하라.
너의 머릿골(腦)에 내려와 있느니라.

여기서의 자성(自性)이란 자신이 지니고 있는 성품을 말한다. 그 성품으로부터 씨앗을 구하라는 것은 성품의 근원이 되는 자아(自我)를 구하라는 것이다. 더 나아가서는 삼신과 일신을 구하라는 뜻이 있다.

그 씨앗이 너의 머릿골에 내려와 계시다는 것은 자아와 일신인 한빛을 외부에서 찾지 말고, 너의 내부인 머릿골에서 찾으라는 것이다. 그러면 너의 내부에 있는 머릿골에서 자아와 삼신(한빛)을 찾을 수 있다는 것이 제2장 [일신]편의 가르침이다.

하지만 자아와 삼신과 일신을 우리의 머릿골에서 쉽게 구할 수는 없다. 그 까닭은 자아와 삼신과 일신을 둘러싸고 있는 우리의 성명정(性命精)과 심기신(心氣身)과 감식촉(感息觸)이 물질세계에 노출되어 욕망에 이끌리기 때문이다. 따라서 자아와 삼신과 일신을 구하기 위해서는 자아를 둘러싸고 있는 모든 감각기관으로부터 오는 물질적 욕망을 끊고, 분별의 세계를 뛰어넘어 성명정에서 귀일을 할 때만이 가능하다.

제3장 천궁(天宮) 四十字

天神國 有天宮 階萬善 門萬德 一神攸居 群靈諸哲護侍
천신국 유천궁 계만선 문만덕 일신유거 군령제철호시
大吉祥大光明處 惟性通功完者 朝永得快樂
대길상대광명처 유성통공완자 조영득쾌락

天神國 有天宮 階萬善 門萬德
하늘의 신국(神國)이 천궁(天宮)에 있나니.
온갖 착함으로 섬돌을 오를 수 있고,
온갖 덕(德)으로 문을 열 수 있느니라.

제3장인 천궁(天宮)에서 말하는 하늘의 신국(神國)은 저 높은 곳에 있는 하늘의 천국(天國)을 말하는 것이 아니다. 신국은 사람에게도 있을 수 있듯이 여기서는 사람의 머릿골에 있는 신국을 말한다. 그렇다면 신국은 사람의 머릿골에 해당하는 천궁 속에 있게 된다. 이러한 까닭은 사람의 머릿골에 해당하는 천궁이 자아가 거처하는 곳인 동시에 한빛(一光)이 모이는 곳이기 때문이다.

천궁에 대해서는 〈태백일사〉「소도경전본훈」에서 하늘의 조화(造化)를 갖춘 곳이라 하였으며, 참나(眞我)가 거처하는 곳이라고 하였다. 이밖에도 〈태백일사〉「고구려국본기」에서는 일신(一神)의 그윽한 거처는 천궁(天宮)이 된다고도 하였다. 이로 보건대 천궁 속은 신국으로써 조화가 나오고, 참나가 거처하는 곳이며, 일신이 거처하는 성스러운 곳이다.

> 천궁(天宮)은 진아(眞我)가 거처하는 곳이니
> 온갖 착함을 스스로 갖추면 영원한
> 쾌락이 있게 되느니라.
> 天宮眞我所居 萬善自足永有快樂也.
>
> 〈태백일사〉「소도경전본훈」

"온갖 착함(善)으로 섬돌을 오를 수 있고, 온갖 덕(德)으로 문을 열 수 있다"는 것은 천궁 속에 있는 신국으로 들어가기 위해서는 착함과 덕을 갖추어야만 한다는 것을 말한다. 그런데 여기서 온갖 착함으로 섬돌에 오를 수 있다는 것은 착한심성을 가져야 타락계, 분별계, 지극계라고 하는 섬돌에 오를 수 있다는 이야기이다. 온갖 덕으로 문을 열 수 있다는 것은 세상에 은혜를 베푸는 자라야 지극계의 끝에서 나의 머릿골인 천궁에 문을 열 수 있다는 것을 말한다.

하지만 이때에 내 자신이 온갖 착함으로 인하여 섬돌에 오르고, 온갖 덕으로 인해 천궁의 문을 열지 못할 경우 나의 머릿골인 천궁은 단지 어둠에 가려진 궁전이 될 뿐이다. 그렇기 때문에 천궁을 빛으로 밝혀 신국이 되게 하는 길은 사실 우리에게 달렸다. 즉 우리의 노력으로 천궁은 신국이 될 수 있는 것이다. 이런 점에서 볼 때 천궁 속의 신국은 우리의 선(善)한 마음과 덕(德)을 갖춘 행위가 만들어가는 곳이다.

一神攸居 群靈諸哲護侍 大吉祥大光明處

일신(一神)께서 계시는바
군령(群靈)들과 제철(諸哲)들이 보호하여 모시고 있으니
크게 길하고 상서로우며, 크게 빛나는 곳이라.

　여기서 '一神께서 계신 곳'이란 무한계와 유한계의 중간에서 고리를 이루고 있는 천궁을 말한다. 천궁에서 군령(群靈)과 제철(諸哲)들이 一神을 보호하여 모시고 있다는 것은 일신인 한빛이 인간의 머릿골인 천궁으로 내려오게 될 때는 신성함을 위하여 이들에 의한 보호와 모심이 있게 된다는 뜻이다. 그렇다면 천궁에서 신령한 무리들과 밝음이 뛰어난 무리들이 一神을 보호하여 모시고 있다는 것은 이곳 천궁이 신령한 곳임을 말한다. 그러므로 천궁은 크게 길하고, 상서로우며, 크게 빛나는 신국임을 말해준다.
　천궁(天宮) 속에 신국이 있는 것에 대해서는 중국의 8대 신선으로 알려진 여동빈(呂洞賓)도 한마디 하였는데, 그는 천궁에 해당하는 사방 한 치 정도 되는 얼굴 위의 가운데를 옥황상제(玉皇上帝)가 계신 옥경(玉京)과 같다고 하였다. 그러면서 그곳에는 신령(神靈)들이 모이는 곳이라고 했다.

　　사방 한 치 정도 되는 가운데에는... 옥황상제(玉皇上帝)께서 사시는 옥경(玉京)과 같은 곳이 있는데, 단청 입힌 궁궐이 기묘하다. 그곳으로 지극히 텅 비고 지극히 신령한 신(神)들이 끊임없이 모여들고 있다.
　　方寸中... 玉京丹闕之奇 乃至虛至靈之神所注.
　　　　　　　　　　　　　〈태을금화종지〉「제1장 하늘의 중심」

　여동빈은 천궁 속에 있는 신국의 주인어른에 대해서도 말하였는데, 그곳의 주인어른은 빛(光)이라고 하였다. 이 말은 〈삼일신고〉「제3장 천궁」에서도 말하고 있듯이 천궁으로 한빛(一光)인 일신이 내려온다는 말과도 같

다. 이로 보건대 옛사람들에게 인간의 머릿골인 천궁은 옥황상제가 계신 수도(首都)와 같은 곳이며, 빛이 모이는 신령스러운 곳이기도 했다.

惟性通功完者 朝永得快樂
오로지 성통공완(性通功完)을 이룬 사람만이
일신이 계신 궁전에 나아가 영원한 쾌락을 얻으리라.

위에서 말하고 있듯이 '성품에 통한다(性通)'는 것은 나의 마음에 뿌리가 되는 성품과 통하게 된다는 것이다. 그렇다면 성통공완(性通功完)을 이룬다는 것은 마음을 닦다보면 성품을 통하게 되는 공(功)을 이룬다는 뜻이다. 따라서 성통공완이란 구도자에게 있어서 인생완성의 길이 성품을 통하는데 있음을 말한다.

다음으로 성통공완(性通功完)을 이룬 사람만이 일신이 계신 궁전에 나아가 영원한 쾌락을 얻게 된다는 것은 성통공완을 이룬 자는 성품을 통하고 자아를 회복했기 때문에 일신이 계신 궁전에 나아가 영원한 즐거움이 있게 된다는 뜻이다. 이른바 신령스런 밝은 빛을 수도자가 얻게 될 때에는 천궁 속에서 자신의 자아를 회복하게 되는 상태가 되기 때문에 불멸의 생명과 시공에 제약이 없는 자유(自由)를 얻을 수 있게 된다는 이야기이다.

제4장 세계(世界) 七十二字

爾觀森列星辰 數無盡 大小明暗苦樂不同 一神造群世界
이관삼열성신 수무진 대소명암고락부동 일신조군세계
神勅日世界使者 (轄)七百世界 爾地自大 一丸世界
신칙일세계사자   할칠백세계 이지자대 일환세계

中火震盪 海幻陸遷 乃成見像 神呵氣包底
중화진탕 해환육천 내성견상 신가기포저
煦日色熱 行翥化游栽物 繁殖
후일색열 행저화유재물 번식
(盪: 관장할 할   盪:흔들릴 탕   幻: 변할 환   遷: 옮길 천
 呵: 숨을 내쉴 가   底: 바닥 저   煦: 따뜻하게 할 후
 翥: 날아오를 저   栽: 묘목 재)

너희들은 총총하게 널려있는 별들을 보아라.
그 별들의 수가 다함이 없으며,
크고 작음과 밝고 어두움과
괴로움과 즐거운 것이 모두 같은 것이 없느니라.
일신(一神)께서 뭇 세계를 창조하시고
신(神)께서 해 누리를 맡은 사자(使者)를 시켜
칠백누리를 거느리게 하셨으니
너희들의 땅덩이가 큰 듯하나
칠백세계 중의 한 덩이에 불과하도다.
땅덩어리의 중심에서는 불이 울리고 흔들리며
솟구쳐서 바다로 변하고 육지가 되어
지금의 땅덩어리 형상이 이루어진 것이로다.
신(神)께서 기운을 불어 넣어 바닥까지 감싸시고
햇빛으로 따뜻하게 하고 열로서 색깔을 내시니
걷고(포유류), 날아오르고(조류),
탈바꿈하고(곤충), 헤엄치고(어류),
땅에 뿌리내려 사는 식물이 많이 번식하게 되었도다.

  제4장의 [세계(世界)]는 유한계의 세계가 이루어지고 있음을 논하고 있
다. 그동안 제1장의 [허공]은 무한계의 본질을 말하고 있었다. 제2장인

[일신]에서는 무한계에서의 창조적 기틀을 여는 현상을 나타내었다. 제3장인 [천궁]에서는 참나(眞我)를 회복하게 될 때에는 인간의 머릿골에 일신이 내려오게 되고, 이로 인해 그곳이 크게 길하고 상서로우며 크게 빛나게 됨을 언급하였다. 그러므로 이제는 허공, 일신, 천궁에 이어 제4장을 통해 만물이 발생하게 되는 유한계의 세계를 알아볼 때가 되었다.

세계(世界)에서 나타내는 유한계는 우리가 잘 알다시피 무한계에서 유한계로 최대로 분화되어 나간 세계를 말하고 있다. 특히 아무리 많은 세계로 분화되어 나가도 각자의 모습과 괴로움과 즐거움이 각기 다르다는 것은 만물에 있어서 하나 같이 자기만의 특성을 가지고 있다는 것을 말한다. 이것은 바로 만물이 일신으로부터 비롯된 삼신을 가지고, 자기 자신을 창조해 왔기 때문이다. 그렇기 때문에 만물은 자기만의 개성을 가질 수가 있었다.

일신께서는 모든 세계를 창조하시나, 神께서는 사자(使者)를 시켜 칠백세계를 통솔한다는 것은 일신과는 달리 점차 삼신(三神)의 단계에서 구체적인 창조가 이루어짐을 말해주고 있다.

땅덩어리의 중심 속에 있는 불(火)이 울리고 흔들리며 솟구쳐서 지금의 땅덩어리 형상이 이루어졌다는 것은 지진과 화산폭발 등의 자연현상 속에서 지구의 모양이 이루어졌음을 말한다.

신(神)께서는 "기운을 불어 넣어 바닥까지 감싸시고, 햇빛으로 따뜻하게 하고 열로서 색깔을 내신다."고도 하였는데, 이것은 만물의 내면에 깃든 삼신이 작용을 하여 만물을 번성케 하고 있음을 말한다. 이로부터 산과 들을 뛰어다니는 동물, 하늘을 날아오르는 새, 숲속에 가득한 곤충, 바다와 냇가에 수많은 어패류들, 그리고 육지를 뒤덮는 다양한 식물들이 자라나게 되었다는 것이 제4장 세계(世界)에서 전해주고 있는 가르침이다.

		造化神 불교	敎化神 도교	治化神 유교
天 道敎	삼극(三極) 삼진(三眞)	天一一 성(性)	地一二 명(命)	人一三 정(精)
地 佛敎	삼별(三別) 삼망(三妄)	天二一 심(心) 선(善) 악(惡)	地二二 기(氣) 청(淸) 탁(濁)	人二三 신(身) 후(厚) 박(薄)
人 儒敎	삼락(三落) 삼도(三途) 十八境	天三一 감(感) 희(喜) 구(懼) 애(哀) 노(怒) 탐(貪) 염(厭)	地三二 식(息) 분(芬) 란(爛) 한(寒) 열(熱) 진(震) 습(濕)	人三三 촉(觸) 성(聲) 색(色) 취(臭) 미(味) 음(淫) 저(抵)

삼진귀일(三眞歸一)의 원리 도표

人物 同受三眞 惟众迷地 三妄着根 眞妄對作三途
인물 동수삼진 유중미지 삼망착근 진망대작삼도

인간과 만물이 다 같이 세 가지 참됨(三眞)을 받으나
오직 사람들은 땅의 미혹(迷惑)함 때문에
삼망(三妄)이 뿌리를 내렸고,
삼진(三眞)과 삼망(三妄)이 서로 작용하여
삼도(三途)를 짓게 되었다.

사람과 만물이 다 같이 삼진(三眞)을 받는다는 것은 성품(性)과 목숨

(命)과 정수(精)를 받는다는 뜻이다. 그런데 인간과 만물에 삼진이 있다면 하늘에는 삼신(三神)이 있다. 이것은 일기를 통한 삼진과 일신을 통한 삼신이 바탕이 되어 생명이 분화가 됨을 말한다.

> 도가 하늘에 있을 때 三神이요,
> 사람에게 있을 때 이를 三眞이라 한다.
> 그 근본을 말한다면 곧 일(一)이 된다.
>
> 〈태백일사〉「고려국 본기」

三神은 무한계를 나타내는 하늘의 역할이다. 그러나 三眞은 유한계에서의 하늘에 역할이다. 유한계에 있어서의 삼진은 일기(一氣)로부터 분화되어 자신까지 포함하여 3단계를 이루게 되는데, 삼진은 유한계의 1단계인 셈이다. 유한계의 1단계는 순수성을 지키는 하늘이기 때문에 그 명칭을 붙인다면 지극계(至極界)가 된다.

三眞에 이어 삼망(三妄)은 유한계의 2단계를 상징하는 땅의 역할이다. 따라서 삼망은 땅의 미혹함 때문에 그 뜻이 두 갈래로 갈라지는 허망함에 떨어지게 되면서 분별계(分別界)가 되었다.

三妄에 이어 삼도(三途)는 유한계의 3단계를 상징하는 사람의 역할이다. 특히 여기서의 三途는 유한계에 있어서 하늘의 역할인 三眞과 땅의 역할인 三妄이 서로 작용하게 되면서 만들어졌다. 따라서 사람의 역할인 三途는 지극계와 분별계의 다음으로 타락계(墮落界)의 역할을 하게 된다.

다시 한 번 삼진(三眞), 삼망(三妄), 삼도(三途)에 대해 알아보면 三眞은 분별함이 없는 지극계이기 때문에 유한계에 있어서 참됨을 주장하는 '하늘의 역할'이다. 三妄은 두 갈래로 갈라지는 분별계이기 때문에 유한계에 있어서 허망함에 떨어지는 '땅의 역할'이다. 三途는 지극계와 분별계의 다음으로 만들어진 타락계이기 때문에 유한계에 있어서 물질에 집착하게 되는 '사람의 역할'이다.

유한계의 1단계인 지극계(至極界) : 삼진(三眞)
유한계의 2단계인 분별계(分別界) : 삼망(三妄)
유한계의 3단계인 타락계(墮落界) : 삼도(三途)

삼진(三眞)

曰 性命精 人全之物偏之
왈 성명정 인전지물편지
眞性 善无惡 上喆通
眞命 淸无濁 中喆知
眞精 厚无薄 下喆保
진성 선무악 상철통
진명 청무탁 중철지
진정 후무박 하철보
返眞 一(神)
반진 일신

曰 性命精 人全之物偏之
가로되 성(性)과 명(命)과 정(精)이라.
사람은 이를 온전하게 부여 받았으나
만물은 치우치게 받았느니라.

하늘의 삼신을 바탕으로 일기를 거쳐 처음으로 형성된 것이 삼진(三眞)

인 성품(性)52) · 목숨(命)53) · 정수(精)이다. 여기서의 性 · 命 · 精이 천부경에서는 三極에 해당하게 되면서 상하구별에서는 순수한 하나(一)를 주장하는 지극계(至極界)가 된다. 그렇다면 性은 '지극계의 하늘(天一)'에 해당하고, 命은 '지극계의 땅(地一)'에 해당하며, 精은 '지극계의 사람(人一)'에 해당한다.

그런데 사람은 성명정을 온전하게 받으나 만물은 치우치게 받는다고 하였다. 이것은 사람만이 三眞을 통하여 참나(眞我)를 이룰 수 있고, 사람이 만물 가운데 최고의 고귀한 존재가 될 수 있음을 말한다. 하지만 이를 위해서는 두 갈래로 나뉘는 분별심이 생기지 않도록 하는 것이 중요하다. 그러기 위해서는 성 · 명 · 정인 삼진을 굳게 지켜야 하는데, 이때에 삼진에서는 자기보호의 성향도 가지고 있다는 사실이다. 그래서 삼진인 성 · 명 · 정

---

52) 성(性)이란 마음의 작용인 神의 뿌리를 말한다. 그래서 《성명규지(性命圭旨)》에서는 神은 본성에 근본을 두지만 본성은 아직 神이 되기 전이라고 했다. 이외에도 神의 내부에서 환히 밝고 어둡지 않는 것이 바로 참된 본성이라고 하였다.

53) 명(命)이란 아직 氣로 변화가 되지 않은 상태를 말한다. 이렇게 볼 때 氣의 내부에 열(熱)로 작용하는 것이 목숨임을 알게 된다. 熱에 대해 나사디야 찬가(讚歌)를 보면 다음과 같이 쓰여 있다. "그 때(태초에 있어) 無도 없었으며 有도 없었다. 空界도 없었고, 그 위의 天도 없었다. 무엇이 움직이고 있었던가? 어디에? 누구의 보호아래? …… 허공에 덮여 싹이 트는 것, 저 유일한 것은 熱! 고행에 의해 태어났다." 이와 같은 말은 유형의 생명이 처음 無에서 氣로 발전되어 가기 전에 熱로부터 시작되었다는 것을 말한다. 이로 보건대 命은 熱을 뜻하고 있음을 알게 된다.
《샤타파타브라흐마나》에서도 보게 되면 "스스로 존재하는 브라만은 고행하여 熱力을 발했다"고 하였다. 여기서도 브라만에 의해 熱力이 발했다는 것은 一神과 三神에 의해 처음으로 생성된 것이 열력임을 말해준다. 이렇게 볼 때 粗의 본질도 열력이며, 命의 본질도 열력임을 말해주고 있다.
《찬도기야 우파니샤드》에서는 다음과 같이 말했다. "사고기관은 숨(息)으로, 숨은 열(熱)로, 열은 最高의 神格(有, 一氣)으로 귀합(歸合)한다. 이 미세한 것은 (有)은 이 세상의 일체(우주)가 그 본질로 하는 것이다. 그것은 진실이다. 그것은 아트만이다. 네가 그것이다 tat tvam asi 슈베타케투여." 이 내용에 있어서도 열(熱)로 인해 後天一氣가 만들어짐을 말하고 있는데, 이것은 바로 선천일기로부터 처음 생성되는 개체가 熱力임을 말해준다. 이렇게 볼 때 命이란 내 몸속에서 생명을 유지시키는 熱의 또 다른 명칭일 뿐이다.

을 세 개의 빗장에 해당한다고 하여 삼관(三關)이라고도 한다.

성(性)·명(命)·정(精)을 삼관(三關)이라 하나니
관(關)을 수신(守神)의 요회(要會)라 하느니라.
性은 命을 떠나지 않고
命은 性을 떠나지 않나니
精은 그 가운데 있느니라.

〈태백일사〉「삼신오제본기」

성·명·정인 삼관(三關)에 대해 의미를 부여하면 세 개의 빗장으로 잠
겨있는 유한계의 하늘을 말한다. 여기서의 관(關)을 수신(守神)의 요회(要
會)라고 하는 것은 성·명·정이란 신을 지키는 중요한 기관(機關)이라는
뜻이다. 그러므로 삼진(三眞)은 참된 세 가지를 말한다면, 삼관은 참됨을
지키는 기관을 말한다.

性命精인 三眞의 분화와 귀일

그렇다면 우리는 여기서 빗장을 단단히 잠그는 것이 중요한데 이때에 그
모든 관건은 정수(精水)에 있다. 그 까닭은 精을 중심으로 천궁(天宮)인

머릿골로 올라가서 참나(眞我)를 이룰 수도 있으나, 三妄의 분별계로 떨어질 수도 있기 때문이다. 그런 까닭에 우리는 영원한 생명을 위하여 정(精)을 중심으로 빗장을 단단히 채울 필요가 있다.

다시 한 번 언급한다면 정(精)을 중심으로 귀일도 하고, 분화도 할 수 있다는 것은 精이 성명정에서 가운데 있기 때문이다. 이 때문에 精이 중일(中一)의 역할을 잘 하게 될 때에는 원정(元精)이 되어 생명의 근원으로 돌아갈 수도 있다. 그렇기 때문에 《단군세기》에서는 성(性)과 명(命)이 합덕하여 정(精)을 이룬 연후에야 생명의 근원으로 돌아갈 수 있다는 뜻으로 성품이 신(神, 心)으로부터 비롯된 것도 아니고, 목숨이 氣로부터 비롯된 것도 아니라고 했다.

성(性)은 명(命)과 분리될 수 없고,
命은 性과 분리될 수 없다.
내 몸에서 性이 命과 더불어 합덕한 연후에야
神(의식)으로부터 성품이 비롯된 것이 아니고,
氣로부터 목숨이 비롯된 것이 아님을 가히 볼 수 있으리라.
〈단군세기〉「서문」

지금까지 精의 중요성을 알아보았는데, 이에 못지않게 중요한 것이 있다. 그것이 후천일기를 얻기 위해 무엇보다 먼저 행해야할 성·명·정에서의 성(性)이다. 이러한 까닭은 성품을 시작으로 목숨을 알게 되고, 이로써 정수를 보전할 수 있기 때문이다. 그래서 [삼신오제본기]를 보면 성품의 중요성을 강조하여 性을 진리(眞理)의 원관(元關)이라고 하여 "참된 원리의 으뜸 되는 빗장"이라고 하였다.

이와 함께 性을 구리자성(究理自性)이면 진기대발(眞機大發)이라고 하여 "너의 성품에서 이치를 궁구하면 참됨을 크게 일으키는 베틀이 된다."고도 하였다. 그렇다면 성·명·정에서의 성품이란 참된 원리의 가장 으뜸 되는 자물쇠와 같고, 그 성품으로부터 이치를 궁구하게 될 때에는 참됨을 크게 일으키는 기계와 같이 될 수 있음을 말한다.

그러면 이제 이러한 사실을 바탕으로 삼진에서 大一로 귀일을 하기 위해서는 우선 성품이 분별계로 떨어지지 않도록 으뜸 되는 빗장을 채우는 역할과 참됨을 크게 발현시키는 베틀이 되게 하는 역할이 중요하다. 그래야만 성·명·정이 더 이상 분화가 됨이 없이 천궁에 올라 참나(眞我)를 이룰 수가 있기 때문이다.

하지만 성품이 으뜸이 되는 빗장의 역할을 못하고, 참됨을 크게 발현시키는 베틀의 역할을 하지 못하게 될 때에는 성품, 목숨, 정수는 순수성을 잃게 되면서 삼망(三妄)으로 떨어질 수밖에 없다. 그렇기 때문에 삼진에 있어서는 성품의 역할이 무엇보다 우선이 되어야 한다.

　眞性 善无惡 上嘉通
　眞命 淸无濁 中嘉知
　眞精 厚无薄 下嘉保
　返眞 一(神)
　참 성품(眞性)은 착함(善)으로 인하여
　악함(惡)이 없으니 상등 밝음(上哲)에 통하고,
　참 목숨(眞命)은 맑음(淸)으로 인하여
　흐림(濁)이 없으니 중등 밝음(中哲)에 깨닫고,
　참 정수(眞精)는 두터움(厚)으로 인하여
　엷음(薄)이 없으니 하등 밝음(下哲)을 보전하게 된다.
　이로써 三眞을 돌이키게 되면 一神과의 만남이 이루어지리라.

위에서 성품을 참 성품이라고 하는 것은 성(性)이란 참된 것이라는 뜻이다. 본문에서 참 성품이 착하기만 하고 악함이 없다는 것은 상대적인 착함이 아니라 절대적인 착함을 말한다. 이 말은 [참 성품(眞性)]에는 악함이 조금도 있을 수 없다는 것이다. 특히 여기서 참 성품을 상등 밝음이라고 하는 것은 성명정에서 性이 시발점이 된다는 이야기이다.

다음으로 목숨을 참 목숨이라고 하는 것은 명(命)이란 참된 것이라는 뜻이다. 본문에서 참 목숨이 맑기만 하고 흐림이 없다는 것은 상대적인 맑음이 아니라 절대적인 맑음을 말한다. 이 말은 [참 목숨(眞命)]에는 흐림이 조금도 있을 수 없다는 것이다. 특히 여기서 참 목숨을 중등 밝음이라고 하는 것은 성명정에서 命이 두 번째에 해당한다는 이야기이다.

이번에는 정수를 참 정수라고 하는 것은 정(精)이란 참된 것이라는 뜻이다. 본문에서 참 정수가 두텁기만 하고 엷음이 없다는 것은 상대적인 두터움이 아니라 절대적인 두터움을 말한다. 이 말은 [참 정수(眞精)]에는 엷음이 조금도 있을 수 없다는 것이다. 특히 여기서 참 정수를 하등 밝음이라고 하는 것은 성명정에서 精이 세 번째에 해당한다는 이야기이다.

이제 참 성품(眞性)·참 목숨(眞命)·참 정수(眞精)에 의한 상등 밝음에 통하고, 중등 밝음을 깨닫고, 하등 밝음을 보전하게 되면 수도자는 그 뿌리가 되는 일기를 회복하게 된다. 그런데 그 방법은 먼저 性과 命을 합덕(合德)하여 精을 움트게 하는데 있다. 그러면 이때의 精은 원정(元精)이 되기 때문에 천궁으로 귀환하게 되고, 여기서 후천일기를 이루어 선천일기를 회복시키는 역할을 한다. 따라서 성명정의 길이란 분화를 멈추고, 천궁 속에서 잠들어 있는 존재의 근원인 자아(自我)를 깨어나게 하는 일이다.

삼망(三妄)

日 心氣身

왈 심기신
心依性 有善惡 善福惡禍
심의성 유선악 선복악화
氣依命 有淸濁 淸壽濁夭
기의명 유청탁 청수탁요
身依精 有厚薄 厚貴薄賤
신의정 유후박 후귀박천

曰 心氣身
가로되 마음(心)과 기운(氣)과 육신(身)이라.

　하늘의 삼신을 바탕으로 일기를 거쳐 두 번째로 형성된 것이 삼망(三妄)
인 마음(心)·기운(氣)·육신(身)이다. 여기서의 心·氣·身이 천부경에서
는 두 번째 단계에 해당하게 되면서 상하구별에서는 두 갈래(二)로 나뉘게
되는 분별계(分別界)가 된다. 그러므로 心은 '분별계의 하늘(天二)'이 되
고, 氣는 '분별계의 땅(地二)'이 되며, 身은 '분별계의 사람(人二)'에 해당
한다.

　삼망인 心·氣·身이 분별계에 해당한다면 이제는 삼도(三途)인 타락계
로 떨어질 수밖에 없다. 따라서 心氣身에서는 허망하지 않도록 변화를 이
루어야 하는 것이 중요하다. 그런데 이때에 삼망에서는 자기극복의 성향도
가지고 있다는 사실이다. 그래서 삼망인 심·기·신을 변화를 성취하는 세
개의 방(房)에 해당한다고 하여 삼방(三房)이라고도 한다.

　심(心)·기(氣)·신(身)을 삼방(三房)이라 하나니
　방(房)을 성화(成化)의 근원(根源)이라 한다.
　氣는 心을 떠나지 않으며
　心은 氣를 떠나지 않나니

身은 그 가운데 있느니라.

〈태백일사〉「삼신오제본기」

心·氣·身인 삼방(三房)에 대해 그 의미를 부여하면 유한계의 두 번째로서 땅에 해당하며, 세 개의 방으로 되어 있는 것을 말한다. 여기서의 방(房)을 성화(成化)의 근원(根源)이라 하는 것은 "변화가 이루어지는 근원"이라는 뜻이다. 그러므로 三妄은 허망한 세 가지를 말한다면, 三房은 허망하게 되지 않도록 변화를 성취하게 되는 근원을 말한다.

그렇다면 우리는 여기서 허망하게 되지 않도록 변화를 이루는 것이 중요한데, 이때의 모든 관건은 육신(身)에 있다. 그 까닭은 身을 중심으로 三途인 타락계로 떨어질 수도 있으나, 三眞인 지극계로도 올라갈 수가 있기 때문이다. 이런 점에서 우리는 身을 중심으로 더 이상 삼도에 떨어지지 않도록 하는 것이 중요하다. 그래야만 다시 身을 중심으로 삼진으로 귀일을 할 수 있기 때문이다.

다시 한 번 언급하면 신(身)을 중심으로 귀일도 하고, 분화도 할 수 있는 것은 身이 심기신에서 가운데에 있기 때문이다. 이 때문에 身이 중일(中一)의 역할을 잘 하게 될 때에는 다시 삼진으로 돌아갈 수가 있다. 그렇기 때문에 《단군세기》에서는 신(神, 心)과 기(氣)가 합해진 연후에야 내 몸(身)에서 性과 더불어 命이 가히 보이게 된다고 하였다.

신(神:心)은 기(氣)를 떠날 수 없고,
氣는 神(心)을 떠날 수 없으니
내 몸(身)에서 神(心)과 더불어 氣가 합해진 연후에
나의 몸에서 性과 더불어 命이 가히 보이는 것이다.
神不離氣 氣不離神, 吾身之神與氣合而後
吾身之性與命可見矣.

 지금까지 우리는 신(身)의 중요성을 알아보았다. 그런데 이에 못지 않게 중요한 것이 마음(心)이다. 이러한 까닭은 心·氣·身에서 악한 마음과 혼탁한 기운이 머무르게 될 때는 우리의 몸(身)은 천박함이 이루어져 드디어 뭇사람들과 같이 만물 속에서 생사의 유혹에 빠지게 되기 때문이다. 그렇기 때문에 이때에는 무엇보다도 먼저 어떠한 마음을 갖느냐가 중요하다. 그래서 [삼신오제본기]를 보면 마음의 중요성을 강조하여 心은 진신(眞神)의 현방(玄房)이라고 하여 "참된 신이 머무는 현묘한 방"이라고 했다.

	분화(分化) 원리		귀일(歸一) 원리
	↓ 역행(逆行)		↑ 순행(順行)
自我	⊙	眞我	⊙
	↙ ↘		↑
三眞	○ → ○ ← ○	三關	○ → ○ ← ○
	性 ↙ 精 ↘ 命		性 ↖ 精 ↗ 命
三妄	○ → ○ ← ○	三房	○ → ○ ← ○
	心 身 氣		心 身 氣

三眞, 三妄의 분화와 귀일의 원리

 더불어 존신구심(存神求心)이면 진신대현(眞身大現)이라고 하였으니 "마음을 구하여 神을 보전하면 참됨을 크게 나타내는 몸과 같이 된다."고도 하였다. 그렇다면 심·기·신에서의 마음이란 바른 생각(思)이 머물 수 있는 현묘한 방과 같고, 그 마음을 구하여 바른 생각을 보전하게 될 때에는 참됨을 크게 드러내는 몸과 같이 될 수 있음을 말한다.[54]

---

54) 참됨을 크게 드러내는 상징으로 인간의 몸을 말한 것은 인간의 몸이 소우주의

그러면 이제 이러한 사실을 바탕으로 삼망에서 삼진으로 귀일하기 위해서는 우선 마음이 타락계로 떨어지지 않도록 바른 생각이 머물 수 있는 현묘한 방의 역할과 참됨을 크게 드러내는 몸과 같이 되게 하는 역할이 중요하다. 그래야만 심·기·신이 더 이상 망령됨이 없이 지극계로 올라갈 수가 있기 때문이다.

하지만 마음이 바른 생각이 머물 수 있는 현묘한 방의 역할을 못하고, 참됨을 크게 드러내는 몸과 같은 역할을 하지 못하게 될 때에는 악한마음(惡心)에 의해 탁한기운(濁氣)이 되어 육신은 천박한 몸(薄身)이 될 수밖에 없다. 그렇기 때문에 삼망에 있어서는 마음의 역할이 무엇보다도 우선이 되어야 한다.

心依性 有善惡 善福惡禍
氣依命 有淸濁 淸壽濁夭
身依精 有厚薄 厚貴薄賤

마음(心)은 성(性)에 의지하여 선악(善惡)을 이루나니
착함은 복(福)이 되고 악함은 화(禍)가 된다.
기운(氣)은 명(命)에 의지하여 청탁(淸濁)을 이루나니
맑은 것은 오래(壽)살고 탁한 것은 일찍(夭) 죽는다.
육신(身)은 정(精)에 의지하여 후박(厚薄)을 이루나니
두터움은 존귀(貴)하고 엷음은 천박(賤)하다.

마음(心)이 性에 뿌리를 두고 있는 것은 마음이 성품으로부터 나왔기 때문이다. 이것은 마음의 내면 깊은 곳에는 성품이 자리를 잡고 있다는 것을

형태를 닮아 있기 때문이다. 그래서 공자(孔子)는 우주만물을 알기 위해서는 인간의 몸을 통해서도 알 수 있다는 근취저신(近取諸身)이란 말을 남기기도 했다. 그렇다면 참된 마음이 몸과 같이 될 수 있음은 바른 생각을 보전하게 될 때에는 나의 마음이 소우주와 같아지게 됨을 말한다.

말한다. 이렇게 볼 때에 기운(氣)도 내부에 존재하는 命으로부터 나왔고, 육신(身)도 내부에 존재하는 精으로부터 나왔다.

그런데 三眞인 성·명·정에서 三妄인 심·기·신이 되면 상대적인 개념의 선악(善惡)과 청탁(淸濁)과 후박(厚薄)의 갈림 길에 서게 된다. 그렇기 때문에 이때에는 나의 행동에 따라 착함은 복(福)이 되고 악함은 화(禍)가 되며, 맑으면 오래(壽)살고 혼탁하면 일찍(夭) 죽는다. 이와 마찬가지로 두터우면 존귀(貴)하게 되고 엷으면 천박(賤)해진다. 따라서 이때에는 나의 선택과 노력에 의하여 나의 길이 결정이 될 수밖에 없다.

三眞	性　　精　　命	三關	性　　精　　命
	↙　　　　↘		(善)↖ (厚)↗ (淸)
三妄	心→ 身 ←氣	三房	心→ 身 ←氣
	(惡)↙(薄)↘(濁)		↖　　　　↗
三途	感→ 觸 ←息	三門	止感→禁觸←調息

삼진, 삼망, 삼도의 분화와 귀환원리

그렇다면 두 개의 갈림 길(樞機)에서 양단(善惡·淸濁·厚薄)을 결정해야 하는 三妄인 心·氣·身은 변화가 이루어지는 중심이 된다. 그렇기 때문에 여기서 악탁박(惡濁薄)으로 타락하게 될 때는 감식촉(感息觸)으로 떨어지고, 선청후(善淸厚)를 선택하게 될 때는 다시금 성·명·정으로 되돌아가게 되어 있다.

이로 보건대 우리는 착한 마음을 갖기 위하여 끊임없이 마음이 쉬지 않도록 해야 한다. 마찬가지로 맑은 기운을 갖기 위하여 끊임없이 기운이 흩어지지 않게 해야 하며, 두터운 몸을 얻기 위하여 끊임없이 몸이 오그라들지 않게 해야 한다. 그래야만 우리는 성명정으로 되돌아갈 수가 있다.

> 쉬지 않으면 선(善)하게 되고,
> 쉬게 되면 악(惡)하게 된다.
> 흩어지지 않으면 맑게(淸) 되고,
> 흩어지면 흐리게(濁) 된다.
> 오그라들지 않으면 두터워지게(厚) 되고,
> 오그라들면 얇어지게(薄) 된다.
> 善之爲不息也, 其息者爲惡也.
> 淸之爲不散也, 其散者爲濁也.
> 厚之爲不縮也, 其縮者爲薄也.

〈태백일사〉「소도경전 본훈」

삼도(三途)

> 曰 感息(觸) 轉成十八境
> 왈 감식촉　전성십팔경

> 가로되 느낌(感)과 호흡(息)과 접촉(觸)이라.
> 굴러 열여덟 지경을 이루나니

　하늘의 삼신을 바탕으로 일기를 거쳐 세 번째로 형성된 것이 삼도(三途)인 느낌(感), 호흡(息), 접촉(觸)이다. 여기서의 感·息·觸이 천부경에서는 세 번째 단계에 해당하게 되면서 상하구별에서는 타락계(墮落界)가 된다. 그러므로 여기서의 感은 '타락계의 하늘(天三)'에 해당하고, 息은 '타락계의 땅(地三)'에 해당하며, 觸은 '타락계의 사람(人三)'에 해당한다.

삼도인 感·息·觸이 타락계에 해당한다면 이제는 열여덟(十八) 지경을 통해 죽음의 나락으로 떨어질 수밖에 없다. 따라서 感息觸에서는 죽음의 나락으로 떨어지지 않도록 수도자(修道者)의 자세를 갖추어야 하는 것이 중요하다. 그런데 이때에 삼도에서는 도심(道心)이 발동할 수 있는 성향도 가지고 있다는 사실이다. 그래서 삼도인 감·식·촉을 구도(求道)의 길을 가기위한 세 개의 문(門)에 해당한다고 하여 삼문(三門)이라고도 한다.

감(感)·식(息)·촉(觸)을 삼문(三門)이라 하나니
문(門)은 행도(行途)의 상법(常法)이라 한다.
感은 息을 떠나지 않으며,
息은 感을 떠나지 않으며,
觸은 그 가운데 있느니라.

〈태백일사〉「삼신오제본기」

감식촉인 삼문(三門)에 대해 그 의미를 부여하면 유한계에서의 세 번째로서 사람에 해당하며, 세 개의 문으로 되어 있는 것을 말한다. 여기서의 문(門)을 행도(行途)의 상법(常法)이라 하는 것은 "구도의 길을 가기위해서는 반드시 거쳐야 하는 문(門)"이라는 뜻이다. 그러므로 三途는 죽음의 경계로 떨어지는 길이라면, 三門은 죽음을 극복하기 위해서는 반드시 통과해야 하는 세 개의 문(門)을 말한다.

그렇다면 우리는 여기서 죽음의 나락으로 떨어지지 않기 위해서는 구도의 문(門)에 들어서는 것이 중요한데 이때에 모든 관건은 접촉(觸)에 있다. 그 까닭은 접촉을 중심으로 죽음의 나락으로 떨어질 수도 있으나, 이를 극복하면 다시 분별계로 올라갈 수 있기 때문이다. 그러므로 이때는 접촉을 중심으로 죽음의 나락으로 떨어지지 않도록 하여 회삼귀일을 하는 것이 중요하다.

하지만 접촉에서 죽음의 나락으로 떨어지지 않고, 회삼귀일을 하기 위해서는 먼저 느낌(感)을 멈추는 것이 중요하다. 이러한 까닭은 느낌을 멈추는 지감(止感)을 시작으로 호흡을 고르는 조식(調息)을 행하게 되고, 조식을 통해 접촉을 금하는 금촉(禁觸)을 행할 수 있기 때문이다. 그래서 [삼신오제본기]를 보면 느낌의 중요성을 강조하기 위해 感을 진응(眞應)의 묘문(妙門)이라고 하여 "참된 반응이 일어나는 현묘한 문"이라고 했다.

三妄	心 → 身 ← 氣	三房	心 → 身 ← 氣
三途	六感→ 六觸 ←六息	三門	止感→ 禁觸 ←調息

감식촉과 지감·조식·금촉

더불어 화응상감(化應相感)에 진업대성(眞業大成)이라고 하여 "느낌이 서로 반응을 하여 일어나게 되면 참됨을 크게 성취하는 삶(業)이 된다."고 하였다. 그렇다면 감·식·촉에서의 느낌이란 참됨에 이르고자 발심이 생기는 현묘한 문과 같고, 그 느낌이 서로 반응하여 좋은 느낌이 일어나게 될 때에는 참됨을 크게 성취하는 삶이 될 수 있음을 말한다.

그러면 이제 이러한 사실을 바탕으로 삼도에서 삼망으로 귀일을 하기 위해서는 우선 느낌(感)이 여섯 가닥으로 떨어지지 않도록 참됨에 이르고자 하는 현묘한 문의 역할과 참됨을 크게 성취하는 삶이 되게 하는 역할이 중요하다. 그래야만 감·식·촉이 더 이상 죽음의 나락으로 떨어짐이 없이 분별계로 올라갈 수가 있기 때문이다.

하지만 느낌이 참됨에 이르고자 하는 현묘한 문의 역할을 못하고, 참됨을 크게 성취하는 삶의 역할을 하지 못하게 될 때에는 느낌과 호흡과 접촉은 각기 여섯 가닥으로 끌려 다니면서 죽음의 문턱으로 떨어질 수밖에 없다. 그렇기 때문에 삼도(三途)에 있어서는 느낌이 무엇보다도 우선이 되어야 한다.

感 喜懼哀怒貪厭 息 芬彌寒熱震濕 觸 聲色臭味淫抵
감 희구애노탐염 식 분란한열진습 촉 성색취미음저

느낌은 기쁨 · 두려움 · 슬픔 · 성냄 · 탐욕 · 싫어함이요,
호흡은 향내 · 숯내 · 한기 · 열기 · 건기 · 습기요,
접촉은 소리 · 색깔 · 냄새 · 맛 · 음탕함 · 살닿음이니라.

감 · 식 · 촉에 있어서 열여덟 경계를 알아보게 되면 느낌(感)에는 [기쁨 · 두려움 · 슬픔 · 성냄 · 탐욕 · 싫어함]의 여섯 가닥이 있다. 여기서의 기쁨은 우리의 마음을 들뜨게 함으로 고요함을 해친다.

이와 마찬가지로 두려움은 안정을 해치고, 성냄은 평화로운 느낌을 깨고, 탐욕은 일체를 놓아버릴 수 있는 마음을 흔들어놓게 되고, 싫어함은 모든 것을 포용할 수 있는 마음에 장애를 주게 된다. 그러므로 이때에는 여섯 가지의 느낌을 그치는 지감(止感)이 무엇보다 중요하다.

호흡(息)에 있어서 여섯 가닥은 [향내 · 숯내 · 한기 · 열기 · 건기 · 습기]이다. 여기서의 향내는 마음을 빼앗게 함으로써 숨을 거칠게 한다. 숯내는 신경을 자극하여 숨에 지장을 주게 되고, 한기는 몸을 차갑게 하게 되므로 숨에 방해를 주게 되며, 열기는 몸을 덥게 하므로 숨을 거칠게 한다.

건기는 몸을 거칠게 함으로 숨을 부드럽지 못하게 하고, 습기는 세균의 증식으로 몸을 병들게 함으로 숨을 자유롭지 못하게 한다. 그러므로 이때

에는 여섯 가지의 숨에 있어서 어느 한쪽에 치우침이 없이 숨을 고르게 하는 조식(調息)55)이 무엇보다 필요하다.

다음으로 접촉(觸)에서의 여섯 가닥은 [소리·색깔·냄새·맛·음탕함·살닿음]이 있다. 여기서의 소리는 우리의 정신을 빼앗게 된다. 색깔은 인간의 감정을 일으키며, 냄새는 신경을 자극한다. 맛은 신체를 자극 하며, 음탕함은 정기를 훼손시키며, 살닿음은 감정을 불러일으킨다. 그러므로 이때에는 여섯 가지의 접촉을 억제하는 금촉(禁觸)이 무엇보다 중요하다고 하겠다.

성통공완(性通功完)

众은 善惡淸濁厚薄相雜하여
중   선악청탁후박상잡
從境途任走 墮生長肖病歿苦하고
종경도임주 타생장소병몰고
哲은 止感調息禁觸 一意化行
철   지감조식금촉 일의화행
改妄卽眞 發大神機 性通功完 是니라.
개망즉진 발대신기 성통공완 시

---

55) 조식(調息): 《삼일신고》에서 말하는 조식은 일반적으로 단전호흡에서 말하는 숨을 고르는 호흡법을 말하는 것이 아니다. 여기서는 짧고 길게 하는 호흡법이 아니라, 신경을 자극하는 냄새를 억제하고 맑은 공기 속에서 온도를 잘 선택하여 건강을 해치지 않도록 하는 호흡을 말한다. 자세한 것은 전계(佺戒)에서 알아보겠지만 〈삼일신고〉「제5장 인물」편에서의 실질적 수행은 心·氣·身에서 身의 단계에서부터 시작된다. 이러한 까닭은 身에서부터 용맹정진하는 갈력을 행하게 되기 때문이다. 특히 이때의 호흡수행에 있어서는 인위적으로 호흡을 조절하는 것이 아니라, 내 몸에 맞게 저절로 이루어지는 호흡에 나를 맡겨야만 한다. 그래야만 후신(厚身)인 두터운 몸을 얻게 되어 있다.

뭇사람은 착하고 악함과 맑고 흐림과

두텁고 엷음이 서로 섞여서

경계를 뛰어넘는 길을 좇아 마음대로 달아나다가

낳고 성장하고 늙고 병들어 죽는 괴로움에 떨어지고,

철인(哲人)은 느낌을 그치며(止感),

호흡을 고르며(調息), 접촉을 금하여(禁觸)

한 뜻을 일으켜(發心) 행하니

삼망(三妄)을 고치고 참됨(三眞)에 나아가서

결국은 神의 베틀을 크게 발현시키게 되나니

성품을 밝혀 공적을 완수함(性通功完)이 이것이라.

뭇사람들은 두 가지의 갈림 길로 나뉘는 삼망(三妄)에 머물게 되는 삶을 살아가게 된다. 그러다가 어느 한 길의 유혹에 빠지게 될 때에는 여섯 가닥으로 나뉘는 타락계인 삼도(三途)에 떨어진다. 그러면 이때는 자신의 느낌과 호흡과 접촉이 물질적 현상에 완전히 노출되면서 죽음의 나락으로 떨어질 수밖에 없다.

그러나 이때에 죽음의 문턱에서 철인(哲人)은 자신을 되돌아보게 되면서 三途는 지아(知我:나를 아는 것)를 위한 三門으로 바뀌게 되는 계기를 맞이한다. 이로부터 나의 모습을 바르게 알게 되는 三門에서부터는 한 뜻을 일으켜 생명의 근원으로 귀일을 해야 하는 목적을 가지게 된다.

이때에 감식촉에서 제일 먼저 행하여야 할 것이 여섯 가닥의 느낌을 그치는 지감(止感)이다. 지감을 시작으로 이번에는 여섯 가닥의 호흡을 치우침 없이 고르게 하는 조식(調息)을 해야 한다. 조식을 통해서는 접촉을 멈추는 금촉(禁觸)을 행해야만 한다.

이렇게 될 때에 지감을 통하여 마음이 유혹되지 않고, 조식을 통하여 기운이 빼앗기지 않게 되며, 금촉을 통하여 몸이 쇠약해지지 않게 된다. 이때에 비로소 수도자는 三妄인 心氣身으로 올라가 三房을 이룰 수가 있다.

心·氣·身이 머무는 三妄에서 三房의 역할을 하게 될 때에는 악함을 버리고 착함을 얻고자 하고, 탁함을 버리고 맑음을 얻고자 하며, 엷음을 버리고 두터움을 얻고자 힘쓰게 된다. 이것이 三房이 가지고 있는 구독(求獨: 홀로 구하는 것)의 삶이다. 여기서 이러한 구독의 삶이 필요한 까닭은 착함을 얻고, 맑음을 얻으며, 두터움을 얻는 길은 홀로 노력하지 않으면 안 되기 때문이다.

이와 같은 삶이 수도자에게 있어서는 궁극에 가서 동굴(洞窟)이나 방(房)에 들어앉아 외물과의 접촉을 끊고, 눈과 귀와 의식을 안으로 돌리는 삶을 살게도 한다. 그러나 이를 어기고 어떠한 대상에 자신의 의식이 노출되어 외부로 힘을 쏟을 때에는 거짓된 악한 마음과 맑지 못한 흐린 기운으로 인해 나의 몸을 엷게 할 수 밖에 없다. 이렇게 될 때 쇠약해진 나의 몸은 여섯 가닥의 느낌과 여섯 가닥의 호흡이 이루어지는 타락계로 떨어질 수밖에 없는 운명을 맞이한다.

그러면 이로부터 느낌은 충동적이고 호흡은 거칠어지면서 접촉은 유혹에 빠져든다. 그러므로 三房에서는 외물과의 접촉을 끊고, 절대적 착함과 절대적 맑음과 절대적 두터움을 얻고자 힘써야 한다. 그래야만이 성명정(性命精)이 머무는 三眞으로 올라가 성품을 통하고, 목숨을 알며, 정수를 보전할 수가 있다.

성·명·정이 머무는 삼진에서는 삼관(三關)의 역할을 하는 것이 중요한데, 이때에는 분화에 뜻을 버리고, 나를 비우고자 하는 공아(空我)의 삶이 되도록 해야 한다. 그래야만이 더 이상의 타락을 막을 수 있기 때문이다. 그러면 이때는 성품과 목숨이 서로 떠나지 않는 가운데 정수를 기화시켜 원정(元精)을 이루게 되면서 천궁에 오를 수 있는 발판을 마련하게 된다. 이때부터 元精은 천궁으로 내려온 一神인 한빛을 감싸게 되는데 이로부터 만들어지는 것이 금단일기이며, 이를 통해 나의 참모습을 찾게 되니, 그 모습이 참나인 동시에 대아(大我)이다.

그동안 우리는 大一을 회복하게 되는 체계도에 대해 천부체계도라고 하였다. 그런데 여기서도 천부체계도와 같이 하나의 그림으로 나타나게 되어 있다. 다만 이때에는 자아회복을 이루게 할 뿐 아니라, 그 과정과 체계가 베틀과 같다하여 '신의 베틀(神機)'이라 부른다.

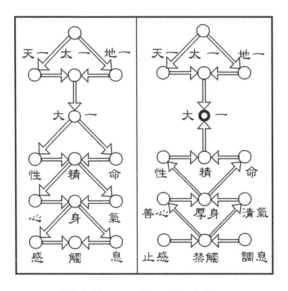

삼진귀일(三眞歸一)을 위한 신의 베틀

그렇다면 삼진에 나아가서 신의 베틀을 크게 발현시킨다함은 신의 베틀에서의 종착점인 천궁에서 우리의 참모습인 자아를 회복하게 됨을 말한다. 이런 점에서 신의 베틀이란 나의 참모습을 찾게 해주는 원리이며, 동시에 성웅(聖雄)을 낳게 해주는 체계도임을 말해주고 있다.

다시 말해서 베틀이 옷감을 짜는 기계라면, 천부체계도인 신의 베틀은

수도자로 하여금 참나(眞我)를 이루게 하여 聖雄을 낳고 도통한 인물을 낳
게 하는 기계라는 뜻이다. 그러므로 발대신기(發大神機)의 정확한 해석은
내 몸에 있는 성명정, 심기신, 감식촉으로 이루어진 '신의 베틀(神機)'을
크게 발현시키게 됨을 말한다.

그러면 이제 신의 베틀을 통하여 성품을 통하는 공적을 이루게 될 때에
는 참나(眞我)를 얻게 되면서 하늘의 三神과 땅의 三極인 가운데에서 위와
아래로 소통하게 되고, 十과 一을 좌우로 하여 중심에 놓이게 된다. 이렇게
될 때 수도자는 인중천지일(人中天地一)을 이루게 되고, 십일(十一)의 중
(中)인 황극(皇極)을 이루게 되면서 역사의 주체가 되는 인물이 되게 되어
있다. 이때에 이러한 인물이 바로 천지와 그 뜻을 함께하는 천지인삼재(天
地人三才)에 해당하는 인간상(人間像)이다.

고로 性命精이 잘 어울려 빈틈이 없으면 삼신일체의 상제(上帝)와
같아서 우주만물과도 혼연일체가 되고, 心氣身도 있는 듯 없는 듯
자취도 없이 오랫동안 존재하게 된다. 感息觸이 자연스럽게 잘 어
울리면 그것이 바로 환인주조(桓因主祖)님인 셈이니 이 세상 어디
서나 두루 그 덕을 베풀어 함께 즐거워하며 천지인과 더불어 끝없
이 스스로 변화하는 것이라.

〈단군세기〉「서문」

제3장 전계(佺戒)

1. 전계 이해

전계(佺戒)는 치화경이다. 흔히들 조화경(造化經)인 천부경과 교화경(敎化經)인 삼일신고와 더불어 고구려 시대의 을파소가 지은 참전계경(參佺戒經)을 치화경(治化經)이라고 하나 이는 잘못된 말이다. 치화경은 전계로써 천부경과 삼일신고와 더불어 환국·배달·단군조선의 삼성시대(三聖時代)에 만들어진 것이다.

천부경은 환국(桓國)에서부터 입과 입으로만 전해진 구전지서(口傳之書)였고, 삼일신고는 신시개천(神市開天)의 시대에 나왔으며, 전계는 신시개천 이래로 전하여지다가 3세 단군 가륵(嘉勒)임금의 시대와 11세 단군 도해(道奚)임금의 시대에 구체적으로 나타나게 되었다.

우리는 여기서 삼성시대(三聖時代)를 조화(造化)를 담당하던 환국시대, 교화(敎化)를 담당하던 배달국시대, 치화(治化)를 담당하던 단군조선시대로 나눈다. 이것은 어찌 보면 조화의 정신을 가지고 있는 천부경(天符經)은 환국시대에, 교화의 정신을 가진 삼일신고(三一神誥)는 배달국시대에, 치화의 정신을 가진 전계는 단군조선시대에 나올 수밖에 없는 사명(司命)이 있었기 때문이다. 그러므로 전계는 단군조선에서 구체적으로 나타날 수밖에 없었다.

《삼성기》에서 전계(佺戒)에 대한 내용을 찾아보면 처음으로 환웅천왕께서 실천하였다는 기록이 나온다.

환웅께서 삼신(三神)의 道로써 가르침을 세우고,
전계(佺戒)로써 업(業: 삶)을 삼았으며,
백성을 모아 맹세하게 하여
권선징악(勸善懲惡)의 법을 두시었다.
　桓雄 乃以三神設敎 以佺戒爲業
　而聚衆作誓 有勸懲善惡之法.

〈삼성기(三聖記)〉「하편」

환웅께서 전계(佺戒)로써 업(業)을 삼으셨다는 것은 온전한 사람이 되기 위한 계율을 항상 생활화하였다는 것을 말한다. 백성들에게 권선징악의 법을 두시었다는 것은 자신을 다스림에는 전계로써 행하고, 백성을 다스림에는 권선징악의 법으로서 나라의 기강을 세웠다는 것을 말한다.

그런데 이후의 역사에서는 전계와 권선징악의 법이 합쳐지면서 참전계(參佺戒)라는 이름으로 함께 불리어지게 되었다. 그래서 권선징악의 대표적인 제천가(祭天歌)로서의 어아가(於阿歌)도 참전계라는 이름으로 명칭이 되기도 하였다. 이러한 과정에는 참전계(參佺戒)라는 명칭과 관련이 있는데, 참전계에서의 참(參)은 '참여한다'는 의미가 강하므로, 모든 사람이 함께 참여하는 계율로 전계뿐 아니라, 어아가도 여기에 속하게 된 것으로 보인다.

당시 전계(佺戒)와 어아가(於阿歌)가 모든 사람이 함께 참여하는 계율로 묶어질 수 있었던 것은 둘 다 사람을 교화하는 가르침을 담고 있었기 때문이다. 그래서 〈태백일사〉「삼신오제본기」에서는 "소도(蘇塗)가 서면 함께 계(戒)가 있었다(蘇塗之立皆有戒)"고 하였다.

그런데 이 중에서 전계는 단순히 예법과 마음을 닦는 계율로만 되어 있는 것이 아니다. 인간완성을 위한 구체적인 수련법에 그 목적이 있었다. 그렇다면 자신을 닦기 위한 전계에 대해서 보다 자세히 알아볼 필요가 있다. 〈삼성기〉「하편」에 기록된 내용에서 보게 되면 "지혜와 생명을 함께 닦는 (智生雙修) 전(佺)에 머무르게 했다"는 내용을 보면 전계란 단순한 계율이 아니라 도교에서 전해지고 있는 성명쌍수(性命雙修)와 같이 자신을 갈고 닦는 수련법이었음을 말해주고 있다.

〈태백일사〉「고구려국 본기」에서도 보게 되면 을밀선인은 "대개 선인(仙人)의 수련법은 참전(參佺)으로 계율을 삼아 스스로를 굳세게 하고 영광되게 한다."고 하였다. [고려국 본기]에서도 보게 되면 한 거사(居士)가 말하기를 "참전을 닦는 계법은 대저 性을 엉기게 하여 슬기로움(慧)을 얻고, 命을 엉기게 하여 덕(德)을 이루고, 精으로서 힘(力)을 이루게 한다."라고 하였다.

그렇다면 전계란 지생쌍수를 이루고, 성·명·정을 닦는 선인의 수련법이었음을 알 수가 있다. 이것은 전계가 천부경을 통한 조화경과 삼일신고를 통한 교화경에 이어서 수행을 통해 자신을 다스리는 치화경의 역할을 하고 있음을 말해준다.

그러면 이제는 수행을 통해 자아를 회복하게 하는 전계(佺戒)에 대하여 알아볼 필요가 있다. 먼저 [단군세기]에 있는 3세 가륵 단군께서 삼랑(三郎) 을보륵(乙普勒)을 불러 신왕종전지도(神王倧佺之道)에 대하여 묻는 내용부터 알아보고자 한다.

여기서 을보륵은 말하기를

"종(倧)이란 나라에서 선발하는 것이며,
전(佺)이란 백성이 천거하는 것이니,

모두가 이레(七日)를 기한으로
삼신(三神)께 나아가 맹세를 다짐합니다.
세 고을에 전(佺)을 두고,
구환(九桓)에서 종(倧)을 두게 되는데,
이때의 가르침은
아비가 되려고 하는 자는 아비답게 하며,
임금이 되려고 하는 자는 임금답게 하며,
스승이 되려고 하는 자는 스승답게 하며,
자식이 되려는 자와 신하가 되려는 자와
제자가 되려는 자도 역시 아들답고,
신하답고, 제자답게 하는 것입니다."

또한 말하기를

"신시개천(神市開天)의 道는 역시 신(神)으로서
가르침을 베푸는 것(以神施敎)이니
나를 알고(知我), 홀로 구하며(求獨),
나를 비우고(空我), 만물을 보존(存物)하여
능히 세상을 복(福)되게 하는 것입니다."

라고 하였다.
위의 문장에서 을보륵이 말하는 종(倧)이란 '뛰어난 사람(人+宗)'을 말
한다. 이와 함께 전(佺)이란 '온전한 사람(人+全)'을 말한다. 그런데 당시
에는 종(倧)과 전(佺)의 경우도 사람에게 붙이는 명칭으로만 있었던 것이
아니라, 이러한 명칭에 따른 직책이 있었던 것으로 보인다. 이 중에서 倧의
경우는 나라에서 선발하는 제도에 의해 직책이 주어졌으며, 佺의 경우는
백성들이 천거하는 제도에 의해 직책이 주어졌던 것으로 보인다.

이들에게 직책이 주어질 때의 가르침을 보게 되면 각자의 본분에 맞는 처세를 가르쳤으며, 신(神)의 가르침인 삼신상제(三神上帝)의 가르침에 근본을 두었다. 특히 여기서의 가르침에 핵심을 보게 되면 그 첫 번째가 나를 바르게 아는 지아(知我)이다. 이것은 대인(大人)을 이루는 길이 나의 정체성(正體性)을 바르게 아는 것부터 시작하게 됨을 알려주고 있다.

두 번째는 홀로 구하는 구독(求獨)이다. 이 말은 나를 알게 되면 내 자신이 내부로부터 변해야 됨을 알고, 누구에게도 의지하지 않고 홀로 도를 구하는 상태가 된다는 것을 말한다. 〈삼성기 전〉「상편」을 보게 되면 환웅천왕께서는 "삼칠(三七)일을 택하여 천신(天神)에게 제사지내고, 외물(外物)을 삼가며 문을 닫고 스스로 수도(修道)하셨다."는 기록이 있다.

여기서 천신께 제사를 지냈다는 것은 삼신상제의 가르침을 바탕으로 수행공부를 했다는 것을 말한다. 외물을 삼가고 문을 닫고 수도를 했다는 것은 구도자가 도(道)를 구하기 위하여 외로이 홀로 구하게 됨을 말하고 있다. 그렇다면 구도자는 무엇 때문에 홀로 구하는 구도의 길을 가는 것일까? 《단군세기》에서는 그 해답으로 가르침을 세우고자 하는 자는 마땅히 먼저 나로부터 확고히 세우고, 무형의 정신부터 바뀌어야 하기 때문이라 말하고 있다.

가르침을 세우고자 하는 자는
마땅히 먼저 나로부터 확고히 세우고,
형체를 고치고자 하는 자는 마땅히 먼저
형체가 없는 것(무형의 정신)부터 바꾸어야 하나니
이것이 바로 나를 알고
홀로 구하는(求獨) 하나의 길이다.
　其欲立教者 須先立自我, 革形者 須先革無形
　此乃知我求獨之一道也.

종(倧)과 전(佺)이란 직책이 주어질 때 세 번째 가르침에 핵심을 보게
되면 나를 비워야 하는 공아(空我)이다. 여기서의 空我는 나를 비워 망형
망재(忘形忘在)의 상태에서 나의 기(氣)를 천지에 가득 채워 천지와 일체
가 되는데 있다. 그렇다면 어떻게 해야 천지와 일체가 되는 空我를 실천할
수 있는 것일까? 그 시작은 먼저 주문수행이 되었든, 호흡수행이 되었든
주문소리와 하나가 되고, 호흡법과 하나가 되는데 있다.

잠시 우리는 여기서 空我를 위한 수행법에 대해 알아보게 되면 이때의
호흡법에 있어서는 내 몸에 따라 저절로 이루어지는 호흡법에 나의 모든
의식을 맡겨야 한다. 이것은 인위적인 형태를 완전히 배제한 채 그저 단전
으로부터 일어나는 호흡법에 나를 맡기는 것이다. 따라서 이때는 나의 의
식이 얼마나 나를 비웠느냐에 의해 호흡과 나는 하나가 될 수가 있다.

우리에게 잘 알려져 있는 장삼봉(張三丰)[56] 진인의 말을 살펴보면 그는
응신(凝神)과 조식(調息)을 하며, 조식과 응신을 하라고 했다. 이 말은 청
정한 마음을 거두어들이는 가운데 조식을 하며, 조식을 하는 중에 청정한
마음을 놓치지 말라는 뜻이다. 더불어 그는 조식이란 인위적으로 행하는
것이 아니라, 자연스러움에 따르는 것이라고 하였다.

> 응신(凝神)과 조식(調息)을 하며, 조식과 응신을 하라. 응신이란
> 청정한 마음을 거두어 안으로 들이는 것이다. 조식은 어렵지 않으
> 니 심신(心神)이 통일되어 고요해지면 호흡은 자연히 따르는 것으
> 로 단지 그 자연스러움을 지킬 뿐이다.[57]

---

56) 장삼봉(張三丰): 시대와 출생지에 대하여 정해진 설이 없다. 원(元)과 명(明) 사
   이에 요양사람이라는 기록이 가장 많다.《삼봉전집(三丰全集)》,《삼봉단결(三丰丹
   訣)》,《삼봉진인현담전집(三丰眞人玄譚全集)》등이 전해온다.

위에서 말하고 있는 장삼봉진인의 말은 청정한 마음을 거두어들이는 가운데 단전에서 일어나는 자연스러운 호흡법에 모든 것을 맡기라는 것이다. 여기서 청정한 마음을 안으로 거두어들이는 것은 정신이 통일된 상태, 즉 망형망재의 상태가 되기 위함이다. 따라서 망형망재의 상태에서 조식을 하며, 조식을 하는 중에 망형망재의 상태를 놓치지 않으면 득도의 길은 멀지 않다는 것이 장삼봉진인의 말이다.

더불어 그는 마음이 청정하지 않을 때는 눈을 함부로 감지 않아야 한다고 했다. 이 말은 눈을 반개(半開)한 상태에서 수행을 하다가 깊은 고요함에 이르게 될 때에만 완전히 감으라는 뜻이다. 그렇지 않으면 잡념에 끄달려 진전을 이룰 수가 없기 때문이다.

장삼봉진인은 이밖에도 금과옥조(金科玉條)와 같은 말을 남겼는데, 그 말은 다음과 같다.

> 호흡을 조절하는 것은 모름지기 자연히 조절되도록 맡겨두어야 바야흐로 조절되어 선천호흡이 일어남을 얻을 수 있는 것이니 오직 허무에 이르고 고요함을 지킬 뿐이다.
>
> 〈서왕모 손불이 女丹法〉「孫不二 內丹詩 註解」

한마디로 장삼봉진인의 가르침은 마음의 작용인 의식(神)을 가라앉혀 고요함을 지키게 되면 호흡은 단전(丹田)을 중심으로 저절로 이루어지게 되고, 이로 인해 장생(長生)을 하게 됨을 말한다.

근래에 집필된 〈내 몸이 스승입니다〉를 보게 되면 "힘도 빼버리고 몸의 긴장이 완전히 해소된 상태라면 당연히 의식이 저절로 모아지는 곳이 있는데, 그곳이 바로 하단전이 아니겠는가.(91쪽)"라고 하여 단전호흡은 깊은

---

57) 장삼봉(張三丰) 진인(眞人)의 말은 〈서왕모 손불이 女丹法〉「孫不二 內丹詩 註解」에 있는 내용이다.

고요함 속에서 의식이 모아지는 곳을 중심으로 저절로 이루어지는 호흡이 최상의 호흡법임을 말해주고 있다.58) 이로 보건대 오직 의식이 모아지는 곳에 마음을 두고, 깊은 고요함에 이르는 것이 호흡수행의 지름길이라 할 수 있다.

주문수행의 경우는 〈정관경(定觀經)〉에 그 방법이 자세히 나와 있는데, 그 핵심의 가르침은 주문(呪文)을 차분하게 많이 읽으면 자연 정정(定靜)을 이루게 된다고 하였다. 이 말은 주문을 읽는 법은 주문을 차분하게 많이 읽다보면 나의 의식이 몰입되는 과정에서 착함도 악함도 생각하지 않는 막사선(莫思善) 막사악(莫思惡)이 되고, 형체도 잊고 존재자체도 잊는 망형망재(忘形忘在)의 상태가 됨을 말한다.

이때가 되면 내 자신이 주문과 하나가 되어 주문 속에 내가 있는 상태에 이르게 된다. 이렇게 되면 내가 주문을 외우고 있다는 생각조차도 없는 경지에 이르게 되어 일체 속에 내가 있고, 내 안에 일체가 있는 상태를 체험한다. 따라서 주문수행에 있어서는 차분히 많이 읽는 가운데 주문과 하나가 되어 나를 완전히 비우는 상태가 중요하다.

주문(呪文)을 읽을시 소리를 내는 법에 대해서도 잠시 알아보면 소리에는 독송(讀誦)과 염송(念誦)과 간송(看誦)이 있다. 독송에 대해서는 불교에서 전해오는 5회 염불법이 있는데, 그 첫 번째는 낮은 음성으로 읽기 시작하다가 두 번째는 약간 음을 높여 느리게 읽는다. 세 번째는 느리지도 급하지도 않게 읽다가 네 번째는 점점 빨리 읽는다. 다섯 번째는 구절에

---

58) 현유의 《내 몸이 스승입니다》에서는 수도자의 의식이 단전을 중심으로 모아지게 될 때는 저절로 호흡이 이루어진다고 하였다. 이 뿐만이 아니라 단전에서 열기가 생성되어 회음, 미려, 명문을 통해 소주천(小周天)이 행해질 때에도 단지 수도자는 열기의 흐름만 주시하고 있으면 된다고 했다. 71쪽
만탁 치아의 《자가치유건강법》에서도 이와 마찬가지로 단전을 중심으로 이루어지는 자발적 호흡과 에너지가 움직일 때에도 호흡에 신경을 쓰지 말고, 단지 에너지 중심을 지켜만 보면 된다고 했다. 161쪽

간격이 없이 최대로 빨리 읽는다.

이러한 상태가 익숙해지면 드디어 염송이 되는데, 염송은 문자 그대로 마음으로만 소리를 내서 읽는 것이다. 염송의 경우는 한순간도 의식 속에서 끊어지지 않도록 읽는 것이 중요한데, 이 단계에 이르게 되면 소리가 또렷하게 들리는 간송이 된다. 이때에 이르게 되면 나를 비운 대무심(大無心)의 단계에 이르게 된다.

대무심의 단계에 이르게 되면 멀지 않아 확철대오하게 되는데 그 바탕은 나를 완전히 비우는 공아(空我)가 이루어질 때 가능하다. 그렇다면 이제 본론으로 들어와서 지아(知我), 구독(求獨)에 이어 공아의 단계에서 신성회복이 될 때 수도자는 어떠한 삶을 살게 되는지에 대해 알아보고자 한다. 이때에 대해서 을보륵은 만물을 보존하는 존물(存物)을 통해 능히 세상을 복되게 하게 된다고 하였다.

여기서의 존물은 만물을 보전할 수 있는 능력으로서 현실을 교화시켜 다스리는 재세이화와 그 의미가 같다. 세상을 복되게 하는 것은 널리 인간을 이롭게 하는 홍익인간의 사상과 같다. 그렇다면 공아(空我)를 통해 성통광명을 하게 될 때에 재세이화와 홍익인간사상을 펼칠 수 있다는 것이 을보륵의 생각이었다.

이제 전계에 대해 보다 자세한 내용을 알아보기 위하여 [단군 3세 가륵]의 기록에서 전계의 목적에 대해 살펴보고자 한다.

三七計日 會全人執戒
3 · 7일을 기한으로 모든 사람이 모여 계(戒)를 지켰다.

自是朝有倧訓野有佺戒
이로부터 조정(朝庭)에는 종훈(倧訓)이 있고
백성들에게는 전계(佺戒)가 있었다.

宇宙精氣 粹鍾日域
우주의 정기는 순수하게 모여 온 누리에 내리고,

三光五精 凝結腦海 玄妙自得 光明共濟
삼광오정(三光五精)은 사람의 뇌해(腦海)에 응결되어
깊고 묘한 것을 얻게 되니
밝은 빛으로 인해 서로 돕게 되었다.

是爲居發桓也
이를 거발환(居發桓)이라 하며

施之九桓 九桓之民 咸率歸一于化
구환(九桓)에 두루 베풀어지니
구환의 백성들이 모두 복종하며 교화되어
하나같이 되었다.

〈단군세기〉「3세 단군 가륵편」

여기서 三七일을 기한으로 계(戒)를 지켰다는 것은 일정한 기간을 주기
적으로 정하여 두고 계법이 실시되었다는 것을 말한다. 그런데 계법이 있
게 되면서부터 조정에는 종훈(倧訓)이 실행되고, 백성들에게는 전계(佺戒)
가 실시되었다고 한다. 이것은 환웅천왕에 의하여 시작되어 제왕들에게 실
시되었던 전계가 나중에는 조정을 위한 종훈이 되고, 백성을 위한 참전계
가 되었음을 이야기한다.

계법을 지키는 가운데 우주정기(宇宙精氣)는 순수하게 모여 온 누리에
내려오게 되고, 삼광오정(三光五精)[59]은 사람의 뇌해(腦海)에 응결(凝結)

---

59) 삼광오정(三光五精): 삼광은 해와 달과 별의 빛을 말하고, 오정은 오행(五行)의

되었다는 것은 전계를 지키게 될 때에는 나의 뇌해에 밝은 빛이 뭉쳐지게 된다는 뜻이다. 이른바 혜각(慧覺)이 열리고, 송과선(松果腺)이 뚫려 신도(神道)가 열렸다는 것을 이야기한다.

현묘(玄妙)한 밝은 빛을 얻게 되면서 저절로 서로 돕게 되었다는 것은 구도자가 참나(眞我)를 이루게 될 때에는 서로 돕게 되는 것을 당연시 했다는 것을 말한다. 이러한 까닭은 누구나 근본성품의 바탕은 같다는 것과 생명의 존엄을 깨달았기 때문이다.

특히 이때에 전계를 통하여 현묘한 밝은 빛을 얻게 되는 것을 거발환(居發桓)이라고 하였는데, 이것은 전계를 통하여 빛의 존재가 된다는 의미가 있다. 거발환에 대한 문자의 뜻을 살펴보면 '밝은 빛이 발하는 곳', 또는 '머무는 곳으로부터 밝은 빛이 퍼져 나가게 됨'이라고 해석할 만하다. 따라서 거발환이란 자신이 제2의 태양이 되어 세상을 비추는 역할을 하게 된다는 뜻이다.

거발환은 이 뿐만이 아니라, 마침과 시작의 의미도 가지고 있다. 그래서 거발환을 천(天)·지(地)·인(人)이 하나로 정(定)해지게 되는 이름이라고 했고, 초대 안파견(安巴堅) 환인(桓仁)과 초대 환웅천왕(桓雄天王)의 별칭이 되기도 했다.

> 대저 안파견(安巴堅)이라 함은 바로
> 하늘을 계승하여 아버지가 되었다는 이름이고,
> 거발환(居發桓)이라 함은 天·地·人을 하나로
> 정(定)한다는 뜻의 이름이다.
>
> 〈태백일사〉「삼신오제본기」

일세 환웅천황이시고(一世 桓雄天皇)

정(精)이다.

또한 이르기를 거발환이라 한다.(一云 居發桓)

〈삼성기(三聖記) 하(下)〉「신시역대기」

위의 내용에서 말하는 거발환(居發桓)은 천·지·인을 하나로 정(定)한다는 뜻의 이름이다. 이것은 천·지·인으로 갈라져나간 우주가 다시금 하나로 정해질 때 그 이름을 거발환이라 명칭한다는 뜻이다. 그렇다면 거발환이란 마침과 시작이 되는바 생명의 통일을 통한 창조의 본체가 되는 것을 말한다.

이른바 수도자가 회삼귀일하여 생명의 근원으로 되돌아가게 될 때 그는 근원이기 때문에 자기의 삶을 창조하는 자가 되는 것이다. 그러므로 거발환은 "근원으로서 자기의 삶을 창조하는 자"인 아봐타(Avatar)[60]의 개념과도 같은 의미를 가진다.

거발환에 대한 기록은 11세 도해 단군 편에도 나와 있다.

대원일(大圓一)의 그림(圖)이 그려진 기(旗)를
누전(樓殿)에 걸어 놓으셨으니
이를 일컬어 거발환(居發桓)이라 하였다.
사흘(三日) 동안 재계하시고
이레(七日) 동안 그 뜻을 말씀하시니
위풍(風動)이 사해(四海)를 움직이는 듯 했다.

〈단군세기〉「11세 도해 단군」

앞서서 살펴본 것처럼, 거발환이란 천지인이 하나로 정(定)해지게 되는 것이라고 말하였다. 그런데 위의 내용에서는 대원일(大圓一)을 일컬어 거발환이라고도 하였다. 이것은 대원일의 목적이 거발환(居發桓)에 있음을

---

60) 아봐타(Avatar)는 고대 인도어인 산스크리트 어원으로 'Ava', 'tree'의 합성어로써 "이 땅에 내려온 화신(化身)"을 뜻한다.

말한다. 그렇다면 전계(佺戒)에 있어서의 목적도 거발환이며, 대원일에 있어서의 목적도 거발환이라면 전계의 체계가 대원일로 나타난 것이다. 마찬가지로 대원일도 전계로서 그 명칭을 드러냈다고 할 수 있다.

대원일의 그림을 누전에 걸어 놓았다는 것은 대원일에 대한 말씀이 그림으로 도식(圖式)화 되어 있었다는 뜻일 것이다. 이것은 그동안 살펴보았던 천부경에 있어서 천부체계도의 모습이 [궤짝]의 형태로 나타나고, 삼일신고에 있어서 삼진수련의 체계가 [신의 베틀]로 나타난 것과 같다. 그렇다면 [궤짝]과 [신의 베틀]에 이어서 전계에 있어서도 [대원일의 도식]을 통한 수련법의 체계를 가지고 있었다고 할 수 있다.

다음은 대원일에 대하여 〈삼신오제본기〉「대변경」에서는 다음과 같이 말하였다.

> 하늘의 일신(一神)께서는 아득한 위에 계시나니
> 곧 삼대(三大)와 삼원(三圓)과 삼일(三一)을 가지고
> 이를 영부(靈符)로 하여 크게 내리매,
> 만만세의 만만백성이 행하니
> 모든 것은 오직 삼신(三神)께서 만드신 바니라.

여기서의 대원일은 一神과 그 작용인 三神으로부터 시작하여 一氣를 통하여 갈라져 나왔다는 것을 말한다. 일기로부터 시작된 대원일은 삼대(三大)와 삼원(三圓)과 삼일(三一)로 나타나게 되는데, 이것을 영부(靈符)로 하여 크게 내렸다는 것은 대원일이 부적과 같은 도상(圖象)으로 되어 있었다는 것을 이야기한다.

특히 영부를 사람들에게 크게 내렸다는 것은 많은 백성들로 하여금 대원일을 통한 수련의 방법을 실천케 하였다는 것을 말한다. 그런데 전계가 되는 대원일(大圓一)을 곧 삼신께서 만들었다는 것은 천부경과 삼일신고와

더불어 전계가 삼신상제의 가르침이 된다는 것을 말해준다. 그렇다면 이제 삼신상제의 가르침이 되는 전계의 그림과 함께 자아완성을 이루는 실질적인 수련의 체계에 대해 알아보고자 한다.

2. 전계(佺戒) 본문

사흘 동안 재계하시고 이레 동안 그 뜻을 말씀하시니
위풍이 사해를 움직이는 듯 했다.
그 염표지문(念標之文)을 말씀하시길~
三日而戒 七日而講 風動四海 其念標之文曰

위의 내용은 11세 도해 단군께서 대원일(大圓一)에 대하여 처음 말문을 꺼내시며 하시는 말씀이다. 여기서 염표지문(念標之文)이라는 글에서 표(標)는 곧 "우듬지(사물의 말단)" 또는 "나무 끝의 줄기"를 말한다. 그러므로 여기서의 가르침은 [나무 끝 줄기]에서 더 이상의 가지가 갈라져서 생명을 고갈시키지 않도록 하자는 말씀이다.

한마디로 나무 끝 줄기인 우듬지에서 생명의 수액(樹液)을 되돌려서 나무의 뿌리로 보내자는 것이다. 이것은 나무의 끝 줄기까지 뻗은 수액을 다시금 줄기를 통하여 근원으로 되돌림으로써 삼신(三神)과 고리를 이루고 있는 뿌리인 천궁(天宮)에서 거발환을 이루자는 가르침이다.

다음으로 염(念)은 우듬지에 생각이 머물러 있다는 뜻이다. 이것은 생명력이 고갈되어 가는 [나무 끝 줄기(標)]에서 다시금 생명력을 회복하기 위한 [생각(念)]을 끊어지지 않게 하라는 것이다. 그러다보면 결국에 가서는 생명의 수액을 다시금 천궁의 자리로 귀일시킬 수 있다는 것이 염표문이 가지고 있는 뜻이다.

염표(念標)에 대한 언급은 〈태백일사〉「고구려국본기」에 있는 을지문덕 장군 편에서도 나온다. 기록에 의하면 장군은 道를 싱취하기 위해서는 우듬지(標)에서 道를 구하고자 하는 생각(念)을 끊어지지 않게 해야 된다고 하였다. 그렇다면 이 말은 대원일(大圓一)로 이루어진 염표지문의 내용이 자아회복을 위한 단계별 수행의 체계로 이루어졌다는 것을 말한다.

특히 우리는 여기서 염표지문의 내용이 우듬지로부터 귀일하고자 하는 상징체계를 가졌음을 볼 때에 이것은 생명(生命)나무와 같다는 것을 생각하게 된다. 이 나무(天符體系圖)를 우리는 진리목(眞理木)이라고도 하는데 그 까닭은 분화와 귀일, 악(惡)과 선(善)이라는 두 체계 속에서 근원을 지향하고 있기 때문이다. 그렇다면 이제는 전계의 내용과 함께 생명나무로 나타나는 전계의 그림에 대하여 알아볼 때가 되었다.

염표지문[念標之文] 四十八字

하늘은 깊고 고요한 위대함이 있나니
그 道는 두루 넓음에 원만하여 미흡함이 없고,
그 하고자 하는 일은 참된 하나(一)에 있음이라.
　天以玄黙爲大　其道也普圓　其事也眞一

땅은 쌓아서 간직하는 위대함이 있나니
그 道는 널리 본받음에 원만하여 부족함이 없고,
그 하고자 하는 일은 부지런한 하나(一)에 있음이라.
　地以蓄藏爲大　其道也効圓　其事也勤一

사람은 깨우침에 능한 위대함이 있나니
그 道는 모든 구별함에 원만하여 막힘이 없고,

그 하고자 하는 일은 일치(一致)된 하나(一)에 있음이라.
　人以知能爲大　其道也擇圓　其事也協一

고로 一神이 충(衷)에 내려오게 되면
성품(性)은 밝은 빛에 통하게 되고,
현실을 교화로써 다스릴 수 있게 되며,
널리 인간을 이롭게 하게 됨이라.
이에 돌에 이 글을 새기게 되었다.
　故一神降衷　性通光明　在世理化
　弘益人間　仍刻之于石.

〈단군세기〉「11세 도해 단군」

　11세 도해 단군께서는 염표지문(念標之文)의 글을 남겼을 뿐 아니라, 열두 명산의 가장 뛰어난 곳을 골라 [국선(國仙)의 소도61)]를 설치하기도 하였다. 이것으로 보아 도해 단제(檀帝)께서는 그 어느 제왕보다도 천·지·인을 하나로 정(定)하여 거발환(居發桓)을 이루는데 크나큰 뜻을 가지고 있었던 것으로 보인다.

　그렇다면 이제 상위에 있는 염표지문의 내용인 대원일(大圓一)의 삼대(三大)·삼원(三圓)·삼일(三一)의 구체적인 내용을 통해서 거발환이 어떻게 이루어지는가를 알아보고자 한다.

　먼저 [대원일의 도표] 내용을 보면 삼대(三大)는 단계별로 천·지·인의 원리에 의하여 현묵대(玄黙大)와 축장대(蓄藏大)와 지능대(知能大)로 형성이 되어 있다. 다음으로 삼원(三圓)은 보원(普圓)과 효원(効圓)과 택원(擇圓)으로 구성이 되어 있고, 삼일(三一)은 진일(眞一)과 근일(勤一)과 협일(協一)로 구성이 되어 있다.

---

61) 국선(國仙)의 소도: 나라의 대표되는 화랑을 국선이라고 한다. 국선의 소도는 나라의 대표되는 화랑이 주관하는 곳을 말한다.

三神	조화신(天一)	교화신(地一)	치화신(太一)
	거발환(居發桓)		
	삼대(三大)	**삼원(三圓)**	**삼일(三一)**
天	현묵대(玄黙大)	보원(普圓)	진일(眞一)
地	축장대(蓄藏大)	효원(効圓)	근일(勤一)
人	지능대(知能大)	택원(擇圓)	협일(協一)

대원일(大圓一) 도표

이제 [대원일의 도표]에 나와 있는 내용을 수평으로 보게 되면 현묵대와 보원과 진일은 유한계의 하늘(天)로서 지극계이다. 그 밑으로 축장대와 효원과 근일은 유한계의 땅(地)으로서 분별계가 되고, 다시 아래로 지능대와 택원과 협일은 유한계의 사람(人)으로서 타락계에 해당한다.

그러면 이번에는 염표지문인 대원일(大圓一)이 어디서부터 시작되어 마치게 되는가를 알아보면 그 시작은 지능대(知能大)로부터 시작하여 나중에는 진일(眞一)을 거쳐 거발환을 이루게 된다. 이러한 까닭은 수도자(修道者)가 거발환(居發桓)을 이루고자 하는 구도의 뜻을 가지게 될 때 제일 먼저 나무 끝의 줄기에 해당하는 우듬지를 바탕으로 그 시작을 10수로부터 하기 때문이다. 이때의 우듬지가 천부경에 있어서는 분화의 끝인 人三(9)에 해당하고, 그 시작은 귀일의 시초인 天三(10)에 있다. 이렇듯 염표지문인 대원일의 시작은 10수에 해당하는 지능대로부터 시작하여 그 목적인 거발환을 이루게 되어 있다.

이제 도표 [대원일을 통한 우듬지의 원리]를 보게 되면 숫자 9(九)에서 나무 끝 줄기에 해당하는 우듬지가 만들어지게 되는 것을 볼 수 있다. 이 우듬지로부터 이제는 '귀일을 하고자 하는 마음(衷)'이 발동하게 되면서 숫자 10(十)을 얻게 되는데, 이때부터는 十數에 해당하는 좌측의 지능대(知能大)로부터 시작하여 회삼귀일을 하게 된다.

그러면 이때부터 우측의 택원(擇圓)과 함께 가운데에서 협일(協一)이 만들어진다. 협일이 만들어지면 이로부터 위로 귀일을 하게 되는데, 이곳 군왕의 길(君道)인 협일로부터는 스승의 길(師道)에 해당하는 축장대와 효원이 보이기 시작한다.

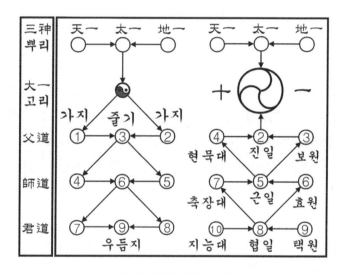

大圓一을 통한 우듬지의 원리

다음에는 축장대를 시발점으로 하여 회삼귀일을 하게 되는데, 이 경우에도 좌측의 축장대(蓄藏大)와 우측의 효원(効圓)이 가운데에 있는 근일(勤一)을 만들게 된다. 그러면 여기서도 스승의 길인 근일로부터 아버지의 길(父道)에 해당하는 현묵대와 보원이 보이기 시작한다.

이번에는 현묵대를 시발점으로 하여 회삼귀일을 해야 하는데, 이 경우에도 좌측의 현묵대(玄黙大)와 우측의 보원(普圓)이 가운데 있는 진일(眞一)을 만들게 된다. 따라서 이때에도 아버지의 길인 진일로부터 귀일을 하게 되는데, 이때에는 무한계와 유한계가 고리를 이루고 있는 천궁으로 귀일을 하게 되면서 인생의 최종 목적인 참나(眞我)를 이루게 되어 있다.

천궁에서 참나가 이루어진다는 것은 거발환(居發桓)을 이루는 것과 같다. 거발환이라고 하면 이전에도 살펴보았듯이 '빛이 발산되는 곳', '머무는 곳으로부터 밝은 빛이 퍼져 나가게 됨'을 말한다. 이것은 내 자신이 세상을 비추는 제2의 태양이 되는 것을 뜻한다. 따라서 대원일(大圓一)이 하나(一)로 정(定)해지게 될 때 내 자신은 나로부터 세상이 밝아지는 빛나는 빛이 되게 되어 있다.

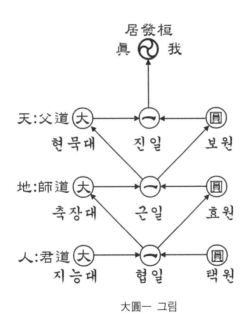

大圓一 그림

우리는 그동안 천부경에서 나의 자아가 후천일기를 얻게 되는 모습을 삼태극이라고 하였다. 삼일신고에서는 이러한 모습에 대해 참나(眞我)가 이루어지는 것이라고 하였다. 전계에 있어서도 이러한 모습에 대해 언급하고 있는데, 그 모습이 거발환(居發桓)을 이루는 것이었다. 이렇게 볼 때에 전계에 있어서는 광명을 얻게 하는데 그 목적이 있었음을 알게 한다.

이제 대원일에서 [아버지의 길]과 [스승의 길]과 [군왕의 길]을 통하여 전계를 보다 자세히 살펴보고자 한다. 이러한 까닭은 삼태극·참나·거발환을 이루기 위한 실천적인 방법에 대해서 자세히 알아보기 위해서이다.

군도(君道)

먼저 전계에서 나를 알고자 하는 지아(知我)의 단계인 [군왕의 길]부터 살펴보게 되면 그 시작은 지능대(知能大)를 첫 번째로 하고, 택원(擇圓)을 두 번째로 하며, 협일(協一)을 세 번째로 하게 된다.

첫 번째인 [지능대]의 뜻은 "사람은 깨우침에 능한 위대함이 있다"는 것이다. 이것은 사람이 [깨우침에 뛰어난 재능]을 갖고 있는 것을 말한다.

두 번째인 [택원]의 경우는 "그 道는 구별함에 원만하여 막힘이 없다"고 하였다. 이것은 사람이 깨우침에 대한 재능을 가지고 있기 때문에 그 어떠한 것이라도 [구별함에 원만하여 막힘이 없다]는 것을 말한다.

세 번째인 [협일]은 "그 하고자 하는 일이 일치(一致)된 하나에 있다"는 것이다. 이것은 그 道가 구별할 수 있는 원만함을 갖게 될 때, 그 하고자 하는 일(其事也)이 [여러 갈래로 나뉘지 않고 합쳐지면서 하나로 정(定)해지게 된다]는 것을 말한다.

그렇다면 군왕(君王)의 길에서 구도자(求道者)가 자신을 알고자 하는 구도(求道)의 길을 걷고자 할 때에는 먼저 자신이 깨우침에 능한 위대함을 알고, 배움에 힘을 쏟을 필요가 있다. 이렇게 될 때 구도자는 배움이 깊어지면서 구별함에 부족함이 없는 원만함을 이루게 된다. 다음으로 구별함에 부족함이 없기 때문에 구도자는 그 하고자 하는 일에 어그러짐이 없이 일치된 하나의 길을 가게 되어 있다.

> 군왕의 길(君道)은 사람을 법(法)으로 삼나니
> 일치(一致)된 하나(一)는 어그러짐이 없음이라.
> 君道 法人 協一无違.
>
> <삼신오제본기> 「대변경」

이제 거발환을 이루기 위한 [군왕의 길]에 대하여 내용을 쉽게 정리하면
지능대(知能大)는 [깨우침에 재능 있는 것]을 말함이니, 이것은 사람이 깨
우침에 능한 [지성(知性)]을 가지고 있는 것을 말한다.

大	↖	一	↗	圓
지능(知能) 깨우침에 능함 −지성(知性)−	→	협일(協一) 일치된 하나 −목적(目的)−	←	택원(擇圓) 구별함에 원만함 −안목(眼目)−

지성이라 하면 사물을 인지하고 관계를 인지하는 능력이다. 그렇다고 지
적(intellectual)인 것은 아니다. 지성은 본능적으로 타고난 인지능력이며
학습능력이기 때문이다. 라즈니쉬(Rajneesh)는 지성에 대하여 다음과 같
이 말한 적이 있다.

> 아이는 매우 지성적으로 행동하지만 지적이지는 않다. 아이들이
> 보여주는 지성은 자연적인 것이다. 그것은 어디서 배운 것도 아니
> 다. 태어날 때부터 본질로부터 받은 지혜의 일부이다.[62]

---
62) 《예수 그리스도 강론 너희에게 이르노니》 83쪽 라즈니쉬

아이의 이러한 능력은 사람이 신성(神性)을 얻을 수 있는 위대한 발판이기도 하다. 그렇기 때문에 끊임없는 사물에 대한 탐구로도 나타나고, 모든 관계 속에서 상대와 자신을 알아가는 학습적인 효과를 가져 오기도 한다.

그래서 이때에 중요한 것이 주변에서, 아니면 자기 스스로가 좋은 것을 보고, 좋은 것을 들으며 감동을 받는 생활이 중요하다. 그렇게 하기 위해서는 많은 양서(良書)를 가까이 하고, 좋은 환경 속에서 생활하는 것이 무엇보다 필요하다. 이렇게 될 때 그는 깨우치는 삶 속에서 지적인 모습을 장차 갖출 수가 있다.

다음으로 택원(擇圓)은 [구별함에 원만하여 막힘이 없다]고 하였는데, 이것은 사람이 배움에 능한 재주로 인하여 옳고 그른 일에 대하여 구별할 수 있는 판단력인 [안목(眼目)]을 갖게 됨을 말한다.

안목이라 하면 지적능력을 바탕으로 한 사리분별력이다. 사람이 배움을 통해 지적능력이 생기면 사람과의 관계 속에서 선악(善惡)의 시비와 함께 자신에게 도움이 될 것인가와 해로움이 될지에 대한 분별이 뚜렷해진다. 그래서 선악의 시비와 이득과 손해에 대한 분별은 선악에 대한 대립을 낳고, 손익(損益)에 대한 원리를 깨닫게도 한다. 그렇기 때문에 사람들은 세상을 알게 되고, 이러한 삶 속에서 현상에 집착하게 된다.

하지만 그런 까닭에 구도자는 구도의 길을 찾게 되고, 세상으로부터의 집착을 벗어나고자 한다. 이것은 구도자가 안목을 통하여 이 세상의 덧없음을 알기 때문이다. 그래서 구도자는 자신의 인생에서 어떠한 삶을 살아야 할지를 고민하게 되고, 무엇을 먼저 해야 할지를 생각하게 된다. 따라서 이때에 구도자는 무엇을 먼저 해야 할지를 알게 되는데, 그것이 협일(協一)이다.

협일은 [그 하고자 하는 일이 일치된 하나에 있음]을 말한다. 이것은 깊은 안목을 통하여 명확한 삶의 [목적(目的)]이 정해지게 되는 것이다. 그런데 그 궁극에는 대부분이 돈과 현실에서 알아주는 명예를 위해 달려가게 된다. 하지만 이 세상이 덧없을 알게 된 자는 돈과 명예에 결부되지 않는다. 오직 내면을 향한 구도(求道)의 길을 걸어갈 뿐이다.

그렇다면 도(道)에 뜻을 둔 자에게 있어서 이 세상은 왜 덧없는 것일까? 그것은 물질의 본질은 사라진다는 것을 알기 때문이다. 결국 너와 나라는 존재는 영원하지 않기 때문에 구도자는 불멸(不滅)하는 영원함을 위하여 목적을 세우게 되는 것이다. 따라서 구도자는 현상세계에서 영원함을 찾지 않고, 내면을 향한 길을 가게 되어 있다.

이제 그동안 살펴본 군도(君道)에 대해 내용을 정리하면 진리(眞理)의 길에 뜻하는 자는 먼저 깨우침에 능한 [지성]을 바탕으로 삶의 방향을 구별할 수 있는 [안목]을 가져야 한다. 안목을 통해서는 일치된 하나의 길인 [목적]을 세워야 한다. 그래야만이 드디어 나를 바르게 알고자 하는 군왕의 길에서 내 자신은 지성과 안목과 목적을 바탕으로 위의 단계인 축장대와 효원인 섬돌에 오를 수가 있기 때문이다.

사도(師道)

다음으로 전계에서 홀로 구하는 구독(求獨)의 단계인 [스승의 길]을 살펴보게 되면 그 시작은 축장대(蓄藏大)를 첫 번째로 하고, 효원(効圓)을 두 번째로 하며, 근일(勤一)을 세 번째로 하게 된다.

첫 번째인 [축장대]의 뜻은 "땅은 쌓아서 간직하는 위대함이 있다."는 것이다. 이것은 땅이 [쌓아서 축적하고자 하는 뜻]을 가졌음을 말한다.

두 번째인 [효원]의 경우는 "그 道는 본받음에 원만하여 부족함이 없다"고 하였다. 이것은 땅이 쌓아서 간직하고자 하는 성향을 가지고 있기 때문에 그 어떠한 것이라도 [본받음에 원만하여 부족함이 없다]는 것을 말한다.

세 번째인 [근일]은 "그 하고자 하는 일이 부지런한 하나에 있다"는 것이다. 이것은 그 道가 본받음에 원만함을 가지고 있음으로, 그 하고자 하는 일(其事也)에 게으름이 없게 되면서 [부지런한 하나의 길]에 온 힘을 쏟게 되는 것을 말한다.

그렇다면 스승의 길에서 구도자가 홀로 구하는 구도(求道)의 길을 가고자 할 때는 먼저 쌓아서 간직하고자 함과 같이, 배움을 넓히고 깊이 있게 알 필요가 있다. 이렇게 될 때에 구도자는 배움이 충만해지기 때문에 본받음에 부족함이 없는 원만함을 이루게 된다. 다음으로는 본받음에 부족함이 없기 때문에 구도자는 그 하고자 하는 일에 게으름이 없게 되면서 나날이 부지런한 하나의 길을 가게 되어 있다.

스승의 길(師道)은 땅을 법(法)으로 삼나니
부지런한 하나(一)에는 게으름이 없음이라.
師道 法地 勤一无怠.

〈삼신오제본기〉「대변경」

大	↖	一	↗	圓
축장(蓄藏) 쌓아서 감춤 －박식(博識)－	→	근일(勤一) 부지런한 하나 －갈력(竭力)－	←	효원(効圓) 본받음에 원만함 －겸허(謙虛)－

이제 거발환을 이루기 위한 [스승의 길]에 대하여 내용을 쉽게 정리하면 축장대(蓄藏大)는 [쌓아서 간직하게 되는 것]을 말함이니, 이것은 인생의 갈림 길에서 오직 하나의 목적이 정해지게 될 때에는 땅의 성향을 받들어

다양한 경험을 쌓고, 배움을 넓히게 된다는 뜻이다. 따라서 축장대란 땅의 정신을 받들어 박람박식한 [박식(博識)]함을 이루게 되는 것을 말한다.

이른바 박식함이라 하면 풍부한 경험과 넓고 깊이 아는 것이다. 구도자가 뜻을 세우고 나면 가장 먼저 행해야할 부분이 바로 이 박식함이다. 왜냐하면 앎이 충만하고 지극하면 뜻을 이루기 위한 실천을 게을리 하지 않기 때문이다. 그렇다면 구도자는 어떤 것을 넓고 깊이 알아야할까? 그것은 본질에 대한 공부이다. 왜냐하면 본질을 통해서만 영원한 것, 불멸하는 것을 찾을 수가 있기 때문이다.

다음으로 효원(効圓)은 [본받음에 원만하여 부족함이 없다]고 하였는데, 이것은 풍부한 경험과 넓고 깊이 아는 박식함을 갖추게 될 때에는 그 어떠한 것이라도 자신을 낮추어 듣고자 한다는 것이다. 한마디로 본받음에 원만한 자는 학문과 경륜을 가지고 있으면서도 자신을 낮추고 비움으로써 남의 이야기를 경청하는 자이다. 이런 점에서 효원이란 자신을 낮추고 비움으로써 무엇이든 배우고자 하는 [겸허(謙虛)]함을 말한다.

구도자가 본받음에 원만한 겸허함을 갖추게 되면 이번에는 자기혁신을 하게 되는데 이것은 구도자의 의식이 성숙되었기 때문이다. 그러면 이때부터는 지식을 통한 배움에 연연하지 않고, 자신을 닦고자 하는 내면을 향한 공부에 온갖 힘을 쏟게 된다. 이때 그 혁신의 움직임이 부지런한 하나의 길인 근일(勤一)에 있다.

근일은 [그 하고자 하는 일이 부지런한 하나에 있다]는 것이다. 이것은 본받음에 원만한 겸허함을 갖추게 될 때 땅의 성향을 받들어 게으름이 없이 자신을 닦고자 함에 진심(盡心)으로 [갈력(竭力)]을 하게 되는 것을 말한다. 여기서 갈력이라고 하면 모든 힘을 다하는 것을 말한다. 불교에서는 갈력을 용맹정진(勇猛精進)이라고도 한다. 이때에는 마음을 하나로 모아 수행(修行)에 임하게 되는데, 사실 처음부터 집중이 이루어지기가 쉽지가 않다. 그 이유는 번뇌와 잡다한 생각이 집중을 방해하기 때문이다.

그래서 많은 경험자들은 말한다. "적나라한 자기 자신을 지켜보라", "눈을 반개(半開)해야 잡념에 빠지지 않는다." 등등 수행에 집중할 수 있는 방안들을 제시한다. 이와 함께 일상적으로는 거룩한 상념과 순결한 생활을 강조하기도 한다.

결국 이러한 과정 속에서 구도자(求道者)는 의식이 몰입(沒入)되어 가게 되는데, 이때에는 주문수행이든 호흡수행이든 자신을 놓아야 한다. 그래야만이 자신을 잊고, 대상과 하나가 될 수 있기 때문이다. 하지만 현상계에 몸을 두고 있는 구도자에게는 끊임없는 번뇌와 잡다한 생각에 이끌리게 되어 있다. 그래서 잠시라도 집중하기가 쉽지가 않다.

그렇기 때문에 구도자는 순간순간 자신을 놓아야 한다. 그 까닭은 생명의 완성과 미완성이 순간과 순간의 의식 속에서 결정되기 때문이다. 이른바 순간의 사념은 기나긴 사념을 동반하고, 순간의 집중은 기나긴 정정(定靜)을 가져오게 됨으로 구도자는 순간의 의식도 가만히 놔둘 수가 없는 것이다.

지금 이 순간만으로 남아 있으라,
지금 이 순간 속에,
지금 이 순간과 함께,
지금 이 순간을 위하여 남아 있으라.
〈마하무드라의 노래〉 「귀향(歸鄕)」

이런 점에서 구도자는 갈력을 통한 집중수행을 필요로 하게 되고, 그 과정에서 자신을 하나의 초점에 맞추어 몰입되어 가고자 한다. 그래서 구도자들은 7일, 21일, 49일, 100일 등 기약을 정(定)하고 모든 힘을 다해 수행에 정진하고자 뜻을 세운다. 이러한 과정을 단군신화에서도 보게 되면 웅족의 여성이 100일을 기약으로 토굴에 들어가 3 · 7일(10일이나 21일) 만에 소원을 성취했다는 기록도 있다.

당시 웅족의 여성을 수행시킨 환웅천왕의 경우도 3 · 7일을 기약으로 수행을 한 것으로 알려져 있다. 이로 보건대 본질과 하나가 되기 위해서는 용맹정진을 통한 집중수행이 필요하다. 역사적으로 용맹정진을 통한 집중수행에 힘쓴 인물로는 부사의방(不思議房)63)에서 망신참법(亡身懺法)을 한 진표율사가 있고, 바위굴에서 배례와 더불어 염불수행을 용맹정진으로 한 원효대사가 있다.

하지만 지금에 와서 일반적 구도자들에게 있어 진표율사와 원효대사가 행했던 수행의 자세를 원하는 것은 그리 쉽지가 않다. 그 까닭은 생사양단에서 수행을 하지 않으면 안 되기 때문이다. 그렇기 때문에 평범한 구도자들은 하루 몇 시간정도의 호흡수행과 주문수행에 만족할 뿐이다.

그렇지만 그 나마도 마음을 모아 수행을 하려고 하면 번뇌와 잡념이 끊어지질 않는다. 그러므로 이때에는 수행의 전반적인 과정과 단계를 알고 수행을 하는 것이 매우 중요하다. 그 이유는 지금 나의 의식에 단계가 무엇을 먼저 행해야 하는지를 바르게 알려주고 있기 때문이다.

이제 그동안 살펴본 구독(求獨)의 단계인 사도(師道)를 정리한다면 진리의 길에 뜻을 두어 분별의식을 뛰어넘고자 하는 자는 먼저 배움을 충만히 하는 [박식]을 갖추어야 하고, 박식을 바탕으로는 자신을 낮추어 본받음에 원만한 [겸허]함을 가져야 한다. 본받음에 원만한 겸허함을 통해서는 게으름 없이 용맹정진(勇猛精進)을 위한 [갈력]이 중요하다. 그래야만이 드디어 홀로 구하는 스승의 길에서 내 자신은 박식과 겸허와 갈력을 바탕으로 위의 단계인 현묵대와 보원인 섬돌을 오를 수가 있기 때문이다.

---

63) 부사의방(不思議房): 전북 부안군 변산에 있던 수행 공간

부도(父道)

다음으로 전계에서 나를 비우고자 하는 공아(空我)의 단계인 [아버지의 길]을 살펴보게 되면 그 시작은 현묵대(玄黙大)를 첫 번째로 하고, 보원(普圓)을 두 번째로 하며, 진일(眞一)을 세 번째로 하게 된다.

첫 번째인 [현묵대]의 뜻은 "하늘은 깊고 고요한 위대함이 있다."는 것이다. 이것은 하늘이 [깊은 고요함을 가졌다]는 뜻이다.

두 번째인 [보원]의 경우는 "그 道는 넓음에 원만하여 미흡함이 없다"고 하였다. 이것은 하늘이 깊은 고요함을 갖추고 있기 때문에 그 어떠한 것이라도 [넓은 원만함으로 인해 미흡함이 없다]는 것을 말한다.

세 번째인 [진일]은 "그 하고자 하는 일은 참된 하나에 있다"는 것이다. 이것은 그 道가 넓은 원만함을 갖추고 있기 때문에 그 하고자 하는 일(其事也)에 거짓됨이 없이 [참된 하나(眞一)]에 머무르게 됨을 말한다.

그렇다면 아버지의 길(父道)에서 수도자가 나를 비우고자 할 때는 먼저 깊은 고요함을 갖추는 것이 필요하다. 이렇게 될 때 수도자는 깊은 고요함으로 인하여 두루 넓음에 미흡함이 없는 원만함을 이루게 된다. 다음으로는 두루 넓음에 미흡함이 없기 때문에 수도자는 그 하고자 하는 일에 거짓됨이 없이 참된 하나에 이르게 되어 있다.

> 아버지의 길(父道)은 하늘을 법(法)으로 삼나니
> 참된 하나(一)에는 거짓이 없음이라.
> 父道 法天 眞一无僞.
>
> 〈삼신오제본기〉「대변경」

이제 거발환을 이루기 위한 [아버지의 길]에 대하여 내용을 쉽게 정리하면 현묵대(玄黙大)는 [깊은 고요함을 가졌다]는 뜻이니, 이것은 사람이 게으름이 없이 그 하고자 하는 일에 한 뜻으로 진심갈력을 하게 될 때에는 모든 번뇌망상을 내려놓게 되어 고요함을 찾게 됨을 말한다. 따라서 현묵대는 진심갈력을 통해 그 마음이 하나의 뜻으로만 정(定)해져 고요함(靜)을 얻게 되는 마음이다.

그렇다면 현묵대란 한 번 마음이 정(定)해지게 되면 그 마음이 요동치 않는 가운데 깊은 고요함(靜)을 얻는 [정정(定靜)]을 말함이다. 이것은 어떠한 번뇌도 그 마음을 흔들어 놓지 못함을 말하는 것이다. 요가에서는 이와 비슷한 것으로 삼매(三昧)가 있다. 삼매도 하나의 뜻이 정해지게 될 때 마음이 고요해지게 되는 상태이다.

大	一	圓
현묵(玄黙) 깊은 고요함 -정정(定靜)-	→ 참된 하나 -순박(醇樸)- ←	보원(普圓) 두루 넓음에 원만함 -호탕(浩蕩)-

잠시 삼매에 대하여 좀 더 알아보면 삼매에는 유상삼매(有想三昧)와 무상삼매(無想三昧)로 나눈다. 유상삼매는 인위적으로 대상에 마음을 집중시켜 고요함을 얻는 삼매이다. 반면에 무상삼매는 대상과 대상에 집중하는 나의 마음까지 완전히 사라져 없어지게 되는 삼매이다. 이 무상삼매가 되면 형체와 존재까지도 잊는 망형망재(忘形忘在)가 되는데, 이것은 불교에서 최고의 단계에 해당하는 니르바나(Nivana, 涅槃)의 경지이다.

니르바나라고 하면 불이 꺼진 상태를 말한다. 즉 번뇌의 불길이 모두 꺼져서 본래의 고요함으로 돌아간 상태를 나타낸다. 이 상태에 놓인 수도자(修道者)는 적정(寂靜)을 통한 최상의 안락(安樂)을 누리게 되는데, 이때가 되면 그가 행하는 모든 움직임은 무위(無爲)가 아님이 없게 된다. 이렇게 볼 때에 정정(定靜)에 이르게 될 때에는 최상의 안락과 함께 무위적인 삶을 살게 되어 있다.

그런데 정정을 통해서는 최상의 안락과 무위적인 삶만이 얻어지는 것이 아니다. 이때에는 나의 몸에서 열기(熱氣)도 발생하게 되어 있다. 그 까닭은 온갖 번뇌와 망상이 끊어진 상태에서 어느 한 곳에 의식이 집중될 때 그곳으로부터 불(火)이 살아나기 때문이다.

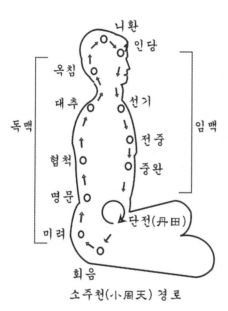

소주천(小周天) 경로

처음 열기의 발생은 의식이 모아지는 단전(丹田)으로부터 일어난다. 이른바 단전이 아궁이에 불을 붙이듯이 내 몸을 뜨겁게 달구는 역할을 하기 때문이다. 따라서 단전으로부터 나의 몸을 계속하여 뜨겁게 하게 될 때에는 그 열기를 통해 수도자는 몸에 변형을 가져올 수 있다.

이와 같은 열기에 대해 요가에서는 창조적인 발열(發熱)과 마법적인 열(熱), 또는 내적 열기와 천계로 인도하는 불(火)이라고 했다. 이러한 수식이 붙은 것은 이때에 발생하는 불이 수도자로 하여금 신(神)이 되고, 불멸적인 존재가 되게 하기 때문이다.

불이 처음 시작되는 아랫배인 단전으로부터 보게 되면 처음에는 불이 꺼져 있는 상태이다. 단지 에너지로만 뭉쳐있는 상태인 것이다. 이 상태를 요가에서는 뱀(蛇)과 여신(女神)으로 표현하기도 하는데, 이것은 정수(精水)

를 음적인 에너지로 표현하고자 했기 때문이다. 그렇다면 뱀이 허물을 벗도록 하고, 잠자고 있는 여신을 깨어나게 하기 위해서는 단전에서 열기를 발생시켜야 한다.

그 시작이 단전으로부터 시작하여 우리 몸의 상체인 뒤에서부터 앞으로 순환을 하는데, 그 경로가 단전(丹田), 회음(會陰), 미려(尾閭), 명문(命門), 협척(夾脊), 대추(大椎), 옥침(玉沈), 니환(泥丸)을 거쳐 다시 상단전(上丹田)을 통해 아래로 내려가는 소주천(小周天)의 경로이다. 이때에 상승과 하강을 하는 에너지를 요가에서는 쿤달리니라 하고, 도가에서는 하거(河車)라고도 한다.

다만 여기서 중요한 것은 단전에서부터 생성된 에너지가 우리 몸의 뒤쪽에서 앞으로 돌 때에 우리의 몸은 변형이 일어나기 시작한다는 점이다. 그래서 여동빈(呂洞賓)의 스승으로 알려진 종리권(鍾離權)은 옛 선인들은 약(藥)은 많이 전하였으나 화(火)를 전하지 못했다고도 하였다.

> 인심(人心)이 죽으면 곧 도심(道心)이 보이고,
> 태정(泰定)을 얻으면 곧 진화(眞火)가 저절로 생기고,
> 眞火가 일어나면 다시 화후(火候)가 엄해지니
> 옛 선인들은 약(藥)은 많이 전했으나 화(火)를 전하지 못했다.
> 〈여동빈정전(呂洞賓正傳)〉「入終南記」

위의 내용에서 종리권은 화(火)의 중요성을 언급하였다. 그런데 그 火는 인심(人心)이 죽고 도심(道心)이 나타나야 하며, 태정(泰定)을 얻을 때만이 진화(眞火)가 저절로 생긴다고 하였다. 이 말은 우리 몸속에서 생성되는 열기가 정정(定靜)을 이룰 때만이 생성될 수 있음을 말한다. 이와 같은 말에 대해서 칭기스칸과 만나기도 했던 구장춘(丘長春)[64]도 다음과 같이

---

64) 구장춘(丘長春 1148~1227)은 금나라 등주사람이다. 이름은 처기(處機), 자는

말한바 있다.

> 한 생각이 사방 한 치 되는 곳을
> 떠나지 않는 것이 참된 텅 빔인데,
> 이것은 태(胎)를 기르는 진리의 불이다.
>
> 〈성명규지〉「구장춘의 말」

이 같은 구장춘의 말은 참된 텅 빔으로부터 뜨거운 열기가 만들어지고, 뜨거운 열기에 의해 우리의 몸이 변형이 될 수 있음을 말한다. 그렇기 때문에 태정이나 참된 텅 빔의 단계에 이르는 정정(定靜)을 이루는 것이 무엇보다도 우선임을 알려주고 있다. 그렇다면 우리가 몸에 변형을 가져오기 위해서는 반드시 깊은 고요함으로 빠져드는 定靜을 이루어야만 한다. 그래야만이 내 자신은 불(火)을 얻어 변형이 될 수 있기 때문이다.

다음으로 보원(普圓)은 [넓음에 원만하여 미흡함이 없다]고 하였는데, 이것은 깊은 고요함을 얻게 될 때는 나의 목숨, 즉 생명의 열기(熱氣)가 넓음에 원만하여 미흡함이 없는 상태가 됨을 말한다. 그렇다면 이것은 하늘과 땅 사이에 나의 기운이 가득 차는 호연지기(浩然之氣)와 같은 상태가 됨을 뜻한다. 그러므로 보원은 나의 목숨(命, 熱)이 천지에 가득 차서 미흡함이 없는 호호탕탕(浩浩蕩蕩)한 [호탕(浩蕩)]한 상태가 됨을 의미한다.

〈삼국유사〉「이혜동진(二惠同塵)」을 보게 되면 신선의 경지에 오른 혜숙(惠宿)이 화랑인 구참공(瞿旵公)이 어진 사람인지 알고, 그를 따르면서 "능히 자신을 확장하여 만물에까지 미치리라 하여 따라왔다(能恕己通物也, 故從之爾)"는 내용이 있다. 이 내용에서 구참공이 그렇지 못한 사람이라는 것을 알고, 혜숙은 떠나가지만 우리는 이 내용에서 호탕함이란 나의

통밀(通密), 도호(道號)는 장춘(長春)이다.

목숨(命, 熱)이 만물에까지 확장되는 것이라는 것을 알게 한다.65)

그런데 나의 목숨(命, 熱)이 천지에 가득 차게 되는 요인은 수행을 통해 내 몸에서 발생하게 되는 열기(熱氣)로 인해 나의 생명을 혼탁함이 없이 맑게 하기 때문이다. 이 때문에 수도자는 정정(定靜)에 뜻을 두고, 자신의 몸에서 발생하는 열기를 계속하여 발열시키면서 맑게 할 필요가 있다. 그래야만 수도자는 어느 순간 자신의 목숨이 하늘과 땅 사이에 가득 차는, 즉 만물에까지 그 영향을 미치게 되고, 이로써 천지와 합일하는 단계에 이르게 된다. 이때가 되어야 비로소 참된 하나를 이루는 진일(眞一)이 만들어지기 시작한다.

이제 금단일기를 이루게 되는 진일(眞一)에 대해 알아보면 진일은 그 하고자 하는 일이 [참된 하나(一)]에 있음을 말한다. 이것은 달리말해 천지와 완전히 하나가 된 상태를 말함이다. 이때가 되면 나라고 하는 개념은 사라진다. 오직 천지와 일체로 작용할 뿐이다. 이런 점에서 眞一은 절대순수의 세계를 나타내는 [순박(醇樸)]함과도 같다.

수도자가 순박함을 이룬다는 것은 천지와 합일하는 단계에 이르렀다는 것을 말한다. 이러한 단계는 처음 정정(定靜)을 통한 불(火)로 인해 시작되어 나의 목숨을 더욱 발열시켜 맑게 하면서부터 이루어진다. 한마디로 定靜을 통한 불(火)이 내 몸의 열기를 북돋아 주면서 맑게 하게 되고, 이를 통해 나의 목숨이 만물에까지 미치어 하나가 될 때 순박함을 이루게 된다. 따라서 순박함은 가열된 열기가 강해지고, 순일(純一)해지는 과정 속에서 이루어지게 되어 있다.

이때가 되면 나의 목숨(熱)이 천지와 하나가 되는 상태인 순박함을 이루

---

65) 자신의 목숨이 확장되어 만물에까지 미치게 된다는 호탕함은 만물의 내부에 있는 신성(神性)과 교감이 되는 상태에 이르게 됨을 말한다. 이러한 상태를 불가에서는 현상(事)과 본체(理, 空)의 세계가 걸림이 없이 오고가는 이사무애법계(理事無碍法界)라고 한다.

게 되면서 내 몸속에서 원정(元精)을 만들게 된다. 그러면 원정은 천궁으로 귀일하여 태일(太一)로부터 내려온 빛과 하나가 되는데 이때에 비로소 금단일기(金丹一氣)는 이루어지고, 이를 통해 수도자의 자아는 빛을 머금게 되면서 전계의 목적인 거발환(居發桓)은 이루어진다.

이렇게 될 때 나의 자아(自我)는 빛의 덩어리에 의해 휩싸이게 되면서 나로부터 세상은 밝아지게 되어 있다. 이른바 나는 제2의 태양과 같은 존재가 되는 것이다. 그러면 이때에 나의 존재에 근원인 자아는 빛의 존재가 되어 조화(造化)를 얻게 되는 상태를 맞이한다.[66]

이러한 상태가 되면 나의 자아는 깊은 잠에서 깨어나게 되는데, 이러한 현상에 대해 여동빈선인(呂洞賓仙人)은《태을금화종지》에서 빛을 엉기게 하여 으뜸이 되는 신이 있는 궁궐(元宮)[67]을 비추면서 지키게 되면 마치 지혜가 빼어나고 밝은 임금이 위에 있는 것 같다고 했다.[68] 더불어 두 눈을 통하여 밖으로 나가던 빛이 내면으로 되돌아오게 되면 마치 왼쪽에 서 있는 문신(文臣)과 오른 쪽에 서 있는 무신(武臣)이 마음을 다하여 보필하는 것과 같아진다고도 말하였다.[69]

이외에도 여동빈은 빛이 엉기게 되면 밝은 달이 하늘 가운데에 떠 있고, 온 누리가 모두 함께 빛나는 밝은 경계(光明境界)임을 깨닫게 된다고 했다. 그러면서 그는 온 몸에 빛과 밝음이 꽉 차게 되면 찬바람과 서리도 두

---

66) 불가(佛家)에서는 이때의 상태를 사사무애법계(事事無碍法界)라고 한다. 한마디로 현상과 본체세계를 오고갈 뿐 아니라, 본체세계와 완전히 하나가 되어 만물 속에 내재된 신성(神性)을 통해 불가사의한 이적(異蹟)을 펼치게 된다는 세계가 바로 사사무애법계의 세계이다.

67) 궁(宮)이라고 하면 하단전과 상단전을 말한다. 여기서는 원궁(元宮)이라 하였으니, 니환(泥丸)에 해당하는 상단전을 말한다. 으뜸이 되는 신은 니환궁(泥丸宮)에 내재된 선천일기인 자아를 말함이다.

68) 지혜가 빼어나고 밝은 임금이 위에 있는 것과 같다는 것은 후천일기에 의해 선천일기인 자아(自我)가 깨어나게 되는 것을 말한다.

69) 〈태을금화종지〉「제2장. 42쪽」

려워하지 않게 되고, 일곱 자 밖에 안 되는 고깃덩어리 몸이 금과 보배 아
님이 없게 된다고 하였다.[70]

이와 같이 후천일기인 금단일기를 얻게 될 때 내 자신은 육체와 심령에
이르기까지 탈바꿈이 일어나게 되어 있다. 이 뿐만이 아니라 금단일기를
얻게 될 때에는 진리의 태아(胎兒)를 만들어 몸 밖으로 출신(出神)을 하는
경지에까지 이를 수도 있게 된다. 그래서 여동빈(呂洞賓)은 9년 화후(火
候)[71]가 너의 천문(天門)을 지나 정중(頂中)을 깨트리면 진리의 태아가
출현한다고도 하였다.

9년 화후가 바로 너의 천문(天門)을 지나
정중(頂中)을 깨트리면 진인(眞人)이 출현한다.
대신(大神)이 이에 따라 통하니,
천선(天仙)이 서로 치하하게 되어 이에 이르면
금단(金丹)의 대사(大事)가 완성된다.
〈呂洞賓正傳〉「남방(藍方)을 도세하다」

여동빈의 스승으로 알려진 종리권(鍾離權)의 경우는 형체를 단련하여 기
(氣)를 이루고, 氣를 단련하여 양신(陽神)을 이루게 되면 매미와 같이 태
(胎)를 벗어버리게 된다고 하였다. 그러면서 그는 이 모든 것이 불(火)의
공로 때문이라 말하기도 했다.

칠백(七魄)을 소멸시키며
형체를 단련하여 氣를 이루면

---

70) 〈태을금화종지〉「제6장. 87쪽」
71) 화후(火候): 불(火)이 수(數)를 더해가면서 정미(精微)하고 순일(純一)해지는
    상태를 말한다.

나는 것같이 가볍게 되고,

氣를 단련하고 神을 이루면

매미와 같이 태를 벗어버리는 것이니

이와 같은 것은 모두 화(火)의 공로이다.

〈수진전도론(修眞傳道論)〉「종리권조사의 말」

여기서 종리권이 말하고 있는 기(氣)는 원정(元精)을 이룬 상태를 말한다. 氣를 단련하여 신(神)을 이룬다는 뜻은 원정을 통해 양신(陽神)을 이루게 됨을 말한다. 그런데 양신을 이루게 되면 태(胎)를 벗어버리게 된다고 했다. 이 말은 나의 정혼(精魂)이 양신을 얻게 될 때에는 양신에 의지하여 육신을 벗어나 자유롭게 이동이 가능하다는 것을 이야기한다.

그렇다면 불(火)를 바탕으로 나의 원정을 기화시켜 빛나는 빛을 얻게 될 때에 나는 영원한 자유(自由) 속에 놓여 있게 된다. 다만 그 관건은 원정에 해당하는 2陰을 만들어 천궁에 이르게 하여 태일로부터 내려오는 빛을 감싸게 될 때 그 모든 일은 가능하다. 이런 점에서 볼 때 빛이 엉겨서 이루어진 금단일기를 얻기 위해서는 우리가 정정(定靜)을 통한 호탕(浩蕩)함 속에서 천지와 하나가 되는 삶을 살아야한다. 그래야만 순박(醇樸)함 속에서 양신(陽神)을 이루게 되는 금단일기를 얻을 수 있기 때문이다.

그러면 이제 지금까지 알아본 공아(空我)의 단계인 부도(父道)에 대해서 정리를 한다면 지극계에서 참나(眞我)를 이루고자 하는 자는 먼저 한 곳에 마음이 정해져 고요함을 얻게 되는 [정정]을 얻어야만 한다. 정정을 바탕으로는 나의 목숨이 천지에 가득 들어차 만물에까지 미치게 되는 [호탕함]을 이루어야 한다. 호탕함을 바탕으로는 천지만물과 일체가 되는 [순박함]을 얻어야만 한다. 그래야만이 드디어 나를 비우는 아버지의 길에서 내 자신은 정정과 호탕함과 순박함을 바탕으로 위의 단계인 천궁(天宮)에 문을 열고 들어가 참나를 이룰 수가 있기 때문이다.

그동안 우리는 군왕의 길인 나를 알고자 하는 지아(知我)의 단계에서 지성, 안목, 목적이 왜 필요한지에 대해 알아보았다. 다음에는 스승의 길인 홀로 구하는 구독(求獨)의 단계에서 박식, 겸허, 갈력이 전제되어야 제대로 된 구도의 길을 갈 수 있다는 것에 대해서도 알아보았다. 끝으로 아버지의 길인 나를 비우고자 하는 공아(空我)의 단계에서 정정, 호탕함, 순박함을 얻게 될 때에 금단일기를 이루고, 천지인이 하나로 정(定)해지는 거발환(居發桓)을 이루게 됨에 대해서도 알아보았다.

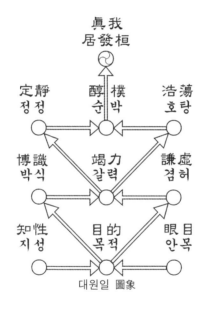

대원일 圖象

그렇다면 이제 그동안 알아보았던 천부경과 삼일신고와 전계가 우리에게 전하고자 하는 가르침을 구별해볼 필요가 있다. 그 이유는 아홉 가지의 원리로 전하고 있는 천부경과 삼일신고와 전계가 어떠한 가르침에 목적을 두고 있는가를 알아보기 위해서이다.

먼저 천부경을 보게 되면 천지인(天地人)을 바탕으로 숫자 아홉을 통하여 분화와 귀일의 원리를 밝혔다. 삼일신고에서는 생명의 아홉 가지 바탕인 성명정과 심기신과 감식촉을 통하여 삼진귀일(三眞歸一)의 원리를 드러냈다. 전계에서는 대원일(大圓一)에 따른 아홉 가지의 계율을 지키는 가운데 거발환을 이루게 되는 원리를 드러내었다.

이것으로 보아 천부경이란 숫자와 천지인의 원리를 바탕으로 분화와 귀일의 원리를 밝혔으므로 천지인(天地人)과 숫자(數)를 바탕으로 인간완성의 길을 드러낸 역철학이라 정의할 수 있다.[72] 삼일신고에서는 성명정, 심기신, 감식촉이라고 하는 생명의 개념들을 통해 삼진귀일(三眞歸一)의 방법을 밝혔으므로 생명완성의 원리를 밝힌 가르침이라 정의할 수 있다. 전계에 있어서는 대원일(大圓一)을 통해 거발환을 이루게 되는 원리를 밝혔으므로 생명완성을 위한 실천방법을 밝힌 가르침이라 정의할 수 있다.

그렇다면 이제 천부경을 바탕으로 삼일신고에서의 삼진, 삼망, 삼도의 원리가 어떻게 실천이 되는가를 전계를 통하여 잠시나마 알아볼까 한다. 먼저 천부경에서의 10수(數)에 해당하는 天三(10)을 살펴보게 되면 이것이 삼일신고에서는 지감(止感)이며, 전계에 있어서는 지능대(知能大)인 지성이다. 여기서 타락계인 天三(10)으로부터 비롯되는 지감을 실천하기 위한 방안으로 지성(知性)이 필요한 까닭은 구도의 길을 걷기 위해서는 무엇보다도 여섯 가닥으로부터 오는 감정을 억제할 수 있는 뛰어난 인식이 필요하기 때문이다.

두 번째로 천부경에서의 9수에 해당하는 地三(9)을 살펴보게 되면 이것이 삼일신고에서는 조식(調息)이며, 전계에서는 택원(擇圓)인 안목이다. 여기서 타락계인 地三(9)으로부터 비롯되는 조식을 실천하기 위한 방안으로

---

72) 천부경이 인간완성을 위한 역철학(易哲學)이 될 수 있는 것은 天地人의 원리와 함께 숫자로 구성이 되어 있기 때문이다. 특히 숫자를 보게 되면 양수(陽數)와 음수(陰數)로 구성이 되어 있다. 이것은 숫자가 만물의 변화정신을 담고 있다는 것을 말한다. 따라서 숫자만 보더라도 역철학의 원리를 담고 있다고 하겠다.

안목(眼目)이 필요한 이유는 여섯 가닥으로 이루어진 냄새와 기온으로부터 숨을 고르게 하기 위해서는 판단력이 무엇보다 중요하기 때문이다.

　세 번째로 천부경에서 8수에 해당하는 人三(8)을 살펴보게 되면 이것이 삼일신고에서는 금촉(禁觸)이며, 전계에 있어서는 협일(協一)인 목적이다. 여기서 타락계인 人三(8)으로부터 비롯되는 금촉을 실천하기 위한 방안으로 목적(目的)이 필요한 이유는 여섯 가닥으로부터 유혹됨이 없이 정기의 훼손을 억제하기 위해서는 오직 근원으로 귀일하고자 하는 뜻만이 필요하기 때문이다.

결합계 소우주	眞我 居發桓		
	↑		
三極 三關	天一(4) → 진성(眞性)	人一(2) 진정(眞精)	← 地一(3) 진명(眞命)
↑ 空我	↑ 정정(定靜)	↑ 순박(醇樸)	↑ 호탕(浩蕩)
	↖　　↗		
三別 三房	天二(7) → 선심(善心)	人二(5) 후신(厚身)	← 地二(6) 청기(淸氣)
↑ 求獨	↑ 박식(博識)	↑ 갈력(竭力)	↑ 겸허(謙虛)
	↖　　↗		
三落 三門	天三(10) → 지감(止感)	人三(8) 금촉(禁觸)	← 地三(9) 조식(調息)
↑ 知我	↑ 지성(知性)	↑ 목적(目的)	↑ 안목(眼目)

大圓一을 통한 佺戒의 수련법

네 번째로 천부경에서 7수에 해당하는 天二(7)를 살펴보게 되면 이것이 삼일신고에서는 참됨에 순응하는 착한마음(善心)이며, 전계에 있어서는 축장대(蓄藏大)인 박식이다. 여기서 분별계인 天二(7)로부터 비롯되는 착한 마음을 얻기 위한 방안으로 박식(博識)함이 필요한 이유는 인생 공부에 대한 충만함이 있을 때 자신의 마음을 순화시키고자 하는 실천이 가능하기 때문이다.

일반적으로 사람은 나이를 먹을수록 대부분 자신의 마음을 다스리고자 한다. 이것은 사회에 순응하고자하는 마음뿐 아니라, 자신을 되돌아보게 되는 마음 때문이기도 하다. 이와 마찬가지로 구도자도 배움이 충만해질 때에는 천지가 원하는 참됨에 순응하는 마음을 갖게 되는 것은 당연한 결과이다.

다섯 번째로 천부경에서의 6수에 해당하는 地二(6)를 살펴보게 되면 이것이 삼일신고에서는 맑은 기운(淸氣)이며, 전계에 있어서는 효원(效圓)인 겸허이다. 여기서 분별계인 地二(6)로부터 비롯되는 맑은 기운을 얻기 위한 방안으로 겸허(謙虛)함이 필요한 이유는 자신을 낮추고 비울 때만이 자신의 흐린 기운을 버리고, 맑은 기운을 얻을 수 있기 때문이다.

여섯 번째로 천부경에서의 5에 해당하는 人二(5)를 살펴보게 되면 이것이 삼일신고에서는 두터운 몸(厚身)이며, 전계에 있어서는 근일(勤一)인 갈력이다. 여기서 분별계인 人二(5)로부터 비롯되는 두터운 몸을 이루기 위한 방안으로 갈력(竭力)이 필요한 이유는 용맹정진하는 수행을 통해서만 이 생명의 기운을 응집시켜 몸을 강건하게 할 수 있기 때문이다.

일곱 번째로 천부경에서의 4에 해당하는 天一(4)을 살펴보게 되면 이것이 삼일신고에서는 성품(性)이며, 전계에 있어서는 현묵대(玄黙大)인 정정이다. 여기서 지극계인 天一(4)로부터 비롯되는 성품을 통하기 위한 방안으로 정정(定靜)이 필요한 이유는 한 곳에 뜻을 두어 깊은 고요함에 머물

때만이 성품과 통할 수 있기 때문이다.

여덟 번째로 천부경에서의 3에 해당하는 地一(3)을 살펴보게 되면 이것이 삼일신고에서는 목숨(命)이며, 전계에 있어서는 보원(普圓)인 호탕함이다. 여기서 지극계인 地一(3)로부터 비롯되는 목숨을 알기 위한 방안으로 호탕(浩蕩)함이 필요한 이유는 천지에 나의 기운을 가득 채우는 호연지기(浩然之氣)와 같은 상태가 될 때만이 만물에까지 영향을 끼치는 목숨을 알 수 있기 때문이다.

아홉 번째로 천부경에서의 2에 해당하는 人一(2)을 살펴보게 되면 이것이 삼일신고에서는 정수(精水)가 변형된 원정(元精)이며, 전계에 있어서는 진일(眞一)인 순박함이다. 여기서 지극계인 人一(2)로부터 비롯되는 정수를 변형시켜 원정을 얻기 위한 방안으로 순박(醇樸)함이 필요한 이유는 참 하나인 절대순수의 세계가 아니고서는 원정을 얻어 보전할 수가 없기 때문이다.

그러면 이제 수도자가 원정(元精)을 보전하게 될 때에는 드디어 천궁에서 순수자아인 참나(眞我)를 회복하게 되는데, 이때에는 元精과 더불어 太一之光이 고리를 이루게 되면서 금단일기가 만들어지기 때문이다. 쉽게 말해 잠들어 있는 순수정혼(純粹精魂)인 영(靈)을 깨어나게 하기 위해서는 元精과 태일지광(太一之光)이 후천일기를 이루어 천궁인 머릿골에서 나의 靈을 감싸야만 된다. 그래야만 선천일기인 자아는 후천일기로 인하여 깊은 잠에서 깨어날 수가 있다.

이때에 금단일기에 의해 깨어나기 시작하는 자아(自我)는 빛을 머금게 되는데, 이러한 상태가 거발환(居發桓)이다. 따라서 금단일기를 얻어 참나(眞我)를 이룬 자는 제2의 태양과 같은 존재인 거발환이 된다. 이와 같은 존재의 대표적 인물이 초대 환인(桓仁)인 거발환 환인이시며, 초대 환웅(桓雄)인 거발환 환웅이시다.

우리나라에 현묘한 도가 있으니 풍류라 이른다.

그 교의 기원은 [선사(仙史)]에 자세히 실려 있거니와,

실로 이는 3교를 포함하여 중생을 교화한다.

집에 들어오면 효도하고 나가면 나라에 충성하는 것은

노사구(공자)의 가르침 그대로이며,

그 함이 없는 일에 머무르고 말 없는 교를 행하는 것은

주주사(노자)의 가르침 그대로이며,

모든 악한 일을 하지 않고 착한 일만을 행함은

축건태자(석가)의 가르침 그대로이다.

國有玄妙之道 曰風流. 設敎之源 備詳仙史 實乃包含三敎 接化群生.

具如 入則孝於家 出則忠於國 魯司寇之旨也 處無爲之事 行不言之敎

周柱史之宗也 諸惡莫作 諸善奉行 竺乾太子之化也.

〈삼국사기〉「신라본기 진흥왕조 난랑비(鸞郞碑) 서문(序文)」

〈참고〉

노사구 : 공자가 노나라에서 대사구의 벼슬을 하게 되면서 생긴 별칭.

주주사 : 노자가 주나라의 주하사의 벼슬을 하게 되면서 생긴 별칭.

축건태자 : 축건은 천축의 별칭으로 인도를 일컬음이요.

　　　　　　태자는 석가를 말함.

3. 전선종(佺仙倧)

〈단군세기〉「3세 가륵」편의 내용을 보게 되면 "조정(朝政)에는 종훈(倧訓)이 있고, 백성들에게는 전계(佺戒)가 있었다."고 하였다. 이와 더불어 〈태백일사〉「신시본기」를 보게 되면 전계(佺戒)와 종왕(倧王)뿐 아니라, 선법(仙法)에 대해서도 다루고 있다. 이것은 단군시대에 성(性) · 명(命) · 정(精)을 각기 현실적으로 나누어 그것으로 철학적인 가르침을 세웠다는 것을 의미한다.

전선종(佺仙倧)에 대하여 살펴보게 되면 〈태백일사〉「신시본기」에서 전(佺)이란 온전한(全) 마음을 바탕으로 성품을 통하고, 이로써 참됨(眞)을 이루는 것이라고 하였다. 이로 보건대 전계(佺戒)라고 하면 온전한 마음을 가진 사람(全+人)이 지혜로움으로 가득한 성품을 통하게 될 때에 참됨을 이루게 되는 계율(戒律)을 말한다.

다음으로 〈태백일사〉「신시본기」에서는 선(仙)이란 활달한(山) 기운을 바탕으로 목숨을 알고, 이로써 착함(善)을 이루는 것이라고 하였다. 이로 보건대 선법(仙法)이라고 하면 활달한 기운을 가진 사람(山+人)이 만물에까지 영향을 끼치는 목숨을 알게 될 때에 착함을 이루게 되는 법칙(法則)을 말한다.

이번에는 〈태백일사〉「신시본기」를 보면 종(倧)이란 최상의 몸가짐인 방정(宗)함[73]을 바탕으로 정수(精水)를 보전하고, 이로써 아름다움(美)을 이루는 것이라고 하였다. 이로 보건대 종왕(倧王)이라고 하면 방정한 몸가짐을 가진 사람(宗+人)이 분화에 목적을 둔 생명의 힘인 정수를 보전하게 될 때에 아름다움을 이루게 되는 왕도(王道)를 말한다.

그렇다면 전선종에서 성품을 통하고, 목숨을 알며, 정수를 보전하는 일은

---

73) 종(宗)이란 한문의 뜻으로만 보면 최상의 상태, 즉 최상의 몸가짐이 된다. 이 상태를 우리는 언행이 바르고 점잖은 방정(方正)함이라 부를 수가 있다.

天一·地一·太一의 마음인 참됨과 착함과 아름다움의 진선미(眞善美)를 이루기 위함인 것이다. 그런데 여기서 진선미를 이루기 위한 과정은 불선유(佛仙儒)의 가르침과도 상통한다. 그 까닭은 진선미를 이루기 위한 성(性), 명(命), 정(精)을 불선유에서도 각기 주장하고 있기 때문이다.

달리 말해 이것은 진선미를 이루기 위한 전선종(佺仙倧)의 가르침 속에 이미 불선유의 가르침을 담고 있다고 해석될 수 있는 부분이다. 이렇게 볼 때에 한민족의 가르침 속에는 이미 불선유의 통합적 사고를 가지고 있었다고 말할 수 있다. 그렇다면 이제 성명정을 통해 진선미를 이루는 법과 불선유에 대해서도 잠시 알아보고자 한다.

전(佺)

신시씨(神市氏)는 전(佺)으로써 계(戒)를 닦고
사람들에게 제천(祭天)을 가르치셨다.
이른바 전(佺)이란 사람의 본래에 온전한 바탕을 따라
능히 본연의 성품을 통하고 이로써
참됨(眞)을 이루는 것이다.
　神市氏 以佺修戒 教人祭天.
　所謂佺 從人之所自全 能通性以成眞也.

〈태백일사〉「신시본기」

신시씨(神市氏)는 1세 환웅천왕(桓雄天王)에서 13세 사와라(斯瓦羅) 환웅까지의 도읍지 시대를 말한다. 그런데 위의 기록을 보면 이 시대에 신시씨의 제왕들은 전(佺)으로써 계(戒)를 닦고, 사람들에게는 하늘에 제사를 모시는 것을 가르치셨다고 한다.

당시 제왕들에게 佺은 사람의 본래에 온전한 바탕을 따라 능히 성품자리를 통하고 이로써 참됨(眞)을 이루는 것이었다. 이것은 신시시대의 제왕들께서는 본래에 온전함을 바탕으로 능히 지혜를 지닌 성품을 통하고, 이로써 天一神과 일체가 되는 참됨을 이루는데 뜻이 있었음을 말한다.

그러나 사람들에게 제천(祭天)을 가르쳤다는 것은 희생제(犧牲祭)를 드리는 과정에서 헌신하는 마음을 가르친 것으로 보인다. 이것은 백성들에게는 헌신을 통하여 나를 비우게(虛) 하고, 나를 비움으로써 흠이 없는 온전한 사람이 될 수 있도록 했다는 것을 말한다.

전(佺)은 텅 빈 자리로서 하늘에 근본을 둔 것이다.
佺者 虛焉而本乎天.
〈태백일사〉「신시본기」

당시 제천(祭天)에서 섬김을 받는 대상자는 천상에 계신 상제(上帝)였다. 구환(九桓)의 백성들은 그를 천상에 있으면서도 자연과 인간의 운명을 주재하는 우주만물의 통치자로 인식했다. 이러한 그는 인격성도 가지고 있어 사람이 도리에 어긋나면 벌(罰)을 주고, 세상을 위해 공헌을 하면 복(福)도 준다고 믿었다. 그래서 당시의 사람들은 상제의 뜻에 어긋남이 없는 삶을 살고자 노력했고, 무사안녕을 위해 기원을 아끼지 않았다.

결국 이러한 삶이 신앙을 낳고, 상제에 대한 경건함을 갖게 하였다. 이뿐만이 아니라 상제께 자신이 가진 재물이나 자신의 정성을 바침으로써 자신을 비우는 삶을 살기도 했다. 이러한 과정 속에서 사람들은 헌신을 통한 비움을 배웠고, 이를 통해 온전해질 수 있었다.

우리는 여기서 신시의 제왕들께서는 참됨을 이루는 것을 목적으로 세운 반면에 백성들에게는 온전함을 이루는 것을 목적으로 세웠다는 것을 어떻게 보아야 할까? 그 이유는 당시에 신시의 제왕들은 구도자의 입장에서 누구나 참됨을 이루고자 하는 본래에 마음인 온전함이 있었다는 것을 이야기한다.

반면에 백성들은 현실적인 삶에 마음이 빼앗겨 있었으므로 헌신 속에서 비움을 통한 흠이 없는 온전한 마음을 얻게 하는 것만이라도 필요했기 때문이다. 그래서 신시의 제왕들은 본래에 마음인 온전한 마음을 바탕으로 성품을 통하고 이로써 거짓이 없는 참됨을 이루고자 뜻을 두었으며, 백성들에게는 신앙적인 제천을 바탕으로 헌신 속에서 비움을 통해 온전함을 이루도록 정책을 세웠던 것이다.

帝王의 道: 佺戒	본래에 온전한 마음→ 性→ 眞(天一)
백성의 道: 祭天	헌신→ 비움(虛)을 통한 온전함(全)

그러면 이제 제왕들의 목적인 참됨(眞)에 대하여 좀 더 알아보면 〈태백일사〉「삼신오제본기」에서는 '지극히 맑고 참됨(淸眞大)'의 본체가 천일(天一)에 있다고 하였다.

상계(上界)에 계신 주신(主神)은
그 명칭을 천일(天一)이라 하나니
조화(造化)를 주관하여
절대지고(絶對至高)의 권능을 갖고 계신다.
무형(無形)으로써 형을 삼으며,
만물로 하여금 각각 그 성(性)을 통하게 하시니
이를 청진대(淸眞大)의 체(体)라고 한다.
　上界主神 其號曰天一 主造化 有絶對至高之權能.
　無形而形 使萬物 各通其性 是爲淸眞大之體也.

환족(桓族)의 문화에서 참됨의 본체가 되는 천일신(天一神)은 三神의 첫
번째로서 조화(造化)를 주관하며, 무형으로 형(形)을 삼고, 성품을 통하게
한다. 따라서 지극히 맑은 참됨을 이룬다는 것은 조화를 주관하게 되고, 무
형을 바탕으로 마음을 쓰게 되며, 성품을 통하게 됨을 말한다.

그렇다면 자연 그대로인 본래에 온전함을 바탕으로 제왕들이 목적으로
하는 참됨(眞)을 이루기 위해서는 어떻게 해야 할까? 그 방법은 아홉 단계
의 전계에 있다. 하지만 지감(止感), 선심(善心), 성품(性)과 관련하여 天
一에 이르는 방법에 대해서만 알아보게 되면 그 가르침의 시작은 먼저 깨
우침에 뛰어난 지성(知性)을 갖추어야 한다. 그 까닭은 배움에 뛰어난 재
능이 있을 때 느낌을 멈추는 지감(止感)을 실천할 수 있기 때문이다.

불교의 가르침		
淸眞大의 体	天一(造化, 眞)	
淸眞大의 用	性	玄黙大(定靜)
	心	蓄藏大(博識)
	感	知能大(知性)

전계(佺戒)를 통한 참됨(眞)의 길

다음에는 지성을 바탕으로 배움이 충만한 박식(博識)함을 갖추어야 한
다. 그 까닭은 앎이 충만할 때 사리(事理)에 어긋나는 '악한 마음(惡心)'
을 버리고, '착한 마음(善心)'을 얻고자 하기 때문이다. 끝으로 박식함을
바탕으로 진심갈력을 하는 가운데 고요함을 얻게 되는 정정(定靜)을 얻어
야만 한다. 그 까닭은 고요함이 더 이상 요동치 않을 때만이 지혜로움으로

가득한 성품(性)을 통하게 되기 때문이다.

그런데 지금까지 알아본 지성(知性)·박식(博識)·정정(定靜)을 통해 지감(止感)과 선심(善心)을 이루고, 성품(性)을 통하게 된다는 가르침은 불교(佛敎)의 수행에서 핵심이 되는 가르침이기도 하다. 그 이유는 지극히 맑은 참됨에 이르게 되는 길(止感, 善心, 眞性)이 불교에서 중요시하는 마음과 관련된 명칭들을 통해 이루어져 있기 때문이다. 따라서 전(佺)이란 마음과 관련해서 불교의 가르침과 상통하는 가르침을 전해주기도 한다.

선(仙)

청구씨(靑邱氏)는 선(仙)으로써 법(法)을 세우고,
사람들에게 관경을 주관하는 것을 가르치셨다.
이른바 선(仙)이란 사람의 본래에 활달한 바탕을 따라
능히 목숨(命)을 알고 이로써
널리 선(善)을 베푸는 것이다.
靑邱氏 以仙設法 敎人管境.
所謂仙 從人之所自山(山은 産也) 能知命以廣善也.
〈태백일사〉「신시본기」

청구씨(靑邱氏)는 14세 자오지(慈烏支) 환웅에서 18세 거불단(居弗檀) 환웅까지의 도읍지 시대를 말한다. 그런데 위의 기록을 보면 이 시대에 청구씨의 제왕들은 선(仙)으로써 법(法)을 세우고, 사람들에게는 관경을 주관하는 것을 가르치셨다고 한다.

당시 제왕들에게 仙은 사람의 본래에 활달한(生産:山)[74] 기운의 바탕을

---

74) 산(山)을 생산(生産)이라하는 것은 생산력을 가졌기 때문이다. 〈태백일사〉「삼진오제본기」를 보게 되면 산을 뭇 생명들에게 힘을 통하게 하는 군생통력(群生通力)이라고도 했는데, 이는 생산력을 가졌다는 말과 같은 말이다. 따라서 산이 생

따라 능히 목숨(命)을 알고, 이로써 널리 착함을 베푸는 것이었다. 이것은 청구시대의 제왕들께서는 본래에 활달함을 바탕으로 능히 만물에까지 영향을 끼치는 목숨을 알고, 이로써 地一神과 일체가 되는 착함(善)을 베푸는 데 뜻이 있었음을 말한다.

그러나 사람들에게 관경(管境)을 주관하는 것을 가르쳤다는 것은 관경을 맡아 다스리는 과정에서 성실함을 배우게 한 것으로 보인다. 이것은 백성들에게는 성실함을 통하여 그 사람의 의식을 밝게(明)하고, 밝음을 통해서 활달한 기운을 가진 사람이 될 수 있도록 했다는 것을 말한다.

선(仙)은 밝은(明) 자리로서 땅에 근본을 둔 것이다.
　仙者 明焉而本乎地.

　　　　　　　　　　　　　　　　　〈태백일사〉「신시본기」

당시 관경(管境)을 다스린다는 것은 군왕이 국가의 통치영역을 다스린다는 것으로 해석될 수 있는 부분이다. 하지만 작은 관경이지만 백성들 스스로가 자신의 영역을 관할함으로써 군왕이 느낄 수 있는 체험을 경험하게 했던 것이 관경제도로 보인다. 이때에 백성들은 군왕이 국가를 경영할 때에 부지런함 속에서 미래의 비전을 보듯이, 자신들도 작은 영역이지만 부지런함 속에서 미래의 비전을 갖게 된다.

또한 군왕이 미래의 비전을 성취해나가는 과정에서 밝음을 갖게 되듯이 백성들도 자신들에게 주어진 일을 성취해나가는 가운데 밝음을 갖게 된다. 따라서 청구시대에 사람들에게 관경을 관할하게 했다는 것은 사람들로 하여금 성실함을 통한 밝은 마음속에서 활달한 기운을 갖게 했다는 것으로 해석될 수 있다.

산력을 가졌다는 것은 생명력 있는 활기찬 기운이 산에 모여 있다는 뜻이다. 이런 점에 산은 생명력이 넘치는 활달한 기운으로 표현될 수 있다.

우리는 여기서 청구의 제왕들께서는 널리 착함을 베푸는 것을 목적으로 세운 반면에 백성들에게는 활달함을 이루는 것을 목적으로 세웠다는 것을 어떻게 보아야 할까? 그 이유는 당시에 청구의 제왕들은 구도자의 입장에서 누구나 널리 착함을 베풀고자 하는 본래에 기운인 활달함이 있었다는 것을 이야기한다.

반면에 백성들은 삶에 보람을 찾지 못하고, 나태해질 수밖에 없으므로 성실함 속에서 밝음을 통해 활달함을 얻게 하는 것만이라도 필요했기 때문이다. 그래서 청구시대의 제왕들은 본래에 기운인 활달함을 바탕으로 만물에까지 영향을 끼치는 목숨(命, 熱)을 알고 이로써 착함을 널리 베푸는데 뜻을 두었으며, 백성들에게는 관경을 관할하는 삶에 목적을 정해주어 성실함 속에서 밝음을 통해 활달함을 이루도록 정책을 세웠던 것이다.

帝王의 道: 仙法	본래에 활달한 기운→ 命→ 善(地一)
백성의 道: 管境	성실함→ 밝음(明)을 통한 활달함(山)

그러면 이제 제왕들의 목적인 착함(善)에 대해 좀 더 알아보면〈태백일사〉「삼신오제본기」에서는 '지극히 거룩한 착함(善聖大)'의 본체가 지일(地一)에 있다고 하였다.

하계(下界)의 주신(主神)은
그 명칭을 지일(地一)이라 하나니
교화(敎化)를 주관하시고
지선유일(至善惟一)의 법력이 있으시다.
함이 없으시되 일을 일으키시고
만물로 하여금 각각 그 목숨(命)을 알게 하니

이를 선성대(善聖大)의 체(体)라 한다.

下界主神 其號曰地一 主敎化 有至善惟一之法力.

無爲而作 使萬物 各知其命 是爲善聖大之體也.

〈태백일사〉「삼신오제본기」

환족의 문화에서 착함의 본체가 되는 지일신(地一神)은 삼신의 두 번째로서 교화(敎化)를 주관하며, 무위로 일을 일으키고, 목숨을 알게 한다. 따라서 지극히 거룩한 착함을 베푼다는 것은 교화를 주관하게 되고, 무위적으로 행동하게 되며, 목숨을 알게 됨을 말한다.

선도의 가르침		
善聖大의 体	地一(敎化, 善)	
善聖大의 用	命	普圓(浩蕩)
	氣	劾圓(謙虛)
	息	擇圓(眼目)

선법(仙法)을 통한 착함(善)의 길

그렇다면 자연 그대로인 본래에 활달함을 바탕으로 제왕들이 목적으로 하는 착함(善)을 널리 베풀기 위해서는 어떻게 해야 할까? 그 방법에는 아홉 단계의 전계가 있다. 하지만 조식(調息), 청기(淸氣), 목숨(命)과 관련하여 地一에 이르는 방법에 대해서만 알아보게 되면 그 가르침의 시작은 먼저 사물을 구별할 수 있는 안목(眼目)을 갖추어야 한다. 그 까닭은 사물을 구별할 수 있는 안목이 있을 때 호흡을 고르게 하는 조식(調息)을 행할 수 있기 때문이다.

다음에는 안목을 바탕으로 나를 낮추어 무엇이든 받아들이는 겸허(謙虛)

함을 갖추어야 한다. 그 까닭은 많은 경험을 가지고 있음에도 나를 낮출 때 실질적으로 내면을 위한 수행에 힘써 '탁한 기운(濁氣)'을 극복하고, '맑은 기운(淸氣)'을 얻을 수가 있기 때문이다. 끝으로 겸허함을 바탕으로 협소함이 없는 넓고 큰 호탕(浩蕩)함을 얻어야만 한다. 그 까닭은 천지에 나의 목숨(命, 熱)을 가득 채우는 상태가 될 때만이 만물에까지 영향을 끼치는 목숨(命)의 가치를 알 수 있기 때문이다.

그런데 지금까지 알아본 안목(眼目)·겸허(謙虛)·호탕(浩蕩)함을 통해 조식(調息)과 청기(淸氣)를 이루고, 목숨(命)을 알게 된다는 가르침은 도교(道敎)의 수련에서 핵심이 되는 가르침이기도 하다. 그 이유는 지극히 거룩한 착함을 널리 베푸는 길(調息, 淸氣, 眞命)이 도교에서 중요시하는 목숨과 관련된 명칭들을 통해 이루어져 있기 때문이다. 따라서 선(仙)이란 목숨과 관련해서 도교의 가르침과 상통하는 가르침을 전해주기도 한다.

종(倧)

조선(朝鮮)씨는 종(倧)으로써 왕(王)을 세우고
사람들에게 자신의 잘못으로 일어난
화(禍)를 책임지는 것을 가르쳤다.
이른바 종(倧)이란 사람의 본래에 방정한 바탕을 따라
능히 정(精)을 잘 보전하여 이로써
아름다움(美)을 실현하는 것이다.
　朝鮮氏 以倧建王 敎人責禍.
　所謂倧 從人之所自宗 能保精以濟美也.

〈태백일사〉「신시본기」

조선씨(朝鮮氏)는 조선을 첫 개국한 단군왕검(檀君王儉)으로부터 47세

고열가(古列加) 단군의 시대까지를 말한다. 그런데 위의 기록을 보면 이 시대에 조선씨의 천자(天子)들은 종(倧)으로써 치자(治者)의 다스림을 세우고, 사람들에게는 자신의 잘못으로 일어난 화(禍)를 책임지는 것을 가르치셨다고 한다.

당시 제왕들에게 倧은 사람의 본래에 최상의 몸가짐인 방정(方正)함의 바탕을 따라 능히 정수(精水)를 잘 보전하여 이로써 아름다움(美)을 실현하는 것이었다. 이것은 조선시대의 천자들께서는 본래에 방정한 몸가짐을 바탕으로 능히 분화(생명의 힘)될 수 있는 정수를 보전하고, 이로써 太一神과 일체가 되는 아름다움을 실현하는데 뜻이 있었음을 말한다.

그러나 사람들에게 화(禍)를 책임지는 책화(責禍)를 가르쳤다는 것은 자신이 저지른 죄업에 대하여 처벌(處罰)을 받는 과정에서 자신을 성찰(省察)하는 마음을 가르친 것으로 보인다. 이것은 백성들에게는 자신의 성찰을 통하여 그 마음을 굳세게(健)하고, 굳셈을 통해 절도된 최상의 방정한 몸가짐을 가진 사람이 될 수 있도록 했다는 것을 말한다.

종(倧)은 굳셴(健) 자리로서 사람에 근본을 둔 것이다.
倧者 健焉而本乎人.

〈태백일사〉「신시본기」

당시 책화(責禍)에 대해서는 중국의 역사서 《삼국지(三國志)》에 고구려의 남쪽 동해안에 있던 예(濊)에 대해 언급한 글이 있다. 그 내용을 보면 "그 읍락들은 서로 침범하면 곧 그 벌로 노예(생구生口)와 소나 말을 요구하는데 이를 책화(責禍)라고 부른다."라고 했다. 아마 이와 같은 제도는 동예뿐 아니라 단군조선의 영향을 받은 많은 읍락(邑落)들에서도 있었을 가능성이 크다. 이러한 까닭은 책화가 단군조선에서부터 실행되어 왔기 때문이다.

어쨌든 동예에서 실행되었던 책화의 제도는 자신의 잘못을 바르게 깨우쳐줌으로써 선악에 대한 도덕적인 사람이 될 수 있도록 한 것이다. 《소도경전본훈》을 보게 되면 정사(政事)를 일으킴에는 화백(和白)보다 앞서는 것이 없고, 덕(德)으로 다스림에는 책화보다 좋은 것이 없다고 했다. 이것은 사람을 변화시키는 교화가 무조건 감싸준다고만 해서 전부가 아니라는 것을 말한다. 오히려 엄정한 벌(罰)을 내려 자신도 상대가 느낀 아픔을 느끼게 함으로써 실질적으로 그 사람을 교화시킬 수 있다는 것이 책화가 주는 교훈이다. 이런 점에서 단군조선시대에는 책화를 통해 상대를 성찰하게 하였으며, 이로부터 의지를 굳세게 만들어 자신의 행동을 방정(方正)하게 했던 것으로 보인다.

우리는 여기서 조선의 천자들께서는 아름다움(美)을 실현하는 것을 목적으로 세운 반면에 백성들에게는 방정함을 이루는 것을 목적으로 세웠다는 것을 어떻게 보아야 할까? 그 이유는 당시에 조선의 천자들은 구도자의 입장에서 누구나 아름다움(美)을 실현할 수 있는 본래에 방정한 몸가짐이 있었다는 것을 이야기한다.

帝王의 道: 倧王	본래에 방정한 몸가짐→ 精→ 美(太一)
백성의 道: 責禍	성찰→ 굳셈(健)을 통한 방정함(宗)

반면에 백성들은 자신의 잘못에 따른 벌(罰)을 받는 단계에 있었으므로 성찰과 굳셈을 통해 방정함을 얻게 하는 것만이라도 필요했기 때문이다. 그래서 조선시대의 천자들은 본래에 방정한 몸가짐을 바탕으로 정수를 보전하여 이로써 아름다움을 실현하고자 뜻을 두었으며, 백성들에게는 자신

의 성찰을 통해 굳센 의지를 바탕으로 방탕함을 버리고 행실이 바른 방정함을 이루도록 정책을 세웠던 것이다.

그러면 이제 천자(天子)들의 목적인 아름다움(美)에 대해 좀 더 알아보면 〈태백일사〉「삼신오제본기」에서는 '지극히 뛰어난 아름다움(美能大)'의 본체가 태일(太一)에 있다고 하였다.

중계(中界)의 주신(主神)은
그 호를 태일(太一)이라 하나니
치화(治化)를 주관하시며,
최고무상(最高無上)의 덕량을 갖고 계신다.
말 없는 가운데 변화(化)시키며,
만물로 하여금 각각 그 정(精)을 보전하게 하니
이를 미능대(美能大)의 체(体)라고 한다.
　中界主神 其號曰太一 主治化 有最高無上之德量.
　無言而化 使萬物 各保其精 是爲美能大之體也.
　　　　　　　　　　　　　〈태백일사〉「삼신오제본기」

환족(桓族)의 문화에서 아름다움의 본체가 되는 태일신(太一神)은 삼신의 세 번째로서 치화(治化)를 주관하며, 말없는 가운데 변화시키고, 정수(精水)를 보전하게 한다. 따라서 지극히 뛰어난 아름다움을 실현한다는 것은 치화를 주관하게 되고, 말없는 가운데 상대를 변화시키게 되며, 정수를 보전하게 됨을 말한다.

그렇다면 자연 그대로인 본래에 방정한 몸가짐을 바탕으로 천자들이 목적으로 하는 아름다움(美)을 실현하기 위해서는 어떻게 해야 할까? 그 방법은 아홉 단계의 전계에 있다. 하지만 금촉(禁觸), 후신(厚身), 정수(精)와 관련하여 太一에 이르는 방법에 대해서만 알아보게 되면 그 가르침의 시작은 먼저 하나의 길을 선택해야 하는 목적(目的)을 가져야 한다. 그 까닭은 인생에 뚜렷한 삶의 방향이 있을 때 감각기관을 억제하는 금촉(禁觸)을 행할 수 있기 때문이다.

유교의 가르침		
美能大의 体	太一(治化, 美)	
美能大의 用	精	眞一(醇朴)
	身	勤一(竭力)
	觸	協一(目的)

종왕(倧王)을 통한 아름다움(美)의 길

다음에는 목적을 바탕으로 용맹정진하는 갈력(竭力)을 행하여야 한다. 이러한 까닭은 진심으로 나를 갈고 닦을 때 '천박한 엷음(薄身)'을 극복하고, '두터운 몸(厚身)'을 얻을 수가 있기 때문이다. 끝으로 갈력을 바탕으로 순박(醇樸)함의 상태가 되어야만 한다. 그 까닭은 절대순수의 상태가 아니고서는 분화(생명력)하고자 하는 정수(精水)를 보전할 수가 없기 때문이다.

그런데 지금까지 알아본 목적(目的)·갈력(竭力)·순박(醇樸)함을 통해 금촉(禁觸)과 후신(厚身)을 이루고, 정수(精水)를 보전하게 된다는 가르침은 유교(儒敎)의 수양(修養)에서 핵심이 되는 가르침이기도 하다. 그 이유는 지극히 뛰어난 아름다움을 실현하는 길(禁觸, 厚身, 眞精)이 유교에서 중요시하는 접촉(觸)과 관련된 명칭들을 통해 이루어져 있기 때문이다. 따라서 종(倧)이란 접촉과 관련해서 유교의 가르침과 상통하는 가르침을 전해주기도 한다.

이제 전선종(佺仙倧)에 대하여 전체적으로 정리를 해보게 되면 신시시대의 가르침은 제천(祭天)을 바탕으로 헌신 속에서 비움을 통해 온전(全)함을 이루는 것이었다. 온전함을 바탕으로는 성품을 통하고 이로써 참됨(眞)을 이루는데 있었다. 그런데 불교(佛敎)에서도 비움을 통한 온전함을 바탕으로 지혜로움으로 가득한 성품을 통하게 되는 것을 주장하였다. 따라서 신시의 가르침과 불교의 가르침은 성품을 통하는데 있어서는 같은 목적을 표방하였다.

잠시 여기서 성품을 통하게 될 때 참됨을 이루게 되는 것에 대해 알아보면 이것은 지혜로움으로 가득한 성품을 통하게 될 때 거짓을 버리고 참됨을 이루게 된다는 것을 말한다. 그렇기 때문에 성품을 통하는 자는 지극히 맑은 참됨을 성취하게 되어 있다. 이러한 까닭에 불가(佛家)에서는 성품을 통하고, 이로써 지극히 맑은 참됨을 이루는 지고지명(至高至明)한 여래(如來)가 되는 것을 최고의 가르침으로 주장하기도 했다.

	제왕의 道	백성의 道
전계(佺戒)	온전함(全)→眞	제천지교(祭天之敎)→全
선법(仙法)	활달함(仚)→善	관경지교(管境之敎)→仚
종왕(倧王)	방정함(宗)→美	책화지교(責禍之敎)→宗

천지인의 체(体)와 용(用) 공부

청구시대의 가르침은 관경(管境)을 바탕으로 성실함 속에서 밝음을 통해 활달함(仚)을 이루는 것이었다. 활달함을 바탕으로는 만물에까지 영향을 끼치는 목숨을 알고, 이로써 착함(善)을 넓히는데 있었다. 그런데 도교(道敎)에서도 밝음을 통한 활달함을 바탕으로 만물에까지 영향을 끼치는 목숨

(命, 熱)을 아는 것을 주장하였다. 따라서 청구의 가르침과 도교의 가르침은 목숨을 아는데 있어서는 같은 목적을 표방하였다.

잠시 여기서 목숨을 알게 될 때 착함을 넓히게 되는 것에 대해 알아보면 이것은 만물에까지 영향을 끼치는 목숨을 알게 될 때 악함을 버리고, 착함을 넓히게 된다는 것을 말한다. 그렇기 때문에 목숨을 알게 되는 자는 지극히 거룩한 착함을 넓히게 되어 있다. 이러한 까닭에 도가(道家)에서도 만물에까지 영향을 끼치는 목숨(熱)을 알고, 이로써 지극히 거룩한 착함을 베푸는 공덕(功德)을 최고의 가르침으로 주장하기도 했다.

조선시대의 가르침은 책화(責禍)를 바탕으로 성찰과 굳셈을 통해 최상의 몸가짐인 방정함(宗)을 이루는 것이었다. 방정함을 바탕으로는 정수를 보전하고, 이로써 아름다움(美)을 실현하는데 있었다. 그런데 유교(儒敎)에서도 그 몸가짐을 정밀하고 한결 같이하여 진실로 그 中을 잡으라(惟精惟一 允執厥中)고 주장하였다. 따라서 조선의 가르침과 유교의 가르침에서도 처세술에서 中을 잡으라는 것과 성명정에서의 中이 되는 생명력(生命力, 精)을 보전하라는 차이만 있을 뿐 中을 지키고 보전하는데 있어서는 같은 목적을 표방하였다.

잠시 여기서 정수(精水)를 보전하게 될 때 아름다움을 실현하게 되는 것에 대해 알아보면 이것은 분화에 목적을 둔 생명력인 정수를 보전하게 될 때 흉함을 버리고, 아름다움을 실현하게 된다는 것을 말한다. 그렇기 때문에 정수를 보전하게 되는 자는 지극히 뛰어난 아름다움을 실현하게 되어 있다. 이러한 까닭에 유가(儒家)에서도 처세에 있어서 中을 지키고, 이로써 지극히 뛰어난 아름다움을 실현하는 대업(大業: 천리에 따른 공덕)을 최고의 가르침으로 주장하기도 했다.

2부

천부(天符)의 세계

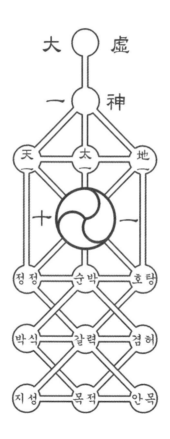

집안(集安) 오회분 4호묘의 삼족오 그림과
조선 후기, 가회박물관 소장 삼두매.
상위의 그림들은 일체삼용(一體三用)의 원리로서
회삼귀일(會三歸一)과 집일함삼(執一含三)의 원리를 나타내고 있다.

제1장 천부경의 상징체계

1. 세계수(世界樹)

고대 환족(桓族)의 영웅들은 신령스러운 산으로부터 지혜와 영적인 힘을 얻었다. 그래서 환족의 영웅들은 지혜와 영적인 힘을 통해 문명을 열고, 제국의 아침을 열 수가 있었다. 이런 점에서 영웅들에게 산은 지혜를 주고, 영적인 힘을 주는 지혜의 보고(寶庫)요, 영적인 힘이 뭉쳐진 성산(聖山)이었다.

그 중에서도 백두산은 환웅천왕께서 나라를 여신 성지(聖地)가 됨으로 환족들에게는 동북쪽의 거점이 되었다. 그런데 동북쪽의 거점인 백두산은 환족의 중심일 뿐 아니라 천하중심의 거점이기도 했다. 그 까닭은 환웅천왕으로부터 인류의 문명(文明)이 시작되었다는 자부심이 환족들에게는 있었기 때문이다.

당시의 환웅천왕은 북방에 자리를 잡고 있던 환국(桓國)으로부터 무리 3,000을 거느리고, 태백산꼭대기의 신단수(神壇樹) 밑으로 내려왔다. 이로부터 이곳 주변을 신시(神市)라 하고, 나라이름을 배달(倍達)이라 했다. 이후 주변의 무리들을 모아 환골이신(換骨移神)하는 수행(修行)을 시키게 되면서 지금의 백두산인 태백산은 수도자(修道者)들의 거점이 되어 동북쪽으로부터 신풍(神風)과 성속(聖俗)이 천하 만방에까지 전파될 수가 있었다.

천하 만방의 사람들로서
신성이화(神聖異化)를 흠모하는 자들은
반드시 삼신(三神)을 추모하고
숭상하게 되면서부터 동북쪽에
신명사(神明舍)라 불리는 곳이 있게 되었다.
〈태백일사〉「신시본기」

환족의 영산(靈山)인 백두산

　당시에 존재했었던 신명사(神明舍)라 하는 곳은 신풍을 만들어내는 비전의 도가단체(道家團體)를 말한다. 그런데 도가단체인 신명사가 동북쪽에 있었다는 것은 고대로부터 백두산을 거점으로 도가단체들이 중심을 이루어 발전했음을 말해준다. 그래서 갈홍(葛洪)75)이 지은 《포박자》에도 황제 헌원이 동북쪽의 땅에 와서 자부선생을 뵙고 도(道)를 구하였다고 했다.

75) 갈홍(葛洪) 284년 ~ 364년 동진(東晉)시대 방사(方士, 도사)이자 의학자. 저서로는 포박자(抱朴子)와 신선전(神仙傳)이 있다.

옛날 황제 헌원이 동녘으로
배달나라의 청구(靑丘)에 이르러,
풍산(風山)76) 을 지나다가 자부선생(紫府先生)을 만나서
삼황내문(三皇內文)이란 책을 받고 난 뒤,
모든 신선들을 부를 수 있었다.

이밖에도 〈태백일사〉「삼한관경본기」를 보게 되면 자부선생께서 삼청궁 (三淸宮)을 세웠는데, 여기서 공공(共工), 헌원(軒轅), 창힐(倉頡), 대요(大撓)의 인물들이 학문을 배워갔다고 한다. 이렇듯 동북쪽의 땅은 신선공부를 하고자 하는 자들의 중요거점이기도 했다.

이로부터 백두산은 신선(神仙)들의 중심거점이 되었으며, 그 산에는 세상 사람들이 불로초(不老草)라 생각하는 많은 산삼(山蔘)이 채취되면서 사람들은 백두산을 혼(魂)을 되돌리고 늙지 않게 하는 근원적인 곳으로까지 생각하게 되었다. 그래서 《환단고기》에서는 신인(神人)77)이 오르내림의 시작이 백두산으로부터 비롯되었다고도 하였다.

대저 백두의 큰 산은
대황(大荒)의 가운데에 자리 잡았으니
가로로 천 리를 뻗고, 높이는 2백 리를 넘는다.
웅장하고 험준하니 울퉁불퉁 거창하여
배달천국(倍達天國)의 진산(鎭山)이라 한다.
신인(神人)이 오르내림은 실로 여기서 시작된다.
〈태백일사〉「신시본기」

---

76) 풍산(風山): 방장산=밝산=백산=태백산=백두산

77) 신인(神人)이라 함은 신과 같은 지혜를 가진 인물을 말한다. 《단군세기》에서도 단군왕검을 신인(神人)이라고 하였다.

고대인들에게 산(山)의 특징은 하느님과 만나는 신성한 곳이었다. 그것은 하늘로 높이 뻗은 산이 신과 인간이 교통(交通)하는 장소로 여겨졌기 때문이다. 이 때문에 높은 산꼭대기에 제천단(祭天壇)을 만들기도 하였다. 그래서 산은 신과 인간이 교감하는 장소가 되어 세계의 축(軸), 우주의 축이 되어 우주산(宇宙山)이라고 일컬어지기도 했다.

그런데 여기에는 신과 인간이 만나는 또 하나의 연결고리가 있다. 그것이 신단수(神壇樹)이다. 신단수는 제사를 지내는 제단 앞에 심어져 있음으로 신이 제물을 흠향하러 내려오는 하늘사닥다리의 역할을 상징하기도 했다. 그래서 신화에서 그 상징성은 세계의 중심인 세계수(世界樹)로 상징되어 있다. 이렇듯 신단수는 세계의 중심으로 상징되면서 신과 인간을 교통시키는 상징체계를 가지게 되었다.

그렇다면 신과 인간의 교통을 상징하는 세계수(世界樹)에 대해서 자세히 알아볼 필요가 있다. 우선 세계수를 단적으로 말한다면 세상의 중심축을 이루는 나무이다. 그래서 이 나무는 지상과 하늘을 연결하는 통로가 되기도 한다. 따라서 세계수는 고대의 신성(神聖)들이 하늘에 오르고 내리던 천상의 사닥다리였으며, 세상에 문명을 열게 되는 중심축이기도 했다.

이밖에도 세계수는 가지를 사닥다리로 삼아 올라가기 때문에 가지는 하늘 끝까지 뻗어 있고, 뿌리는 땅 끝까지 뻗어 있는 나무이다. 이른바 줄기를 지상(地上)에 두고, 가지와 함께 줄기를 천계(天界)로 뻗고 있으며, 뿌리를 지계(地界)로 뿌리내린 형상을 하고 있는 나무이다.

그래서 천계와 하계를 오고갈 수 있는 세계수는 샤만이 환자의 영혼을 데리고 천계여행과 지하여행을 하는 나무이기도 했다. 이 뿐만 아니라 천상의 신(神)과 지하의 신이 지상으로 와서 희생물을 먹고 지하로 내려가기도 하며, 천상으로 올라가게 되는 신목(神木)이기도 하였다. 이렇듯 세계수는 지상의 인간에게 도움을 주기위해 지하와 천상의 신들로 하여금 교통할 수 있게 하는 특별한 나무였던 것이다.

북유럽의 세계수 이그드라실

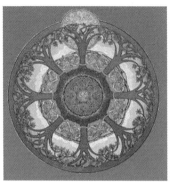

켈트의 세계수

수메르의 세계수

이집트의 세계수

아즈텍의 세계수

장천 1호분의 세계수

중화(中華)의 세계수   마야의 세계수 와카ㅡ찬

그러면 이제 세계수를 백두산과 관련해서 보면 세계의 중심에 백두산이 있으면 그 중심에는 세계수가 있게 된다. 이러한 까닭으로 천상과 지하의 신이 인간세계로 오기 위해서는 백두산에 있는 세계수를 중심으로 오게 되어 있다. 이런 점에서 백두산에 있는 세계수란 고대인들에게 있어서 신과 인간이 교통하는 성스러운 하늘사닥다리였으며, 신과의 교통이 가능한 인간이 세상에 문명을 열어주는 세계의 축(軸), 즉 세계의 중심이었다.

이와 같은 상징체계는 여러 지역에서도 나타나고 있는데, 북유럽의 신화에 자주 등장하는 이그드라실(Yggdrasil)의 나무에서도 대표적으로 나타난다. 이 나무는 우주를 지탱하는 거대한 물푸레나무로서 그 뿌리는 세 갈래로 갈라져 있고, 뿌리의 밑에는 세 개의 샘이 있다. 이 뿐만이 아니라 그 뿌리는 지구의 중심까지 뻗어 있기 때문에 지구를 떠받치는 중심축이 되기도 한다.

세계수(世界樹)에 대한 관념은 몽고인들에게도 있는데, 몽고인들에게 세계수는 잠부(Zambu)라는 나무이다. 이 나무의 뿌리는 수메르산 바닥을 꿰뚫고 있고, 수관(樹冠)은 수메르산 정상을 뒤덮고 있다. 몽고인들의 신은 이 나무의 열매를 먹고 살고 있으며 우주산의 골짜기에 숨어사는 악마들(asuras)은 그런 신들의 모습을 선망의 눈초리로 바라본다고 한다.[78] 중국신화에서도 보게 되면 도광산(都廣山)에 건목(建木)이 있는데, 많은 제왕(帝王)들이 그곳에 오른다고 한다.[79]

> 그곳(都廣山)에서는 해(日)가 중천에 있어도
> 그림자가 생기지 아니하고
> 목소리를 내도 울리지 아니한다.
> 아마도 천지(天地)의 중앙(中央)일 것이다.
>
> 〈회남자〉「지형훈」

건목(建木)에 대하여 〈여씨춘추〉「유시림」에서는 천지지중(天地之中)이라고 하여 '천하의 중심'임을 말하고 있다. 〈산해경〉「해내남경」에서는 이 나무에 대하여 '나무가 있는데 그 생김새가 소(牛)와 같다(有木 其狀如牛)'고도 했다. 그렇다면 건목을 왜 소(牛)와 같다고 했을까?

소에 대한 고대의 상징으로는 신농씨(神農氏)의 우두신상(牛頭神像)이 있다. 여기서의 소는 문명(文明)을 상징한다. 이란의 신화에서도 미트라신이 생명의 원천인 황소를 죽여 그 피로써 주곡·보리를 비롯한 모든 식물을 풍요롭게 한 것으로 보아 이란에서도 소는 '문명의 상징'이었다. 이런 점에서 소와 그 생김새가 같다고 하는 건목은 문명을 상징한다.

건목이 문명을 상징하는 것은 하늘사닥다리가 되어 하늘의 지혜를 지하로 내려주고, 다시 지하에서는 지상에 전해주는 역할을 하기 때문이다. 이

---

78) 《샤마니즘》 251쪽 세계수. 까치글방 출판.
79) 건목(建木)에 대하여 〈산해경〉「해내경」에서는 태호(太昊)가 이 나무로 지나다녔고, 황제(黃帝)가 관리하고 키웠던 나무라고 했다.

때문에 이 나무는 문명의 시원을 상징하고 있으며, 어느 곳이 세계의 중심인지를 알려주고 있다. 이러한 상징체계를 가진 세계수에 대한 신화는 세계의 곳곳에서 발견된다. 따라서 어느 곳이 정통성이 있는 세계수에 대한 문화를 가지고 있는지는 알기가 어렵다.

하지만 문명의 시원이 샤머니즘으로부터 시작되었다는 점을 감안하면 샤머니즘의 고향인 북방으로부터 세계수(世界樹)에 대한 문화가 시작되었다고 보는 것은 마땅하다. 이렇게 볼 때에 북방과 세계수에 대한 문화는 서로 떨어질 수 없는 관계가 되므로 북방으로부터 문명이 열렸다고 해도 과언은 아니다.

이러한 관계에 대해 《샤마니즘》의 저자인 엘리아데도 언급하고 있듯이 그는 북쪽으로 올라갈수록 샤면의 종교적 역할은 남쪽에 견주어 볼 때 그 비중이 커지고 훨씬 복잡해진다고 했다. 그러면서 그는 또 북아시아의 샤머니즘은 극도로 복잡하고, 역사도 길다고 하였다.

그렇다면 샤머니즘의 문화에 있어서 원형에 가까운 것으로는 무엇이 있을까? 그것은 환웅천왕과 반고(盤固)에게 전해진 신물(神物)과 법술(法術)을 통해 알 수 있는데, 반고에게는 십간십이지(十干十二支)의 신장(神將)들을 거느리게 했다는 기록이 있다. 여기서 십간십이지는 갑을병정무기경신임계(甲乙丙丁戊己庚辛壬癸)라고 하는 십간(十干)과 자축인묘진사오미신유술해(子丑寅卯辰巳午未申酉戌亥)라고 하는 십이지(十二支)를 말한다.

그런데 왜 반고는 이러한 원리를 가지고 환국을 떠났다고 하지 않고, 십간십이지의 신장(神將)들을 이끌고 떠났다고 했을까? 이것은 십간십이지에는 하늘과 땅의 기운이 맞물려 시간이 열릴 때 그 시간 속에는 운명을 이끌어가는 보이지 않는 힘이 작용하고 있기 때문이다.

즉 이 말은 십간십이지에는 보이지 않는 힘인 신장들의 기운이 뭉쳐져 있기 때문에, 십간십이지를 가지고 길을 떠나는 것을 이끌고 가는 것으로 표현한 것이다. 이와 같이 고대인들에게 십간십이지는 운명을 만들어내는 신장(神將)들이었으며, 이것은 샤머니즘에 있어서 만물의 근본을 볼 수 있는 열쇠와도 같은 법술이었다.

> 때에 반고(盤固)라는 자가 있어 기이한 술법을 즐기며 길을 나누어 가기를 청하매 환인께서 이를 허락하였다. 마침내 재물과 보물을 꾸리고 십간(十干) 십이지(十二支)의 신장(神將)들을 이끌고 공공(共工), 유소(有巢), 유묘(有苗), 유수(有燧)와 함께 삼위산의 납림동굴(拉林洞窟)에 이르러 군주가 되니 이를 제견(諸畎)이라 하고 그를 반고가한(盤固可汗)이라 했다.
>
> 〈삼성기전〉「하편」

당시 반고에게 북방문화의 원형인 십간십이지가 전해졌듯이 환웅에게도 삼일철학(三一哲學)의 표징인 거울, 북, 칼로 된 천부인(天符印) 세 개가 전해졌다. 이러한 신물(神物)을 환인께서 환웅에게 주었다는 것은 그동안 환국으로부터 구전되어 내려온 천부경의 삼일철학을 되살려 나라를 열라고 하는 가르침이었다. 여기서의 천부경은 운명을 지혜롭게 살 수 있는 십간십이지와는 다르게 운명을 뛰어넘어 하늘과 부합되는 가르침을 담고 있다. 그렇기 때문에 천부경은 환골탈태(換骨脫胎)[80]하여 불멸의 삶을 살 수 있는 가르침을 전해준다.

이와 같이 천부경의 가르침은 우리로 하여금 땅을 바탕으로 하여 하늘과 부합하는 삶을 살 것을 요구한다. 그런데 우리는 여기서 특이한 점을 발견하게 된다. 그것은 천부경이 하늘과 부합되는 가르침으로 되어 있기 때문

---

80) 환골탈태(換骨脫胎): 환골탈태는 수행을 통해 선골(仙骨)이 되고, 부모로부터 받은 육신을 벗어나 자유롭게 이동할 수 있는 것을 말한다. 즉 이 말은 금단일기를 통해 양신(陽神)을 이루게 될 때 자신의 혼령이 양신에 의탁하여 육체를 벗어날 수 있음을 말한다. 이와 같은 사례는 선도(仙道)에서 많이 찾아 볼 수 있다.

인지는 모르겠으나, 천부경의 내용인 전체구성을 그림으로 보게 되면 특이하게 천지인이 서로 교통하는 것으로 되어 있는 것이다. 이것은 천부경이 천지교통의 세계수이며, 신인(神人)이 합일하는 샤머니즘의 대표적 철학이라는 것을 말한다. 이렇게 볼 때에 천부경은 샤머니즘문화에 있어서 십간 십이지와 더불어 가장 원형적인 문화였음을 알려준다.

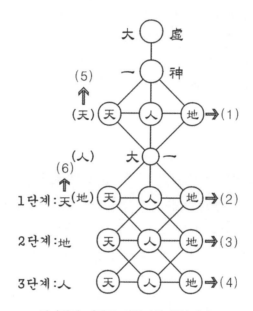

열다섯의 개체로 이루어진 천부체계도
중앙의 수직으로 일곱 기둥(七火의 불기둥)이 있다
좌·우측의 수직으로는 각각 결실의 상징인
네 개의 기둥이 있다

그러면 이제 천부경이 만들어내는 천부체계도(天符體系圖)의 구조에 대해 알아볼까한다. 그 구조에 대해 보게 되면 천지인의 법칙이 가득 채워져 있는 것을 발견하게 된다. 이것은 천부경의 구조가 천지인사상에 모태가 됨을 말해주고 있는 것이다. 그렇다면 천부경의 원리를 잘 나타내고 있는 천부체계도에 대해 살펴보게 되면 [열다섯 개체로 이루어진 천부체계도]의 그림에서와 같이 무한계인 三神에서 천지인(天一 · 地一 · 太一)이 하나의 구조로 이루어져 있는 것을 볼 수가 있다.

다음에는 유한계의 하늘인 三極에서도 1차적인 천지인(天一 · 地一 · 人一)이 있고, 유한계의 땅에 해당하는 분별계에서도 2차적인 천지인(天二 · 地二 · 人二)이 있으며, 유한계의 사람에 해당하는 타락계에서도 3차적인 천지인(天三 · 地三 · 人三)이 있다. 이렇듯 수평으로만 보더라도 천지인의 구조가 넷(四)이나 천부체계도에서 만들어진다.

이번에는 천지인의 구조를 수직으로도 살펴보면 무한계의 三神을 하늘로 하고, 유한계의 三極을 땅으로 하며, 중간에 존재하는 大一을 사람으로 하게 되면 여기서도 천지인의 구조가 만들어진다.

다음으로 유한계의 1단계인 三極과 2단계인 분별계와 3단계인 타락계를 수직으로 보게 되면 또 하나의 천지인이 만들어진다. 이처럼 수평으로 넷과 수직으로 두 개인 총 '여섯 개의 천지인(天地人)'이 구성되면서 천부경인 천부체계도에서는 여섯 개의 천지인구조를 만들어낼 수가 있었다.

우리는 여기서 잠시 천지인의 구조가 여섯 개로 이루어진 것과 왜 천지인으로 구조가 이루어졌는가를 알아볼 필요가 있다. 우선 천부경이 6의 숫자와 관련이 있는 것을 알아보면 그것은 이전에도 알아보았듯이 천부경이 6수(六水)의 정신에 의한 통일을 지향하고 있기 때문이다.

다음에는 천부경이 천지인의 구조로 되어 있다는 것은 인간이 천지와 하나가 되는 가르침이 천부경에 있다는 것을 말한다. 그렇다면 천부체계도에 여섯 개의 천지인구조가 있다는 것은 인간의 생명이 통일(六)을 이루게 될 때에는 천지와 하나가 될 수 있음을 알려준다. 이런 점에서 볼 때 여섯 개의 천지인은 인중천지일(人中天地一)의 뜻을 담고 있다고 하겠다.

이번에는 천부체계도에서 나타나는 모든 개체(個體)에 대해서도 알아보게 되면 그 개체의 숫자는 대허(大虛)로부터 시작하여 타락계에 해당하는 人三(9)까지가 15개가 된다. 그런데 이것은 상생(相生)의 원리를 나타내고 있는 하도(河圖)의 중앙에 5토(五土)와 10토(十土)로 이루어진 15수와도 같다.

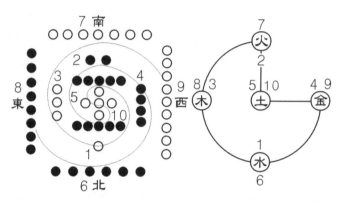

하도(河圖)의 체(體)와 용(用)
하도의 정중앙에는 五土를 중심으로 十土가 둘러싸고 있다
중앙의 十五土를 중심으로는 태극이 형성됨을 볼 수 있다

　이와 같이 하도에서 나타나는 15수가 천부체계도에서도 나타나고 있는 것은 천부체계도에 있어서도 15수가 하도와 같은 원리로 작용하고 있기 때문이다. 먼저 하도의 5土를 보게 되면 사방위에 배치되어 중재의 역할을 하는 것이 아니라, 중앙에 있게 됨으로 현실에 드러나지 않는 내적세계와 무형의 세계를 상징한다. 마찬가지로 천부체계도에서도 보게 되면 대허(大虛)로부터 일신, 천일신, 지일신, 태일신의 다섯 개체는 일기가 만들어지기 이전이므로 내적세계와 무형의 세계를 나타낸다.
　이번에는 하도의 10土를 보게 되면 금화교역(金火交易)을 주재함으로써 통일의 시초가 된다. 그런데 천부체계도에 있어서의 10수(十數)도 분화를 마감하고, 통일의 시초를 이루게 됨으로 하도에서의 10土와 같은 의미를 가진다.

다만 여기서 중요한 것은 하도에서의 10土가 중앙에 배치되어 5土를 얻게 되면서 생명의 통일을 이루게 되었듯이, 천부체계도에 있어서의 10수도 다섯 개체(대허, 일신, 천일, 지일, 태일)를 회복하게 될 때에는 자아회복을 이루게 된다는 사실이다. 이것은 바로 하도나 천부체계도에 있어서 15수를 이루게 될 때에는 생명의 통일을 이루게 되나, 15수를 이루지 못하게 될 때에는 영원히 범부의 삶을 벗어나지 못하게 됨을 말한다.

15數는 상극(相克)의 세상을 상징하는 낙서(洛書)에서도 나타난다. 낙서를 보게 되면 十數가 중앙에 놓여있지는 않지만 중앙을 빼고 좌우대칭으로 숫자의 합산이 이루어지게 될 때 10수를 이루게 된다. 여기에 더하여 중앙의 5土까지 합산을 하게 될 때에는 하도에서와 같이 15수를 이루게 되어 있다. 그런데 낙서는 좌우대칭으로 十五數를 이루게 되면서 마방진(魔方陣)을 만들어 놓기까지 했다.

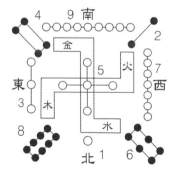

만(卍)자 모습의 낙서　　　좌우대칭의 15수인 마방진

그렇다면 낙서는 결과적으로 10土를 가지고 5土를 얻게 될 때에는 하도와 같이 十五數를 이루어 생명의 통일을 이루게 되는 상(象)이다. 하지만 낙서에는 생명의 통일을 위한 뜻만을 내포하고 있을 뿐이지 아직 통일을 위한 준비도 되어있지 않은 상태이다. 그러므로 하도와 낙서의 차이는 10土를 가지고 5土를 얻었느냐, 아니면 10土와 함께 5土를 얻지 못했느냐의 차이만 있을 뿐이다.

이로 보건대 통일의 시초가 되는 10수와 함께 5토를 얻기까지의 과정이 낙서가 가지고 있는 뜻이라면 하도는 10수를 통해 5토를 얻어가지고 생명의 통일을 이룬 상태이다. 그렇다면 천부계계도(天符體系圖)에서는 10수를 통해 무한계에 해당하는 다섯 개체(大虛, 一神, 天一, 地一, 太一)를 얻기 전까지는 낙서와 같이 미완성의 과정이다.

하지만 천부체계도에서 10수를 통해 무한계에 해당하는 다섯 개체(大虛, 一神, 天一, 地一, 太一)를 얻게 될 때에는 하도와 같은 상태가 되면서 이때에는 생명완성의 상태가 된다. 따라서 천부체계도에서는 10수를 가지고 다섯 개체를 얻도록 힘써야 하는 뜻을 내포하고 있다.

다음에는 천부체계도에서 나타나고 있는 장고형(Ⴟ)의 문양에 대해서도 알아 볼 필요가 있다. 먼저 그 문양을 보게 되면 신화(神話)에서 하늘로 올라가는 세계수(世界樹), 즉 사닥다리와 같이 하늘과 땅이 서로 연결되는 모습이다.

그런데 천부체계도에는 장고형이 일곱 개나 형성되어 있는 것이다. 이것은 장고형과 더불어 오행(五行)에서 가장 강력한 불을 나타내고 있는 7화(七火)가 천부체계도와 어떤 관련이 있음을 말해준다. 그렇다면 천부체계도에는 어떻게 장고형이 있으며, 장고형이 일곱 개나 형성이 되어 있는 것일까? 그것은 천부체계도가 사람이 중심이 되어 천지와 고리를 이루게 되는 가르침을 1차적으로 가지고 있기 때문이다.

다음에는 7火가 뜻하고 있듯이 천부체계도가 불멸의 생명을 얻게 되는 가르침을 2차적으로 내포하고 있기 때문이다. 이렇게 볼 때 천부체계도가 뜻하는 것은 천지와 고리를 이루게 될 때에는 불멸의 생명을 얻게 됨을 말해주고 있는 것이다.

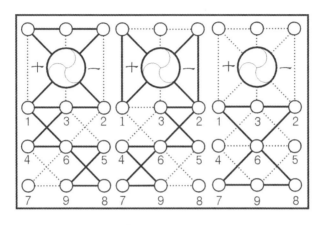

일곱 개의 장고형(⋈)을 나타내고 있는 천부체계도

특히 우리는 여기서 중요한 사실을 하나 발견하게 된다. 그것은 그동안 알아본 천지인(天地人)을 통한 6과 장고형(⋈)을 통한 7이 운삼사 성환오칠을 통해 만들어진 7점6각(七點六角)과 환인씨의 일변위칠(一變爲七), 이변이육(二變二六)의 가르침과 그 뜻을 함께 하고 있기 때문이다. 이것으로 보아 천부경이 통일의 정신인 6수(六水)와 불멸의 생명인 7화(七火)를 얻는데 뜻이 있음을 보여준다.

이번에는 천부체계도에서 나타나는 장고형의 문양과 그 의미에 대해서 좀 더 자세히 알아볼까 한다. 먼저 장고형의 문양을 보게 되면 위와 아래가 교차하는 모습이 있는데 이 때문에 고대에는 숫자 五로 쓰이기도 했다. 이것은 생수(生數)인 一二三四와 성수(成數)인 六七八九의 숫자를 연결해주는 중수(中數)의 역할 때문이기도 하다.

장고형(𝕏)은 五의 움직임이다.
둘(二)에서 하나(一)는 위의 하늘을 뜻하고,
두 번째의 하나(一)는 아래의 땅을 뜻하고,
음양이 천지간에 가로 세로(X)가 서로
교차(交午)하는 형상이다.
(𝕏五行也. 從二陰陽在天地間交午也.)

〈설문해자〉「허신」

하늘과 땅을 교차시키는 장고형(𝕏)의 문양은 수메르의 인장(印章)에서
도 찾아볼 수 있다. 수메르 인장에서 나타나는 팔방위(✳)와 여섯 개의 사
각형인 상자 밑으로 보게 되면 장고형의 문양이 보이는데, 위(▽)의 삼각
표시는 음(陰)존재를 상징하고, 아래(△)의 형상은 양(陽)존재를 상징한다.

수메르 인장에 있는 기호

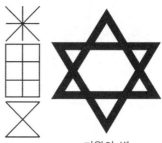
다윗의 별

그렇다면 왜 신(神)을 뜻하는 팔방위(✳)의 문양과 여섯 개의 사각형,
그리고 장고형을 그려 넣은 것일까? 이것에 대해 수메르의 기호를 연구하
는 학자는 여섯 개의 사각형은 12개월 중에 각각 6개월을 상징한다고 한
다. 그것도 가을과 겨울의 6개월과 봄과 여름의 6개월을 상징한다고 말한
다. 이렇게 볼 때에 여섯 개의 사각형 아래로 장고형이 있다는 것은 가을

겨울의 6개월과 봄여름의 6개월이 대지를 풍성하게 하기 위하여 상호교류하고 있음을 보여준다.

더욱 위에는 신(神:＊)을 뜻하는 글자가 있는데, 이것은 모든 것이 신의 뜻에 의하여 이루어진다는 것을 나타낸다. 즉 결실과 저장을 하는 6개월과 씨 뿌리고 길러내는 6개월의 기간이 상호 순환하는 가운데 만물이 풍성해지느냐 그렇지 않느냐가 신의 뜻에 달려있다는 이야기이다.

장고형의 문양은 다윗의 별에서도 나타나고 있다. 다만 다윗의 별은 장고형의 문양에서 위와 아래의 삼각형이 완전히 겹쳐진 문양이다. 이것은 무한계와 유한계가 완전히 결합됨을 나타내기도 한다. 따라서 6각형의 모습인 다윗의 별(Star of David)은 서로 반대되는 것이 하나로 통일된 상태를 나타내게 된다.

다윗의 별을 다른 말로는 헥사그램(hexagram)이라고도 한다. 이 문양은 유대인과 아랍인들에게 귀신을 쫓는 부적으로도 사용되어 왔는데, 그 시작과 기록을 보게 되면 솔로몬에 관한 유대전승으로부터 시작되었으며, 그 기록을 탈무드에서 찾아 볼 수 있다. 탈무드에서 전하는 바로는 다윗과 솔로몬왕은 이 헥사그램을 가지고 귀신을 내쫓고, 천사를 소환했다고 한다.

헥사그램에 대한 전통적 해석으로는 헤르메스의 에메랄드 타블렛이라는 문서와 관련이 있다고 알려져 왔다. 이 문서의 기원은 아랍의 연금술에서 기원했다고 하며, 오늘 날에는 서구 연금술의 시초로 여겨지기도 한다. 이 에메랄드 타블렛의 두 번째 문구에서는 이렇게 말하고 있다.

아래에 있는 것은 위에 있는 것과 같으며, 위에 있는 것은 아래에 있는 것과 같다. 이 지식만을 가지고도 그대는 기적(奇跡)을 행할 수 있다.

그동안 살펴본 장고형인 두 개의 삼각형은 숫자의 의미로 볼 때에 5에 해당하는 중수(中數)를 나타내고 있었다. 더불어 봄과 여름을 통한 양(陽)의 계절과 가을과 겨울을 통한 음(陰)의 계절을 나타내기도 하였다. 그런데 이러한 두 개의 삼각형이 다윗의 별에서 하나로 통합되는 모습을 갖게됨으로 음양합일이라는 의미를 가지게 된다. 이렇게 볼 때 두 개의 삼각형은 태극(太極)이 됨으로 만물을 생산해내는 근원으로서의 역할도 나타내고 있다.

다윗의 별이 음양합일을 통한 근원으로서의 역할은 내부의 6각형과 여섯 개의 삼각형으로 구성된 모습에서도 나타난다. 이것은 6수가 생명을 낳는 근원이 되는 수이기 때문이다. 이렇게 볼 때에 다윗의 별은 태극은 물론, 생명을 낳는 6수의 상징이 되기도 한다. 이와 같은 6수의 상징은 大三合六生七八九에서도 알아보았듯이 마침과 시작인 종시(終始)의 역할이다.

그렇다면 다윗의 별은 태극인 동시에 마침과 시작을 이루는 성향을 가지고 있다. 그런데 이것은 천부경에서 회삼귀일을 하게 될 때 일기가 태극의 모습과 十과 一의 중(中)이 되어 황극을 이루게 되는 것과도 같다. 이로 보건대 천부경과 다윗의 별이 우리에게 전하고자 하는 뜻은 세상의 중심에서 창조의 본체가 되라는 것이다. 이렇게 될 때 궁극적인 인간완성이 될 수 있다는 것이 천부경과 다윗의 별이 우리에게 주는 교훈이다.

지금까지의 내용으로 보아 우리는 장고형이 음양합일을 이루게 될 때에는 태극은 물론, 6수를 통해 마침과 시작이 이루어지게 됨을 알아보았다. 그런데 이전에 알아보았듯이 천부체계도에는 장고형이 일곱 개나 구성이 되어 있는 것이다. 이것은 천부경이 궁극적으로는 '생명의 통일(6數)'을 통해 창조의 본체인 일기를 회복시켜 '불멸의 생명(7數)'을 얻는데 뜻이 있음을 말해준다. 이런 점에서 천부경이 생명의 통일을 통한 본래 모습의 회복, 즉 불멸의 생명을 얻은 인간이 되는 것에 목적이 있음을 알게 한다.

2. 거꾸로 선 나무

세계수는 줄기와 가지를 천상으로 뻗고, 뿌리를 지하로 내린 나무이다. 하지만 거꾸로 선 나무는 뿌리를 천상에 두고, 줄기와 가지를 지상에 드리운 나무이다. 거꾸로 선 나무가 이러한 상징을 가진 것은 천상을 근본으로 하여 시작된 나무이기 때문이다.

거꾸로 선 나무가 천상에 뿌리를 두고 시작되었다는 것은 무한계인 하늘로부터 우리의 영혼이 시작되어 유한계인 지상에서 삶을 살게 되었다는 것을 말한다. 그래서 이러한 상징적 사유(思惟)가 뿌리를 하늘에 두고, 줄기와 가지를 지상에 드리운 나무를 만들었다. 이로부터 이 나무는 유대인들에 의해 전승(傳承)되어 내려 왔고, 인도인들에 의한 베다의 가르침으로도 전해져 내려왔다.

우선 유대전승에서 보게 되면 카발라(Kabblah, 신비철학)에서 전해지고 있는 생명나무(生命樹)로는 세피로트(Sephiroth)라는 나무가 있다. 이 나무는 1~10의 숫자로 구성된 모양과 '22개의 길'로 연결되어있는데, 그 시작은 위에서부터 아래로 시작되고 있다. 따라서 이 나무는 숫자로 되어 있으나 그 모습은 뿌리를 하늘로 하고, 줄기와 가지를 지상으로 드리운 나무이다.

이 나무의 특징을 알아보면 무한계와 유한계의 속성을 함께 가지고 있는 하나의 개체(一氣)가 진화를 위한 목적으로 무질서와 접촉을 위해 자신의 성향을 10단계에 걸쳐 하강시켜 내려온 사닥다리와 같다. 따라서 무한계와 유한계의 속성을 가진 하나의 개체(一氣)로부터 시작되는 나머지 9단계는 존재계를 상징하는 성향으로 나타나게 된다.

세피로트나무에서 하나 더 알아볼 일은 눈에 보이는 존재계의 9단계가 있다면 눈에 보이지 않는 비존재계도 있다는 사실이다. 이것을 카발라에서는 아인(AIN, 無), 아인 소프(AIN SVP, 無限), 아인 소프 아우르(AIN SVP AUR, 無限光)라고 하는데, 그 내용을 보면 천부경에서의 천일(天一), 지일(地一), 태일(太一)인 삼신과도 같다.

특히 아인 소프 아우르(AIN SVP AUR)를 무한광(無限光)이라고 하는 것은 내가 태일을 얻게 될 때 빛의 존재가 되어 거발환(居發桓)을 이루게 되는 것과 같기 때문이다. 이런 점에서 볼 때 카발라에서 말하고 있는 생명나무의 체계는 천부경과 그 뜻을 같이 하고 있음을 알게 된다.

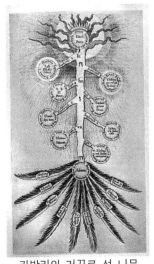
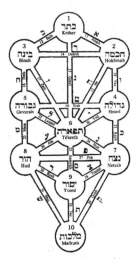

카발라의 거꾸로 선 나무   카발라의 세피로트나무

인도에서도 여러 경전에서 거꾸로 선 나무에 대해 언급하고 있는데, [우파니샤드]에서는 우주(宇宙)가 "하늘에 뿌리를 박고, 온 땅위에 가지를 드리운 거꾸로 선 나무"라고 말한다. [리그베다]에서는 "가지는 아래를 향하여 뻗어 있고, 뿌리는 위쪽에 위치해 있으니 저 높은 곳에서 빛이 우리에게 내려오도다."라고 하였다.

거꾸로 선 나무는 인도의 생명나무인 '아스바타'이기도 한데, 고타마 붓다가 그 밑에서 깨달음을 얻었다고 한다. 그래서 이 신성한 무화과나무는 깨달음을 의미한다고 하여 불교도들에게 보리수(菩提樹)라는 이름을 얻은 나무이기도 했다.

아스바타에 대하여 [바가바드 기타]에서는 "아스바타는 불멸이며, 뿌리는 위에, 가지는 아래에 있다. 잎들은 베다의 찬가이다. 이 나무를 아는 자가 베다를 아는 자이다."라고도 했다. 여기서 베다(Veda)란 '앎(知)'이라는 뜻을 가진 산스크리트어로서 힌두교의 고대 경전을 일컫는다. 따라서 생명나무인 '아스바타'의 상징체계를 안다는 것은 힌두교의 고대경전81)을 읽지 않아도 안다는 것을 의미한다.

그렇다면 아스바타의 상징체계가 어떻게 되어 있기에 이 나무를 아는 자가 힌두교의 고대경전을 안다고 한 것일까? 이에 대하여 우파니샤드에서 '아스바타의 뿌리'는 순수라 하고 불멸(不滅)이라 말한 것과 같이 아스바타의 뿌리가 아트만(Atman:自我)을 상징하고 있기 때문이다. 이른바 아스바타의 뿌리란 소우주(小宇宙)의 본질을 말하기 때문에 그 본질을 아는 자는 베다를 아는 자와 같다고 한 것이다.

위로는 뿌리를, 아래로는 잎사귀를 갖는 것은
불멸의 무화과나무이다. ……
사람들은 흔히 이 나무를 불사의 존재라고 부르며,
모든 이들이 이 나무에 몸을 의지한다.

---

81) 힌두교의 고대경전인 베다사상은 기원전 1500년 이후로 13세기까지 인도로 들어온 철재무기를 사용한 유목민들로부터 잉태되어 나오기 시작했다. 당시 유목민들은 중앙아시아를 중심으로 주변에 거점을 둔 페르시아인, 그리스인, 스키타이인, 훈족(흉노), 터키인 등이었다. 이들 중에 어느 한 유목민들이 베다, 바가바드 기타, 우파니샤드 등이 나올 수 있는 문화를 가지고 인도로 들어왔던 것이다. 이후 베다사상은 인도의 토착문화와 어우러지면서 나오게 되었다.

《카타 우파니샤드》

아스바타의 뿌리로부터 하강의 움직임이 있게 되면 생명의 운동이 시작된다. 그러면 줄기와 가지를 밑으로 뻗기 시작하면서 다양한 세계와 부딪치게 되고, 그 속에서 자신의 운명을 만들어간다. 그런데 아스바타가 하늘에 뿌리를 박고 있으며, 그 곳에서 빛이 내려오는 것은 아스바타의 뿌리가 무한계와 연결되어 있다는 것을 말한다.

하지만 이 최초의 뿌리로부터 줄기와 가지들이 자라나면서 빛은 점차 가리어지게 되어 있다. 그 까닭은 우리의 성품과 목숨이 분별계와 더불어 타락계로 떨어지게 되면서 악한마음과 혼탁한 기운에 의해 빛이 가리어지기 시작했기 때문이다. 그렇기 때문에 이때에는 악한마음을 착하게 하고, 혼탁한 기운을 맑게 할 필요가 있다. 이렇게 될 때 분별계를 거쳐 지극계에서 어느 순간 빛과 완전히 합일을 이룬 상태를 맞이하게 된다. 이러한 상태를 베다(Veda)에서는 원초적 빛에 해당하는 브라만(Brahman)과 순수상태인 아트만이 합일하는 것으로 보았다. 이때가 되면 둘은 하나(一)가 되며, 범아일여(梵我一如)의 상태가 이루어진다.

그렇다면 원초적 빛에 해당하는 브라만에 뿌리를 두고, 밑으로 뻗은 성목(聖木)은 수도자에게 있어서 자아(自我)완성을 위한 상징체계도이다. 이것은 뿌리로부터 가지와 잎으로 내려가면 죽음을 가져오나, 뿌리로 되돌아가게 되면 원초적 빛으로 인해 불멸을 가져오기 때문이다. 그런데 자아완성을 위한 거꾸로 선 나무를 닮은 또 다른 나무가 있다. 그 나무가 천부경으로부터 만들어진 천부체계도이다.

천부체계도에 대해서도 잠시 알아보면 그 뿌리가 되는 大一을 하늘에 두고 있기 때문에 무한계인 대허, 일신, 삼신으로부터 빛을 받고 있다. 하지만 뿌리로부터 분화가 되면 찬란한 빛은 한순간 걷히게 된다. 그 결과로 밝은 빛은 단절된 상태에서 줄기와 함께 양쪽 두 개의 가지를 통해 계속하여 하강만 하는 삶을 살아가게 된다. 이때에 첫 번째 단계가 삼일신고에서는 삼진(三眞)이며, 두 번째 단계는 삼망(三妄), 세 번째 단계는 삼도(三途)이다.

이로부터 줄기와 가지는 지상에 더욱 가까워지면서 많은 사람들은 물질에만 집착하는 삶을 살 수밖에 없다. 그러므로 이때는 순수성을 지키기 위하여 천상으로부터 시작된 영혼이 지상으로의 여행을 멈추던가, 아니면 순수성의 회복을 위해 현재의 위치에서 생명의 분화를 멈추고, 근원으로 되돌리는 수밖에는 없다.

다시 말해 이때에는 우리의 생명체를 나타내는 거꾸로 선 나무의 입장에서 볼 때에 뿌리로부터 분화를 하지 않던지, 그렇지 않으면 순수성의 회복을 위해 다시 뿌리로 되돌아가야만 한다. 이러한 까닭은 우리의 생명을 불멸로 이끌기 위함이다.

거꾸로 선 나무의 상징을 우리는 기독교의 《성경》에서도 만나볼 수 있다. 성경을 보게 되면 영생을 얻게 하는 '생명나무'와 함께 타락을 유도하는 '선악을 알게 하는 나무'가 있다.

여호와 하나님이 그 땅에서 보기에 아름답고
먹기에 좋은 나무를 나게 하시니 동산 가운데에는
생명나무와 선악(善惡)을 알게 하는 나무도 있더라.
〈창세기〉「2장 9절」

위에서 말하는 생명나무는 영생을 얻게 하는 나무이다. 그렇기 때문에 이 나무의 열매를 먹으면 영원히 산다. 그런데 이 나무는 순수성의 회복을 통해 영생을 얻게 하는 나무이기 때문에 그 열매를 얻기 위해서는 나의 생명을 귀일시키는 수밖에는 없다. 이런 점에서 이 나무의 열매는 나의 자아를 회복하게 만드는 금단일기(金丹一氣)가 그 열매이다.

이번에는 선악을 알게 하는 나무에 대해서도 잠시 알아보게 되면 이 나무는 그 열매를 먹게 되면 순수성을 잃고 타락을 하게 만드는 나무이다. 그렇기 때문에 이 나무의 열매는 존재계의 상징들로 되어 있다. 한마디로 분별과 타락하게 만드는 개념들로 이루어진 열매인 것이다. 따라서 생명나무의 열매는 귀일의 과정에서 얻게 되는 영생의 열매라면 선악나무의 열매는 분화의 과정에서 우리로 하여금 순수성을 잃게 하는 열매를 말한다.

그러면 이제 선악나무와 더불어 생명나무에 대해서 보다 자세히 구별하여 알아보고자 한다.

선악나무

《성경》에 의하면 여호와는 아담으로 하여금 선악을 알게 하는 나무의 열매는 따먹지 말라고 한다. 그런데 간교(奸巧)한 뱀이 하와로 하여금 선악과(善惡果)를 따먹도록 유혹한다. 그 결과로 아담과 함께 과실을 따먹은 하와는 자신의 눈이 밝아지는 경험을 하게 된다. 이로부터 자기들의 벗은 몸을 보게 되고, 부끄러워서 무화과나무 잎을 엮어 치마를 만들어 허리에 걸쳤다.

우리는 여기서 아담과 하와가 선악과를 먹기 전에는 부끄러움이 없었다는 것에 주목할 필요가 있다. 이것은 선악이 없는 단일(單一)의 의식에서는 부끄럼이 없기 때문이다. 하지만 분별의식으로 나뉘게 되면 선악(善惡)이 생겨나듯이 사람들에게는 부끄러움과 떳떳함이 생겨나게 된다. 그 까닭은 하나(一)의 순수의 세계에서 차츰 음양(陰陽)을 통한 분별의 세계로 떨어졌기 때문이다. 이러한 경우를 천부경의 입장에서 볼 때에 '선악(善惡)

을 알지 못하는 1단계'를 순수함의 지극계(天一·地一·人一)라 하며, 삼일신고에서는 성명정(性命精)인 삼진(三眞)의 단계라고 한다.

이후 그들의 눈이 밝아져 자기들의 벗은 몸을 보고 부끄러움을 알았을 때는 이미 선과 악을 분별할 수 있는 눈이 생긴 것으로 이것은 음양의 갈라짐이요, 선악의 분별심이 생긴 것을 말한다. 이러한 상태가 천부경에서는 2단계인 분별계(天二·地二·人二)이며, 삼일신고에서는 분별의식으로 떨어지는 삼망(三妄)의 심기신(心氣身)의 단계이다.

다음으로 아담과 하와가 선악과를 먹고 자식까지 낳는 단계까지 가면서 후손들이 퍼지게 될 때는 물질에 집착하며, 악탁박(惡濁薄)에 떨어지는 상태까지 가게 된다. 이 경우가 천부경에서는 3단계인 타락계(天三·地三·人三)이며, 삼일신고에서는 삼도(三途)인 감식촉(感息觸)의 단계이다. 그러면 이때부터는 아담과 하와의 후손들이 타락을 통해 죽음의 나락으로 떨어지게 되는 운명을 맞이할 수밖에 없다.

그러나 일부의 후손들은 타락을 멀리하고 죽음을 극복하고자 구원을 위한 믿음의 길로 들어서기도 한다. 여기서의 믿음의 길은 하느님이 뜻하는 순수의 세계인 선악(善惡)에 분별이 없는 세계이다. 이것이 천부경에서는 지극계이며, 삼일신고에서는 삼진의 세계이다.

그렇다면 이제는 선악을 알게 하는 나무로 상징되는 천부체계도를 통해 일기로부터 지극계, 분별계, 타락계로 떨어질 수밖에 없는 운명에 대해 알아볼 필요가 있다. 먼저 일기(一氣)를 보게 되면 생명의 근원이 되기 때문에 분화할 수밖에 없다. 이것은 일기인 허조동체에 있어서 조(粗)에 해당하는 물질이 분화에 목적을 두고 있기 때문이다.

지극계에서도 보게 되면 순수성인 성명정(性命精)으로 되어 있으나 분화하고자 하는 운명으로 인해 자신을 확장하고자 하는 유혹에 빠져들게 된다. 그렇기 때문에 분별계로 떨어질 수밖에 없다. 분별계에서는 물질에 대

한 더욱 달콤한 유혹에 빠져들게 되는데, 이러한 까닭 때문에 분별계에서
도 타락계로 떨어질 수밖에 없다. 이로써 선악을 알게 하는 나무로 상징되
는 천부체계도에서는 일기로부터 타락계의 막바지 접촉(觸)의 단계에까지
떨어질 수밖에 없는 운명을 그려내고 있다.

그러면 이제 타락계로부터 다시금 영생을 얻기 위한 귀일을 해야 하는데
그 내용에 있어서는 생명나무의 길에서 다시 알아보고자 한다. 대신 일기
로부터 접촉의 단계에 이르기까지 천부체계도에서 나타내고 있듯이 어떻게
12개의 길로 이루어졌는가를 잠시 알아볼 필요가 있다. 이러한 까닭은 천
부체계도가 단순한 의미에서 만들어진 것이 아니기 때문이다.

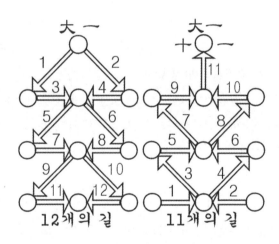

삼수분화도와 삼수귀일도

그렇다면 [삼수분화도와 삼수귀일도]에서 나타나고 있듯이 천부체계도에
서 분화할 때에 만들어지는 12개의 길은 어떤 의미를 가지고 있는 것일
까? 이때의 12라는 숫자는 열두 시간(十二時)과 십이지지(十二地支)가 말
해주고 있듯이 유한계를 나타내는 시간과 땅의 변화법칙을 나타낸다. 그렇

기 때문에 천부체계도에서 12개의 길은 지상에서의 삶을 대변하는 숫자로 나타나게 된다.

하지만 이와는 반대로 타락계에서 귀일을 하게 될 때에는 11개의 길을 통해 일기를 회복하게 되어 있다. 이것은 12개의 길과 다르게 11개의 길이 생명의 통일을 나타내고 있기 때문이다. 이른바 11개의 길에서 10은 귀일의 시초이기 때문이며, 1은 통일과 창조의 본체이기 때문이다. 그렇기 때문에 11개의 길은 일기를 회복시키는 숫자로 나타나게 된다.

다시 말해 11개의 길인 11의 숫자는 천부체계도에서 일기를 회복하게 될 때 일기의 좌우로 10과 1을 이루게 되는 숫자이기도 하다. 그렇기 때문에 11개의 길은 '생명의 귀일(10)'을 통해 '영생의 열매(미분화된 1)'를 얻게 할 뿐 아니라, 10과 1의 중(中)을 이루어 황극(皇極)을 이루게도 하는 길이다. 이런 점에서 11개의 길은 생명의 귀일과 통일을 위한 길뿐만 아니라, 나를 세상의 중심에 세우는 길이 되기도 한다.

생명나무

생명나무는 불멸을 위한 나무이다. 창세기에 의하면 여호와는 아담과 하와의 후손들이 다시 에덴동산으로 되돌아올 것을 생각하여 생명나무 열매를 남겨 놓는다. 여호와의 이러한 뜻은 아담과 하와의 후손들이 생명나무의 열매를 먹고, 다시금 예전의 아담과 하와처럼 영생을 하길 원했기 때문이다.

여호와 하나님이 가라사대 보라 이 사람이 선악을 아는 일에 우리 중 하나같이 되었으니 그가 그 손을 들어 생명(生命)나무 실과도 따먹고 영생할까 하노라.

〈창세기〉「3장 22」

다만 예전과의 차이가 있다면 처음 아담과 하와가 있을 때에 영생의 삶이란 눈이 어둡고, 지혜가 없이 오래만 살았다. 하지만 타락의 길에서 다시 생명나무의 열매를 따먹고 영생의 삶을 살게 될 때에는 눈도 밝고, 지혜가 있는 상태에서 영생을 하게 된다는 점이다. 이런 점에서 볼 때 다시금 에덴동산으로 되돌아와서 생명나무의 열매를 따먹는다는 것은 내 자신이 하나님과 같이 되는 일로서 축복이 아닐 수 없다.

그렇다면 생명나무의 열매를 따먹기 위해서는 어떻게 해야 하는 것인가? 이때에는 나의 머릿골에서 후천일기를 만드는 길이 생명나무의 열매를 얻기 위한 길이다. 이른바 선악나무는 분별계와 타락계로 떨어지는 분열하는 나무였다. 하지만 생명나무는 타락계로부터 분별계를 거쳐 지극계에 이르게 되면 영생에 이르는 실과(實果)를 따먹을 수 있는 나무이다. 그렇기 때문에 지극계에서 성명쌍수를 통해 원정(元精)을 얻어 후천일기를 만드는 일이 영생의 실과를 따먹는 길이다.

이러한 과정에 대해 알기 쉬운 가르침으로는 삼일신고에서 말하는 생명원리와 전계에서 말하는 수행의 단계가 있다. 이에 대하여 카발라에서는 세피로트나무의 체계를 언급하고 있지만 그 역사적 시원을 보면 천부사상이 원형이기 때문에 전계와 삼일신고를 통해 생명나무의 길을 알아보는 것이 타당하다고 생각이 된다.

먼저 전계(佺戒)를 시작으로 삼일신고에서 전하는 있는 생명원리를 보게 되면 지성(知性)을 바탕으로 지감(止感)을 실천해야 하며, 안목(眼目)을 바탕으로 조식(調息)을 해야 하고, 목적(目的)을 바탕으로 해서 금촉(禁觸)을 실천해야 한다. 그래야만 생명나무의 세 번째 단계인 타락계를 벗어날 수 있다.

다시 두 번째 단계를 보게 되면 박식(博識)함을 바탕으로 선심(善心)을 얻도록 해야 하며, 겸허(謙虛)함을 바탕으로 청기(淸氣)를 얻도록 해야 한

다. 갈력(竭力)을 바탕으로는 후신(厚身)을 얻도록 노력해야 한다. 그래야
만 생명나무의 두 번째 단계인 분별계를 벗어날 수 있다.

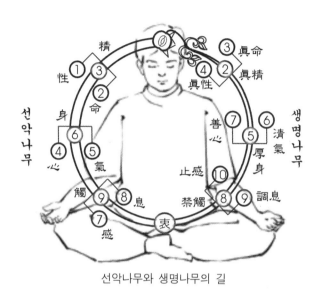

선악나무와 생명나무의 길

　이번에는 첫 번째 단계를 보게 되면 정정(定靜)을 바탕으로 참된 성품
(性)을 얻도록 해야 하며, 호탕(浩蕩)함을 바탕으로 참된 목숨(命)을 얻도
록 해야 하고, 순박(醇樸)함을 바탕으로 참된 정수(精)를 얻어야만 한다.
그래야만 생명나무의 첫 번째 단계인 지극계에서 수도자는 천궁(天宮)에
들어가서 영생을 상징하는 생명나무의 실과(實果: 후천일기)를 얻을 수가
있게 된다. 이런 점에서 볼 때 생명나무의 실과를 얻기 위한 길이란 나의
변화를 통해 해탈과 불멸을 얻게 되는 길이다.
　생명나무의 열매를 영생을 얻게 되는 상징으로 바라본 것은 도교에 있어
서도 마찬가지이다. 도교에서도 신선들이 살아가는 중심에는 생명나무가
있는데 이를 복숭아나무라고 했고, 그 열매를 먹으면 불사(不死)한다고 했

다. 그래서《한무제내전》에서는 서왕모가 가진 불사약을 3천 년에 한 번 열매를 맺는 복숭아 열매라고 한다. 이후 이러한 이야기는 도연명(陶淵明)에게도 전해져 도화원기(桃花源記)에서 그는 선경(仙境)을 복숭아꽃이 만발한 곳으로 표현하였으며,《서유기(西遊記)》에서는 서왕모가 신선들을 연회에 대접하기 위해 복숭아나무 정원을 조성해 놓았다고 하였다.

이와 같이 도교에서는 복숭아나무의 열매가 불멸을 위한 생명나무의 열매로 여겨졌다. 그래서 중국에서는 장명(長命)의 신으로 알려진 남극수성(南極壽星)이 복숭아를 가지고 있다고 했으며, 중국 고대 신화 속의 신선인 마고선녀(麻姑仙女)도 역시 복숭아를 가지고 있다고 했다.

그렇다면 많은 과일 중에 왜 복숭아를 장생불로의 불사약으로 여긴 것일까? 여기에는 복숭아의 씨앗에 그 비밀이 있다. 우선 복숭아 열매의 속을 보게 되면 커다란 하나의 씨앗이 있는데, 이것은 양기(陽氣)를 상징한다. 양기는 음기(陰氣)와 상반되는 것으로 음기는 쇠락과 죽음을 뜻하지만 양기는 번성과 삶을 뜻한다. 따라서 양기의 상징인 하나의 씨앗은 죽음을 멀리하는 동시에 삶을 위한 상징이기도 했다.

이와 같은 과일로는 대추도 있다. 대추나무도 하나의 씨앗을 가지고 있기 때문에 양기가 강한 나무로 알려져 있다. 특히 대추나무가 벼락을 맞을 때에는 더욱 강한 양기를 가지게 됨으로 벽조목(霹棗木)인 경우는 귀신까지 쫓는 것으로 알려져 왔다. 이와 마찬가지로 복숭아나무도 동쪽으로 뻗은 가지를 최고로 취급하여 동도지(東桃枝)인 경우는 부정을 막는데 쓰이기도 했다.

어쨌든 복숭아나무와 대추나무의 특징은 하나의 씨앗으로 되어 있는데, 여기서 복숭아나무의 씨앗은 대추나무의 씨앗과는 달리 그 모양이 도교에서 단약(丹藥)이라 하는 것과 모습이 비슷하다. 이 때문에 오래전부터 복숭아씨앗을 불로장생의 약으로 여긴 것으로 보인다.

그렇다면 우선 단약(丹藥), 금단대약(金丹大藥), 대약환단(大藥還丹)이라 일컬어지는 약부터 알아보면 이 약은 도교에서 수행을 통해 얻어지는 금단일기(金丹一氣)를 말함이다. 금단일기는 처음 회삼귀일하는 마음으로부터 만들어지기 시작하지만 가장 뚜렷하게 나타나기 시작할 때에는 성명쌍수(性命雙修)를 통해 이루어지기 시작한다.

성명쌍수를 통해서는 원정(元精)이 이루어지기 시작하는데, 이것은 성(性)과 명(命)의 가운데 있던 정수(精水)가 기화가 되면서 만들어지는 것이다. 즉 액체의 상태가 기체(氣體)로 변형이 됨을 말한다. 따라서 이때에는 기체로 변형이 된 元精이 태일(太一)로부터 시작된 무형의 빛과 합치가 될 수 있는 상태가 된다.

이런 점에서 볼 때 원정이 이루어지면 태일(太一)로부터 빛이 내려와 서로 엉기게 되는데, 이때의 모습은 다른 두 개의 성질이 만나게 되는 것과 같다. 그렇다면 그 모습은 하나이면서 두 개의 모습을 가진 태극이다. 이것이 금단일기로써 유형과 무형이 결합된 허조동체(虛粗同體)이기도 하다. 그런데 이때의 모습은 여기서 그치지 않는다. 원정과 신령스러운 빛이 허조동체가 되어 선천일기에 해당하는 나의 자아를 둘러싸기 때문이다. 이때에 만들어지는 것이 삼태극(三太極)의 형상이다.

이와 같은 모습이 복숭아 씨앗에서도 그대로 표현되어 있는데, 그 모양을 자세히 보면 두 쪽이 서로 붙어 있는 모습을 하고 있다. 여기서 두 쪽으로 이루어진 씨앗의 외형은 태극을 나타내며, 씨앗의 외형 속에 있는 도인(桃仁)은 태극 속에 있는 선천일기, 즉 거듭 태어나는 나의 자아를 상징한다. 따라서 복숭아씨앗은 금단일기를 얻어 나의 자아가 완성되는 삼태극의 모습을 하고 있다.

그렇다면 복숭아 씨앗, 즉 생명나무의 열매를 얻게 될 때 나의 자아는 회복하게 되어 있다. 그렇기 때문에 우리가 생명나무의 열매를 얻기 위해서는 근원으로 귀일을 하는 삶을 살아야 한다. 이렇게 될 때 우리는 불멸하는 삶을 살 수가 있게 된다.

3. 윷놀이와 천부원리

윷놀이의 그림은 처음 고인돌을 통하여 나타났다. 그 모습에 있어서는 둥근 모습을 가지고 있기 때문에 북극성을 중심으로 북두칠성이 4개로 나뉘어 돌아가는 모습임을 연상케 하였다. 그런데 또 다른 입장에서는 윷판의 그림이 총 29개이기 때문에 중앙은 북극성이 되고, 나머지 별들은 28수(宿)를 연상시키기도 했다.

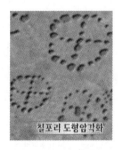 

KBS 역사스페셜에서 방영된 바위그림 암각화

윷놀이의 그림에 대하여 처음으로 설명한 기록은 〈태백일사〉「삼한관경본기」이다. 이 기록에 의하면 당시의 학문기관인 삼청궁(三淸宮)에서는 윷놀이의 그림을 가지고 환역(桓易)인 천부경의 원리를 강연했다고 한다.

　　윷놀이를 만들어 이로써 환역(桓易)을 연의(演義)하니
　　대저 신지 혁덕이 기록한 바요, 천부의 유의(遺意)였다.
　　作柶戲以演桓易　盖神誌赫德所記　天符之遺意也.

천부경의 원리와 윷판이 가지고 있는 유사점을 살펴보면 그동안 천부경에서는 1~9까지의 분화를 통하여 십음(十陰)을 만들고, 10~2를 시작으로 하여 미분화된 1양을 만들어 놓았다. 그런데 윷판에서도 겉의 둥근 원(圓)을 보면 전체 20칸으로 참먹이인 출구(出口)를 제외한 도·개·걸·윷·모를 시작으로 1·2·3·4·5의 숫자를 붙여나가면 1~9와 10~2로 숫자가 나열이 되고, 끝에 있는 날윷 1을 포함해 전체 19의 숫자가 된다. 이것은 천부경의 분화와 귀일에서 얻어지는 19의 숫자와도 같다.[82]
　이와 같은 원리는 이후 바둑판에도 적용되어 가로와 세로가 19줄로 표기되어 나타나기도 한다. 그렇다면 이제 윷판의 전체 모습을 보도록 하자. 그림을 보게 되면 9數의 끝인 10이 가장 뒤의 정중앙에 있는 뒷모에 가서 정해지게 되는 것을 볼 수 있다. 뒷모에서 만들어진 10은 출구와 직통으로 연결되는데, 이것은 귀일의 뜻을 가진 10과 무한계에 해당하는 출구(出口)와의 마음이 같다는 것을 나타낸다.
　특히 10수인 뒷모로부터 3수귀일의 원리에 따라 八(10·9·8)과 五(7·6·5)와 二(4·3·2)를 세 개씩 묶게 되면 출구에 이르기 직전에 날윷인 하나(1)를 만들어 놓게 된다. 그런데 이때의 하나(1)는 완전한 모습

---

[82] 천부경에서의 19수(十九數): 大一을 중심으로 분화와 귀일이 9수로 이루어지게 됨으로 대일과 함께 분화와 귀일의 각각 9수는 19수가 된다.

의 1양(一陽)이 아니라, 1양이 만들어지기 직전의 一氣이다. 그러므로
10~2의 삼수귀일(三數歸一)에서는 날윷에서 통일과 창조의 본체인 일기를
만들어 놓게 되어 있다.

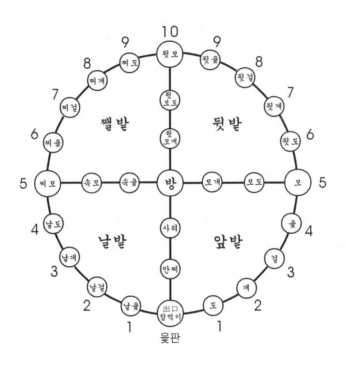

윷판

우리는 1~9를 통하여 10(十)을 만들고, 10~2를 통하여 1(一)을 만들
게 되는 원리를 고대(古代)에 만들어졌다는 윷판뿐만 아니라, 바다 속으로
사라져간 무우대륙의 수학적 기호에서도 발견할 수가 있다.

무우대륙에서 발견된 수학적 기호를 보게 되면 세 개의 장고형에 열 개
의 점이 찍혀있는 것을 볼 수 있다. 이것은 전체 10수를 가지고 삼수분화
와 삼수귀일을 하게 되는 원리와 같다. 좀 더 자세히 살펴보게 되면 이것
은 3(1 · 2 · 3), 6(4 · 5 · 6), 9(7 · 8 · 9)를 통해 10(十)을 만들고,

8(10·9·8), 5(7·6·5), 2(4·3·2)를 통하여 1(一)을 만드는 것을 말한다. 따라서 우리는 무우대륙에서 발견된 수학적 기호가 천부경에서의 일적십거(一積十鉅)와 후천일기를 포함한 무궤화삼(無匱化三)과 같다는 것을 알게 된다.

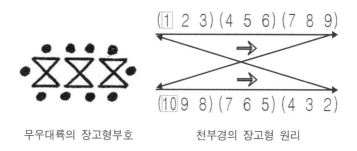

무우대륙의 장고형부호　　　　　천부경의 장고형 원리

이제 다시 윷판의 내용으로 돌아가서 윷판의 전체 원둘레에 윷자리마다 1~9와 10~2까지의 숫자를 붙이게 되면 마주보는 숫자의 합(合)이 모두 10이 되는 것을 알 수 있다. 그런데 여기서의 10수는 음수(陰數)가 되어 귀일을 위한 통일의 정신을 나타내게 된다.

반면에 원둘레의 내부를 보면 십자형(十)을 이루고 있는 전체가 아홉 개의 윷자리를 이루고 있어서 안에서는 밖으로 팽창하기 위한 최대의 분화를 지향하고 있다. 그러므로 외부의 끝에 있는 모든 윷자리는 팽창을 멈추고 수축을 위한 생명의 통일을 지향하고 있으며, 내부의 십자형은 팽창을 위한 뜻을 지향하고 있음을 알게 된다.

이번에는 윷판에서 지름길을 제외한 원둘레와 출구를 중심으로 보게 되면 출구의 밖은 무한계이고, 출구의 안은 유한계이므로 출구로 나오기 직전인 날윷(1)은 유한계와 무한계가 만나는 고리역할을 하고 있다. 이것은 사람이 처음 출구를 통해 윷판의 안으로 들어가서 현실적인 세상을 만날 수 있으나, 뒷모에서 찌모를 거쳐서 다시 출구로 나오기 위해서는 날윷을 거치지 않으면 안 된다는 것을 말해준다.

요컨대 광명을 얻기 위한 무한계로 가는 길은 오직 날윷에서 一氣를 얻어가지고 나오는 하나의 길밖에는 없다는 것을 말한다. 이러한 사실은 궁극적으로 진리의 길은 오직 회귀를 통한 자아회복을 통해서만 이루어지게 된다는 것을 말해준다.

이로 보건대 세상의 판 안으로 들어가서 출입구를 통하여 나오지 못하게 될 때에는 참된 자아를 이루지 못하고, 영원히 세상의 판 안에 갇히게 되는 것을 말한다. 이것은 一氣를 얻어 출구로 나오는 자는 생명의 근원세계와 하나가 되면서 불멸하는 삶을 살게 되나, 세상의 판 안에 갇혀서 출구로 나오지 못하게 될 때에는 영원히 속세의 노예가 됨을 말해주고 있다.

끝으로 윷판에서 전체의 그림을 보면 원십자(圓十字)형으로 되어 있는데, 여기서 원형은 우주의 근원적인 모습을 가지고 있는 무극(無極)의 상징이다. 반면에 원형 속의 십자가(十字架)에 모습은 통일을 지향하는 또 다른 무극의 상징이다. 그러므로 윷판에서 우리는 우주의 근원을 나타내는 무극과 통일을 지향하는 무극과도 만나게 된다.

4. 천부금척(天符金尺)

김시습(金時習)은 징심록추기(澄心錄追記)[83]에서 금척(金尺)은 그 유래

---

83) 징심록추기(澄心錄追記): 징심록 추기는 김시습의 저술이다. 이 책에서 김시습은 말하기를 징심록(澄心錄)은 박제상(朴堤上)이 집필했다고 했다, 징심록에 덧붙인 별책(金尺誌로 명칭하기도 함)에 대해서는 박제상의 아들인 백결(百結)선생에 의해 제작되었으리라 생각된다고 하였다. 지금은 없어져 볼 수 없지만 직접 징심록을 읽어본 김시습은 징심록의 기록이 멀리는 태고(太古)의 일에 관계하고, 넓게는 우주(宇宙)의 일에 관여하여 그 광대함을 진실로 말할 수 없다고 했다. 그러면서 고금천하(古今天下)의 모든 법이 여기서 나와 전해졌으니 유불선(儒佛仙)이 이로부터 시작되었음을 암시하기도 했다.
   징심록추기에서 좀 더 살펴보면 혁거세왕이 어렸을 때 신인(神人)이 금척을 주

(由來)의 근원(根源)이 매우 멀고, 그 이치(理致)가 매우 깊다고 하였다. 그 모습의 원리는 수리(數理)로 되어 있으며, 자신이 일찍이 금척지(金尺誌)를 읽으니 그 수사(數辭)가 매우 어려워서 알 수가 없다고도 했다. 그러면서 그는 그 근본(根本)은 곧 천부(天符)의 법(法)이라고 말했다.

이밖에도 김시습은 그 형상에 있어서 금척을 금(金)으로 만든 것은 변(變)하지 않게 하기 위한 것이요, 자로 제작(製作)한 것은 다 같이 오류(誤謬)가 없게 하기 위한 것이었다고 했다.

다시 그는 금척(金尺)의 형상과 원리에 대하여 구체적으로 다음과 같이 말하였다.

그 형상(形象)은 삼태성(三台星)이 늘어선 것 같으니, 머리에는 불구슬을 물고 네 마디로 된 다섯 치(五寸)[84]이다. 그 허실(虛實)의 수(數)가 9가 되어 10을 이루니, 이는 천부(天符)의 수(數)이다. 그러므로 능(能)히 천지조화(天地造化)의 근본(根本)을 재고, 능(能)히 이세소장(理勢消長)[85]의 근본(根本)을 알고, 인간만사(人間萬事)에 이르기까지 재지 못하는 것이 없으며, 숨구멍, 마음, 목숨을 재면 기사회생(起死回生)한다고 하니, 진실(眞實)로 신비(神秘)한 물건(物件)이라고 할 것이다.

면서 이 금척으로 나라를 바로 잡으라는 말을 했다는 기록이 보인다. 이와 함께 박혁거세의 후손인 박제상공을 당시의 사람들이 천리(天理) 연구가(硏究家)로 여겼다고 하였다. 박제상공의 아들인 박문량(朴文良, 백결선생)의 경우도 선세(先世)의 도를 행하다가 종적을 감추고 나타나지 않았다고 한다. 이로 보건대 백결선생의 집안은 연리지가(硏理之家)로서, 천웅도(天雄道,)의 전수자 가문(家門)이었다. 이러한 영해 박씨 집안에서 단종(端宗)의 폐위를 계기로 징심록을 가지고 서울을 떠나 강원도 금화(金化)로 들어가 숨어버렸다고 한다. 이때 김시습도 같이 따라갔다가 징심록을 읽게 되었다고 밝히기도 하였다.

84) 다섯 치: 한 치는 약 3.3센치이므로 16.5센치

85) 이세소장(理勢消長): 세력(勢力)이 소멸(消滅)되는 것과 성장(成長)하는 것의 이치(理致)

其形象則如三台之例 頭含火珠 四節而五寸 其虛實之數九而成十
기형상칙여삼태지례 두함화주 사절이오촌 기허실지수구이성십
此則天符之數也. 以故 能度天地造化之根 能知理勢消長之本
차칙천부지수야. 이고 능도천지조화지근 능지리세소장지본
至於人間萬事無不測察 而規矩於氣門 心窺 命根 則能起死回生云
지어인간만사무불측찰 이규구어기문 심규 명근 칙능기사회생운
眞可謂神秘之物也.
진가위신비지물야.

〈징심록추기(澄心錄追記)〉「第九章」

　필자는 금척에 대한 내용을 처음 보고, 금척을 설명하는 내용과 천부체
계도가 너무 똑같다는 느낌을 받았다. 이러한 느낌을 필자로 하여금 갖게
한 금척의 내용은 삼태성(三台星)이 늘어선 것 같다는 부분이 천부체계도
에서 가로로 늘어선 원형의 점들과 비슷했기 때문이다. 마찬가지로 여의주
(如意珠)를 생각나게 하는 불구슬(火珠)의 모양이 천부체계도에서의 대일
(大一)을 연상시켰기 때문이다.

　그렇다면 그동안 알아본 천부체계도와 〈징심록추기〉에 나와 있는 금척에
대한 내용을 보다 자세히 비교해볼 필요가 있다. 먼저 그 형상이 삼태성
(三台星)이 늘어선 것 같다는 것은 세 개의 원형별이 여러 개로 늘어서 있
다는 것으로 해석이 된다. 머리에 불구슬을 물고 있다는 것은 금척의 형상
이 여의주에 해당하는 불구슬을 머리로 하여 몸체와 연결되어 있다는 것으
로 해석이 가능하다.

　이외에도 금척에 새겨진 형상이 네 마디로 된 다섯 치라는 것은 삼태성
이 늘어선 형상과 머리에 물고 있는 불구슬이 16cm 정도의 직각자에 네
마디의 형상으로 펼쳐져 있다는 것으로 이해가 간다. 그렇다면 천부체계도
에서 삼태성과 같은 모습을 우리는 지극계 세 점과 분별계 세 점, 타락계

세 점이 늘어서 있는 모습에서 찾을 수 있다. 이 뿐만이 아니라 불구슬을 포함하여 네 마디로 되어 있는 모습을, 大一을 포함하여 지극계, 분별계, 타락계가 네 마디로 형성되어 있는 것에서 찾을 수 있다.

조선시대의 별전(別錢)
북두칠성과 삼태성이 짝을 이루고 있는 별전

끝으로 "그 허실(虛實)의 수(數)가 9가 되어 10을 이루니, 이는 천부(天符)의 수이다."라고 한 것은 천부체계도에서 지극계·분별계·타락계인 몸체의 9수는 실(實)[86]이 되고, 大一에 해당하는 머리인 1수는 허(虛)[87]가 되어 10을 이루게 됨을 말한다.

이와 같이 금척의 형상에서 삼태성이 늘어선 것과 같은 모습과 여의주를 물고 있는 모습, 네 마디로 이루어진 것과 허실의 수가 9와 10을 이룬다는 것으로 보아 금척의 형상은 천부체계도의 모습과 거의 똑같다고 말할 수밖

---

86) 9수가 실(實)이 된다는 것은 유한계를 나타내는 숫자이기 때문이다.

87) 1수가 허(虛)가 된다는 것은 현상으로 드러나지 않는 수(數)라는 것을 말한다. 즉 후천일기는 현상 속에 감추어져 있기 때문이다.

에 없다.

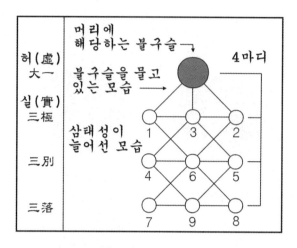

머리에 해당하는 불구슬→

4마디

불구슬을 물고 있는 모습 →

허(虛)
大一
실(實)
三極

三別

三落

삼태성이 늘어선 모습

1 3 2

4 6 5

7 9 8

천부금척(天符金尺)의 형상

특히 大一이 불구슬인 여의주(如意珠)에 해당할 수 있는 것은 대일이 금
단일기를 얻게 될 때 이것은 여의주를 얻는 것과 같기 때문이다. 그렇기
때문에 大一에 해당하는 부분이 불구슬로 상징되어 있다는 것은 당연한 결
과이며, 이것은 그 목적이 조화(造化)를 얻는데 있다는 것을 말해준다.

이외에도 천부의 수리(數理)를 왜 금척에 새겼느냐는 것이다. 이에 대해
김시습은 내용의 오류를 없애기 위해서였다고는 하지만 이것은 자(尺)와
천부(天符)의 뜻이 일치하고 있기 때문이다. 한마디로 자(尺)는 만물을 잴
수가 있다. 이것은 달리말해 만물의 상태를 척도질 할 수가 있다는 말과도
같다.

그런데 천부경도 만물을 척도질 할 수가 있다. 왜냐하면 천부의 원리를
터득하여 자아를 회복하게 될 때 만물의 상태를 파악할 수 있고, 사람의
영적수준을 척도질 할 수 있기 때문이다. 그래서 〈징심록추기〉에서는 금척

이 단순히 만물의 크고 작음을 재는 것을 벗어나 능히 금척으로 천지조화의 근본을 재고, 이세소장(理勢消長)의 근본을 알고, 인간만사(人間萬事)에 이르기까지 재지 못하는 것이 없다고 하였다.

특히 숨구멍, 마음, 목숨을 재면 기사회생(起死回生)을 할 수 있다는 말은 만파식적(萬波息笛)[88]을 불면 나라의 근심과 걱정이 모두 해결된다는 이야기와 같다. 결국 이 말은 사람에게 수행을 시켜 새로운 사람으로 변형을 시킬 때에는 죽을 수밖에 없는 운명을 가진 자라고 해도 살릴 수가 있다는 말과 같다. 그렇다면 금척은 천부경의 뜻과 같이 수행을 통해 자신이 변화가 될 때는 죽음의 고비에서도 살아날 수 있는 것처럼, 수행을 하게 되면 불멸의 삶을 살 수 있다는 것을 알려준다.

하지만 안타깝게도 천부금척을 만들어낸 천부사상은 역사의 그늘 속에 가리어질 수밖에 없었다. 그 까닭은 청정한 생활 속에서 신인(神人)이 되는 길보다는 물질이 주는 안락함 속에 사람들이 빠져들었기 때문이다. 이런 점에서 천부금척은 사라진 것이 아니라, 우리가 도외시 하고, 보이지 않는 어두운 그늘 속에 두고 외면해 버렸는지도 모른다.

간혹 고려의 8대 임금인 현종의 명(命)을 받은 강감찬장군(姜邯贊將軍)[89]이 천부금척을 연구해온 집안을 몇 차례 방문을 하고, 세종대왕이 그

---

88) 만파식적(萬波息笛)의 내용은 〈삼국유사〉「기이(紀異) 제2」에 나온다. 이 내용은 대왕암에 묻힌 문무왕(文武王)과 33천의 한 아들인 김유신공이 덕(德)을 함께 하여 수성(守城)의 보물을 문무왕의 아들인 신문대왕(神文大王)에게 내놓으려 한다는 줄거리를 담고 있다. 여기서의 만파식적은 무수히 일어나는 파도를 잠재운다는 피리로서 이 피리를 불면 적병(敵兵)으로부터 국가를 지키고, 질병으로부터 완치되며, 가뭄과 홍수가 일어나지 않게 된다고 한다.
　　그런데 이 피리는 낮에는 하나가 되었다가 밤에는 둘로 나뉘는 대나무로부터 구하여 피리를 만들었다고 했다. 이것은 두 손바닥이 마주칠 때 소리가 나는 것처럼, 만파식적을 불면 두마음이 한마음이 되어 군왕과 신하가 한뜻이 된다는 가르침을 전해준다. 이와 같은 신화(神話)는 이아손의 모험에서 두 개의 바위에서도 나타나며, 시링크스의 피리에서도 나타난다. 《신화가 된 동이이야기》「대왕암의 전설」49~56쪽을 참조.

집안에 관심을 보여 왔으나 천부사상은 시대의 흐름 속에서 역사의 뒤안길로 사라져 버릴 수밖에 없었다. 이것은 환웅천왕의 도(道)가 땅에 떨어진 것이며, 한민족의 창업정신이 어둠 속에 가리어진 것을 말한다. 그러나 어둠이 오래 가다보면 다시금 밝음은 찾아오는 법, 이제 역사의 뒤안길로 살아져간 천부사상이 새싹과 함께 꽃을 피울 날도 있을 것이다. 필자는 그 때를 기다려본다.

5. 장군총(將軍塚)과 천부사상

우리는 고대문명의 흔적을 이집트의 피라미드나 수메르의 지구라트, 그리고 마야문명의 태양제단 등을 통해 마주하게 된다. 그런데 이들의 축조 양식이 환족(桓族)의 장군총(將軍塚)에서도 발견되고 있다. 그것은 기단(基壇)을 네모지게 하고, 그 형태가 위로 올라가면서 좁아지는 모습을 가지고 있기 때문이다. 다만 피라미드의 경우는 장군총의 모습과는 약간 다를 뿐 그 모형이 점차 중앙을 중심으로 좁아지는 형태는 동일하다.

특히 장군총의 정상(頂上)에서 보면 네 개의 삼각형이 만들어지게 되는데, 여기서 중앙의 모서리를 중심으로 방위에 따른 십자형을 더 만들게 되면 여덟 개의 삼각형이 만들어지게 되면서 8방위를 나타내게 된다. 이것은 장군총의 구조에서 가운데를 중심으로 최대로 삼각형을 만들게 될 때에 이루어지는 방위이다.

장군총에서 삼각형의 의미는 사람을 상징한다. 그런데 삼각형이 적게는

---

89) 강감찬(姜邯贊): 강감찬은 고려 현종(顯宗) 때 인물이다. 홍만종의 《해동이적(海東異蹟)》을 보면 강감찬이 재상으로 있을 때 송나라 사신이 와서 그를 보고는 모르는 겨를에 절을 하며, 『문곡성(文曲星)이 보이지 않은지 오래되었는데 이제 보니 여기에 있었군요.』했다고 한다. 이밖에도 《해동이적》에서는 강감찬은 기략(奇略)이 풍부하였으며, 세상 사람들의 말을 인용해 말하기를 신선이 되어 하늘로 올라갔다고도 했다.

네 개, 많게는 여덟 개가 있다. 이것은 사람의 삶이 4방위와 8방위에 놓이게 됨을 말한다. 그렇다면 사람의 삶이 왜 4방위와 8방위에 놓이게 되는 것일까?

 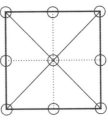

고구려 장수왕릉으로 알려진 장군총(將軍塚)　　　　장군총 모형도

사람의 삶에 있어서 4방위는 동서남북과 생장수장(生長收藏)하는 법칙을 나타낸다. 따라서 사람은 4방위에 적응하며 살아가게 됨을 알려준다. 반면에 8방위는 더욱 구체적으로 삶에 작용을 하게 되는데, 그래서 나온 법칙이 복희팔괘와 문왕팔괘이다. 결국 이러한 법칙은 사람이 8괘(八卦)에 응하는 삶을 살게 된다는 것을 말해준다.

그렇다면 사람은 4방위와 8방위에 놓이게 됨에 따라 생장수장하는 법칙과 8괘에 응하는 삶을 살아가게 되어 있다. 그런데 4방위와 8방위의 중심에는 무형의 세계와 일체가 되어 만물을 주재(主宰)하는 인격신(人格神)이 자리를 잡고 있다. 그래서 수메르의 문화에서 신(神)은 8방위를 주관한다는 의미에서 8방위의 문양(＊)을 신이라는 글자로 사용하여 왔다.

이 뿐만이 아니라 8방위의 문양을 갑골문(甲骨文)에서도 하느님 제(帝)라고 표기를 하게 되면서 동아시아문명과 수메르문명이 하나의 뿌리로부터 시작되었음을 암시하기도 했다. 대가야의 묘(墓)에서도 그 형태가 8방위를 가리키고 있는데, 이것은 8방위의 중심이 사통팔달을 주재(主宰)하는 신

(神)의 영역과 더불어 인간 사후의 영적세계를 나타내기도 한다는 것을 말한다.

대가야 고분

수메르의 신(神)을 뜻하는 문자
상위는 갑골문의 하느님 제(帝)

8의 숫자는 이외에도 도가(道家)에서 신선(神仙)의 상징으로 생각하여 8대 신선이라는 말을 만들어 내기도 했다. 그래서 고려 때에 신선도(神仙道)의 의식에서는 팔관회(八關會)와 더불어 8선(八仙)을 모신 8선궁(八仙宮) 등을 만들기도 하였다. 이와 같은 내용은 소설에서도 인용되어 구운몽(九雲夢)에서는 8선녀(八仙女)를 등장시키고 있다.

그렇다면 8의 숫자가 왜 신선(神仙)의 상징으로 사용되고 있는 것일까? 그것은 8의 숫자가 8방위의 중심이 되고, 그 중심은 천상과 연결이 되기 때문이다. 이른바 8의 숫자가 8방위와 관련하여 불멸성과 함께 조화(造化)를 얻게 되는 상징이 되었기 때문이다. 이러한 까닭으로 8선(八仙)이란 말이 나오게 되었고, 신선들은 옥황상제를 대신하여 8방위에 있는 귀신(鬼神)들을 맡아 다스리는 사명(司命)이 있다고 알려지게 되었다.90)

90) 여동빈(呂洞賓)의 한 구절에 시(詩)를 보게 되면 "나는 옥황을 섬겨 상청(上淸)으로 돌아가리(臣事玉皇歸上淸)"라고 하였다. 그의 스승인 운방(雲房) 종리권은 "내가 원시옥황을 조회하는 때가 되면 십주(十洲)의 우객(羽客)들이 옥청(玉淸)에 이르러 공행(功行)을 아뢴다."고도 했다. 종리권과 관련해서 또다른 이야기에

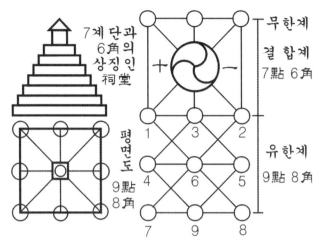

장군총과 천부체계도

　이번에는 장군총을 바탕으로 천부체계도와 함께 비교해 보고자 한다. 우
선 [장군총과 천부체계도]의 도표를 보게 되면 장군총의 지면(地面)은 아
홉 개의 점(點)을 통한 여덟 개의 삼각형인 9점 8각을 이루고 있다. 그런
데 천부체계도인 유한계에서도 9점 8각을 이루고 있는 것을 볼 수 있다.

　이밖에도 장군총에는 일곱 계단과 그 정상에는 사당(祠堂)91)이 있다. 그

　는 종리권에게 두 신선이 나타나서 상제의 조칙을 전했는데, 그것은 구천금궐(九
　天金闕)의 선선사(選仙史)로 임명하는 것이었다고 한다.《呂洞賓 正傳》
　　《해동이적》에서 권진인 편을 보게 되면 "옥황상제께서 나더러 이곳에 남아 동국
　(朝鮮) 삼도(三道)의 여러 신들을 통괄하라고 하셨다. 그러므로 여기에 머문 지
　500년이 되었다"는 기록도 있다. 이와 같이 선도에서는 선인들이 옥황상제의 명
　령을 받들어 귀신들을 다스리는 신도정치(神道政治)가 있었음을 말해주고 있다.

91) 동국대 윤명철 교수에 의하면 장군총의 각 층의 사이나 무덤구역의 안팎에서 잿
　빛 와당과 평기와 조각, 전돌 등이 출토된 것을 언급하면서 당시의 장군총 꼭대기
　에는 기와를 얹은 목조건물이 있었다고 주장했다. 이와 같은 주장으로 보아 장군
　총의 꼭대기에는 하늘에 제사 드리는 사당(祠堂)이 있었음을 짐작할 수 있다.
　　계단식 돌무덤 위에 신전(神殿)은 고대 바빌론의 바벨탑에서도 발견된다. 이 뿐
　만 아니라 마야의 피라미드에서는 계단과 더불어 꼭대기 위에 많은 수의 신전이

런데 여기서 일곱 계단은 천부체계도에서의 무한계와 유한계가 고리를 연결하게 되는 7점6각(七點六角)에 있어서의 7점(七點)과 같다. 다음으로 장군총에 있는 사당은 마음을 모으고 기도를 통하여 정신통일 속에서 신과의 교통을 이루는 곳이다. 이런 점에서 볼 때 사당은 천부체계도에서 통일과 창조의 정신을 나타내고 있는 여섯 개의 삼각형인 6각(六角)과 같은 상징을 나타내고 있다.

그렇다면 지금까지의 내용으로 보아 장군총에서의 지면(地面)에 있는 9점 8각은 천부체계도에서의 9점 8각과 마찬가지로 유한계에 속하게 됨으로 생멸(生滅)의 세계를 나타내게 된다. 이와 함께 장군총에서의 일곱 계단과 사당은 천부체계도에서 7점6각과 같기 때문에 인간생명의 통일을 통한 불멸성을 상징한다. 이런 점에서 볼 때 장군총이란 천부체계도와 마찬가지로 생멸의 세계를 통한 불멸성을 지향하고 있음을 알 수 있다.[92]

6. 고구려 고분(古墳)과 천부원리

고구려시대의 고분(古墳)을 보면 강서대묘와 같이 하나의 방으로 되어 있는 무덤도 있지만 대체적으로 내부의 구조가 앞방(前室)과 널방(玄室)으로 된 두방무덤(二室墳)의 형태를 가지고 있다. 그 대표적 무덤이 장천1호(長川1号), 각저총(角抵塚), 무용총(舞踊塚), 모두루총(牟頭婁塚), 쌍영총(雙楹塚), 약수리 고분(藥水里 古墳), 덕흥리 고분(德興里 古墳) 등이다.

발견되기도 하였다. 이런 점에서 볼 때 고대사회에서 피라미드 위의 신전은 천상의 신과 지하의 신이 인간과 더불어 만나는 장소였다.

92) 장군총과 비슷한 피라미드(PYR-AMID)의 어원을 보게 되면 PYR은 그리스어로 PYRO에서 유래한 말로서 불(火), 열(熱)을 뜻하며, AMID는 그리스어의 MESOS에서 파생한 말로 존재나 중심에 가까운 말이라 한다.(초고대 문명에의 초대 P.138) 따라서 피라미드는 중심에서 타오르는 불이라는 의미를 가지고 있다. 그렇다면 피라미드는 생명의 불을 나타내므로 장군총과 같이 불멸성을 지향하고 있는 것이다.

덕흥리 고분: 무덤칸 투시도 동쪽

앞방의 천장을 보면 세 개의 계단을 이루고 있으나
널방의 천장좌측은 여섯 개의 계단,
우측은 다섯 개의 계단을 이루고 있다

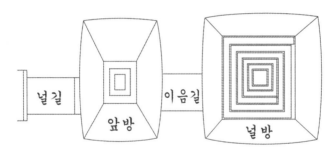

덕흥리고분 평면도

널방(玄室)의 평면도에 있어서 특이한 점은
안쪽에서부터 3번째 사각형과 4번째 사각형이
연결되어 돌아가고 있는 모습이다

다만 안악 3호의 경우는 입구의 문방(門房)과 함께 앞방의 서쪽과 동쪽
으로 곁방이 두 개가 있다는 점만 다를 뿐, 큰 틀에서는 이 또한 앞방과
널방의 구조로 이루어져 있다. 이와 같은 구조는 고구려인들이 무한계와

유한계라는 두 체제 속에서 삶이 존재한다고 믿었기 때문이다. 그래서 고구려인들은 무한계로 연결되는 앞방과 함께 유한계를 나타내는 널방의 구조로 무덤을 만들었다.

고구려의 고분들에 있어서 또 다른 공통점은 천장구조가 가운데가 가장 높고 사방 주위가 차차 낮아지는 형상의 궁륭(穹窿)식 형태이다. 이것은 고분의 천장이 장군총의 형태와 같은 모습임을 연상시킨다. 천장의 계단식 구조에는 고분마다 각기 다른 모습을 가지고 있으나, 장천 1호 고분에서는 앞방(前室)이 3단 계단구조이고, 널방(玄室)이 다섯 계단구조이다.

덕흥리 고분에서도 보게 되면 앞방은 그 모습이 3단의 계단형 모습이며, 널방은 좌우로 다섯 개와 여섯 개의 계단형 모습을 보이고 있다. 이와 같은 모습은 앞방과 널방을 차별화시켰다고 보인다. 그렇다면 지금까지 알아본 고구려 고분에서 두방무덤(二室墳)의 형태와 천장구조를 가지고 천부체계도와 비교해 볼 필요가 있다.

우선 고분(古墳)에서 두방무덤의 형태를 보게 되면 입구에 있는 앞방과 내부에 있는 널방구조이다. 그런데 천부체계도에 있어서도 무한계와 통하는 천궁(天宮)이 있고, 유한계에 속하는 현상계(지극계, 분별계, 타락계)가 있다. 따라서 고구려의 고분과 천부체계도에서는 각기 두 개의 세계를 나타내고 있음을 보게 된다.

다음에는 두방무덤에 있어서 앞방의 천장과 널방의 천장구조를 보게 되면 장천 1호나, 덕흥리 고분에 있어서는 앞방의 천장이 3단 계단식 구조이다. 그런데 천부체계도에 있어서도 앞방에 해당하는 천궁에는 삼신(三神)이 내려와 있게 됨으로 3단 계단식 구조의 의미를 가진다. 따라서 고구려의 고분과 천부체계도에는 삶의 시작을 3수로 하고 있음을 알게 된다.

특히 여기서 주목되는 것은 장천 1호와 덕흥리 고분에 있어서 앞방의 천장구조가 천궁(天宮)과 같은 의미를 가지고 있다는 것은 두개의 고분에 있

어서 앞방이 천상과 통하는 길목이요, 신선들과 교감이 이루어지는 장소가
됨을 말해준다.

덕흥리 앞방 천장벽화의 선인(仙人)과 옥녀(玉女)

장천 1호분 벽화 비천(飛天)

　그래서인지는 모르나 덕흥리 고분의 앞방 천장을 보면 하늘세계와 함께
선인(仙人)과 옥녀(玉女)가 허공을 날아다니는 모습을 벽화를 통해 볼 수
있다. 이와 같은 형태는 장천 1호분의 앞방 천장에서도 그대로 표현되어
천의(天衣)를 날리며 연꽃봉우리 사이를 날고 있는 비천(飛天)93)이 그려

---

93) 비천(飛天): 하늘에 살며 하늘을 날아다닌다는 천인(天人)과 천녀(天女)

지기도 했다.

이번에는 널방에 대하여 알아보게 되면 두 고분의 널방구조에서 장천 1호분은 다섯 계단식이며, 덕흥리 고분의 경우는 5와 6으로 이루진 계단식 구조이다. 그런데 천부체계도에 있어서도 현상계에서 1~9의 중심이 되는 황극이 5이며, 10~2의 중심이 되는 황극이 6이다. 이런 점에서 볼 때 두 무덤의 널방은 현상세계의 중심을 나타내고 있다고 볼 수 있다.

우리가 여기서 하나 더 주목해 볼 일은 덕흥리 고분의 널방 천장구조에 서는 단순한 사각형의 구조가 아니라, 중앙으로부터 시작되는 세 개의 사각형과 함께 통로가 연결된 4, 5, 6의 사각형이 고리를 이루고 있다는 점이다. 이것은 무엇인가를 암시하는 구조로 보이는데, 이에 대하여 천부체계도에서는 삼신으로 되돌아가는 길이 숫자 4에 있음을 말해주고 있다.

숫자 4에 대해서는 이전에도 알아보았듯이 운삼사(運三四)에서의 四를 나타낸다. 이것은 숫자 4가 삼극과 후천일기를 포함한 숫자일 뿐 아니라, 회삼귀일을 하게 되는 숫자임을 말한다. 그래서 피타고라스의 학파에서는 10과 더불어 4를 신(神)을 뜻하는 숫자라고도 했다. 이로 보건대 숫자 4는 덕흥리 고분의 널방 천장구조에서 3(삼신)으로 되돌아가는 숫자임을 나타내고 있다.

그렇다면 덕흥리고분의 널방 천장구조에서 3은 삼신(三神)에 해당하고, 3으로부터 연결고리가 되는 4는 후천일기와 삼극(三極)이 되어 운삼사에서의 四와 같은 의미를 가진다. 이런 점에서 볼 때 덕흥리고분의 널방천장구조는 우리에게 삶의 중심(5, 6)에서 회삼귀일하여 運三四를 통한 인중천지일(人中天地一)을 이루는 삶을 살 것을 요구하고 있는 것이다.

제2장 을밀선인(乙密仙人)과 다물흥방가(多勿興邦歌)

조의선인(皂衣仙人)으로 을밀선인(乙密仙人)이 있다. 을밀에 대하여 〈태백일사〉「고구려본기」에서는 평양에 을밀대(乙密臺)가 있는데, 을밀선인이 세운 것이라 전하고 있다. 이밖에도 그는 집에서 책을 읽고 활쏘기를 배우며 삼신(三神)을 노래하고 무리를 모아 수련하니 그 의로움과 용기에 공(公)으로 봉해졌다고 하였다.

이러한 인물이었기에 그는 일세(一世)의 조의(皂衣)로서 그를 따르는 무리가 3,000명이나 되었는데, 가는 곳마다 구름처럼 모여 다물흥방(多勿興邦)의 노래를 제창하였다고 한다. 이로써 그에 의하여 몸을 던져서 의(義)를 다한다는 풍속이 고취되었다고 전하고 있다.

을밀선인에 대해 기록을 통해 좀 더 알아보게 되면 그는 천신을 섬기고 나를 닦음에도 제천(祭天)을 올리고, 선인수련(仙人修鍊)법으로는 참전(參佺)을 계(戒)로 삼아 수련하였다고 했다. 이외에도 나를 비워 만물을 존재케 하고, 나를 버려 옳음을 온전케 하여 사람들에게 지켜야할 법식을 일으켰다고 하였다.

우리는 여기서 배달국의 환웅천왕께서 수련하였다는 전계(佺戒)의 수행법을 후대에 이르러서 을밀선인이 다시 부활시키고 있는 것에 대해 주목할 필요가 있다. 그 이유는 고구려가 배달국과 단군조선의 정통맥을 계승하고 있는 모습을 보여주고 있기 때문이다. 당시 고구려의 정신이었던 을밀선인은 다물흥방가를 지어 젊은 무리들을 이끌었다고도 하였는데, 이때의 다물흥방가는 두 단계로 문장이 이루어져 있다.

그 첫 번째로는 무한계(無限界)인 하늘의 뜻을 얻기 위해서 신성(神性)을 여는 천궁(天宮)에 목적을 둔 것이고, 두 번째로는 유한계(有限界)에 뜻을 두어 나라에 충성하며, 집안에서 효도하는 삶에 목적을 둔 것이다. 그러므로 을밀선인은 내적으로는 참된 자아를 찾고자 하였고, 외적으로는 나라에 충성하고, 집안에 효도하고자 했던 인물이었다.

1. 천궁(天宮)을 일으키는 길

다물흥방가(多勿興邦歌)에서 다물(多勿)의 뜻은 고구려의 정신을 나타내는 것으로 '옛 것을 회복한다'는 의미의 '되찾는다', '되물려 받다'의 뜻을 담고 있다. 흥방(興邦)의 경우는 나라를 크게 일으킨다는 뜻이다. 그러므로 다물흥방가는 옛 것을 되찾아 나라를 크게 일으킨다는 뜻을 함축하고 있다.

그런데 여기서 말하는 다물은 고대 우리의 잃어버린 옛 땅을 회복하는 것만이 아니라, 우리의 잃어버린 신성(神性)을 되찾아 나라를 크게 일으킨다는 뜻도 가지고 있다. 다시 말해 다물흥방가에서의 다물은 영토를 회복하는 것에만 뜻이 있는 것이 아니라, 천부(天符)의 정신을 회복하자는 것이다. 이것은 천부의 정신을 가질 때 진정한 다물흥방이 될 수 있음을 말한다.

그렇다면 다물흥방가의 참뜻은 먼저 하늘과 부합할 수 있는 참된 자아를 이루자는 것이다. 이렇게 될 때 잃어버렸던 문화와 국토를 되찾을 수 있다는 것이 다물흥방가의 가르침이었다. 한마디로 잃어버렸던 나의 자아를 회복하게 될 때 고대의 옛 영광을 고구려가 회복할 수 있다는 가르침이다.

이제 다물흥방가(多勿興邦歌)의 첫 문장을 보도록 한다.

先去者爲法兮, 後來爲上.
선거자위법혜, 후래위상.

지나간 것은 법(法)이 되고,
뒤에 오는 것은 위(上)가 되네.

'지나간 것(先去)'과 '뒤에 오는 것(後來)'에 대하여 〈태백일사〉「삼신오제본기」에 인용된 표훈천사(表訓天詞)의 내용을 보면 이런 글이 있다.

대시(大始)에 위·아래·사방은
일찍이 아직 암흑으로 덮여 보이지 않더니
옛 것은 가고 지금은 오니(古往今來)
오직 한빛(一光)이 있어 밝더라.

〈태백일사〉「소도경전본훈」에서도 살펴보면 공왕색래(空往色來)라고 하여 허(虛)와 공(空)이 지배하던 과거는 지나가고 현상적인 색(色)의 세계가 온다고 하였다. 이렇게 볼 때에 고왕금래(古往今來)나 공왕색래(空往色來)는 모두 지나간 과거와 다가오는 현실세계를 말한다.

그렇다면 "지나간 것은 법(法)이 된다."는 것은 지나간 과거의 시간이 법이 된다는 뜻으로, 이것은 지나간 시간이 근본과 바탕이 되기 때문이다. 이른바 '지나간 것'이 암흑인 대허(大虛)라면, 그것은 근본이 되고 바탕이 되어 절대적 불변의 법칙이 됨을 말한다.

반면에 "뒤에 오는 것은 위(上)가 된다."고 했는데, 이것은 다가오는 현실세계를 말한 것으로, 곧 현상계(現象界)가 위(上)가 되고, 본질계(本質界)는 아래(下)가 된다는 뜻이다. 한마디로 법(法)이 되는 본질계는 심층의 내면세계가 되고, 위(上)가 되는 현상계는 표면의식으로 드러나는 외향세계가 됨을 말하고 있다.

　爲法故不生不滅, 爲上故無貴無賤.
　위법고불생불멸, 위상고무귀무천.

　법이라는 것은 그래서 불생불멸이며,
　위(上)라는 것은 그래서 귀할 것도 천한 것도 없지.

　여기서의 법(法)이란 것은 '지나간 것'을 말한다. 그런데 그 '지나간 것'이란 대허(大虛)와 일신(一神)과 삼신(三神)을 이야기한다. 그러므로 '지나간 것'이란 무한계를 말한다. 그렇기 때문에 법이란 것은 불생불멸(不生不滅)할 수밖에 없다.

　위(上)라는 것은 현상계가 된다. 그러나 그 시작은 내면에 허(虛)와 함께 시작된 허조동체인 一氣로부터 비롯되었다. 이 때문에 현상적인 입장에서는 귀하고 천한 것이 구별되지만 그 내면에 있어서는 현상계가 아니기 때문에 귀할 것도 천한 것도 없는 것이다.

　다시 말해 현상적으로는 부처와 중생이 구별되지만 그 내면에 있어서는 누구나 부처의 씨앗을 가지고 있기 때문에 부처와 중생의 구별이 있을 수 없음을 말한다. 다만 누가 먼저 깨달음을 얻어 부처가 되는가의 차이만 있을 뿐이다.

　人中天地爲一兮, 心與神卽本.

인중천지위일혜, 심여신즉본.

사람을 가운데 두고 하늘과 땅이 하나 됨이여!
마음은 신(神)과 더불어 근본에 닿았도다.

사람을 가운데 두고 하늘과 땅이 하나로 존재한다는 인중천지일(人中天地一)은 본래 내가 무한계인 三神과 유한계인 三極의 중간에서 시작된 존재임을 말한다. 하지만 본래의 내가 性命精과 心氣身을 거쳐 感息觸의 단계로 떨어지게 되면서 천지의 중심에 설 수 없게 된 것이다. 그렇기 때문에 우리는 다시 감식촉의 단계에서 심기신을 뛰어넘어 성명정의 자리에서 일기를 회복시킬 의무가 있다. 그래야만이 본래의 나를 되찾아 다시 천지의 중심에 세울 수 있기 때문이다.

다음으로 마음(心)은 신(神)과 더불어 근본에 닿았다는 것은 우리의 생각(思)이 일어나는 마음자리와 마음자리에서 일어나는 '생각의 작용(神)'이 근본인 성품에 닿아있는 것을 말한다. 더 나아가서는 마음자리와 생각의 작용이 나의 근본인 일기에까지 닿아있다는 것을 이야기한다. 이것은 현상(마음자리, 생각의 작용)과 근원(성품, 일기)이 끊어져 보일지는 모르나, 서로 간에 연결되어 있다는 것을 말해주고 있다.

爲一故其虛其粗是同, 卽本故惟神惟物不二.
위일고기허기조시동, 즉본고유신유물불이.

하나이기 때문에 빈(虛) 것도 거친(粗) 것도 같은 것이며,
근본이기 때문에 신(神)과 물(物)은 둘(二)이 아니다.

여기서의 하나(一)는 무한계인 三神과 유한계인 三極과의 고리를 이루게

되는 허조동체(虛粗同體)인 一氣를 말하고 있다. 그런데 '텅 빈' 것과 '거친' 것이 같다는 것은 두 개의 개체가 하나인 일기로 이루어져 있기 때문에 무엇이 더 우수하다고 말할 수 있는 것이 아니라는 뜻이다.

다음으로 근본이 되기 때문에 신(神)과 물(物)은 둘(二)이 아니라는 것은 근본이 되는 一氣의 입장에서는 유한계(物)와 무한계(神)가 하나로 존재하기 때문에 둘로 구별해서 볼 수 없다는 뜻이다. 따라서 이러한 입장에서 볼 때 성품과 목숨도 근원적 입장에서는 둘이 아니고, 마음과 기운도 둘이 아니며, 느낌과 호흡도 둘이 아니라는 것을 말한다.

眞爲萬善之極致兮, 神主於一中.
진위만선지극치혜, 신주어일중.

참(眞)은 온갖 착함의 극치이고,
신(神)은 하나의 중(一中)을 주관한다네.

참(眞)은 삼일신고에서 삼진(三眞)에 해당하는 자리로서 분별이 끊어진 자리이다. 그러나 여기서의 참(眞)은 천궁에서 자아를 회복하게 되는 참나(眞我)인 선천일기를 말한다. 그러므로 여기서의 참나인 선천일기는 "온갖 착함의 극치"가 되는 것이다.

하나에서 시작하나 하나에서 끝나는 것은
眞으로 되돌아오는 것이다.
一始一終回復其眞也.
〈태백일사〉「소도경전본훈」

다음으로 神은 '하나의 중(一中)'을 주관한다고 하였는데, 여기서의 神

은 일기를 말함이다. 또한 '하나의 중(一中)'은 본체이면서 동시에 좌우의 중심이 되는 황극을 말한다. 따라서 神이 하나의 중(中)을 주관한다는 것은 선천일기인 나의 자아가 본체이면서 동시에 좌우를 주관하는 황극이 된다는 것을 말한다.

極致故三眞歸一, 一中故一神卽三.
극치고삼진귀일, 일중고일신즉삼.

극치이기 때문에 세 가지 참(三眞)은 하나로 돌아오고,
하나의 중(一中)이기 때문에
하나(一)의 신(神)은 곧 셋(三)이라.

위에서 말하는 삼진(三眞)은 극치이기 때문에 일기인 하나(一)로 돌아올 수 있음을 말한다. 이 일기는 또한 '하나의 중(一中)'이기 때문에 셋으로 갈라져 나갈 수 있음을 말한다. 특히 여기서 을밀선인은 하나의 중(中)인 일기를 하나의 신(神)이라고 언급하고 있는데, 이것은 일기가 자취가 있는 듯하면서도 자취가 없는 신령스러움을 가졌기 때문이다.

天上天下惟我自存兮, 多勿其興邦.
천상천하유아자존혜, 다물기흥방.

하늘 위 하늘 아래 다만 내가 스스로 있음이여,
다물(多勿)은 나라를 일으킴이라.

여기서 '하늘 위'라는 것은 무한계인 三神이나 一神을 말한다. '하늘 아래'라고 하는 것은 유한계인 삼극과 그 아래의 단계를 말함이다. 따라서 하늘 위, 하늘 아래 내가 '스스로 존재한다.'는 것은 결국 내가 무한계의

존재도 아니며, 그렇다고 현상에 집착하는 유한계의 존재도 아니라는 것을
이야기한다.

다시 말해 나의 본래 모습인 일기란 스스로 있는 존재로써 그 어떠한 유
한계의 세파(世波)와 환경적 장애에도 좌우되지 않는 자유인(自由人)임을
말한다. 그렇다고 현실을 완전히 벗어난 무한계의 존재도 아니라는 것을
이야기한다.

그런데 여기서의 천상천하유아자존(天上天下惟我自存)이란 말은 석가모
니의 천상천하유아독존(天上天下唯我獨尊)이라는 말을 떠올리게 한다. 다
만 자존(自存)과 독존(獨尊)이라는 차이만 있는데, 여기서의 自存은 '스스
로 존재한다'는 의미가 있다. 따라서 자존이란 현상과 무형에 걸림이 없는
자유로운 존재임을 말한다.

그러나 獨尊은 '홀로 존엄하다'는 의미이다. 이 말은 나는 세계의 정점
(頂點)에 도달했기 때문에 현상세계에 휩쓸리는 보잘것없는 존재가 아닌,
존귀한 존재라는 것을 말한다. 그러므로 [자존]과 [독존]의 차이는 그 의
미는 같으나, 단지 '스스로 존재한다'는 것과 '속세에 휩쓸리지 않기 때문
에 자신은 홀로 존엄하다'는 차이만 있다.

이와 같은 내용은 《성경》에서도 볼 수 있는데, 여호와는 자신을 일러
'나는 스스로 있는 자'라고 하였다.

> 하나님이 모세에게 이르시되 '나는 스스로 있는 자'니라.
> 또 이르시되 너는 이스라엘 자손에게 이같이 이르기를
> '스스로 있는 자'가 나를 너희에게 보내셨다하라.
> 〈성경〉「출애굽기 3장 14절」

다음으로 "다물(多勿)은 나라를 일으킴이라"고 하였는데, 여기서 '나라

(邦)'는 '국가'를 뜻하는 국(國)자와는 다르다. 이것은 다물흥방가의 전체의 맥락에서 볼 때에 '방(邦)'자와 '국(國)'자를 앞 문장과 장차 뒤에 나오는 문장에서 함께 쓰고 있는 점에서 그 해답을 찾을 수 있다.

앞 문장에서 말하고 있는 방(邦)은 국가와 국토를 뜻하는 국(國)하고는 다르게 참된 자아가 머물게 되는 '나라'를 뜻하고 있다. 이것은 흥방(興邦)이 현실적 국가를 일으키는 것이 아니라, 나의 자아가 머물게 되는 천궁을 크게 일으키는 것을 말한다. 그렇다면 다물을 나라를 일으킴이라고 말한 을밀선인의 의도는 천궁을 일으킴이 국가를 되찾는 것만큼 중요하다는 이야기이다.

自存故處無爲之事, 興邦故行不言之敎.
자존고처무위지사, 흥방고행불언지교.

스스로 있기 때문에 무위(無爲)로서 일을 하고,
나라를 일으킴은 말하지 않는 가르침을 행함이라.

스스로 존재한다는 것은 이전에도 살펴보았듯이 본래에 모습인 나의 자아를 말한다. 그렇기 때문에 나의 자아는 하늘과 땅에 자유로운 존재가 되므로 무슨 일을 행하게 되더라도 걸림이 있을 수 없다.

나는 이러한 걸림이 없는 존재이기 때문에 나의 머릿골에 있는 천궁을 크게 일으킴에 있어서 누가 시킨다고 해서 움직일 수 있는 존재가 아님을 말한다. 다시 말해 천궁에서 참된 자아를 이루는 일은 누가 시켜서 해야 하는 일이 아니라 내 스스로가 나의 생명에 완성을 위하여 반드시 해야 할 일이라는 것을 을밀선인은 말하고 있는 것이다.

2. 국가(國家)를 일으키는 길

眞命之大生, 性通光明兮. 入則孝出卽忠.
진명지대생, 성통광명혜. 입즉효출즉충.

참 목숨으로 크게 태어나니(거듭남),
본성은 밝은 빛에 통하네.
들어와서는 효(孝)를 행하고
나가서는 충(忠)을 행함이라.

여기서의 참 목숨(眞命)은 삼극에서의 참 목숨을 말하는 것이 아니라, 나의 '참된 존재(存在)'를 말하는 것이다. 즉 하늘로부터 부여받은 나의 생명이 '거듭난 존재'가 됨을 말한다. 따라서 이렇게 될 때 본성은 밝은 빛에 통하게 되고, 이로 인해 그의 삶에 모습은 바뀔 수밖에 없다.

그래서 을밀선인은 거듭남을 통하여 본성이 밝은 빛에 통하게 된 자는 집에서는 효도를 행하고, 국가에는 충성을 다하여 목숨을 아끼지 않는다고 하였다.

光明故衆善無不奉行. 孝忠故諸惡一切莫作.
광명고중선무불봉행. 효충고제악일체막작.

본성의 빛을 밝혔으므로
온갖 선을 행하지 않음이 없어라.
충효를 행하기 때문에
일체의 모든 악을 짓지 않아라.

본성의 빛을 밝혔다는 것은 내 자신이 天宮에서 참된 자아를 이루고, 거발환을 이루었다는 것을 말한다. 따라서 거발환을 이루어 본성의 빛을 밝힌 자는 나의 소중함을 알고, 다른 사람의 생명도 소중함을 알고 있다. 그렇기 때문에 온갖 선(善)을 행하지 않음이 없다.

다음으로 충효(忠孝)를 행하기 때문에 일체의 악(惡)을 짓지 않는다는 것은 나라의 소중함을 알고, 부모의 은혜를 잊지 않는 자는 근본가치에 소중함을 알기 때문에 모든 악행을 저지르지 않는다는 이야기이다.

惟民之所義 乃國爲重兮, 無國我何生.
유민지소의 내국위중혜, 무국아하생.

백성의 옳은 바는 나라를 소중히 함이니
나라가 없이 어떻게 내가 태어날 수 있는가?

이전의 내용과는 다르게 이제는 나라 국(國)자가 나온다. 여기서의 '국가'는 가깝게는 부족과 국토, 그리고 천자의 나라를 말함이다. 이러한 국가에 대해 지금 을밀선인은 백성의 옳은 바는 국가를 소중히 여기는 것이라고 말하고 있다. 그러면서 을밀선인은 지금 겨레가 밟고 다니는 우리의 땅이 없으면 어찌 내가 존재할 수 있느냐고 문제의식을 제시하고 있다.

國重故 民有物而爲福 我生故國有魂而爲德.
국중고 민유물이위복, 아생고국유혼이위덕.

나라가 소중함은 백성이 재물을 소유하여
복을 누릴 수 있기 때문이요.
내가 태어났기 때문에 나라엔 혼(魂)이 있고
덕을 행할 수 있네.

을밀선인은 앞전의 문장에서 나라가 없이 어떻게 내가 태어날 수가 있겠느냐고 문제의식을 제시하였다. 하지만 이번의 문장에서는 나라의 소중함은 백성이 재물을 소유하여 복(福)을 누릴 수 있기 때문이라고 하였다. 결국 이 말은 나라가 있을 때 나의 목숨과 재산을 지킴은 물론, 자유로운 삶을 누릴 수 있다는 것을 말한다. 이것은 전쟁의 역사에 있어서 국가가 없고, 국가가 힘이 없을 때는 생명과 재산뿐 아니라 자유를 박탈당하기 때문이다.

내가 태어났기 때문에 국가에는 혼(魂)이 있다는 것은 겨레의 정신을 가진 한 사람 한 사람이 있을 때 국가에는 혼이 있게 됨을 말한다. 이외에도 내가 태어났기 때문에 덕을 행할 수 있다는 것은 나라고 하는 존재가 있기 때문에 덕을 펼칠 수 있음을 말한다. 이런 점에서 을밀선인은 우리 한 사람 한 사람의 정신과 존재가 얼마나 중요하고 귀한지를 말해주고 있다.

魂之有生有覺有靈兮, 一神攸居之爲天宮.
혼지유생유각유영혜, 일신유거지위천궁.

혼(魂)에는 생(生)이 있고 각(覺)이 있고 영(靈)이 있음이여,
일신(一神)의 그윽한 거처는 천궁(天宮)이 되네.

〈태백일사〉「삼신오제본기」를 보면 영(靈), 지(智), 의(意) 삼식(三識)은 곧 영(靈), 각(覺), 생(生)의 삼혼(三魂)이라고 하였다. 여기서 삼식에서의 靈과 삼혼에서의 靈은 똑같은 의미로서 신령스럽다는 의미이다. 삼식에서의 지혜(智)와 삼혼에서의 깨우침(覺)도 문자만 다를 뿐 같은 의미이고, 삼식에서의 뜻(意)과 삼혼에서의 삶(生)도 같은 의미를 가지고 있다.

이번에는 이와 같은 의미를 성·명·정과 비교해보면 지각(智覺)은 성품(性)의 작용에 해당하고, 의(意)와 생(生)은 목숨(命)의 작용에 해당하며,

삼식과 삼혼에서의 靈은 정수(精)에 해당한다.

성품(性)→정수(精)←목숨(命)
智(覺)→ 靈(靈) ←生(意)

〈단군세기〉「33세 단군 감물」편을 보면 지혜(智:覺)와 삶(生:意)을 함께 닦는 지생쌍수(智生雙修)라는 말이 있다. 이것은 도교에서 성명쌍수(性命雙修)라는 말과 같다. 그런데 성(性)과 명(命)을 함께 닦으면, 그 가운데에 있는 정(精)이 원정(元精)으로 기화(氣化)가 되어 신령하게 된다. 그렇다면 지혜와 삶은 性·命과 같고, 영(靈)은 신령스러운 원정과 같다는 것을 알게 한다. 이렇게 볼 때에 지(智)·생(生)·영(靈)이란 곧 성·명·정과 같다는 것을 말해준다.

다음으로 "일신(一神)의 그윽한 거처는 천궁(天宮)"이라고 하였는데, 이것은 一神이 천궁에 있는 원정(元精)과의 합일 속에서 안착할 수 있기 때문이다. 한마디로 천궁이란 일신이 원정(元精)을 얻어 자신의 뜻을 펼칠 수 있는 곳이기 때문에 그윽한 거처가 된다.

三魂故智生可以雙修, 一神故形魂亦得俱衍.
삼혼고지생가이쌍수, 일신고형혼역득구연.

삼혼(三魂)이기 때문에
지(智)와 생(生)을 함께 닦음으로써 옳고,
하나(一)의 神이기 때문에 형(形)과 혼(魂)을 또한 함께
얻어서 넘치게 하는 것이라.

삼혼(三魂)에 대해서는 이전에 알아본 것처럼, 靈(靈)·覺(智)·生(意)으로 구성되어 있다. 그런데 "삼혼이기 때문에 지(智)와 생(生)을 함께 닦음으로써 옳다"는 것은 中一이 되는 정수(精水)를 보다 신령스럽게 하기 위함이다. 그래서 정수를 다른 말로는 신령스럽다는 의미로 영(靈)이라는 명칭을 붙이기도 했다.

다시 한 번 언급하면 사람이 삼혼(三魂)을 얻고, 더욱 궁극으로 가기위해 귀일을 하고자 할 때는 지(智)와 생(生)의 두 개체가 완전한 모습으로서의 하나(一)가 되어야 한다. 이것은 분화에 목적을 둔 정수(精水)가 아니라, 귀일에 목적을 둔 원정(元精)이 되어야 하기 때문이다. 그래서 《단군세기》에서는 지생쌍수(智生雙修)의 중요성을 강조하고자 다음과 같이 말하기도 했다.

빈 것과 거친 것이 하나의 몸으로 되어 있고
부분과 전체는 하나와 같으니,
지혜와 삶을 함께 닦고
형체와 얼(魂)을 함께 충만케 한다면
참된 가르침(眞敎)은 이에 바로 서고
믿음이 오래 갈 것은 자명하다.
　虛粗同體 個全一如 智生雙修 形魂俱衍 眞敎乃立信久自明.
〈단군세기〉「33세 단군 감물」

을밀선인이 말하고 있는 다음의 문장을 보면 하나(一)의 神이기 때문에 형(形)과 혼(魂)을 함께 얻어서 충만케 한다고 했다. 이 말은 일기(一氣)가 형체를 이루는 목숨(命)과 기운(氣)을 얻고, 정신을 이루는 성품(性)과 마음(心)을 얻어 자신을 충만케 한다는 것을 말한다. 이른바 일기가 분화를 멈추고 心·氣와 性·命을 거두어들이게 될 때에는 집일함삼을 이루게 되는 것과 같기 때문에 자신을 충만케 하게 된다는 이야기이다.

形과 魂에 대해서는 [삼신오제본기]에서도 언급하고 있는데, 그 내용을 보면 "靈覺生의 삼혼이 되나 또한 그 바탕으로 말미암아 형체(形)는 나이를 먹어감으로써 능히 혼(魂)을 충만케 하는 것이다.(靈覺生三魂 亦因其素 以能衍形年魂)"라고 하였다. 이 말은 우리에게는 목숨(命, 生)인 形이 있기 때문에 나이를 먹어갈 수밖에 없으나, 이로 인해 나의 성품(性, 覺)인 魂은 풍부한 삶의 지혜 속에서 충만해 질 수 있다는 뜻이다. 그러므로 젊다고만 해서 좋은 것도 아니요, 늙는다고만 해서 나쁜 것도 아니라는 것이 [삼신오제본기]에서 전하고 있는 가르침이다.

俾我子孫善爲邦兮, 太白敎訓吾所師.
비아자손선위방혜, 태백교훈오소사.

우리들 자손 착하게 나라(邦)를 이룸이여,
태백의 가르침은 우리의 스승일세.

위에서 말하고 있는 방(邦)자는 국(國)자와는 다르게 '신국(神國)에 해당하는 천궁'을 말함이다. 이런 점에서 우리들 자손들이 각자가 "착하게 나라를 이루자"는 것은 나의 참된 자아를 회복시켜 머릿골에 있는 천궁을 부활시키자는 것이다. 이렇게 될 때에 우리들 각자는 성성이 깨어있게 됨은 물론, 국가를 부강하게 만들 수 있다는 것이 을밀선인의 가르침이다.

다음으로 태백의 가르침이란 백두산을 주축으로 하여 나온 환국·배달·조선의 가르침을 말한다. 그런데 그 가르침이 우리의 스승이라는 것은 천부경·삼일신고·전계의 가르침이 곧 우리의 스승이라는 것을 말해준다.

我子孫故統無不均, 吾所師故敎無不新.

아자손고통무불균, 오소사고교무불신.

우리의 자손들은 그래서 큰 줄기에서
고르지 않음이 없고,
우리의 스승(태백교훈)이기에
그래서 가르침은 새롭지 않음이 없네.

본문의 통무불균(統無不均)에서 통(統)은 '큰 줄기'와 '혈통'이란 뜻을 가지고 있다. 다음으로 무불균(無不均)이란 한쪽으로 치우치지 않고 조화(調和)를 이루지 못함이 없다는 뜻이다. 그런데 여기서 '큰 줄기'는 상위의 내용에서와 같이 '태백의 가르침'을 말하는 것이다. 그러므로 큰 줄기에서 고르지 않음이 없다는 것은 우리의 겨레는 태백의 가르침에서 벗어남이 없기 때문에 누구나 '치우침이 없이 조화를 통하여 참나를 이룰 수 있다'는 것을 말한다.

다음으로 태백교훈이 "우리의 스승이기 때문에 그 가르침은 새롭지 않음이 없다"고 하였다. 이 말은 태백교훈인 천부경과 삼일신고, 전계가 광명을 체득하신 거발환환웅을 통해 나왔을 뿐 아니라, 천지인의 사상을 바탕으로 광명을 체득하게 하는 우리의 스승이기 때문에 늘 새롭지 않음이 없다는 것을 말한다. 한마디로 태백교훈은 절대적인 가르침을 담고 있기 때문에 늘 새롭게 우리에게 다가온다는 것이 을밀선인의 가르침이다.

제3장 광개토태왕과
천하중심(天下中心)

1. 천하중심(天下中心)

역사의 기록에 나타나고 있는 광개토태왕(廣開土太王)은 종교적 심성으로 민족의 명성과 고구려의 옛 영광을 되찾고자 하였던 열정적인 인물이었다. 태왕의 종교적 심성을 찾아보면 그는 웅대한 기상과 신비함과 숭고함으로 가득한 신성한 백두산에서 지혜와 능력을 얻고자 했다. 그래서 그는 이를 실현하고자 백두대간의 한 줄기인 마리산과 속리산에 올라 하늘에 제천(祭天)을 하며, 삼신상제(三神上帝)께 서원(誓願)을 아끼지 않았다.

> 말을 타고 손수 마리산에 이르러
> 참성단에 올라 친히 삼신에게 제사지냈는데
> 역시 천악(天樂)을 사용하였다.……
> 도중에 속리산(俗離山)에서 이른 아침을 기해서
> 제천(祭天)하고 돌아왔다.
> 〈태백일사〉「고구려국 본기」

당시 급박한 정세 속에서도 태왕께서 마리산과 속리산에 올라 하늘에 제사를 드렸다는 것은 그가 삼신상제에 대한 믿음이 열정적이었다는 것을 말해준다. 그러므로 태왕께서는 신앙에 대한 믿음 속에서 지혜와 용기를 발휘하여 열국시대(북부여, 남삼한, 최씨낙랑국, 동옥저)로부터 잃어버렸던 드넓은 영토를 되찾고자 했는지도 모른다.

이러한 신앙의 열망은 결국 태왕인 자신으로 하여금 천자국이었던 단군시대의 옛 영광을 재현하게 하였다. 그래서 그는 수많은 나라들을 정복하고, 고구려를 세상의 중심에 세우고자 했는데 이는 단순히 광대한 영토에 대한 욕심 때문이 아니었다. 그것은 단군조선이 내세웠던 신앙적인 '천하중심(天下中心)'의 세계관이 있었기 때문에 가능하였다.

고대에 있어서 천하중심의 세계관은 태양의 제국이었던 단군조선에서 펼쳐졌다. 당시 삼성시대(三聖時代)[94]에 있어서의 환국은 그 자체가 문명을 낳는 지상에 있는 하늘이었다. 배달국은 문명을 번성케 하는 지상에 있는 땅이었다. 이로 말미암아 단군조선은 문명을 꽃피워 결실을 이루는 지상에 있는 사람의 역할이었다. 그러므로 단군조선은 지상에서 하늘과 땅의 뜻을 받들어 문명을 완성시키는 사명이 있었다.

그런데 지상에서 문명을 완성시킨다는 것은 천상과 지상의 뜻을 받들어 그 중심에 서게 되는 것을 말한다. 이것은 인중천지일(人中天地一)에 있어서 나를 중심으로 천지가 상하로 자리를 잡게 되는 것을 뜻한다. 그러면 이때에 나는 천하중심인 세상의 중심이 된다. 이런 점에서 볼 때 단군조선의 시대적 사명은 상하중심을 통한 천하중심을 이루는 것이었다.

당시 단군조선은 위대한 정신문명을 꽃피운 국가였다. 천부경이 환국으로부터 나오고, 천부경을 바탕으로 삼일신고와 전계가 배달국으로부터 나왔다면 단군조선에서는 환웅천왕으로부터 전해진 천경신고의 해석을 위한 철학적 가르침을 전하였으며, 전계의 미흡한 부분을 완성시키는 위대한 업적을 남겼다.

이 뿐만이 아니라 초대 단군인 왕검 때는 부루태자를 우사공(禹司空)에

---

94) 삼성시대-환국(桓國)·배달(倍達)·단군조선(檀君朝鮮)을 말한다.

게 보내어 천부왕인(天符王印), 신침(神針), 황거종(皇鉅宗)의 삼보(三寶)와 함께 금간옥첩(金簡玉牒)을 전해주어 9년 홍수를 막는 공(功)을 세우게도 했다. 가륵 3세 때는 훈민정음의 원형이라 할 수 있는 가림토가 나오는 계기가 되었으며, 을보륵에 의해 신왕종전지도(神王倧佺之道)가 나오는 계기가 되어 거발환을 이루는 수행법에 기반을 열었다.

가륵 3년 때에는 천왕께서 마한의 두라문(杜羅門)에게 칙서를 내려 중일(中一)사상의 가르침을 전하기도 했으며, 11세 도해 단군 때는 천경신고의 실천을 위한 전계를 다듬어 선포하기도 했다. 이 뿐만이 아니라 도해 단군은 열 두 명산에 국선소도를 설치케 하였으며, 당시의 유위자는 도(道)의 대원(大原)은 삼신에서 나온다는 천부사상을 드러내기도 했다.

33세 감물 단군에 이르러서는 허조동체(虛粗同體), 개전일여(個全一如), 지생쌍수(智生雙修) 등과 집일함삼(執一숨三), 회삼귀일(會三歸一)을 언급하여 천부사상의 이해를 돕는 일과 수행의 방법에 대하여 언급하기도 했다. 이런 점에서 볼 때 당시의 단군조선이 있던 시대는 천부사상을 꽃피운 황금기였다.

하지만 광개토태왕께서 생각하던 천부사상과 고대의 옛 제국들은 역사 속으로 살아져 갔다. 그래서 태왕께서는 자신의 기억 속에 남아있고, 심령 속에 살아있는 삼성시대의 옛 영광을 되찾고자 하였다. 이러한 태왕의 뜻은 고대국가인 단군조선의 빛나는 정치이념이 태왕에게 있어서 신앙적인 믿음이 되어 그의 가슴 속에서 다시금 되살아나기 시작했기 때문이다. 그리고 그 바탕에는 삼신상제의 가르침인 삼일철학(三一哲學)과 천하중심이 되는 민족의 영산(靈山)인 백두산이 있었기 때문에 가능하였다.

당시 백두산은 태왕에게 있어서 천지인의 원리에 따라 세 개의 강물(두만강, 토문강, 압록강)을 흘려보내는 천하중심의 성지였다. 이것은 백두산이 단순한 산의 의미를 넘어서 단군조선의 정치이념인 천하중심의 세계관과 삼일철학을 펼칠 수 있는 거점이 되었다는 것을 말한다. 이 때문에 백두산은 단군조선의 정치이념인 천하중심의 세계관이 펼쳐지고, 삼신상제의 뜻을 실천할 수가 있는 성지가 될 수 있었다.

이와 같이 태왕에게 있어서 백두산은 신앙의 열정을 불태울 수 있게 하였을 뿐 아니라, 자신의 정치이념을 펼칠 수 있도록 한 성지(聖地)이기도 했다. 그래서 태왕께서는 백두산으로부터 얻은 영적인 힘을 바탕으로 단군조선의 옛 영광을 되찾고, 그 영광을 천손(天孫)인 백성들에게 되돌려주고자 하였다. 이러한 태왕의 뜻은 민족의 자부심을 백성들에게도 전해주고자 하였기 때문이다.

태왕은 신성함과 지능(知能)에 있어서도 고구려의 어떠한 왕보다도 뛰어나, 정치와 문화에 있어서 뛰어난 재주를 발휘했던 인물이었다. 그는 전투에 임해서는 몸소 대군을 이끌고 적진에 나아가서 연전연승의 승리자로서 위대한 전략가이기도 하였다.

적색방모(赤色紡帽)를 통해 태양의 아들임을 자처한 광개토호태왕에 대해 후위서(後魏書)에서는 고구려국왕 담덕은 풍모가 훤한 미장부상(美將夫像)으로 빼어난 눈썹에 키는 육척(六尺)이었으며 늘 적색방모를 쓰고 다녔다고 하였다. 또한 그가 전장에 나서면 동에 번쩍 서에 번쩍 곳곳에서 지휘를 하며 승전을 하니 신출귀몰한 지략으로 인해 적의 무리들은 이름만 듣고도 도주하기에 바빴다고 했다.95)

삼국사기의 기록에는 담덕능용병(談德能用兵) 부득출거(不得出拒)라 하여 "태왕 담덕(談德)이 용병술이 능해서, 감히 나와 싸울 수 없었다."96)고 하였다. 한마디로 그의 무용담은 동북아시아에 걸쳐있는 배달민족의 가슴

---

95) 高句麗國王談德風貌晞美將夫像眉秀身六尺當用着赤色紡帽.
　　麗王談德一立戰輝東輝西揮地神出鬼沒知略勝戰適徒名逃走.《후위서(後魏書)》

96) 〈삼국사기〉 제25권 「백제본기 제3」 진사왕(辰斯王)편.

을 뜨겁게 하는 용맹스러움이 있었다.

　태왕의 웅대한 기상과 포부는 당시 동북아시아의 맹주가 되어 서북으로는 연나라의 모용씨를 반격하여 요동과 요서지역의 700리 땅을 차지하였고, 동부여를 복속시켜나갔다. 동으로는 연해주, 서쪽으로는 북경과 몽고 및 남부시베리아지역, 남으로는 한강이남지역과 북으로는 송화강을 넘어 흑룡강까지 광대한 지역을 영유하게 되었다.

　태왕께서는 이러한 주변 정세의 급박한 상황 속에서도 자신의 할아버지(고국원왕)를 죽인 백제(百濟)를 정복하여 백제의 임금에게 항복을 받고 제후국으로 만들기까지 하였다. 이 뿐만이 아니라 고구려의 속국으로 있었던 신라(新羅)의 요청으로 서기 400년경 동북아 최강 부대였던, 고구려 태왕의 5만 대군이 가야의 철갑기마군단과 합세한 왜구의 연합군을 물리치면서 전멸직전의 신라를 건져내기까지 했다. 곧이어 임나가야와 아라가야까지 쳐들어가 가야연맹체를 참패시킴으로써 가야는 재기불능의 쇠퇴기를 맞게 되었다.

　당시 태왕의 공격적인 전략은 고구려가 다물(多勿)의 정신을 통하여 고조선시대 이래로 우리 한민족이 통솔하던 광대한 영토를 다시 되찾겠다는 이념 때문이었다. 이것은 단순히 각 나라를 정복하여 영토만을 확장하는 것이 아니라, [천하중심]의 문명 속에서 제후국들을 통솔하면서 문명의 종주국이 되고자 했기 때문이다. 그러므로 고구려는 신라·백제를 완전히 항복시켜 복속시킬 수 있었으나, 그렇게 하지 않고 제후국으로 거느리고자 하였다.

　한마디로 고구려가 천하 중심의 문명국인 천자국이 되고자 하였던 것은 고구려 중심의 연맹체제 속에서 단군조선의 옛 영광을 재현해보이고자 했기 때문이다. 이것은 일방적 권력집중의 왕권중심이 아니라, 삼신상제의 뜻을 실현하는 천자문화(天子文化) 속에서 하늘의 뜻에 부합하는 제국을 만들고자 하는 꿈이 태왕에게는 있었기 때문이다.

2. 광개토경호태왕과 비밀문양

SBS에서 작가 최인호씨가 중심이 되어 광개토태왕에 대한 프로를 방영한 적이 있다. 방영의 주제는 우물 정(井)자의 출처를 찾는 첫 걸음부터 시작되었다. 이로부터 우물 井자가 기록된 유물이 태왕이 활동했던 무대에서 쏟아져 나오기 시작하였다. 그런데 그 표기는 바로 광개토태왕의 정치이념을 상징하는 부호(符號)로 밝혀졌다.

광개토태왕의 호우(壺杅)

우물 정(井)자와 십자(十)의 글자가
상위와 글자의 끝에 표기되어 있다

부호가 가장 잘 표현된 유물로는 호우(壺杅)가 발견되었는데, 여기에는 또 다른 부호인 십(十)자와 함께 명문(銘文)이 새겨져 있었다. 명문의 뜻을 살펴보면 고구려 19대 광개토태왕이 돌아가신(서기 412) 3년 후인 "을묘년(415)에, 만주집안 국강상(능소재지)에 영원히 잠드신 광개토태왕을 기념하는 항아리(호우)"라는 내용이다.

"井 을묘년(乙卯年) 국강상(國崗上)
광개토지(廣開土地) 호태왕(好太王) 호우(壺杅) 十"

여기서 항아리(호우)는 청동으로 만들어진 제기(祭器)를 말한다. 그런데 명문의 위쪽 상단의 부호인 '정(井)' 자와 하단의 상징적 부호인 '십(十)' 자가 주목된다. 이 부호들의 표기에서 우리는 광개토태왕의 '정치이념'과 '신앙의 정신'을 살펴볼 수 있는데, 이를 통하여 우리는 광개토태왕의 정신세계에 대해 엿볼 수가 있다.

호우에 적혀있는 부호를 살펴보기 위해서는 먼저 광개토태왕의 행적과 호칭을 살펴볼 필요가 있다. 태왕의 비문(碑文)에 적혀있는 호칭을 보면 "국강상 광개토경 평안호태왕(國剛上 廣開土境 平安好太王)"이라고 쓰여 있다. 이 내용에서

'국강상'은 광개토태왕이 묻힌 언덕 이름을 말하고,
'광개토경'은 땅을 넓혔다는
광개토태왕의 외정(外政)의 업적이고,
'평안'은 백성을 편안하도록 하였다는
내치(內治)의 뜻이고,
'호태왕'은 자애로운 왕 중의 왕이라는 뜻이다.

삼국사기(三國史記)보다 무려 700년이나 앞섰다는 광개토태왕의 비문에서 '광개토(廣開土)'는 단순히 땅을 넓혔다는 의미보다는 더욱 깊은 의미가 담겨져 있다. 그것은 '광개토'에서 개토(開土)가 개천(開天)과 비교되기 때문이다.

개천이 '하늘이 열렸다'라는 뜻처럼, 개토는 '땅이 열렸다'는 뜻이다. 이것은 하늘의 가르침이 열리게 되면서 교화시대를 여는 신시의 배달국이 세

위졌다면, 개토는 땅의 가르침이 열리게 되면서 치화시대를 여는 단군조선이 세워지게 되었다는 것을 말한다. 그러므로 태왕의 호칭에 붙여진 개토는 고구려를 중심으로 땅의 가르침을 받들어 세상을 다스리게 되었다는 것을 말한다.

위의 내용에서 '호태왕(好太王)'은 여러 속국들의 왕들을 거느린 [자애로운 왕 중의 왕]이라는 뜻이다. 한마디로 지방의 여러 나라들을 패망시켜서 정복하는 정복군주가 아니라, 문명의 종주국인 천자국에서 제후국(諸侯國)들에게 선진문화를 전해주는 천자(天子)를 말한다. 이로 보건대 고구려의 정신인 다물(多勿)이란 단순히 고토(古土) 회복만을 위한 것이 아니라, 고대에 잊혀졌던 천자문화를 통하여 천하중심의 문명을 열고자 했다는 것을 말해준다.

그러나 그 꿈은 단순한 의욕만으로는 불가능한 것이었다. 그래서 태왕께서는 정치에 앞서서 삼신상제에게 철저한 믿음을 바치게 되었고, 이로 말미암아 자신의 신념을 확고히 할 수 있었다. 이것은 그가 제천행사와 군진(軍陳)에 나아갈 때마다 병사들에게 삼신상제를 찬양하는 어아가(於阿歌)를 제창하게 하였던 것을 통해서도 알 수가 있다.

> 나이 18세에 광명전(光明殿)에서 등극하고
> 하늘의 음악(天樂)을 예(禮)로써 연주했다.
> 군진에 나아갈 때마다 병사들로 하여금
> 어아(於阿)의 노래를 부르게 하고
> 이로써 사기(士氣)를 돋우었다.
>
> 〈태백일사〉「고구려국 본기」

당시의 어아가는 악(惡)함을 미워하고 선(善)함을 권장하며, 삼신상제를 찬양하고 그 믿음의 세계에 들어가서 광명을 체득하고자 하는 천악(天樂)

이었다. 그래서 천악을 중시하였던 태왕은 말을 타고 마리산에 이르러 참성단(塹城壇)에 올라 친히 삼신에게 제(祭)를 올리기도 하였으며, 백제와 밀통하고 있는 왜국(倭國) 군사들을 격파하고 돌아오는 길에 속리산(俗離山)에서 이른 아침을 기해 제천(祭天)하기도 하였다.

이처럼 신앙적인 신념(信念)과 그 뜻을 통하여 천하중심의 문명을 열고자 하였던 호태왕은 자신의 정신과 혼이 담긴 부호(符號)를 만들어 놓는데, 그것이 우물 정(井)자와 열 십(十)자였다.

우선 정(井)자에 집중하여 보면 SBS에서 96년 8월 [왕도의 비밀] 프로를 통한 결과에서 井자는 환도산성(丸都山城)의 기왓장에 새겨진 무늬로부터 시작하여, 가야와 신라에서도 발견되면서 광개토태왕의 남진루트와 일치하고 있음을 밝혔다. 이 뿐만이 아니라 井자 문양은 태왕이 이끄는 고구려 군사들의 붉은 깃발에 새겨진 고유문양으로도 밝혀지게 되면서 태왕께서는 井자 문양이 가지고 있는 뜻을 전쟁을 통하여 실천하고자 하였음을 세상에 알렸다.

그렇다면 井자 문양은 태왕의 정치이념과 어떠한 관련을 가지고 있는 것일까? 井자 문양이 뜻하는 의미를 찾아 나선 최인호씨는 태왕의 비문에서 '천제의 아들이요, 어머니는 하백의 딸'이라는 기록과 [삼국유사]에서 '천제의 아들이요, 하백의 손자'라는 기록 속에서 문제의 실마리를 찾고자 했다. 그러나 井자의 해답은 엉뚱한 곳에서 나왔다. 바로 광개토태왕의 신하인 모두루의 무덤인 모두루총(牟頭婁塚)에서 실마리가 풀리기 시작했기 때문이다.

모두루의 시신인 머리 방향을 측정하던 제작진들은 모두루총의 두침방향이 북에서 동쪽으로 53도의 방향을 가리키고 있다는 것을 알았다. 그런데 이것은 여기서 그치지 않고, 고구려 초기에서 광개토태왕의 시기까지 만들어진 고분들의 두침방향이 모두 북에서 동쪽으로 53도의 한쪽만을 가리키고 있었다.

또한 제작진들은 고구려 적석총(積石塚)들의 두침방향도 재어보니 모두 같은 방향이었을 뿐 아니라, 장군총의 석실에서 시신의 두침방향이나 집안(集安)에서 대표적 고분군인 산성하 고분군도 대부분 북에서 동으로 53도 방향을 가리키고 있었다. 그래서 그 방향을 살펴보니 그곳은 백두산 산정의 천지(天池)였다.

고구려 고분들의 머리방향이 모두 백두산 천지를 가리키고 있는 것은 무엇을 말하는가! 호마(胡馬)는 북풍에 울고, 여우도 죽으면 자신이 태어난 고향을 향하여 머리를 두고 죽는다고 하지 않았던가!

그렇다. 바로 고구려인들에게는 백두산이 민족이 시작됐던 성지(聖地)이며 정신적인 고향이었던 것이다. 이윽고 [왕도의 비밀]의 제작진들은 井자는 '하늘우물'로써 이것이 백두산 천지(天池)를 상징하는 부호라는 것을 결론을 내릴 수 있었다.

다음으로는 민족의 성지인 백두산의 천지(天池)를 상징했던 정(井)자형 다음에 십(十)자형에 대해서도 알아볼 필요가 있다. 十자형은 천부경에서 알아보았던 것처럼 근본으로 되돌아가게 되는 시초가 되는 숫자이며, 태양의 상징으로서 하늘의 천제(天帝)인 삼신상제(三神上帝)를 상징하기도 한다. 이런 점에서 하늘우물인 井자형이 '민족의 성지'를 뜻한다면 十자형은 근본으로 '귀일하고자하는 마음'과 신앙의 정신인 '삼신상제'를 뜻한다.

그렇다면 井자형과 十자형이 우리에게 전해주는 메시지는 무엇인가? 그것은 바로 겨레의 땅에 자리하고 있는 '하늘우물'과 삼신상제의 상징인 '태양(太陽)'이 백두산의 산정(山頂)에서 가장 먼저 만나게 된다는 가르침이다. 이것은 달리말해 민족의 성역인 백두산천지(白頭山天池)가 있는 곳으로 삼신상제께서 가장 먼저 임어하신다는 뜻이다.

그렇다면 백두산 산정에서 태양신인 천제와 고구려의 시조인 추모왕의 뿌리가 되는 물의 신 하백(河伯)이 만나는 것이다. 이것은 백두산천지가 곧 하늘의 신과 땅의 신이 합치되는 곳임을 말한다. 그러므로 백두산천지(白頭山天池)란 천하의 중심일 뿐 아니라, 천지교통(天地交通)의 성지임을 말해주고 있다.

이로써 백두산은 태양 빛을 머금은 물줄기를 세상에 전해주게 되면서 하늘우물은 민족의 성지에서 삼신상제의 가르침이 내려오는 성지가 될 수 있었다. 이와 함께 삼신상제의 가르침을 세상에 전해주게 되면서 하늘우물은 세상에 문명을 열어주는 천하중심이 될 수가 있었다.

태양의 아들이며 하백의 손자인 추모왕에 이어 태왕은 바로 이러한 천하중심의 백두산천지(白頭山天池)에서 민족의 역사와 미래를 보았다. 그래서 그는 고구려만이 아닌 배달겨레의 입장에서 우리의 겨레가 나아갈 길과 천하중심의 문명국으로서 그 역할을 다 하기를 염원하는 마음에서 정(井)자형 부호와 십(十)자형 부호를 자신의 정치이념과 신앙의 정신으로 내세우기도 했다. 이러한 신념이 있었기에 태왕께서는 군진(軍陣)을 이끌고 전쟁터를 누빌 때에도 언제나 井자형 깃발을 마상(馬上)에 달고 달릴 수가 있었던 것이다.

3. 어아의 노래(於阿歌)

제천문화에 쓰이던 제가(祭歌)들은 당시의 군왕(君王)들과 백성들이 산에 오르며 삼신상제를 부르고 찬양하고자 하던 노래였다. 따라서 제천의 노래는 삼신상제의 가르침을 받들어 영적인 세계에 들어가고자 했던 고대인들의 심정을 가장 잘 나타내고 있는 노래이다.

제천의 노래 속에는 당시의 문화를 잘 알 수 있는 노래가 있다. 〈태백일사〉「소도경전본훈」을 보게 되면 단군 부루 때 신시(神市)의 옛 풍습이며 우리의 조상인 삼신을 맞이하는 노래로 [어아(於阿)의 악(樂)]이 있었다고 전한다.

"어아가(於阿歌)를 부르며 근본에 대하여 고마워했다."
(於阿爲樂感謝爲本)

〈단군세기〉「2세 단군 부루」

당시에 제천(祭天)은 우리민족이 고대로부터 하느님을 숭배하던 의식(儀式)이었다. 어아가는 그 제천의식에서 사용하던 제가(祭歌)의 대표적인 노래였다. 어아가의 가사 중에 나오는 '대조신(大祖神)'은 한배검(환웅천왕)이 아니라, 〈태백일사〉「소도경전본훈」에 의하면 삼신(三神)이라 부르고 하늘의 주재자(主宰者)라고 하였다. 그렇다면 이 노래는 우리들의 가장 큰 조상인 삼신상제(三神上帝)를 찬양하고 그 도와 덕을 높이며, 그 은덕에 보은하는 마음에서 만들어진 노래이다.

어아가에 대해서 〈단군세기〉「2세 부루」편을 보게 되면 "어아(於阿)를 노래하고, 감사함을 근본으로 삼으니 신과 인간이 이로써 화합하게 되면서 사방의 본보기가 되었다"고 했으며, "이것이 참전계(參佺戒)가 되었다"고 하였다. 이 말은 어아의 노래가 신인합일(神人合一)을 할 수 있게 해줌으로써 참전계가 되었다는 것을 말한다. 그러나 여기서의 참전계는 어아가뿐 아니라 당시에 모든 교화의 제도를 참전(參佺)이 이루어지는 계율로 보았다. 그 까닭은 모든 가르침이 신인합일에 그 목적이 있었기 때문이다.

신시이화(神市以化)의 세상은
8훈(八訓)으로써 경(經)을 삼고,
5사(五事)를 위(緯)로 삼아 교화가 크게 행해져
널리 모든 생명을 건져 이롭게 하였으니
참전(參佺)이 이루어지지 않는 곳이 없었다.

그런데 위에서 말하는 참전계와 환웅시대에 있었던 전계(佺戒)와는 그 내용이 다르다. 왜냐하면 〈삼성기 전〉「하편」에서와 같이 "지생쌍수(智生雙修)로써 전(佺)에 머무르게 했다"라는 내용처럼, 전계는 온전한(全) 사람이 되기 위한 성명쌍수(性命雙修)와 같은 수련법이었기 때문이다.

그러나 여기서 말하고 있는 참전계는 전계를 통한 수련법 이후에 전계가 보다 보편화되면서 만들어진 것으로 보인다. 따라서 참전계란 개별적인 수련법보다는 백성이 다함께 참여하는 대중적인 교화를 위하여 만들어졌다고 할 수 있다.

그러면 이제 대중적인 교화를 위하여 만들어진 어아가에 대하여 알아보고자 한다.

어아 어아,
우리 대조신(大祖神) 크신 은덕(恩德),
배달나라 우리들 누구라도 오랜 세월 잊지 마세.
어아 어아,
착한 마음 큰 활이 되고 나쁜 마음 과녁이라,
우리들 누구라도 많고 많은 사람마다 큰 활줄과 하나 되어,
착한 마음 곧은 화살 한마음으로 똑같아라.
어아 어아,
우리들 누구라도 많고 많은 사람마다 큰 활이 되어,
낱낱이 많은 무리 과녁마다 뚫어보세.
착한 마음 끓는 물은 중일(中一)을 이루나니,
눈 덩이 같은 악한마음을 녹여보세.
어아 어아,
우리들 누구라도 많고 많은 사람마다 큰 활이라,

굳세고 굳은 마음 하나 되니 배달나라 광영(光榮)일세.
오랜 세월 크신 은덕 우리들의 대조신(大祖神)이시여,
우리들의 대조신이시여.

<단군세기>「2세 단군 부루」

  어아가(於阿歌)의 첫 문장에 나오는 대조신(大祖神)은 큰 조상신이라는
뜻이다. 그런데 여기서의 큰 조상신은 만물을 주재하는 삼신상제(三神上
帝)를 말한다. 그러므로 배달의 겨레는 하늘의 통치자인 삼신상제를 가장
큰 조상신으로 섬기며 신앙의 대상으로 삼아왔었다.

  대조신(大祖神)을 삼신이라 부르고
  하늘의 주재자라고 하였다.
  大祖神謂三神爲天之主宰者也.

<태백일사>「소도경전본훈」

  당시 고구려 때에는 제왕을 천제(天帝)의 아들이라 하여 천자(天子)라
하였고, 백성들을 천제의 자손이라 하여 천손(天孫)이라 하였다. 이것은 천
자와 백성의 입장에서 삼신상제가 하늘에 계신 아버지라는 뜻이며, 하늘에
계신 최고의 조상신이라는 뜻이다. 그러므로 우리 민족은 삼신상제를 하늘
에 계신 아버지와 대조신(大祖神)이라 불러왔던 민족이었다.
  특히 어아가는 삼신상제에 대한 높은 은덕에 대해서도 찬양하고 있는데,
이것은 신정일치에 따른 문명의 중심에는 삼신상제가 있었기 때문이다. 당
시 정치라는 것은 신의 가르침을 받아서 그 뜻으로서 백성을 살피는 것이
었다. 그렇기 때문에 천상에 계신 삼신상제는 은덕을 내려주는 분으로서
신앙의 대상이 될 수밖에 없었다.

어아 어아,
착한 마음 큰 활이 되고 나쁜 마음 과녁이라,
우리들 누구라도 많고 많은 사람마다 큰 활줄과 하나 되어,
착한 마음 곧은 화살 한마음으로 똑같아라.

위의 문장에서 "착한마음 큰 활이 되고, 나쁜 마음 과녁이라"하여 [큰 활]과 [과녁]을 선과 악의 의미로서 상징한 것은 매우 흥미롭기까지 하다. 여기서 큰 활은 화살과 더불어 과녁을 뚫는 무기류(武器類)에 속하지만 이것은 선의 상징이다.

반면에 과녁은 활의 시위를 맞고 없어져야할 악의 상징인 것이다. 그러므로 착한마음이 큰 활이 되어 악의 상징인 [과녁]을 맞추기 위해서는 활시위를 느슨하면서도 강하게 잡아당기는 힘과 흔들림 없이 온 마음을 집중해야 하는 정신력이 무엇보다 필요하다. 하지만 착한마음이 큰 활의 역할을 하지 못하게 될 때는 수많은 나쁜 마음의 과녁만 있을 뿐이다. 그렇기 때문에 우리는 착한마음인 큰 활이 되기를 끊임없이 노력해야함은 마땅한 도리이다.

어아가에서 '착한마음'을 '곧은 화살'에 비유하고 있는 것은 마음을 내어 쓰기 이전, 생각이 바른가, 아니면 그른가의 차이를 말하고 있는 것이다. 이것은 '곧은 화살'을 뜻하는 '착한마음'을 가지게 될 때는 어떠한 상황 속에서도 나쁜 마음인 과녁을 정확하게 뚫어버릴 수 있다는 것을 말한다. 그렇기 때문에 우리는 늘 곧은 화살과 같이 착한마음을 갖고 살아야만이 타락의 늪에 빠지지 않게 된다.

어아 어아,
우리들 누구라도 많고 많은 사람마다 큰 활이 되어,
낱낱이 많은 무리 과녁마다 뚫어보세.

위의 내용에서 사람마다 큰 활이 되어 과녁을 뚫는다는 것은 우리들 각자가 큰 활이 되자는 것이다. 여기서의 큰 활은 전쟁터에서 사용하는 활이 아니다. 내 마음 속의 악함을 물리치기 위한 큰 활이다. 그 큰 활을 이제는 우리들 각자라고 생각하자는 어아가의 가르침은 우리들로 하여금 항시 나쁜 마음이 일어날 때마다 그 과녁을 꿰뚫어버리라는 요구이다. 이것은 어아의 노래가 우리를 변화시키겠다는 회초리의 역할이다.

고대의 중국인들은 우리를 동이(東夷)라고 불렀다. 혹자는 이 명칭을 두고 큰 활을 쏘는 동방민족이라고 해석한다. 하지만 필자는 중국인들이 우리를 오래전부터 대인(大人)이라고 불렀던 점을 감안하면 이(夷)는 큰 활이라는 뜻보다는 대인이 지니고 다니는 활이라 정의하고 싶다.

이렇게 볼 때 대인이란 어질다(仁)는 뜻이 있는바, 무기가 되는 활에 있어서도 우리민족은 의(義)를 위해서만 활을 사용했다는 것을 말한다. 이것은 활인검(活人劍)과 마찬가지로 활인궁(活人弓)으로서 사용했다는 것을 이야기한다. 그렇기 때문에 한민족은 생명을 살상할 수 있는 활을 가지고도 사람을 살리는 것으로 삼았던 민족이었다.

　　착한 마음 끓는 물은 중일(中一)을 이루나니,
　　눈 덩이 같은 악한마음을 녹여보세.

다음으로 착한 마음과 끓는 물은 악한마음과 차가운 눈덩이에 반대되는 개념이다. 그런데 착한 마음 끓는 물은 중일(中一)을 이룬다고 하였다. 이 말은 끓는 물과 같은 착한 마음을 가지게 되면 좌우로 치우침이 없는 中一을 이루게 된다는 것을 말한다. 그러므로 中一을 이루기 위해 눈덩이 같은 악한마음은 녹여 보자는 것이다. 그래야만 눈덩이처럼 커져만 가는 악한 마음을 녹여 中一을 이룰 수 있다는 것이 어어가의 가르침이다.

어아 어아,
우리들 누구라도 많고 많은 사람마다 큰 활이라,
굳세고 굳은 마음 하나 되어 배달나라 광영(光榮)일세,
오랜 세월 크신 은덕 우리들의 대조신(大祖神)이시여,
우리들의 대조신이시여.

　위의 구절에서는 우리들 누구라도 사람마다 나쁜 마음인 과녁을 뚫을 수
있는 '큰 활'이라는 것을 노래하고 있다. 그런데 여기서의 사람마다 '큰
활'이 될 수 있는 것은 누구나 근본으로 되돌아갈 수 있는 中一의 마음자
리를 가지고 있기 때문이다.
　다만 그 중일의 마음을 현재의 나의 마음으로 얻느냐, 아니면 그렇지 못
하냐의 차이에 따라서 결정이 될 뿐 누구나 큰 활이라는 것은 어김이 없
다. 그러므로 누구라도 사람마다 큰 활이기 때문에 굳세고 굳은 마음으로
우리들 모두 하나같이 착한마음을 갖자는 것이다. 이렇게 될 때에 배달겨
레의 광영은 영원할 수 있다는 것이 당시에 을밀선인의 뜻이었다.
　다음으로는 삼신상제이신 대조신에 대하여 그 은덕을 찬양하고 있다. 이
것은 우리민족이 삼신상제의 은혜 속에서 살아왔기 때문에 그 은덕을 잊지
말자는 것이다. 당시에 삼신상제에 대한 신앙은 신과 인간이 교통하는 신
교(神敎)의 가르침 속에서 시작되었다. 이른바 선각자들이 백성을 깨우치
기 위하여 신의 가르침을 전달받는 과정에서 최고신(最高神)과의 접신(接
神)이 이루어지면서 이 분에 대한 공적을 알게 되고, 이로 인해 이 분에
대한 신앙이 시작되었다고 볼 수 있다.
　끝으로 어아가에 대한 내용을 정리해 보면 그 내용에 있어서는 단순한
개념인 선악, 큰 활, 곧은 화살, 과녁, 끓는 물, 눈 덩이 등으로 이루어졌다.
그러나 인간심성을 드러내는 데에 있어서는 이보다 보배로운 가사들을 찾

아보기가 쉽지가 않다.

특히 '큰 활과 과녁', '끓는 물과 눈 덩이'로 대립되는 선악의 문제는 가장 단순하면서도 실천에 있어서는 가장 어려울 수 있는 문제이기도 하다. 이러한 까닭은 자신이 변화가 되지 않으면 안 되기 때문이다. 이런 점에서 볼 때 어아가는 우리민족으로 하여금 활을 바탕으로 마음을 다스리게 했던 제천(祭天)의 노래였다.

조의(皂衣)에도 법칙이 있었으니
의관한 자는 반드시 활과 화살을 차고,
잘 쏘는 자는 반드시 높은 자리를 얻었다.
마음을 착하게 가짐을 수행의 근본으로 삼고,
과녁을 가상의 악귀에 우두머리로 삼았다.
　　　　　　　　　　〈태백일사〉「소도경전본훈」

제4장 위대한 구도자 을지문덕

1. 구도자 을지문덕(乙支文德)

역사 속에 기록된 을지문덕(乙支文德) 장군은 살수대첩에서 수(隋)나라와의 전쟁을 대승으로 거둔 인물로 유명하다. 당시에 수나라와 고구려의 전쟁은 수의 문제(文帝) 때부터 시작되었다. 이때에 문제는 30만 대군을 동원하여 고구려 침공에 나섰으나, 요하(遼河)지방에서 고구려의 공격으로 저지되었고, 그 기간 중에 장기간의 비바람과 질병으로 인해 퇴각하지 않을 수 없었다. (단기 2921년, 서기 598년)

고구려로부터 참패를 맛본 수나라는 이후 문제의 아들 양제(煬帝)에 이르러서 설욕전을 위해 다시 전쟁을 준비하고, 100만 대군으로 고구려 침공길에 나선다.(영양왕 23년, 단기 2945, 서기 612년) 이때에 전투군의 규모는 113만 3천 8백 명이었다 하며, 군량을 수송하는 사람들은 따로 있었다고 하니 전체를 합하면 더욱 많은 수의 인원이 동원된 셈이다.

하지만 군대가 요동성(遼東城)에 당도하여 싸움을 하였으나, 요동성은 오래도록 함락이 되지 않았다. 그 와중에 수나라의 좌익위대장(左翊衛大將) 내호아(來護兒)가 이끄는 수군(水軍)을 고건무(高建武)가 이끄는 고구려의 수군이 대동강 주변에서 전멸시킴으로 해서 양제는 초조해질 수밖에 없었다. 그래서 양제는 좌익위대장군(左翊衛大將軍) 우문술(宇文述)과 우익위대장군(右翊衛大將軍) 우중문(宇仲文)을 대장으로 삼아 30만의 별동대를 평양성으로 보내 신속하게 공격하게 하였다.

　그러나 너무 많은 군량을 짊어지고 길을 재촉했던 수나라 군사들은 길을 가는 도중에 힘에 붙여 물자를 몰래 버림으로 해서 군량부족으로 인해 철수할 수밖에 없는 형편에 놓이게 된다. 이때에 이를 알아차린 을지문덕장군의 지략에 의해 이들은 어려운 형편임에도 불구하고 고구려군의 유인책으로 뒤를 좇다가 결국 철수 하는 도중에 참패하고 만다. 이리하여 살아서 돌아간 군사들이 겨우 2천 700명뿐이었다고 한다.

　당시의 전쟁을 대승으로 이끌었던 을지문덕 장군은 우중문과의 한판 승부에 앞서, 시(詩) 하나를 지어 보내게 된다.

　　神策究天文　　妙算窮地理
　　신책구천문　　묘산궁지리
　　戰勝功旣高　　知足願云止
　　전승공기고　　지족원운지

　　신묘한 계책은 천문을 꿰뚫고
　　기묘한 계교는 지리에 통달했네.
　　싸움마다 이겨 공이 이미 높았으니
　　족한 줄 알았으면 이제 그만함이 어떠한가!

　세상에 전해오고 있는 을지문덕장군의 기록 중에 하나인 우중문에게 보낸 시(詩)에서 을지문덕 장군은 천문과 지리를 논하며 언급하고 있다. 그런데 천문과 지리에 밝은 자라야 병법에 있어 승리할 수 있다는 이 말에서 전쟁을 대승으로 이끈 을지문덕 장군이야 말로 진실로 천문과 지리에 통달했음을 느끼게 해주는 글귀이다.

을지문덕 장군의 또 다른 기록인 〈태백일사〉「고구려국 본기」에서 보면 장군은 고구려국 석다산(石多山)사람으로 일찍이 입산수도(入山修道)하여 꿈에 천신(天神)을 보고 크게 깨달았다고 한다. 그는 또 매년 3월 16일이면 마리산으로 달려가 공물을 올리고 경배하고 돌아왔으며, 10월 3일이면 백두산에 올라가 제천(祭天)을 했다고 전한다.

강화도의 마리산 제천단

을지문덕 장군에 대한 기록에서 매년 3월과 10월이 되면 마리산과 백두산을 찾아다니며 제천을 하였다는 것은 그가 전쟁터를 누비는 장군이기 이전에 제천을 통하여 삼신일체 상제(上帝)를 섬길 줄 아는 위대한 구도자(求道者)였음을 말해준다.

이 뿐만이 아니라 그가 꿈에 천신을 보고 크게 깨달았다는 것은 천지로부터 한소식을 들었다는 것을 말한다. 그래서일까! 장군은 어린 시절 평안남도 증산군 석다리에 있다는 석다산 아래 석굴에서 글을 읽고, 무술훈련을 했다고 전해오고 있다.

장군의 이러한 모습은 그 시대에 살던 명장(名將)들의 이야기에서도 전해오고 있다. 《규원사화(揆園史話)》에서는 연개소문이 봉황산에서 10년 수련을 하였고, 김유신도 중악의 바윗굴에서 10년을 수도하였다고 전한다.

> 연개소문은 봉황산에 들어가
> 십년을 수련한 뒤 마침내
> 만고에 뛰어난 호걸이 되었으며,
> 김유신은 중악의 바윗굴에 들어가
> 십년을 수도한 뒤 결국에는 명장이 되어
> 태종을 도와 나라를 강성함에 이르게 하였다.

〈삼국사기〉「김유신 전」을 보면 김유신장군은 15세 때에 화랑이 되었다고 하였으며, 나이 17세 때에 중악의 석굴에 들어가 향불을 피우며 하늘에 고하면서 수도를 하였다고 한다. 마찬가지로 〈태백일사〉「고구려국 본기」를 보면 연개소문은 나이 9세에 조의선인에 뽑혀 수련을 시작한 것으로 되어 있다. 그런 그가 대중을 위한 정치를 펼쳤을 때는 성기(成己)·자유(自由)·개물(開物)·평등(平等)으로 이념을 삼고, 삼홀(三忽)을 전(佺)으로 하여 조의(皂衣)에 율(律)이 있게 하였다고 한다.

성기·자유·개물·평등은 3세 가륵단군이 두라문(杜羅門)에게 보낸 칙서에서도 나타나고 있듯이 성기와 자유는 완성된 인격체와 광명의 세계를 얻어 그 하고자 하는 것이 막힘이 없는 경지를 말한다.

개물은 개천(開天)과 개토(開土)와 유사한 개념으로 생명의 가장 으뜸이 되는 단계의 문(門)을 열자는 뜻이다. 이것은 삼물(三物)[97]에 해당하는 덕(德)·혜(慧)·력(力)을 얻고, 이를 바탕으로 노력하면 자아를 회복할 수 있다는 것을 말한다.

평등은 물질적 세계에서는 신분과 재물에 따른 차별이 있으나, 참된 자

---

97) 삼물(三物)이 덕혜력(德慧力)이라는 내용은 〈태백일사〉「고구려국 본기」을지문덕 편에 나와 있다.

아를 이루게 되면 누구나 어둠이 없는 빛의 존재가 되는 것과 같이 차별이 있을 수 없음을 말한다. 그러므로 외형적인 차등은 단지 허상에 불가하다는 것이 3세 가륵단군의 가르침이었다.

삼홀(三忽)을 전(佺)으로 한다는 것은 이전에도 알아보았듯이 세 고을에서 천거된 자를 佺으로 한다는 것을 말한다. 그러므로 이 말은 세 고을마다 佺이라고하는 한 명의 뛰어난 인물을 두어 가르침을 전해주게 했다는 것을 이야기한다.

끝으로 조의(皂衣)에 율(律)이 있게 하였다는 것은 신라의 화랑과 같은 조의선인(皂衣仙人)들에게 더욱 강해질 수 있도록 계율을 강화시켰다는 것을 말한다. 그렇다면 연개소문은 잊혀졌던 단군시대의 이념을 새롭게 내세우고, 마을과 국가에 인재들을 길러 나라를 강하게 하고자 했다는 것을 알 수가 있다. 그런데 이러한 연개소문과 더불어 당시에 강한 군대를 양성하고자 하는 인물이 또 있었으니, 그가 을지문덕이다.

을지문덕 장군의 경우는 〈태백일사〉「고구려국 본기」에 나와 있는 것처럼, 조의(皂衣) 20만을 데리고 수나라 군사를 대패시킨 뛰어난 장수였다. 그런 을지문덕장군이 삼신상제에 대한 신앙의 열정까지 보였다는 것은 그가 문무일치적 영웅의 기질을 가지고 있었다는 것을 보여준다.

그런데 그의 문무일치(文武一致)적인 영웅의 기질은 그가 직접 전계(佺戒)를 통하여 광명의 세계를 체득하였기 때문에 가능하지 않았나 하는 생각이 든다. 이러한 필자의 생각은 을지문덕 장군이 남긴 글을 통해서 강한 느낌이 오기 때문이다.

2. 을지문덕이 전하는 도통의 세계

乙支文德이 曰

을지문덕   왈

道以事天神하고 德以庇民邦이니 吾知其有辭天下也라
도이사천신   덕이비민방   오지기유사천하야
도로써 천신을 섬기고 덕으로 백성과 나라를 덮는다.
나는 이런 말이 천하에 있음을 안다.

受三神一體氣하여 分得性命精하니
수삼신일체기   분득성명정
自在光明이 昻然不動이라
자재광명   앙연부동
有時而感하며 發而道乃通하나니라.
유시이감   발이도내통
삼신일체의 氣를 받아 이를 나누어서
性·命·精을 얻으니 저절로 밝은 빛이 있게 되고
그러함을 우러러 움직이지 않으면
때가 되어 느낌이 일어나니 도는 이에 통하게 된다.

是乃所以体行三物 德慧力하여
시내소이체행삼물 덕혜력
化成三家 心氣身하며 悅滿三途感息觸하나니
화성삼가 심기신   열만삼도감식촉
대저 이에 근본을 바탕으로
삼물(三物)인 덕혜력을 행하고
삼가(三家)인 심기신으로 변화를 이루게 되면
삼도(三途)인 감식촉에서 기쁨이 넘치게 되는 것이라.

要在日求念標하여 在世理化하며
요재일구염표   재세이화
靜修境途하여 弘益人間也라.

정수경도   홍익인간야
구하는 것은 이곳에 있으니 날마다 우듬지(標)에서
생각(念)이 끊어지지 않고 구하다보면,
현실을 교화로써 다스릴 수 있게 되고,
고요히 경계(境界)의 길(18境途)을 닦다보면
널리 인간을 이롭게 하게 됨이라.

〈태백일사〉「고구려 본기」

　을지문덕장군이 말하고 있는 도(道)와 덕(德)은 천신과 백성에게 이르는
길이다. 즉 나를 닦을 때에 천신을 섬길 수 있고, 덕을 쌓을 때에 백성과
나라를 위할 수가 있기 때문이다. 다시 말해 이것은 나를 비우고자 할 때
에 천신의 가르침을 받을 수 있고, 은혜를 베풀 때에 백성과 나라를 감쌀
수 있다는 것을 말한다. 이렇듯 나를 닦음으로서 천신을 섬길 수 있고, 덕
을 쌓을 때에 백성과 나라를 감싸게 되는 것을 을지문덕장군은 만고불변의
가르침이라 하였다.

　　"삼신일체의 氣를 받아 이를 나누어서
　　性·命·精을 얻으니 저절로 밝은 빛이 있게 되고,
　　그러함을 우러러 움직이지 않으면
　　때가 되어 느낌이 일어나니 도는 이에 통하게 된다."

　장군은 또다시 [삼일신고]에 나와 있는 성(性)·명(命)·정(精)에 대하
여 말하고 있다. 그런데 여기서 삼신일체의 기(氣)를 받아 이를 나누어서
성·명·정을 얻으니, 저절로 밝은 빛이 있게 되었다고 하였다. 이 말은 사
람이 삼신과 일체가 되는 일기(一氣)를 받아 이로써 성·명·정을 얻은 존
재이기 때문에 도(道)를 닦고, 덕(德)을 쌓을 때에는 저절로 밝은 빛이 있
게 됨을 말한다.

을지문덕 장군은 다시 말하기를 저절로 밝은 빛이 있게 되고, 그러함을 우러러 움직이지 않으면 때가 되어 느낌이 일어나면서 도(道)를 통하게 된다고 하였다. 그런데 이 말은 중국의 8대 신선(神仙)인 여동빈의 이야기와도 같다.

여동빈은 〈태을금화종지〉「제1장 하늘의 중심」에서 "빛이라는 것은 쉽게 움직이는 것이라, 한 곳에 머물러 있기가 어려운데, 이것을 되돌려 비추어 오랜 기간이 지나면 이 빛이 모여서 엉기게 된다."고 하였다. 그러면서 "이 빛이 엉겨 모인 것이 곧 저절로 법신(法身)을 이루게 된다."고 했다.

그렇다면 을지문덕장군이 밝은 빛을 얻어 도(道)를 통하게 된다는 것은 여동빈과 같이 빛을 얻어 그 빛을 엉겨 모이게 될 때에는 법신을 이루게 되듯이 조화(造化)를 얻게 됨을 말한다. 그래서일까? 을지문덕장군은 수나라와의 싸움에서 조의(皀衣) 20만을 데리고, 수나라의 100만 대군이 물러날 수 있도록 별동대 30만을 전멸시키는 지혜를 발휘하기도 하였다.

"대저 이에 근본을 바탕으로
삼물(三物)인 덕혜력을 행하고
삼가(三家)인 심기신으로 변화를 이루게 되면
삼도(三途)인 감식촉에서 기쁨이 넘치게 되는 것이라."

다음으로 장군께서는 道를 통하게 되면 이를 바탕으로 삼물(三物)인 덕혜력(德慧力)을 행하게 된다고 하였다. 이 말은 후천일기를 얻어 참나(眞我)를 이루게 된 자는 성품은 지혜(慧)로 가득차고, 목숨은 덕(德)을 이루며, 정수는 힘(力)을 얻게 됨을 말한다.[98]

---

98) 덕혜력(德慧力): 〈태백일사〉「고려국본기」를 보면 참전수계(參佺修戒)의 법은 대저 性을 엉기게 하여 지혜(慧)를 만들고, 命을 엉기게 하여 덕(德)을 이루고, 精을 엉기게 하여 힘(力)을 이룬다고 했다.

이밖에도 장군께서는 참된 자아인 일기를 얻게 될 때에는 삼가(三家)인 심기신(心氣身)에서 변화를 이루게 된다고 하였다. 이 말은 일기를 얻게 될 때에는 더 이상 악탁박(惡濁薄)에 떨어지지 않고 변화가 되어 항시 선청후(善淸厚)에 머물러 있게 된다는 것이다.

장군께서는 다시 일기를 얻게 될 때에는 삼도(三途)인 감식촉(感息觸)에서도 기쁨이 넘치게 된다고 하였다. 이 말은 일기를 얻게 될 때에는 지감, 조식, 금촉이 생활화가 되어 어떠한 유혹에도 빠지지 않기 때문에 항시 기쁨이 넘친다는 이야기이다.

우리는 여기서 한 가지 주목하게 되는 것은 그동안 많은 내용이 인간이 타락하는 과정과 道를 얻는 과정, 그리고 도를 성취한 체험에 대해서만 전했을 뿐 도통한 이후의 삶에 대해서는 접한 적이 드물었다. 그런데 을지문덕장군의 글에서는 도통(道通)을 하면 어떠한 삶을 살게 되는가를 전하고 있는 것이다. 이것은 어찌 보면 장군께서 자신은 일기를 회복하여 도통을 했다는 것을 드러냄과 같다.

어쨌든 을지문덕 장군이 일기를 회복하여 도통을 했다는 것은 그가 단순한 무장(武將)이 아니라, 문무(文武)를 겸비한 일세의 영걸(英傑)이었다는 것을 말한다. 이 뿐만이 아니라 그가 도통을 했다는 것은 삼신일체의 도(道)를 깨우친 성웅(聖雄)이었음을 알려주기도 한다. 그런 그가 구하는 것은 우듬지로부터 시작된다고 우리에게 말하고 있다.

　　"구하는 것은 이곳에 있으니 날마다 우듬지(標)에서
　　생각(念)이 끊어지지 않고 구하다보면
　　현실을 교화로써 다스릴 수 있게 되고,
　　고요히 경계(境界)의 길(18境途)을 닦다보면
　　널리 인간을 이롭게 하게 됨이라."

그동안 을지문덕 장군의 도통에 한소식을 들어봤다. 그런데 사람들은 삼신(三神)으로부터 받은 一氣를 망각하는 삶을 살아가게 된다. 그 이유는 사람들이 분화의 끝자락에 생각이 머물러 있기 때문이다. 그렇기 때문에 여기서 중요한 것은 끝자리에 해당하는 감식촉에서 근본인 一氣를 회복하고자 하는 마음이 절대적으로 필요하다.

끝자리에 해당하는 감식촉에서 중심이 되는 우듬지(나무 꼭대기 줄기)는 촉(觸)이다. 그런데 여기서는 一氣를 회복하고자 하는 생각이 끊어지지 않게 하는 것이 중요하다. 그 까닭은 감식촉에서 더 이상 타락계의 유혹에 빠지지 않고, 심기신에서 분별심에 떨어지지 않으며, 성명정에서 순수성을 잃지 않기 위해서이다.

이러한 입장에서 을지문덕장군은 우리에게 우듬지로부터 생각이 끊어지지 않고 구하다보면 현실을 교화로써 다스릴 수 있게 된다고 했다. 이것은 너희가 우듬지로부터 시작하여 성통광명(性通光明)을 얻게 되면 이제는 현실을 교화로써 다스리는 재세이화(在世理化)의 삶을 살게 될 것이라는 말씀이다.

장군께서는 다시 감식촉(感息觸)으로부터 오는 열여덟 경계의 길도 닦다보면 너희들이 널리 인간을 이롭게 하는 홍익인간(弘益人間)의 삶을 살게 된다고 말하였다. 이 또한 분별계를 뛰어넘고, 지극계를 바탕으로 성통광명과 재세이화를 하게 될 때에 홍익인간을 하게 된다는 말씀이다.

이처럼 을지문덕 장군이 우리에게 전하고자 했던 것은 성통광명과 재세이화와 홍익인간을 이루고자 한다면 먼저 감식촉에서 우듬지에 해당하는 촉(觸)으로부터 一氣를 회복하고자 하는 마음을 끊어지지 않게 하라는 것이다. 그래야만 수도자는 자신의 목적을 이룰 수가 있다는 것이 당시 을지문덕장군이 품고 있던 뜻이었다.

제5장 용봉(龍鳳)문화와 삼족오

1. 용봉문화(龍鳳文化)

요하문명에서 발견된 용봉(龍鳳)의 유물들은 가장 오래된 문화적 상징물들이다. 용봉이 말해주고 있듯이 용(龍)은 방위로는 동방이요, 음양으로는 물(水)의 상징이다. 봉(鳳)은 방위로는 남방이요, 음양으로는 불(火)의 상징이다.

우하량 16지점 출토 옥봉(玉鳳)　　　서요하 유역 출토 옥룡(玉龍)

〈태백일사〉「삼신오제본기」에서 용은 창룡(蒼龍)이라고 하여 푸른 하늘로 상징되었으며, 계동(溪東)에서 하늘로 승천한다고 했으니 동쪽의 시냇물에서 푸른 하늘로 승천하게 됨을 말하였다. 그러므로 용(龍)은 푸른 하늘과 함께 물과 관련하여 하늘에서 비(雨)를 만들어내는 영적인 동물로까지 상징되었다.

용에 대해서 불교에서는 그 상징을 살려 용화세계(龍華世界)라는 이상세계도 만들어냈는데, 여기서의 용(龍)은 조화(造化)의 상징이다. 화(華)는 빛날 화, 꽃필 화가 되므로 용화는 조화가 만연한 세상, 즉 만사여의에 도술문명(道術文明)을 말한다. 그래서 용화세존인 금산사의 미륵불은 손에 만사여의에 상징인 여의주(如意珠)를 쥐고 있는 것이다.

그러나 무엇보다도 용은 중국신화에서 제왕의 상징이었다. 그래서 태호복희씨(太昊伏羲氏)를 낳은 배달국 제5대 태우의(太虞儀) 환웅을 〈산해경〉「해내동경」에서는 용의 형상을 가진 뇌신(雷神)으로 나타내기도 하였다. 이후 태우의 환웅을 시작으로 동아시아에서는 용이 제왕의 상징으로 표현되면서 보편화가 될 수 있었다.

고대의 한국과 중국에서 용을 왕(王)의 상징으로 삼는 것은 용이 만물의 근원인 물(水)을 상징하고 있기 때문이다. 이른바 물은 만물의 근원으로서 만물을 낳고, 억조창생을 먹여 살린다. 이와 마찬가지로 왕도 모든 정책을 낳고, 실현시키며, 백성을 살기 좋게 해준다. 그래서 왕은 물과 같은 역할을 한다고 하여 역대의 제왕들을 용(龍)으로 나타내기도 하였다.

다음으로 봉(鳳)의 경우는 방위에 있어서 주작(朱鵲)으로도 상징된다. 〈태백일사〉「삼신오제본기」를 보면 주작은 산남(山南)에서 날아온다고 하여 남쪽 산에서 기거하고 있는 것으로 알려져 왔다. 따라서 봉황은 남방의 원리에 의하여 불새(火鳥)가 되고, 불은 불멸의 생명을 나타내므로 불사조(不死鳥)의 성격도 갖고 있다.

봉황에 대하여 [복사통찬(卜辭通纂)]에서는 "봉조(鳳鳥)는 풍신(風神)이다"라고 했고, 허신(許愼)의 설문해자(說文解字)에서는 "봉황은 동방 군자의 나라에서 나와서 사해(四海)의 밖을 날아 곤륜산(崑崙山)을 지나 지수(砥水)의 물을 마시고 약수(弱水)에 깃을 씻고 풍혈(風穴)에서 자는데, 이

새가 세상에 나타나면 천하가 크게 안녕(安寧)해진다"고도 했다.

　여기서의 풍신이나 풍혈은 풍(風)이 의미하고 있듯이 '신령스러움'이고, '신의 나타남'을 상징한다. 이것은 결국 '신의 가르침(以神說敎)'을 뜻하는 것이니 곧 봉황이란 신의 가르침을 전하는 성현의 출현과 함께 문명(文明)을 나타내었다. 이렇듯 봉의 상징은 방위로는 남방이요, 음양으로는 불의 상징이었을 뿐 아니라 불멸의 생명을 나타내었고, 성현의 상징을 나타내기도 했다.

　지금까지의 내용으로 보아 용(龍)은 생명의 근원인 물을 주관하게 되면서 천하의 중심인 황제의 상징이 되었다. 반면에 봉황이란 문명을 상징하는 불새(火鳥)가 됨으로써 하늘로부터 가르침을 받아 내리는 성인(聖人)의 상징이 되었다. 그래서 우리는 용봉(龍鳳)이라고 하면 제왕과 성현의 상징으로 받아들이고 있다. 다만 제왕으로서 문명을 열게 되는 인물에 대해서는 성왕(聖王)이라고도 하였다.

단룡문 환두대도　　　용봉문 환두대도　　　봉황문 환두대도
무령왕릉 출토　　　　4~6세기의 가야 고분군 출토

　성왕에 대한 문화는 본래 신정일치(神政一致)의 사회로부터 시작되었다.

이때에는 신의 가르침을 받아 정치를 하게 되면서 도의(道義)에 어그러짐이 없는 사회가 될 수 있었다. 하지만 차츰 성왕들의 자질이 떨어지면서 신정(神政)은 분리되어 군왕과 성현의 길이 나뉘게 되면서 사회는 도정시대(道政時代)를 잃고 말았다. 그런데 이러한 과정 속에서도 신정일치의 문화를 잃지 않기 위한 새로운 문화는 시작되고 있었다. 그 문화가 용봉의 합작품으로 이루어진 삼족오문화(三足烏文化)이다.

2. 삼족오(三足烏)

음양론과 밀접한 관계 속에서 탄생한 봉황은 태양과 불(火)로부터 시작되었으나, 차츰 삼신일체사상(三神一体思想)과 결부되면서 '태양 속의 세발 달린 까마귀(日中三足烏)'로 변모되었다. 그래서 삼족오(三足烏)의 머리위로 길게 뻗은 볏은 신령스러운 힘과 함께 봉황으로부터 변모해왔다는 증거이기도 했다.

앙소문화 묘조구형 삼족오
볏이 없는 단조로운 모습이 특징

집안현 씨름무덤의 삼족오
긴 볏과 붉은 태양 속에 있는
것이 특징

그러나 중원의 앙소문화에서 발견된 삼족오에는 길게 뻗은 볏이 없으며 그 모습도 단순하다. 이것은 봉황문화에서 삼족오문화로까지 연결되어 있지 않은 중원에서, 삼족오가 나오게 되면서 봉황의 머리에 있는 볏이 삼족 오에까지 미치지 못했기 때문이다.

이외에도 태양속의 삼족오는 그 외형이 검정까마귀의 모습을 가지고 있는데, 이것은 그 근원이 북극의 검정색으로부터 왔다는 증거이다. 이런 점에서 검정까마귀의 상징은 문명의 근원인 북방으로 나왔다는 것을 나타낸다. 그런데 북방하면 북극수(北極水)가 있는 곳이다. 이 말은 물(水)에 의해 삼족오가 나왔다는 뜻이기도 하나, 물과 용(龍)의 관련성으로 볼 때 만물의 근원인 용으로부터 삼족오가 나왔다는 뜻이기도 하다.

천도(天道)는 북극에서 일어난다.
그런 까닭에 천일(天一)의 물을 내니
이를 북수(北水)라 한다.[99]
대저 북극은 수정자(水精子)가 기거하는 곳이다.
　天道起於北極. 故天一生水是謂北水. 盖北極水精子所居也.
〈태백일사〉「삼신오제본기」

그렇다면 삼족오가 검정색인 것은 용으로부터 온 깃이 되고, 삼족오가 태양 속에 있는 것은 봉황으로부터 온 것이 된다. 여기에 까마귀의 세 발까지 합쳐지게 되면서 삼족오는 삼신사상에 따른 용봉의 합작으로 만들어지게 된 것이다. 이렇게 볼 때에 삼족오는 삼신사상에서 출현한 용봉문화의 대표적인 상징이라 말할 수 있다.

삼족오와 함께 살펴볼 수 있는 또 하나의 태양조에는 신라에 계룡(鷄龍)이 있다. 계룡은 남방의 붉은 색을 나타내는 닭과 동방의 푸른색을 나타내

---

99) 천일생수(天一生水)를 북수(北水)라고 하는 것은 생명의 시원(始原)을 나타내기 때문이다. 〈태백일사〉「삼한관경본기」를 보면 천일생수(天一生水), 지이생화(地二生火)라는 말이 있는데, 이것은 천부경에서의 삼극인 天一은 1水를 주관하고, 地一은 2火를 주관하며, 人一은 3木(中一)을 주관한다는 것을 말한다.

는 용이 합쳐진 것이다. 이 경우에도 붉은 색을 나타내는 닭은 불(火)을 주관하는 봉황에서 왔다는 것을 볼 때에 계룡은 수화일체(水火一體)로부터 만들어졌음을 알게 한다. 그러므로 삼족오와 계룡은 '불멸의 생명인 불 (火)'과 '생명의 근원인 물(水)'을 통해 만들어지게 되면서 물과 불이 하나가 돼야 한다는 음양합일의 문화 속에서 나왔음을 알게 된다.

> 이날 사량리에 있는 알영정(閼英井)가에
> 계룡(鷄龍)이 나타나서 왼쪽 갈비에서
> 어린 계집애를 낳았다.
> 얼굴과 모습이 매우 고왔으나
> 입술이 마치 닭의 입부리와 같았다.
>
> 〈삼국유사〉「기이 제1」

이제 음양합일의 대표적 상징인 삼족오에 대한 문화를 한번 살펴보고자 한다. 그러기 위해서는 우선 고구려의 조의선인(皂衣仙人)들에 옷차림부터 알아볼 필요가 있다. 이러한 까닭은 그들이 검정 옷에 머리에는 까마귀 깃털이 달린 오우관(烏羽冠)을 쓰고 있었기 때문이다.

> 원화(源花)는 여랑(女郎)을 말하고,
> 남자는 화랑(花郎)이라 하는데
> 천왕랑(天王郎)100)이라고도 하였다.
> 임금의 명령에 의하여
> 까마귀 깃털이 달린 모자를 하사 받았는데
> 모자를 쓸 때 예식을 거행하였다.
>
> 〈태백일사〉「삼신오제본기」

---

100) 천왕랑을 자칭한 인물은 해모수뿐이다.

그렇다면 그들은 왜 이러한 모습을 하고 있는 것일까? 그 이유는 조의선인들 스스로가 세발 달린 검정까마귀가 됨으로써 고구려가 삼신사상의 전통(傳統)을 이어오고 있고, 용봉문화의 근원이 되는 민족임을 드러내기 위해서였다.

삼족오가 역사에 처음으로 등장하는 시기를 보게 되면 고구려에 앞서 단군조선시대로부터 삼족오문화는 시작되었다. [단군세기]를 보게 되면 8세 우서한 단군시대에 삼족오가 "대궐의 뜰 안으로 날아들어 왔다."고 하였다.

쌍영총 기마 인물도   무용총(舞踊塚) 수렵도

이후 삼족오문화는 용봉문화 속에서 자리를 잡게 되는데 〈북부여기〉「북부여기 상」에서 보게 되면 북부여의 시조 해모수가 용광(龍光)의 칼을 차시고, 오룡(五龍)의 수레를 타셨을 뿐 아니라, 까마귀 깃털로 만든 오우관(烏羽冠)을 썼다고 하였다. 따라서 이 말은 용봉문화의 바탕 속에서 삼족오문화가 나왔음을 보여주는 실례(實例)라 하겠다.

까마귀 깃털로 만든 모자를 쓰시고,
용광(龍光)의 칼을 차시고 오룡(五龍)의 수레를 타셨다.
따르는 500인과 함께 아침에는 정사를 듣고

저녁엔 하늘로 오르시더니 이에 이르러 즉위하셨다.

〈북부여기 상〉「시조 단군 해모수」

까마귀 깃털의 오우관을 쓴 해모수가 용광(龍光)의 칼을 차시고, 오룡의
수레를 타셨다는 것은 당시의 문화가 용봉문화에서 삼족오문화가 나오는
과도기로 보인다. 이후 까마귀는 태양속의 검정까마귀라는 명칭을 얻게 되
면서 수화(水火)를 통한 용봉의 합작품으로서 가치를 얻게 되고, 세 발 까
마귀가 되면서 삼신일체사상에 따른 명칭까지 얻게 되었다.

그런데 여기서 용수봉화(龍水鳳火)의 음양합일에 사상은 궁극적으로 중
일(中一)을 만들게 됨에 따라 생명을 낳기도 하지만 회삼귀일(會三歸一)을
하기도 한다. 이것은 삼신으로부터 음양사상인 용봉문화가 나오고, 이어서
음양과 중일(中一)이 포함된 삼족오문화가 나왔듯이 이제는 다시 회삼귀일
을 통한 집일함삼(執一含三)의 문화가 나오게 됨을 말한다.

삼족오   삼두일족응

다시 말하면 회삼귀일(會三歸一)은 그 목적이 집일함삼(執一含三)에 있
다. 이러한 까닭에 장차 집일함삼의 문화가 나오게 되어 있다. 그런데 한양

조선 말기에 와서 이러한 문화가 샤먼들을 통해 부적(符籍)으로 나타났다. 그 문화가 삼두일족응문화(三頭一足鷹文化)이다.

삼두일족응은 어떠한 의미를 가지고 있는 것일까? 그 의미를 보면 세 개의 머리에 하나의 발이 있는 까닭으로 하나를 잡으면 세 개를 포함하고 있다는 집일함삼(執一含三)의 이치와 일치한다. 이것은 바로 3수로 문명이 열렸다면 다시 3수를 거두어 들이는 통일된 문명이 나오게 됨을 나타낸다. 이렇게 볼 때 일체삼용(一體三用)의 문화에 있어서 용봉문화가 씨앗이 되고, 삼족오문화가 꽃을 피었다면 삼두일족응 문화는 천부사상의 완성을 나타내게 된다.

우리겨레의 문화에서 삼두매인 삼두일족응(三頭一足鷹)이 정확히 어느 시점부터 시작되었는지는 모른다. 다만 삼두일족응이 조선 말기에 문화로 나타나기 시작했다는 것은 우리의 문화가 완성 점을 위해 가고 있다는 것을 보여준다. 그렇다면 이제 우리겨레는 깨어나야 할 때이다. 문명(文明)이 우리겨레로부터 시작되어 온 인류에게 퍼져나갔듯이, 이제는 완성된 문명을 여는 것도 우리겨레의 몫이다. 그 까닭은 지나온 역사의 사명을 볼 때에 우리겨레가 먼저 깨어나야 온 인류도 깨어날 수가 있기 때문이다.

제6장 한민족의 삼칠일(三七日) 문화

삼칠일(三七日)의 숫자를 중요시하는 민족은 아마도 우리의 한겨레가 최고일 것이다. 우리 겨레는 일반적으로 삼(三)의 숫자만을 최고로 쳤다고 하지만, 이에 못지않게 칠(七)의 숫자도 매우 중요시 했다. 그래서 三의 숫자가 앞에 붙으면 항상 뒤에는 七의 숫자가 따라 붙는다. 이것은 음양(陰陽)이 짝을 이루듯이 만물의 첫 출발점이 三이라면 만물의 극한 성장은 七로 나타나기 때문이다.

三七문화는 배달환웅이 태백산으로 이주해오면서부터 시작된다. 환웅천왕이 이끌고 오는 3,000무리들, 풍백(風伯)과 우사(雨師)와 운사(雲師)로 이루어진 삼사(三師), 천부인(天符印)인 세 개(三個), 이 모두 三의 숫자로 이루어져있다. 이처럼 우리민족은 건국의 시기부터 三의 숫자를 중요시 하였다.

이와 함께 단군신화에서는 호족(虎族)의 여성과 웅족(熊族)의 여성이 토굴에서 100일의 기한을 정해놓고 수행을 하는 모습이 있다. 이때에 호족의 여성과는 다르게 웅족의 여성은 三七日(21일)만에 환골이신(換骨移神)이 되어 토굴에서 나오게 된다. 따라서 우리민족에게는 건국초기부터 3의 숫자뿐 아니라, 7의 숫자도 중요하게 여겼다.

〈삼국유사〉「기이」편의 가락국기에서도 "1에서 3을 이루고, 그 3에서 7을 이루니 일곱 성인(聖)이 살 곳으로 가장 적합하다."라고 하였다. 이것은 창조의 본체는 1에 있고 창조의 작용은 3에 있으며 극한 분열을 통하여 최대의 성장은 7에 있음을 보여준다. 이렇듯 三七의 숫자는 '사람의 탄생'을 가리키는 三의 숫자와 '사람의 최대성장'을 상징하는 七의 숫자로 나타나게 되면서 한겨레의 철학적 개념으로 자리를 잡게 되었다.

1. 삼수(三數)의 문화

우선 한겨레에게 있어서의 三의 숫자를 먼저 살펴보면 그 근원은 삼신(三神)으로부터 온 것이다. 삼신하면 우리는 흔히 삼신할머니[101]를 연상시킬 수 있으나, 그 뿌리는 천지인(天地人)의 법칙인 삼신과 삼신일체의 상제(上帝)로부터 왔다.

잠시 삼신의 원리에 대하여 살펴보게 되면 삼신은 일체삼용(一體三用)의 원리에 의하여 그 본체를 하나로 하고, 그 작용을 셋으로 한다. 그러므로 삼신은 그 작용이 통일된 입장에서는 하나인 일신(一神)으로 나타나고, 그 작용이 분화하게 될 때는 삼신으로 드러나게 된다.

이와 같은 내용에 대하여 우리는 고대인들의 별자리에서도 그 원리를 찾아볼 수 있는데, 학자들에 의하면 칠포리 암각화에는 북두칠성을 상징하는 일곱 개의 별자리가 있고, 북극성이 있어야 할 북쪽에는 하나가 아닌 세 개의 구멍만이 있었다고 한다. 고대인들의 이 같은 문화는 고려시대의 왕릉이나 무덤벽화, 그리고 고구려시대의 많은 별자리 무덤벽화에서도 동일하게 나타나고 있다.

4세기 고구려의 고분벽화인 각저총(角抵塚)을 보면 무덤 칸의 북쪽 벽면에 새겨진 별은 세 개의 별자리로 북극성을 대변하고 있으며, 공민왕릉 벽화에도 북두칠성 위에 세 개의 별자리가 보이는데, 이것도 북극성을 상징하고 있다.

---

101) 삼신할머니: 자손을 타내는 조상을 상징적으로 말한 것이다.

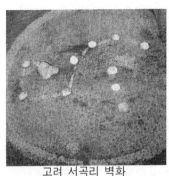
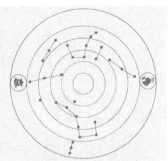

고려 서곡리 벽화
북두칠성과 북극성을
상징하는 세 개의 별.
3 · 7의 사상이 깃들어 있다

각저총 현실 천정 벽화
角抵塚 玄室 天井 壁畵
이형구(고구려 삼족오 신앙에 대하여)
[동방학지]86집(1994년 12월) 18쪽

그렇다면 무엇 때문에 북극성을 세 개의 별로 그려 놓고 있는 것일까? 그 이유는 일신(一神)이 현상으로 드러날 때는 삼신으로 드러나는 것과 같이 북극성도 현상으로 드러날 때는 세 개의 별로 드러나기 때문이다. 이와 같은 원리는 일원상(一圓象)인 태양 속에 삼족오(三足烏)를 그려놓은 것과도 같다.

당시에는 하늘의 주재자인 상제(上帝)를 섬김에 있어서도 일신(一神)이 되는 상제라 하지 않고, 삼신상제(三神上帝), 삼신일체의 상제(三神一體之上帝)라고 하였다. 이후 삼신사상은 각 종교로 뻗어 나가게 되고, 그 시작의 중심에는 배달국이 있었다. 배달국에는 치우천왕과 동시대의 인물로 알려진 자부선생(紫府先生)이 있었는데, 그가 처음으로 비전의 학문기관인 삼청궁(三淸宮)을 세우게 되면서 삼신사상은 온 천하에 퍼지게 되었다.

이때부터 삼신을 통한 삼청사상(三淸思想)은 중국 도교에서 이상세계를 상징하는 옥청(玉淸), 상청(上淸), 태청(太淸)의 삼청사상이 되었고, 힌두교에 있어서는 삼위일체신관(三位一體神觀)인 브라마, 비쉬누, 시바를 만들어 놓기도 했다. 불교에 있어서는 삼신불(三身佛)인 법신불, 화신불, 보신불을 만들게 되는 계기도 되었다.

삼신을 통한 삼청사상은 유교에도 전해지게 되어 삼극(三極)인 무극, 태극, 황극을 만들어놓았으며, 기독교에도 전해지게 되면서 성삼(聖三)인 성부와 성신과 성자의 개념들을 만들어 놓는 계기가 되었다.

특히 삼신일체사상(三神一體思想)에서 눈여겨 볼 일은 하늘을 대표하는 천일신(天一神)도 중요하고, 땅을 대표하는 지일신(地一神)도 중요하지만 무엇보다도 태일신(太一神)의 역할이 중요하다는 사실이다. 그 까닭은 삼신에서 세 번째인 태일신이 순차적으로 생겨난 것이 아니라, 양쪽의 결합으로 생겨나게 되면서 천일신과 지일신의 성향을 동시에 가지고 있기 때문이다. 한마디로 태일신이 음양합일의 중일(中一)이 되어 생명을 낳는 역할뿐 아니라, 생명을 귀일시키는 역할을 하기 때문이다.

이와 같은 원리를 숫자로 보게 되면 숫자 三은 1·2·3의 순서로 생성된 것이 아니라, 一과 二의 합(合)으로 三이 생겨나게 되었다. 이러한 까닭으로 숫자 三은 하늘의 1양(一陽)과 땅의 2음(二陰)에 영향을 받아서 생겨났기 때문에 '사람과 만물을 상징하는 숫자'가 될 수 있었다.

이러한 결과로 생겨난 三의 숫자는 이후 만물과 인간의 삶을 대표하는 숫자로 자리를 잡게 되면서 제사문화에서는 술잔을 세 번에 걸쳐 올리기도 했다. 이것이 초헌(初獻), 아헌(亞獻), 종헌(終獻)이다. 이와 함께 제물에 있어서는 삼색나물과 삼색실과(三色實果)와 삼탕(三湯)을 올리기도 한다. 장례문화(葬禮文化)에서도 보게 되면 망자(亡者)를 데리러 저승사자가 세 명이 온다하고, 삼일장(三日葬)과 삼우제(三虞祭)와 삼년상(三年喪)이라는 것이 있다.

특히 삼수문화에서 빼놓을 수 없는 것이 있는데, 이것은 민간적 주술(呪術)에 있어서 9년마다 한 번씩 들어오는 '삼재수(三災數)'이다. 이때에는

3년간 모든 일에 꺼리고 조심해야 하는 기간을 정해놓음으로써 3數의 중요성을 강조하고 있다.

그런데 여기서 9년을 끝으로 하여 삼재수를 맞이하게 되는 점을 볼 때 천부경에서 최대의 분화인 九를 끝으로 하여 공간이 없는 궤짝에서 화삼(化三:10·9·8/7·6·5/4·3·2)이 만들어지는 것과 같다. 그렇다면 삼재수에 있어서 9년간은 자신의 뜻을 펼칠 수 있는 시간이다. 하지만 3년은 회삼귀일하는 숫자에 해당하므로 자신을 되돌아보며 다시금 9년을 준비해야 하는 시간이다. 이런 점에서 볼 때 삼재수는 우리의 삶을 더욱 단단하게 하기 위한 법칙을 담고 있다.

다시 한 번 정리를 한다면 천부경에서 회삼귀일하여 집일함삼을 이루게 될 때에는 종시(終始)의 역할로서 새로운 운수를 맞이하게 되어 있다. 이와 같이 삼재수에 있어서도 3년 간 자신을 엄격히 하여 재앙을 막게 될 때에는 새로운 인생이 시작된다. 이것은 삼재수를 극복하게 될 때에는 다시금 자신의 뜻을 펼칠 수 있는 9년의 운수가 다가오기 때문이다. 이런 점에서 삼재수의 원리는 우리의 삶을 충실하게 하기 위한 섭리이다.

이제 삼재수(三災數)에 대하여 [동국세시기]를 보면 다음과 같이 삼재수를 막는 법을 설명하고 있다.

> 巳·酉·丑이 든 해에 출생한 사람은 亥·子·丑이 되는 해에,
> 申·子·辰이 든 해에 출생한 사람은 寅·卯·辰이 되는 해에,
> 亥·卯·未에 든 해에 출생한 사람은 巳·午·未가 되는 해에,
> 寅·午·戌이 든 해에 출생한 사람은 申·酉·戌이 되는 해에
> 각각 삼재가 든다.
> 세속에서 이 같은 복설(卜說)을 믿고
> 세 마리의 매를 그려 액을 막는다.
> 생년으로부터 9년 만에 삼재가 들기 때문에

이 삼재의 해에 해당하는 3년간은 남을 범해도 안 되고
모든 일에 꺼리고 삼가는 일이 많다.

지금까지 살펴본 삼재수에 대한 내용은 천부경에서의 일적십거(一積十
鉅)인 九數분화와 무궤화삼(無匱化三)인 三數귀일의 원리와 같다. 그렇기
때문에 삼재수에서 9년에 해당하는 시간이 물질을 추구하는 분화의 시간이
라면 3년에 해당하는 시간은 모든 일을 꺼리고 조심하는 가운데 자신을 성
숙시켜나가야 하는 시간대이다. 이러한 까닭에 우리는 천부경과 삼재수의
원리가 알려주고 있듯이 현실의 삶 속에서 항상 자신을 되돌아보는 시간을
가져야 한다. 그래야만 굴곡이 없이 항시 복된 삶을 살 수가 있기 때문이
다.

이와 같은 문화는 구미호(九尾狐)가 공중에서 재주를 세 번 넘으면 인간
으로 변신한다는 속담(俗談)에서도 나타난다. 이 속담에서 구미호는 삶의
막바지를 나타내는 분열의 최대수인 9를 상징한다. 반면에 재주를 세 번
넘는 것은 탈바꿈을 위해 회삼귀일을 하게 되는 것을 상징한다.

그렇다면 구미호가 공중에서 재주를 세 번 넘어 인간으로 변신한다는 속
담은 분화의 끝인 9에서 탈바꿈을 위해 회삼귀일(會三歸一)을 하게 될 때
에는 참사람이 될 수 있다는 가르침이다. 특히 인간으로 변신을 하기 위하
여 재주를 부린다는 표현은 우리가 새로운 삶을 맞이하기 위해서는 혁신적
인 모습으로 바뀌지 않으면 안 된다는 것을 말한다. 이렇게 볼 때에 구미
호에 대한 속담은 우리에게 참사람이 되기 위해서는 혁신적인 회삼귀일의
삶을 살지 않으면 안 된다는 것을 가르쳐 주기도 한다.

삼재수(三災數)에 대한 문화는 이 뿐만이 아니라, 이전에도 알아보았듯
이 머리 셋에 다리가 하나인 삼두일족응(三頭一足鷹)을 만들어 놓고 있는
데, 이것은 삼족오(三足烏)의 철학적 개념과는 다르게 삼재수를 막는 힘의

상징으로서 머리 셋을 그려놓고 있는 것이다. 즉 집일함삼(執一含三)을 이루게 될 때 생명의 완성으로 인해 모든 부정적인 기운을 극복할 수 있다는 것이 삼두일족응문화이다.

출생일	삼재수
巳 酉 丑	亥 子 丑
申 子 辰	寅 卯 辰
亥 卯 未	巳 午 未
寅 午 戌	申 酉 戌

삼재수(三災數)의 원리

삼두일족응(三頭一足鷹)
조선 후기, 영남대학교 박물관소장

우리는 여기서 삼족오와 삼두매의 역사적 의미를 생각해 볼 때에 삼족오는 세 개의 발을 통하여 분화되어가는 역사시대를 나타내었다. 반면에 삼두매는 세 개의 머리를 통하여 통일되어 가는 역사시대를 나타내고 있다. 이로 보건대 삼족오와 삼두매의 문화는 우리가 이 시대에 어떻게 살아가야 할 것인가 하는 가르침을 전해주기도 한다.

조선말에 나타나고 있는 문화적 상징으로는 삼두매 말고도 일목삼신어(一目三身魚)가 있다. 일목삼신어도 삼두매와 마찬가지로 부적으로 사용되었는데, 당시에는 눈병을 앓았을 때 일목삼신어의 그림을 그려놓고 그 그림에 그려진 눈에 바늘을 찌르면 낫는다고 했다. 하지만 이 이야기는 당시의 사람들을 너무나 어리석게 여기는 점으로 보아 올바른 해석으로 보기가 어렵다.

다만 우리는 이 문양에서 세 마리의 물고기가 하나로 겹쳐진 머리를 하게 될 때에는 집일함삼을 이루게 된다는 사실에 주복해 볼 필요가 있다. 특히 물고기가 잠을 잘 때에는 눈을 감지 않고 자는 것으로 볼 때 집일함삼을 이루게 될 때에는 그 의식이 깨어있게 된다는 상징이다.

이집트에서 트리케타(Triqueta)라
일컬어지는 물고기

조선시대 말엽의
일목삼신어(一目三身魚)

이런 점에서 볼 때 일목삼신어도 삼두매와 같은 입장에서 부적으로 사용되었다고 볼 수 있다. 한마디로 삼두매가 재앙을 막고자 세 개의 머리를 통한 강력한 위엄을 상징했다면 일목삼신어는 재앙에 휩쓸리지 않는 깨어있는 정신이 필요했기에 세 개의 눈동자가 하나의 눈동자로 합쳐질 수가 있었다.

일목삼신어에서 물고기 세 마리는 조선(朝鮮)이란 나라이름에서 깨끗하다, 새롭다는 의미의 선(鮮)102)을 뜻하는 글자와도 같다. 이 말은 선(鮮)이 즉 물고기 세 마리가 그려져 있는 선(鱻)과 같은 동일한 글자로 나타나고 있기 때문이다.

[존한자사전]을 보게 되면 鱻은 鮮과 함께 통용되는 글자라고 하였다.

---

102) 선(鮮)에 대하여 〈설문〉에서는 맥국에서 출현하는 물고기 명칭(魚名出貉國)이라고 했다. 맥국(貉國)은 배달국, 단군조선, 부여, 고구려 등의 종족을 말한다.

그렇다면 물고기 세 마리는 깨끗하고, 새롭다는 의미를 가지고 있다고 해석이 된다. 그런데 물고기가 한 마리도 아닌 세 마리가 될 때 깨끗하고, 새롭다는 의미는 회삼귀일을 할 수 있는 여건이 되기 때문이다.

한마디로 이것은 무궤화삼(无匱化三)이 될 때 회삼귀일의 마음인 충(衷)이 생기게 되는 것과 같이 셋이란 근원으로 귀일하고자 하는 성향을 가졌으므로 깨끗하고 새롭다고 하는 것이다. 따라서 일목삼신어가 깨어있음과 함께 깨끗하고 새롭다는 의미는 회삼귀일과 집일함삼의 의미를 동시에 가지고 있기 때문이다.

2. 칠수(七數)의 문화

칠(七)의 숫자에 대해서는 이집트와 유대문화, 그리고 인도문화에서도 七의 상징적 문화를 얼마든지 찾아볼 수 있다. 먼저 이집트 문화에서 대피라미드 대회랑 속을 보게 되면 각각 일곱 개의 잘 다듬어진 석재가 극명하게 위로 겹겹이 쌓여 있는 것을 보게 된다. 이것은 이집트문화에서 7의 숫자가 오시리스왕국의 저승문에 들어가기 위한 '일곱(七)개의 관문'인 통과의례를 상징하고 있다는 것을 말한다.

이집트문화에서 七의 상징은 '일곱 마리의 암소'와 원시조상인 '일곱 현자'로도 나타나고 있는데, 여기서의 일곱은 '인간의식의 진보'를 나타낸다. 일곱의 의미는 이집트뿐만이 아니라 그들의 정복아래 있었던 히브리인들의 문화에서도 찾아볼 수 있다.

《성경》을 보면 여리고 성(城)이 붕괴되는 장면에서 일곱 제사장, 일곱 양각나팔, 성곽을 일곱 번 돌기 등의 주술적 모습이 나타나고 있는데, 이때의 일곱은 목적을 이루기 위한 주술의 힘을 나타낸다. 이와 같은 七의 숫자는 일곱 사닥다리와 일곱 금촛대로까지 표현되면서 기도의 성취로 이루어지는 성령감응을 나타내기도 했다.

보좌 앞에 일곱 등불 켠 것이 있으니,
이는 하나님의 일곱 영이라.

〈요한계시록〉「4장 5절」

일곱 금촛대 사이에 다니시는 이가 가라사대

〈요한계시록〉「2장 1절」

일곱 촛대는 [메노라]라고도 부르는데, 메노라인 일곱 촛대는 모세가 여호와의 계시에 따라 제작하게 되면서 메노라는 유대교의 제식에서 중요한 상징적 의미도 가지게 되었다. 그래서 《성경》에서는 일곱 촛대에 불 켜진 것을 하나님의 '일곱 영(靈)'이라 지칭하기도 했다. 이러한 까닭에 일곱 촛대는 히브리인들에게 자신을 변화시키기 위한 탈바꿈의 상징이 되기도 하였다.

너는 정금(精金)으로 등대(燈臺)를 쳐서 만들되
그 밑판과 줄기와 잔과 꽃받침과
꽃을 한 덩이로 연하게 하고
가지 여섯을 등대(燈臺) 곁에서 나오게 하되
그 세 가지는 이편으로 나오고
그 세 가지는 저편으로 나오게 하며...

〈출애굽기〉「25장 31~32절」

이 금으로 만든 촛대는 줄기인 등대를 기준으로 좌편과 우편으로 세 개의 가지가 뻗어 나가는 모습을 보이고 있는데, 이러한 모습은 백제의 근초고왕(近肖古王)이 일본의 왜왕(倭王)에게 보냈다는 칠지도(七支刀)의 모형 속에서도 그 유사점을 찾을 수 있다. 이 뿐만이 아니라 황남대총의 금관에서도 금촛대와 비슷한 3단의 출(出)자형 장식이 발견된다. 여기서도 중간의 줄기를 중심으로 좌우 세 개의 가지로 뻗게 되면서 메노라와 가장 유사함을 가지고 있다.

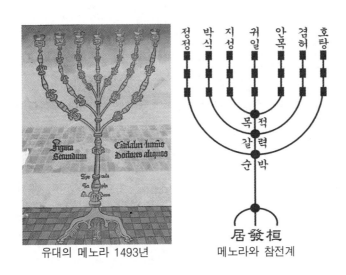

유대의 메노라 1493년

메노라와 참전계

이렇듯 칠지도와 금관의 모양에서도 비전(秘傳)을 위한 七의 상징을 만들어내고 있는데, 이것은 메노라 뿐 아니라 칠지도와 금관에 있어서도 성령감응을 위한 일곱 사닥다리의 표현인 것이다. 그러므로 칠지도를 가지고 있으며, 출자형 장식을 머리에 쓰고 있는 군왕들은 하늘 사닥다리를 통해 천상의 하늘과 교통을 하기 위한 샤먼들이기도 했다.

세계수를 상징하는 서봉총금관(瑞鳳塚金冠)에는 봉황(鳳凰)이 내려앉은 모습이 발견되고 있는데, 이것은 성령을 상징하는 봉황에 의해 '신의 가르침(神敎)'이 천자(天子)인 군왕에게 전해지는 것을 상징한다. 이와 같은 내용을 [성경]에서도 보게 되면 하나님의 성령이 예수에게 내려올 때 비둘기 같이 내려 왔다고 전하고 있다.

예수께서 세례를 받으시고, 곧 물에서 올라오실 때
하늘이 열리고 하나님의 성령이 비둘기 같이 내려
자기 위에 임하심을 보시더니 ……

〈마태복음〉「3장 16」

진실로, 진실로 너희에게 이르노니
하늘이 열리고 하나님의 사자들이
인자(人子) 위에 오르락내리락 하는 것을 보리라.

〈요한복음〉「1장 51」

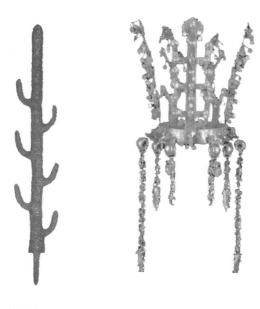

칠지도(七支刀)   황남대총 금관

우리는 여기서 황남대총의 금관이나, 서봉총금관에 있어서 3단 출(出)자

형 장식과 함께 천부체계도를 비교해볼 필요가 있다. 이러한 이유는 어떤 단계에서 군왕이 성령감응을 받게 되는지를 알아보기 위해서이다. 먼저 금관구조와 천부체계도의 구조를 보게 되면 중간의 줄기를 중심으로 좌우로 여섯 개의 가지를 뻗고 있는 모습이 똑같다.

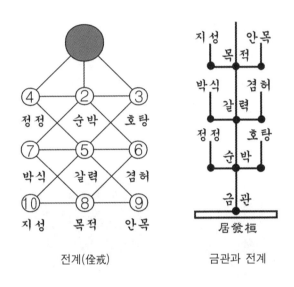

전계(佺戒)   금관과 전계

다만 다른 점은 천부체계도에 있어서는 그 뿌리를 위로하고 있는 반면에 금관(金冠)에 있어서는 세계수와 같이 금관의 밑판 테두리를 뿌리로 하여 줄기와 가지가 위로 뻗고 있는 모습이다. 그러므로 금관의 밑판테두리는 천궁(天宮)에 해당하게 되면서 천궁에 해당하는 금관의 테두리를 군왕이 쓰게 될 때는 참된 자아를 이루어 성천자(聖天子)가 되고, 진리의 법왕(法王)이 되는 것을 상징한다.

그렇다면 이제 진리의 법왕이 어떤 단계에서 성령감응을 받아 금관을 쓰게 되는지 알아볼 필요가 있다. 이에 대해서는 전계(佺戒)에서 말하고 있듯이 먼저 금관의 세 번째 단계에 해당하는 꼭대기에서 지성(知性), 안목

(眼目), 목적(目的)으로 이루어진 지아(知我)의 과정을 통과해야만 한다.

다음에는 금관의 두 번째 단계에 해당하는 박식(博識), 겸허(謙虛), 갈력(竭力)으로 이루어진 구독(求獨)의 과정을 거쳐야만 한다. 끝으로 금관의 첫 번째 단계에 해당하는 정정(定靜), 호탕(浩蕩), 순박(醇樸)으로 이루어진 공아(空我)의 과정을 넘어서야만 성령감응을 통한 초인의 경지에 들어서게 된다. 이때에 비로소 군왕은 참된 자아를 회복하게 되고, 진리의 법왕이 되어 자신의 머리위에 금관을 쓰게 되어 있다. 이렇게 될 때 군왕은 하늘과 교통하는 인물이 되어 세상의 중심에 우뚝 서게 되는 제왕이 될 수가 있다.

이제는 그동안 알아본 메노라와 칠지도 그리고 금관에서 나타났던 七의 숫자가 어떻게 신과의 교통과 거듭남을 상징하고 있는가를 《중아함경(中阿含經)》을 통해 알아보고자 한다.

석가는 태어나는 순간 두 발로 서서,
북쪽을 향하여 일곱 걸음을 옮겨 놓는다.
흰 일산(日傘)을 머리 위로 거느린 채 그는
사방을 보고는 황소 우는 소리 같은 목소리로 말한다.
　'나는 세계에서 가장 홀로 존귀한 자(天上天下唯我獨尊)
나는 세계에서 가장 선(善)한 자
나는 세계에서 가장 연장자
나는 마지막으로 태어나는 자이니
금후로 나를 대신할 새로운 존재는 없다.'

석가가 북쪽을 향하여 일곱 걸음을 옮긴 것은 하늘의 중심으로 알려진 북두칠성(北斗七星)에 도달했다는 것을 말한다. 여기서의 북두칠성은 하늘의 중심이므로 최고신(最高神)이 머무는 곳이다. 동양에서 중심에는 종시

(終始)가 있고, 주재자(主宰者)가 있는 곳으로 알려져 왔다. 따라서 북두칠성이 있는 곳에 석가가 도달했다는 것은 깨달음을 얻었다는 뜻이며, 신과의 교통을 이루었다는 뜻이다.

세계에서 가장 선(善)한 자, 세계에서 가장 연장자(지혜롭다는 뜻)도 그만이 일곱 걸음을 통한 최고의 정점(頂點)에 도달했기 때문에 가장 자비로운 자, 가장 지혜로운 자가 될 수 있었다는 뜻이다. 이외에도 석가는 자신을 마지막으로 태어난 자로서 금후에 나를 대신할 새로운 존재가 없다고 하였다. 이 말은 더 이상 자신과 같은 존재가 세상에 나오지 않는다는 이야기이다.

이와 같은 말은 석가의 사후에 사람들에 의해 만들어졌을 가능성이 크다. 다만 여기서 주목하게 되는 것은 석가가 가장 존귀한 자, 가장 연장자, 마지막으로 태어난 자라는 것을 북두칠성에 올라서게 되는 것을 통해 밝히고 있다는 사실이다. 이것은 바로 북두칠성이 북극성(北極星)과 고리를 이루게 되는 인간정신의 최고의 정점을 상징하고 있기 때문이다.

일곱 사닥다리의 상징은 우리의 몸에서도 나타난다. 힌두교에서는 우리의 몸에 일곱 개의 차크라(chakra)가 있다고 가르친다. 이것이 쿤달리니(Kundalini)를 통한 일곱 차크라이다. 쿤달리니는 뱀, 여신, 에너지의 형상으로도 묘사된다. 그런데 에너지 형태를 뱀과 여신으로 묘사하는 것은 에너지가 처음에 시작될 때는 습한 성질과 음(陰)의 성질로부터 시작되기 때문이다. 하지만 나중에는 불(火)의 성질과 양(陽)의 성질로 변모하기 시작한다. 이것은 하향에너지를 상승에너지로 바꾸었기 때문이다.

쿤달리니가 처음 시작되는 차크라는 척추의 하단, 항문과 생식기의 사이에서부터 시작된다. 이곳 회음(會陰)으로부터 시작하여 쿤달리니는 제2의 차크라인 척추의 꼬리뼈로 올라가게 되고, 곧이어 제3의 차크라인 허리 쪽으로 올라간다. 허리 쪽에서는 다시 제4의 차크라인 어깨등짝 사이로 올라가게 되고, 제5의 차크라인 목뒤의 부위로 올라가게 되어 있다.

쿤달리니는 다시 제6의 차크라인 미간(眉間) 쪽으로 올라가게 되고, 제7의 차크라인 정수리로 올라간다. 그러면 이때 쿤달리니는 열기를 머금은 불뱀과 같은 모습이 되며, 여신은 남신과 같은 성격으로 변모하게 된다.

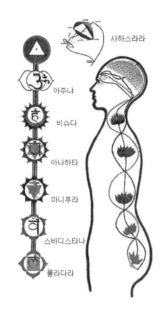

이러한 쿤다리니 형태의 바뀜은 나로 하여금 해탈의 문을 열게 한다. 이때에 나를 해탈로 인도하는 쿤달리니는 도교의 입장에서는 금단일기가 되며, 이때가 되면 수도자는 광명(光明)을 체험하게 된다. 따라서 여기서의 최종목적지는 정수리에 해당하는 제7의 차크라이다.

정수리에 해당하는 제7의 차크라는 천부경에서 무한계와 유한계가 고리를 이루게 되는 운삼사성환오칠(運三四成環五七)과도 무관하지 않다. 그 이유는 정수리가 하늘과 땅의 만남이 이루어지는 천궁(天宮)에 해당하기 때문이다. 따라서 우리의 자아는 일곱 번째에 해당하는 차크라에서 깨어나게 되어 있다.

이러한 문화를 우리는 소도문화(蘇塗文化)[103]에서도 찾아볼 수 있다. 소

---

[103] 소도(蘇塗)가 세워진 기록을 《단군세기》에서 보면 11세 도해단군 때에 열 두 명산의 가장 뛰어난 곳을 골라 국선(國仙)의 소도를 설치케 했다고 한다. 이때에 많은 박달나무를 둘러 심은 후 가장 큰 나무를 골라 환웅의 상(像)으로 모시고 제사를 지내며 그 나무를 웅상(雄常)이라 했다고 《환단고기》에는 기록되어 있다. 13세 흘단단군 때에는 소도를 많이 설치하고 천지화(天地花)를 심었다는 기록이 《단군세기》에 나온다.

하지만 점차 국력이 쇠약해지면서 44세 구물단군 때에는 천제(天帝)의 묘(廟) 마당에 밑동 잘린 큰 나무를 옮겨와 세우고 북을 매어 달도록 했다는 기록이 보인다. 이때부터 산에만 있던 소도가 도읍으로 옮겨오게 되었는데, 당시에 구물단

도의 특징을 우선 알아보면 그곳은 신성한 땅이며, 환웅의 상징인 세계수가 심어져 있는 곳이다. 이곳이 처음에는 명산으로부터 시작되었다가 나중에는 특별히 지정된 곳에 나무를 세우고, 모든 사람이 참여하는 행사로 발전하였다. 이때에 특별히 지정된 곳을 삼한(三韓)에서는 특별시(特別市)에 해당하는 의미로서 별읍(別邑)이라고도 하였다.

> 여러 나라의 읍락에 있어서 각기 한사람을 주인(主)으로 삼아 천신(天神)에게 제사지내는데 이를 '천군(天君)'이라고 한다. 또한 소도를 세움에(위지魏志에서 말하길, 모든 나라에는 각각 별읍別邑이 있으니 '소도'라고 한다. 나라가 망하고 도망가 이에 이르면 모두 이를 잡지 못한다. '소도'를 의義라고 하니 이는 부도浮屠와 같음이 있다.) 큰 나무(大木)를 세움(建)으로써 방울과 북을 매달아 귀신을 섬기었다.
>
> 〈후한서(後漢書) 卷85〉「東夷列傳 第75 馬韓」

특별한 도읍을 나타내는 별읍(別邑)은 사람의 의식을 깨어나게 하는 성역(聖域)이었다. 이곳이 성역이 될 수 있었던 것은 특별한 나무 때문인데, 이 나무가 밑동이 잘린 채 소도의 한 가운데 세워지게 되면서부터이다. 이 나무를 중심으로 주변이 성역이 되는 것은 이 나무가 천상으로 올라가는 하늘사닥다리의 상징이 되었기 때문이다.

당시의 사람들에게 천상은 북두칠성(北斗七星)이 있는 곳이었다. 그런데 일곱 가로장이 있는 하늘사닥다리의 꼭대기가 바로 옛사람들에게 있어서는 북두칠성의 상징이기도 했다. 따라서 사람들이 하늘사닥다리인 대목(大木)의 꼭대기에 오르게 되는 것은 북두칠성에 올라서게 되는 것과 같았다.

군께서는 꿈(夢)에서 천제의 가르침을 받고서 이러한 일을 단행한 것으로 《단군세기》에서는 기록하고 있다.

大木이 세워져 그 꼭대기인 북두칠성에 오르게 될 때에는 또 하나의 세계와 만나게 되는데, 그 세계가 최고천(最高天)으로 알려진 북극성(北極星)이다. 이렇게 볼 때에 大木의 꼭대기인 북두칠성은 현실세계의 중심인 소도와 북극성을 연결하는 고리역할로서 중심이 된다. 그렇기 때문에 우리가 大木의 꼭대기인 북두칠성에 오른다는 것은 깨달음과 신성을 열어 초월적 세계로 나아감을 의미한다.104)

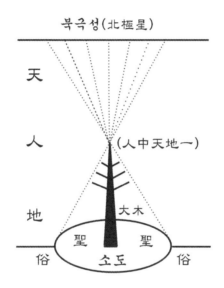

소도(蘇塗)와 북극성이 큰 나무(大木)를
중심으로 연결되는 모습105)

이러한 북극성과 소도의 두 기운이 大木을 중심으로 집약되는 상태를 우

---

104) 북두칠성을 중심으로 상하로 연결되는 상징으로는 大木의 꼭대기 뿐 아니라, 머리카락을 위로 세우는 상투에서도 찾아 볼 수 있다. 이른바 상투도 나와 북극성을 연결하는 고리의 역할을 하기 때문이다. 이 때문에 상투도 북두칠성의 상징이될 수 있었다.

105) 김용옥교수의 '여자란 무엇인가' 에 나오는 그림을 참조함

리는 천부체계도에서도 찾아볼 수 있다. 이때의 상태가 천부체계도에 있어서는 무한계의 하늘인 태일신(太一神)과 유한계의 하늘인 인일(人一)이 천궁(天宮)을 중심으로 고리를 이루게 될 때이다.

특히 여기서 북극성이 최고천이라고 할 때 북극성(北極星)은 천부사상에서 말하고 있는 태일신이 있는 태일천(太一天)의 현현(顯現)임을 알게 된다.106) 마찬가지로 북두칠성은 인간영혼의 고향이므로 천부사상에서 말하고 있는 유무(有無)가 결합되어 만물을 낳게 되는 우주자궁의 현현이 되기도 한다. 이렇게 볼 때에 북극성은 깨달음과 불멸을 얻게 하는 별이다. 반면에 북두칠성은 우리의 영혼이 탄생하는 곳이며, 장차 우리가 돌아가야 할 곳이다.

오랜 옛날 고대인들은 북녘하늘의 북두칠성(北斗七星)으로부터 처음 혼령(魂靈)을 받게 된다고 믿었다. 이러한 까닭으로 고대인들은 지상에서 육신의 옷을 입고 물질계의 여행을 하게 된다고 생각하였다. 그래서 고대인들은 삶의 과정이 영적성숙을 위한 구도(求道)의 길이라 생각하여 항시 인격성숙을 위한 노력을 마다하지 않았다.

이뿐만이 아니라 이러한 삶 속에서 장차 우리의 영혼이 다시 돌아갈 곳은 칠성하늘이라 생각하여 고대에서 현대에 이르기까지 죽음에 이르게 될 때 관(棺)에는 칠성판을 깔기도 했다. 그런데 사람들은 칠성하늘이 죽어서만 가는 곳이 아니라 살아생전에도 칠성하늘에 생사화복(生死禍福)이 매어 있다고 믿었다. 이러한 까닭은 칠성하늘에는 옥황상제가 있을 뿐 아니라, 인간의 생사화복을 주관하는 기운이 뭉쳐 있다고 믿었기 때문이다. 그래서 일부의 사람들은 구도자(求道者)가 되어 칠성하늘과 연결된 소우주의 천궁

---

106) 태일신(太一神)은 일기를 이루게 되는 빛이다. 그렇기 때문에 태일신은 인간영혼의 근원이 된다. 이 태일신이 머무는 곳을 사람들은 태일천(太一天)이라 불러왔다. 태일신을 다른 말로는 태을신(太乙神)이라고도 한다. 따라서 태일신, 또는 태을신이 머무는 곳은 태일천(太一天)이나 태을천(太乙天)이 되기도 한다.

(天宮)을 통해 운명의 쇠사슬을 끊고 생사화복을 뜻대로 하는 경지에 이르고자 구도의 길을 걷기도 하였다.

하지만 이 구도(求道)의 길은 생사를 뛰어넘는 결단과 구도의 과정이 없이는 실현되기가 쉽지 않다. 그래서 구도자가 가야하는 길이 사람들에게는 이상세계로 넘어가기 위한 염원이 될 수밖에 없었다. 이러한 까닭에 사람들은 자신이 직접 생사를 걸고 수행에 정진하지는 못하지만 제사장의 가르침과 한얼님의 손길로 인해서라도 그 세계를 넘어가기를 염원하였다. 그래서 사람들은 소도(蘇塗)에 대목(大木)을 세워놓고 자신의 염원을 갈망하게 되었다.

이러한 체계는 소도에 만들어진 大木뿐만 아니라 선왕(先王)들의 성물(聖物)인 메노라, 칠지도, 금관 등도 마찬가지였다. 그래서 일반 백성들만 아니라 고대에는 선왕(先王)들도 자신이 직접 구도의 여정을 밟지는 못하지만 자신이 만든 성물을 통해 북극성과 고리를 이루고 있는 칠성하늘로 올라가고자 하는 염원을 내비추었다. 이것은 바로 북두칠성이 자신들에게도 생명의 고향이며 불멸을 위한 길이었기 때문이다.

제7장 제천(祭天)의 노래
아리랑(阿里郎)

1. 아리랑의 어원(語源)

아리랑은 한민족의 깊은 애환과 한(恨)이 담긴 겨레의 노래이다. 하지만 아리랑은 단순히 [님]이 떠나는 고갯길만을 생각하는 애절한 노래만을 뜻하지 않는다. 아리랑은 남녀의 관계를 뛰어넘어 한민족의 역사정신과 종교정신, 그리고 깊은 철학과 겨레의 혼을 담고 있기 때문이다. 그러면 이제 아리랑을 통하여 민족의 염원이 무엇이며, 민족의 철학이 무엇인지를 알아볼 필요가 있다.

먼저 '아리랑'에서 '아리'는 여러 곳에서 그 단어를 찾아 볼 수 있는데, 압록강이나 송화강, 흑룡강, 한강 등이 고대어로 '크다'라는 뜻의 아리(阿利), 아리수(阿利水)였다고 한다. 그러므로 아리는 [크다]라는 의미를 가진 낱말이기도 했다.

환단고기에서 보면 아리(阿里)라고 하는 이름도 발견되는데, 당시에는 이름을 아리(阿里)와 더불어 아리당부(阿里當夫), 아리손(阿里遜) 등으로도 불러온 것으로 보인다. 아리를 한자로 보면 '언덕 아(阿)'에 '마을 리(里)'가 되니 '높은 언덕의 마을'이란 뜻이다.

그런데 높은 언덕은 옛적에 신(神)과 만나는 성소(聖所)가 됨으로 '신단이 갖추어진 제사 터'이기도 했다. 이것은 곧 아리(阿里)가 제사터가 있는 마을이라는 뜻과 같다. 그렇다면 아리가 이름에 붙게 되는 것은 제사장의 역할을 하는 인물이라는 의미가 있다. 그러므로 아리는 신적인 기운이나 [신성(神性)]적인 면을 추구하는 입장에서 만들어진 이름이라 하겠다.

'아리'를 음(音)의 입장에서만 살펴보면 이것은 [알(卵)]과도 같다. 즉 '아리'는 [알]이 되어 '아리랑'이 '알이랑'이 된다. 여기서 '이'는 인칭 대명사이다. 그러므로 알이랑이란 '알(卵)이 되시는 님(郞)'을 말한다.

가축에서 소·말·닭·개의 어린새끼를 송아지·망아지·병아리·강아지라고 한다. 송사리의 전라도 방언에도 '송아리'가 있고, 꽃이나 열매 따위가 잘게 모여 달려 있는 것을 '포도 송아리', '꽃 송아리'라고도 한다. 이렇듯 '아리'는 [알(卵)]이나 [씨앗]과 [알곡]과도 같다.

그러면 이제 '아리'에 대하여 종합적으로 보면 강(河)을 통한 '크다'와 언덕(阿)을 통한 '신성', 그리고 알(卵)과 어린새끼를 통한 '근원'과 '시초'가 아리의 뜻에 부합한다. 따라서 '아리'라고 하면 [크다], [신성], [근원], [시초]가 됨을 말해주고 있다.

다음에는 '랑(郞)'의 뜻을 살펴봐야 하는데, 랑에 대해서는 〈태백일사〉 「신시본기」를 보면 다음과 같이 말하고 있다.

"교화하고 복종하게 하는 자를 랑(郞)이라 하였다."

"삼신(三神)을 지키고 사람의 목숨을
이치대로 하는 자를 삼시랑(三侍郞)이라고 하는데
본래 삼신의 시종랑(侍從郞)이다.
삼랑(三郞)은 본래 배달의 신하요,
역시 삼신을 수호하는 직책을 세습한 것이다."

위의 내용에서 보았듯이 랑(郎)은 교화하고 복종하게 하는 자이다. 이와 함께 삼신의 가르침을 수호하는 자이기도 했다. 이 말은 랑이 스승이나 삼신의 가르침을 수호하는 제사장이라는 것을 말한다. 그러므로 아리랑이라고 하면 [크다], [신성], [근원], [시초]가 되는 스승(師), 법사(法師), 제사장(祭司長), 선배(선비)가 됨을 말한다.

그렇다면 큰 스승, 신성을 갖춘 법사, 근원이 되는 제사장, 시초가 되는 선배라고 한다면 그 인물은 어아가(於阿歌)에서도 알아보았듯이 대조신(大祖神)이며, 삼신상제(三神上帝)가 될 것이다. 따라서 아리랑이라 하면 삼신상제인 최고신(最高神)을 부르는 명칭을 말한다고 할 수 있다.

그런데 아리랑과 더불어 부르는 또 다른 명칭이 있다. 그것은 쓰리랑이다. 쓰리랑은 [쓰리]와 [랑]의 합성어로서 《아리랑 원류에 관한 연구》를 집필한 허명철님은 [쓰리]가 셋을 뜻하는 [서이]로부터 왔다고 하였다. 그래서 그는 쓰리랑(삼신→서이랑→서리랑→스리랑)[107]이 삼신으로부터 왔다고 하여, 즉 쓰리랑이 삼신상제가 됨을 말하기도 했다.

우리는 여기서 아리랑과 쓰리랑이 상제(上帝)를 지칭한다는 점을 볼 때에 아리랑은 일신상제(一神上帝)가 되고, 쓰리랑은 삼신상제(三神上帝)가 됨을 이해하게 된다. 그 까닭은 아리가 시초와 근원을 나타내기 때문이며, 쓰리가 셋으로 작용하는 의미를 가지고 있기 때문이다. 그런데 우리는 여기서 한 가지 재미있는 사실을 발견하게 되는데, 그것은 일신(一神)을 삼신이라고도 부르듯이 아리쇠를 삼발이라는 명칭으로도 부르고 있다는 사실이다.

[국어사전]을 보면 '아리쇠'는 '삼발이'의 옛말이 된다. 일반적으로 삼발이는 화로(火爐)의 위에 걸치는 발이 셋 달린 기구(∴)이다. 세 개의 발이 달린 삼발이는 제기(祭器)에도 쓰이게 되면서 이것은 고대로부터 천자

---

107) 아리랑 원류에 관한 연구(허명철)

(天子)나 왕권의 상징이었다. 그런데 이와 같은 삼발이가 고대에는 아리쇠로 불렸던 것이다.

그렇다면 삼발이가 아리쇠로 불렸듯이 옛적에는 삼신상제를 일신상제, 즉 아리랑으로 불렀을 수가 있다. 마찬가지로 일신상제를 삼신상제, 즉 쓰리랑으로 불렀을 수도 있었을 것이다.

아리랑과 쓰리랑에 대한 의미는 여기서 그치지 않는다. 일체삼용(一体三用)하는 아리랑과 쓰리랑은 '아리쇠'가 '삼발이'가 되듯이 상처가 생긴 사람에게서도 나타난다. 이때의 아리는 [아리다]와 쓰리는 [쓰리다]가 되어 상처 난 곳의 아픔을 상징하기도 한다. 이와 같은 의미는 우리의 가슴 속 상처와 아픔의 근원이 진리에 바탕이 되는 일신과 삼신에게 있고, 그 치유법 또한 일신과 삼신에게 있기 때문이 아닌가 생각하게 된다.

한마디로 [아리다]의 아리와 [쓰리다]의 쓰리가 되는 아픔의 상처는 한얼님이신 삼신상제를 만나지 못한 애환을 담고 있는 것이다. 그렇다면 그 치유법은 한얼님이신 상제를 만나는데 있다. 따라서 [아리다]와 [쓰리다]는 한얼님이신 삼신상제를 만나고자 하는 강한 염원이 만들어낸 낱말이라 하겠다.

그러면 이제 아리랑의 가사와 함께 내용의 뜻을 알아보도록 한다.

2. 한문화의 정신이 담긴 아리랑

아리랑 아리랑 아라리요(부름)
아리랑 고개를 넘어간다.(기원, 진행형)
나를 버리고 가시는 님은(조건)
십리도 못 가서 발병 난다.(저주)[108]

---

108) 허명철님의 《아리랑 원류에 관한 연구》 참조.

한얼님 한얼님 굽이굽이 넘어서 계신 님이시요.
한얼님 고개(관문)로 넘어간다.
나를 버리고 가시는 님(祭司長)은
십리도 못 가서 발병이 난다.

여기서의 '아리랑'은 一神의 역할을 뜻하는 [아리]와 교화하고 복종하게 하는 [랑]으로 구성된 낱말이다. 따라서 아리랑은 일신의 역할이 되어 교화하고 복종하게 하는 一神上帝를 뜻하는 낱말이다. 이런 점에서 일신상제를 순수 우리말로 옮긴다면 한얼님[109]이 될 것이다.

다음 구절인 '아라리요'는 '아라리가 났네'라는 가사와 대비되고 있다. 여기서 '났네'는 경사났네, 바람났네, 난리났네라는 말과 같이 어떤 일이 일어났다, 터졌다, 벌어졌다는 뜻이다. '아라리요'에서 아라(阿羅)[110]는 언덕이 늘어서 있는 길, 굽이굽이 넘어가는 길이 된다. 아라리에서 리(里)는 마을과 거리뿐 아니라, '있음'을 뜻하는 '거할 리'의 뜻을 가지고 있다. 따라서 '아라리요'는 굽이굽이 넘어서 계신, 그 어떤 분(한얼님)을 말한다면 '아라리가 났네'는 굽이굽이 넘어서 계신(里) 그 어떤 분(한얼님)과 무엇인가(만남) 이루어졌다는 뜻이다.

그렇다면 '아라리가 났네'는 굽이굽이 넘어서 계신 한얼님과 만남이 이루어졌다는 것을 말한다. 이것은 바로 한얼님을 만나게 되면서 자신의 염원을 이루었다는 뜻이기도 하다.

---

109) 한얼님에서 한은 광명을 뜻하는 환(桓)으로부터 왔고, 전체와 하나가 되는 전일(全一)을 뜻한다. 얼은 신(神)과 혼(魂)을 뜻한다. 따라서 한얼이라 하면 광명의 신, 우주와 한 몸이 되신 혼령을 말한다.

110) 옛사람들은 사람의 이름에 아리(阿里), 아리손(阿里遜), 아리당부(阿里當夫)와 함께 아라사(阿羅斯) 등의 명칭을 붙여 불렀다. 이러한 이유는 '고개에 계신 님'이나 '굽이굽이 넘어서 계신 님'에 대한 신앙이 있었기 때문이라 생각이 된다.

아리 아리랑 아라리가 났네.
(한얼 한얼님 굽이굽이 넘어서 계신 당신님과 만났네.)

스리 스리랑 아라리가 났네.
(삼신 삼신님 굽이굽이 넘어서 계신 당신님과 만났네.)

아리랑에서 [고개(목)]는 한얼님이 계시는 곳을 넘어가기 위한 관문(關門)이다. 이 관문을 중심으로 현실적인 삶이 지배하는 속(俗)의 세계가 있고, 한얼님이 계시는 성(聖)의 세계가 있다. 따라서 성(聖)과 속(俗)의 두 세계는 인간세계와 신의 세계이다.

여기서의 인간세계는 삶의 굴레 속에서 늙고 병들어 죽어가는 세계이다. 그러나 신의 세계는 삶의 굴레를 벗어날 수 있는 자유가 있고, 구원이 있으며 영원한 생명이 있는 곳이다. 그러므로 '고개(목)'는 현실세계를 벗어나 이상세계로 향하는 관문이다.

그 관문을 넘어서면 한얼(一神)님이신 삼신상제(三神上帝)가 있고, 깨달음과 구원이 있으며, 창조적 조화의 세계가 있는 곳이다. 그러나 그 고개(목)는 아무나 쉽게 넘어갈 수 없는 세계이다. 고행이 따르고 인내가 필요하며 자신을 정화시켜야만 넘어갈 수 있는 세계이다.

[나를 버리고 가시는 님]에서 [님]은 아리랑고개에서 한얼님을 모시는 제사장(祭司長)을 말한다. 여기서 제사장은 신과 백성을 중간에서 매개시켜주는 샤먼(巫堂)이며 군왕(君王)이다. 따라서 그는 신의 가르침으로 백성을 교화시켜 다스리고, 신의 뜻과 일치할 수 있도록 돕고 구원하는 것이 그의 사명이다.

그런데 이러한 그가 '나를 버리고 가시는 님'으로 일컬어지는 것은 제사장께서 나를 소극적으로 인도하지 말고, 적극적으로 인도해주기를 바라는 염원이 아리랑의 가사에는 담겨 있기 때문이다.

[십리도 못 가서 발병 난다]에서의 십리(十里)는 천부경의 일적십거(一積十鉅)에서 알아보았듯이 십(十)은 귀일을 위한 첫 시발처이다. 따라서 十은 음수(陰數)가 되어 분열의 모든 삶을 정리하고 통일의 정신으로 되돌아가기 위한 관문을 나타낸다. 그래서 정역(正易)의 창시자 김일부선생은 十을 십무문(十無門)이라고도 하였다.

특히 [발병]을 의미하는 저주 섞인 말은 신과 인간의 중간입장에 선 제사장에게 "당신 혼자만 아리랑 고개(神人合一)로 넘어 갈 수 있느냐"는 의미로써 나를 버리고 어찌 혼자만 자아회복을 위한 광명의 세계와 한얼님의 세계로 갈 수 있느냐고 하는 원망 섞인 말투이다. 다시 말해 당신의 뜻인 홍익인간과 '하늘의 가르침(神敎)'을 통하여 우리를 교화시켜 '우리도 데리고 가야하지 않느냐?' 고하는 저주와 원망 섞인 강한 염원을 담고 있는 말투가 발병이다.

밀양 아리랑에서도 보면 "아리 아리랑 고개고개로 날 넘겨주소"에서 '날 넘겨주소' 라는 소리는 삼신일체인 上帝가 계신 그 세계로 나를 넘겨주기를 애원하는 염원을 담고 있다. 그러므로 구원의 길에 있어서 중요한 것은 첫째가 제사장과의 만남이다. 그 까닭은 현실적인 입장에서 나의 손을 잡고 진리로 이끌어주는 인물이 제사장이기 때문이다.

동양(東洋)의 세계관에서는 구원의 섭리가 천상의 한얼님과 만나기전 먼저 '나를 이끌어 주는 제사장'을 만나야 한다. 그 이유는 '천상의 한얼님' 은 진리의 표상(表象)으로써 천상에서 나의 구원을 위하여 손을 내미는 분이시기는 하나, 현실적인 구원의 길에서는 손을 내밀어 주지 못하기 때문이다.

그러나 제사장은 이 땅에서 나를 신성한 땅인 소도(믿음의 길)로 인도하고, 하늘 사닥다리인 큰 나무(大木:깨달음의 길)로 올라갈 수 있도록 도와

주는 분이시다. 그러므로 제사장과의 만남은 절대적이다.

그런데 이러한 제사장(祭司長)께서 십리도 못가서 발병이 난다고 했다. 이 말은 당신께서 아무리 어려운 처지에 있다고 해도 나를 이끌고 한얼님이 계신 곳으로 인도해주지 않으면 안 된다는 뜻이다. 이런 점에서 아리랑은 한얼님과의 만남을 염원하는 노래이기도 하지만, 한편으로는 제사장이 반드시 나를 한얼님이 계신 곳으로 인도해주길 염원하는 노래이기도 한 것이다.

지금까지 아리랑에 대하여 살펴보았듯이 이 노래는 단순한 민요의 성격을 넘어서 제천(祭天)에 쓰이던 영적신가(靈的神歌)이다. 그러므로 신인합일(神人合一)을 이루고자 했던 우리의 고대 조상들의 애환과 구원과 희망이 이 노래에 담겨있다. 이런 점에서 아리랑은 영적인 구도의 노래요, 깨달음의 노래요, 진리의 노래이다.

맺는 글

천부경(天符經)은 수행을 통해 자아회복의 길을 최초로 밝힌 경전(經典)이다. 이 뿐만이 아니라 자아회복을 이루게 될 때 그 표상이 삼태극(三太極)으로도 나타난다는 것을 처음으로 밝힌 경전이었다. 이외에도 허실(虛實)의 수가 9(1~9)가 되어 10을 이루고, 다시 9(10~2)가 1을 이루는 원리를 밝힘에 따라 천부경은 숫자를 통해 처음으로 순환의 법칙을 밝힌 경전이기도 했다.

특히 본 서적에서 다루고 있는 천부경과 삼일신고, 그리고 전계가 카발라의 생명나무와 인도의 고전을 총망라한 거꾸로 선 나무의 형태와 같다는 것은 천경신고와 전계가 고대의 가르침을 담고 있다는 것을 말해준다. 그런데 유대전승에서 전해졌던 카발라와 인도에서 전해진 베다의 가르침들은 그 역사의 기록이 오히려 천경신고보다도 짧다. 이런 점에서 볼 때 이들 가르침은 환국(桓國)에서 구전지서(口傳之書)로 전하여진 천부경에 그 뿌리를 두고 있다고도 해석될 수 있다.

최치원(崔致遠) 선생의 난랑비(鸞郎碑) 서문(序文)을 보면 우리민족에게는 유불선을 포함한 풍류도가 있었다고 했다. 이 말은 환국(桓國)으로부터 시작된 신교(神敎)가 배달국시대를 거쳐 단군조선을 이어 오면서 풍류도가 되었는데, 그 가르침에는 유불선의 가르침이 함축적으로 들어있다는 것을 말한다.

당시에 신교는 단순히 접신(接神)을 통한 일반적인 신의 가르침을 받아 세상을 다스리는 것이 아니었다. 삼신상제(三神上帝)와의 교감을 통해 세상을 교화하고 다스리는 것이 신교이며 풍류도였다. 그 시대에 이러한 신교와 풍류도가 있었기에 천부경과 삼일신고와 전계도 나올 수가 있었다. 그리고 이러한 철학적 가르침과 계율이 있었기에 당시에는 천부사상(天符思想)의 부흥을 이끌 수가 있었다.

하지만 시간이 지나면서 천부사상은 쇠퇴해질 수밖에 없었다. 그 이유는 우리의 근원인 천경신고와 전계가 유불선으로 갈라지는 계기를 맞이하였기 때문이다. 이후 오랜 시간이 지난 이제 다시금 천부사상이 알려지게 된 것은 온 인류에게 기쁨이 아닐 수 없다. 여기에 더하여 천부사상의 중요성을 인식하는 시대가 되었다는 것은 우리의 내부로부터 근원적 가르침에 목마름이 있지 않았나 생각하게 된다.

이러한 심정 속에서 필자도 천부경에 관심을 갖게 되었고, 천부경의 해독에 있어 많은 추론도 해보았다. 그러던 중에 [단군세기]와 [삼신오제본기], 그리고 [소도경전 본훈]의 내용에서 필자는 천부경의 해석에 있어서 실마리가 될 수 있는 부분들을 발견하게 되었다. 그래서 필자는 천부경의 원리를 바탕으로 하여 한민족의 정신세계가 담긴 내용을 쓰기로 결심을 하고 펜을 잡았다.

그런데 고대 신성(神聖)에 의하여 만들어졌을 천부경을 천학비재(淺學非才)한 필자가 경전을 풀어서 적고자 하였을 때는 우선 괜한 일을 하는 것이 아닌가 하는 생각마저 들었다. 그러나 필자의 서적이 밑거름이 되어 이후로 더욱 좋은 작품들이 나오기를 바라는 마음에서 용기를 내어 출간을 하게 되었다.

끝으로 《수행문화의 원형 천부경》에서 《수행문화의 원전 천부경》이라는 명칭과 함께 개정증보판을 출간하게 된 데에는 많은 수정이 필요했기 때문이다. 사실 처음에 집필할 때에는 처음으로 글을 쓰게 되는 입장에다가 가장 난해하다고 하는 천부경의 내용을 집필하자니 너무나도 어려움이 많았다. 그런 가운데 천부경의 출간에 뜻을 같이 하는 누님이 교정을 봐주는 덕에 첫 출간을 할 수 있었다.

이후 필자는 하늘에 부합하는 《수행문화의 원형 천부경》에 이어 하늘에 가르침을 가지고 땅에 뿌리를 내리며 살고자 했던 신성(神聖)들의 이야기인 《신화가 된 東夷이야기》를 출간하게 되었다. 이러한 과정 속에서 필자가 다시 천부경의 개정증보판을 위해 펜을 잡았을 때는 내용을 좀 더 쉽게 풀어 쓸 수가 있었다.

하지만 대중에게 많이 알려져 있지도 않고, 그렇다고 인기가 있는 것도 아닌 책을 다시 출간하여 낸다는 것은 심적으로 많은 망설임도 있었다. 이러한 마음은 집필자로서 당연한 고민이었다. 그렇지만 필자로서는 천부경을 통해서 위대한 정신문명의 새로운 시대를 열어야 한다는 사명감이 있었다. 그래서 다시 용기를 내어 천경신고와 전계의 내용이 담긴 서적을 출간하게 되었다.

2015년 보문산(寶文山) 산정을 바라보며
김진일(金眞一)

신화가 된 동이이야기 주요 목차